教育部人文社会科学重点研究基地
Key Research Institute of Humanities and Social Sciences at Universities

暨南大学华侨华人研究院
Academy of Overseas Chinese Studies in Jinan University

第2辑

世界華僑華人研究

Overseas Chinese Studies

主编　钱　江　纪宗安

暨南大學出版社
JINAN UNIVERSITY PRESS
中国·广州

图书在版编目（CIP）数据

世界华侨华人研究（第二辑）/ 钱江，纪宗安主编. —广州：暨南大学出版社，2009.12
ISBN 978-7-81135-479-9

Ⅰ.①世… Ⅱ.①钱… ②纪… Ⅲ.①华侨—世界—文集 ②华人—世界—文集
Ⅳ.①D634.3-53

中国版本图书馆 CIP 数据核字（2010）第 042077 号

出版发行：暨南大学出版社

地　址：中国广州暨南大学
电　话：总编室（8620）85221601
营销部（8620）85225284　85228291　85220693（邮购）
传　真：（8620）85221583（办公室）　85223774（营销部）
邮　编：510630
网　址：http://www.jnupress.com　http://press.jnu.edu.cn

排　版：暨南大学出版社照排中心
印　刷：暨南大学印刷厂

开　本：787mm×1092mm　1/16
印　张：15
字　数：375 千
版　次：2009 年 12 月第 1 版
印　次：2009 年 12 月第 1 次
印　数：1—2000 册

定　价：30.00 元

序

南国岁末，乍暖还寒，在这冬春更替、新年将至的美好时刻，《世界华侨华人研究》（第二辑）又与海内外学术界朋友们见面了。本书除继续倡导以一手史料为素材的侨史研究外，还着力推动对海外新移民、海外华文传媒等现实问题的研究，同时还精心选译了部分国际学术界最新研究成果介绍给国内同行，力图从方法论和研究视角等多个层面推动国内同行在华侨华人领域的研究。作为本书的编写单位暨南大学华侨华人研究院，其宗旨一是秉承“宏教泽而系侨情”的立校之本，二是作为国家教育部人文社会科学重点研究基地，有责任在高起点、重建设的规划目标下推动本领域学术进步，并力求在学术化、规范化和国际化等方面办出特色和水平，为中国学术的健康发展尽一份绵薄之力。

2010年是中国传统农历中的庚寅年，也是本机构接受教育部阶段性评估的重要时期。回首过去一年，我院可圈可点的要事有：副院长张应龙博士、特聘教授钱江博士受聘为国务院侨务办公室第三届专家咨询委员会委员；与美国俄亥俄大学联合举办了第四届海外华人研究与文献收藏机构国际会议；如期完成了国家级重点图书《华侨华人与新中国》的撰写出版；在《中国社会科学》、《历史研究》、《世界历史》等国内刊物上发表多篇学术论文；翻译日本国政府对南洋华侨调查的系列报告书即将在广东高等教育出版社出版；“西北穆斯林社会华侨华人研究”项目获批为2009年教育部人文社会科学重点研究基地重大项目；多语种、国际化的基地学术网站也在日趋完善等。展望未来，任重道远！我们深感自身科研实力的增强是发展的首要前提，而学界同仁的关心和支持则是发展的重要条件。让我们内外携手，在虎虎生威的新一年，踏踏实实做好各项工作。

结束语想借用陈寅恪先生的一段锦言：“一时代之学术，必有其新材料与新问题。取用此材料，以研求问题，则为此时代学术之新潮流。治学之士，得预于此潮流者，谓之预流。其未得预者，谓之未入流。此古今学术史之通义，非彼闭门造车之徒，所能同喻者也。”同仁共勉之！

教育部人文社会科学重点研究基地主任
暨南大学华侨华人研究院院长

2009年12月

目 录

书　评

CONTENTS

Studies on *Qiaoxiang* and Overseas Chinese Affairs

Book Reviews

侨史研究

明清时期的山东临朐冯氏家族
——对山东和朝鲜两地的考察

刘冉冉

【摘　要】山东临朐冯氏家族是明清时期的名门望族，也是一个蜚声海内外的文学世家。自冯裕开始，冯氏家族代代出人才，在政坛、文坛均取得突出的成就，被时人称为“北海世家”。明朝末年，冯裕六世孙冯三仕跟随在清朝为人质的朝鲜世子东归，其后世遂在朝鲜繁衍生息。朝鲜君臣对其采取了宽容友好、尊重优待的态度，免其钱粮兵役，厚赐衣廪。冯氏子孙有多人在朝鲜为官，同时，他们在朝鲜王朝崇祀明朝皇帝的活动中担任着重要角色。

【关键词】明清时期　山东临朐冯氏　冯三仕　朝鲜

山东临朐冯氏家族是明清时期的名门望族，也是一个蜚声海内外的文学世家。自明朝正德至清朝康熙年间，冯氏家族连续七代人中代代有进士，家族成员仕途显赫，位至二品以上官职者四人，有八人在正史中有传。明万历年间的冯琦，官至礼部尚书，清康熙时期的冯溥，官居大学士；同时临朐冯氏文学成就突出，在诗歌、散曲、杂剧等方面成果颇丰，并形成了自己的家族特色，有四人的诗文集被收入《四库全书》。冯氏家族蜚声政坛、文坛，政事、文章并举，被时人称为“北海世家”，有“以彼父子质行齐鲁，诸儒莫及”① 之说。清初著名文学家王士祯评价其为：“二百年来，海岱间推世学者，必首临朐冯氏。”② 明朝末年，临朐冯氏后裔冯三仕跟随在清朝为人质的朝鲜世子东归，其后世遂在朝鲜繁衍生息。朝鲜君臣对其采取了宽容友好、尊重优待的态度，尊称他们为“皇朝人”、“皇朝人子孙”，免其钱粮兵役，厚赐衣廪。冯氏子孙有多人在朝鲜为官，世系显赫，同时，他们在朝鲜建祠奉祖，与朝鲜君臣奉祀明朝皇帝的活动结合起来，其对祖先的崇祀对当时及后世的朝鲜社会均产生了深刻的影响。从目前的研究成果来看，学界对冯氏

---

① （明）李维桢：《大泌山房集》卷65《冯氏家传》，四库全书存目丛书集部第152册，济南：齐鲁书社，1997年，第116页。

② （清）王士祯：《佳山堂诗集序》，见冯溥《佳山堂诗集》，四库全书存目丛书集部第215册，第14页。

家族的研究，多集中于在国内的临朐冯氏的政治、文学成就，[①] 而对自明末冯三仕赴朝之后留居朝鲜的临朐冯氏家族成员的情况，至今仍缺乏系统深入的论述。本文以中韩两地的《临朐冯氏族谱》为依据，首先对在国内的明清时期临朐冯氏家族中几位重要代表人物的政绩及文学成就进行钩沉梳理，之后对避居朝鲜的冯三仕及其后裔的情况作出重点考察，通过两者比较分析可以看出，明清时期的山东临朐冯氏家族作为一个累世簪缨、代有人才出的名门望族，家学相承，其家族成员不管身处何地，都以自己的行为践行着冯氏家族为官清廉、为文质朴、为人坚毅忠贞的家风和家族传统。

一、山东：明清时期的临朐冯氏望族

自明朝正德年间至清朝康熙时期，二百多年的时间里，临朐冯氏家族七代人中中进士者十二名，举人十一名，是其时著名的科举望族。《明史》中称：自冯裕以下，冯氏家族“累世皆进士”[②]。

冯氏祖籍山东临朐县仁寿乡盘羊（今作盘阳），其家族兴盛自冯裕始。冯裕（1479—1545），字伯顺，号闾山，“以戍籍生于辽东。师事贺钦，有学行”[③]。弘治十七年（1504）中举人，正德三年（1508）中进士。冯裕先祖冯才兴是元代万户侯，明洪武二年（1369），“诏简山东之民三户徙一人戍辽”[④]，冯才兴的长子冯思忠应征赴辽东广宁左卫十三站五家屯守边关，任千户指挥佥事，入军籍。戍辽后，冯思忠生子福通（1402—1449），福通入赘广宁右屯卫盐场小屯吴家，育有四子，除长子冯春（1417—1462）外，其余三子皆无后。冯春子冯振（1450—1490），字文景，赠奉直大夫、南京户部郎中，冯振生子冯裕，自冯思忠由临朐徙辽，传至冯裕五代，百余年间，冯氏族人只留冯裕一支。嘉靖六年（1527），冯裕调任甘肃平凉知府，受命后，携家眷自南京赴任，路过青州，祭先祖之墓，大会乡党，复籍临朐，命长子惟健、五子惟讷与七子惟直陪同母亲留居府城益都，携次子惟重、四子惟敏至平凉赴任。正如《益都县图志》所载：“（冯裕）道过青州，省先人冢墓，乃还旧籍而居益都焉，以后期改知石阡府。”[⑤] 光绪《临朐县志》中也说：“道出青，裕乃大治具上先人冢墓，会其乡党父老，欢洽道，故复还家临朐，命子惟健以眷属居郡城，而独之平凉，以后期改知石阡。”[⑥] 据冯惟敏在《冯氏世录引》中记载，冯氏“嘉靖初复归于临朐，族之耆辈言：吾祖于前代为万户侯，有遗冢焉，今凌夷久矣，

① 已有的研究成果中，或者是对冯氏个别成员的探讨，且多侧重于其文学方面的成就，如郑树平《冯裕叙论》（http：//www. fengbbs. cn/viewthread. php？tid = 3447&extra = page%3D1）、《冯惟敏散曲风格论》（载《齐鲁学刊》1998 年第 4 期）；张秉国《冯惟敏创作述评》（载《聊城大学学报》2002 年第 2 期）、《“临朐四冯”诗论》（载《管子学刊》2005 年第 2 期）；王淑静《冯琦与〈经济类编〉》（山东师范大学 2005 年硕士学位论文）。或者是对在国内的以冯裕、冯惟敏、冯琦、冯溥为代表的冯氏文学世家的研究，如孔繁信《明清著名文学世家——临朐冯氏》（载《山东师范大学学报》1987 年第 2 期）；纪锐利《冯氏家族略述》（载《聊城大学学报》2003 年第 3 期）；梁娟娟《明清临朐冯氏家族研究》（山东师范大学 2006 年硕士学位论文）；艺翰《明清临朐冯氏文学世家》（未刊稿）。后两文中部分内容涉及在朝鲜的冯三仕及其后裔的情况，但并未展开论述。

② （清）张廷玉等：《明史》卷 216《冯琦传》，北京：中华书局，1974 年，第 5705 页。

③ 《明史》卷 216《冯琦传》，第 5705 页。

④ 冯裕：《冯氏世录 · 冯氏先陇表》。

⑤ （清）张承燮修、法伟堂、孙文楷纂：光绪《益都县图志》卷 49《外传》，清光绪三十三年刻本。

⑥ 光绪《临朐县志》卷 14《人物》，据（清）姚延福修、邓嘉缉等纂，清光绪十年刊本影印，台北：成文出版社，1976 年，第 592 页。

为某者宅其上，当质之官府云。府君愀然不应，宅之者固巨室也，然其故，固不可知矣”①。可以说，在冯思忠迁往辽东之前，冯氏在临朐的情况已不可详考，临朐冯氏家族的真正崛起是从始迁祖冯裕开始的。

冯裕自幼父母双亡，由叔祖母池氏抚养长大。他勤学苦读，于正德三年（1508）中进士，历官松江府华亭县知县、安徽萧县知县、晋州知州，所至多有惠政，尝谓“希宠者负君，媚人者负己，谋身者负人，生平盖三无负矣”②。正德十年（1515），冯裕升任南京户部湖广清吏司署郎中事员外郎，掌出纳。嘉靖六年（1527）调任甘肃平凉知府，次年改调贵州石阡知府，十三年（1534）迁任贵州按察司副使，上任不到一年即解官归乡，与石存礼、刘澄甫、陈经、杨应奎等人于青州北郭禅林寺结成“海岱诗社”。后来，冯裕曾孙、礼部尚书冯琦辑冯裕等人诗作为《海岱会集》十二卷，付梓传世，内收冯裕历年诗作一百二十八首，别为《方伯集》，又编入《五大夫集》与《北海集》中。冯裕育有七子，除三子、六子与七子庠生惟直早卒外，其余四子皆闻名于时，人称“临朐四冯”。

冯惟健（1501—1553），字汝至，号陂门、冶泉，冯裕长子，嘉靖七年（1528）中举人，弱冠即有文名，著有《陂门集》和《南征圣泉赋》等。冯惟重（1504—1539），字汝威，号芹泉，冯裕次子，“十岁属文，观书数行俱下，有会于心，辄手录之，弱冠补辽东广宁卫庠生”③。嘉靖初年随父还籍临朐，改郡庠生。嘉靖十三年（1534）中举人，十七年（1538）与五弟惟讷中同榜进士，留任京都，为行人司行人，有《大行集》传世。冯惟敏（1511—1578），字汝行，号石门、海浮，冯裕四子，嘉靖十六年（1537）中举人。在整个冯氏家族中，其文学成就最为突出，是明代著名的散曲家，其散曲作品风格继承了元代豪放派的传统，有“曲坛上的辛弃疾”之称。作品有《山堂词稿》、《击节余音》、《海浮山堂词稿》、《石门集》等。同时，冯惟敏还是一位杰出的剧作家，其杂剧代表作有《梁状元不伏老》、《僧尼共犯传奇》等。冯惟敏参与修订了临朐县第一部县志——嘉靖《临朐县志》，担任总纂官，历官直隶涞水知县、镇江府教授、保定通判，修订万历《保定府志》。冯惟讷（1513—1572），字汝言，号少洲，冯裕五子。据《明史·冯琦传》记载：“惟重、惟健、惟讷皆有文名，惟讷最著。”④ 嘉靖十三年（1534）中举人，十七年（1538）中进士，历官宜兴知县、魏县知县、蒲州知州、扬州同知、松江知府、南京户部郎中等职，嘉靖三十年（1551）补兵部车驾郎中，出任陕西按察司佥事，备兵陇右道，驻扎秦州。后升任山西布政司右参政，嘉靖四十五年（1566）升山西按察司使，随后历迁陕西右布政使、江西左布政使，隆庆五年（1571），以江西左布政使加光禄卿致仕。冯惟讷不仅在兄弟四人中仕途最显，而且其文学成就亦相当突出，著作有《冯少洲集》、《光禄集》、《楚辞旁注》、《选诗约注》、《文献通考纂要》、《杜诗删注》等，他辑录的《古诗纪》156卷和《风雅广逸》8卷，并收入《四库全书》，他还修订了青州第一部府志——嘉靖《青州府志》18卷。《渔洋诗话》中说：“冯氏自闾山先生起家进士，以诗名海岱间，有四子惟健、惟重、惟敏、惟讷，皆有诗名。”⑤ 惟健著有《陂门集》，惟重著有

① 冯惟敏：《冯氏世录·冯氏世录引》。
② 《大泌山房集》卷65《冯氏家传》，第113页。
③ 光绪《临朐县志》卷14《人物》，第595～596页。
④ 《明史》卷216《冯琦传》，第5705页。
⑤ （清）王士祯：《渔洋诗话》卷上，文津阁四库全书集部第496册，北京：商务印书馆，2005年，第528页。

《大行集》，惟敏著有《石门集》，惟讷著有《光禄集》，四人诗作加上冯裕的《方伯集》，被冯琦辑为《五大夫集》与《北海集》。明万历进士、礼部尚书余继登认为，冯裕之子“四登科第，并以文章政事擅名于时，东海冯氏遂有声称于天下”[①]。

冯子咸（1548—1596），惟健次子，万历元年（1573）中举人，著有《日进札记》、《自警私录》、《读礼抄记》、《耕余笔谈》等。《明史》中记载，子咸“讲求濂、洛之学，尝曰：‘为学须刚与恒。不刚则隳，不恒则退。’治家宗颜氏家训。钟羽正称‘子咸信道忘仕则漆雕子，循经蹈古则高子羔’云”[②]。他重礼尚义，以绍明道统为己任，是冯氏家族中践行理学思想的代表。冯子履（1539—1596），字礼甫，号仰芹，冯惟重子，隆庆元年（1567）中举人，次年中进士，历任直隶固安知县、兵部车驾司主事、职方司员外郎、山西按察司佥事、山西布政使司参议、山西按察司副使等职。万历十三年（1585）出任和州知州，后迁陕西按察司佥事，治秦州，“尤多惠政，秦民为置生祠”[③]。万历十六年（1588）升山西参议，次年迁河南副使，二十一年（1593）迁河南参政。子履长子冯琦（1558—1603），字用韫，号琢庵，“幼颖慧绝人，授书日记千言，一经目终身不忘，十岁能文章，嗜学昼夜不辍”[④]。万历四年（1576）中举人，五年（1577）中进士，随后即被选为翰林院庶吉士，为时任首辅的张居正赞为“幼而硕者，国器也”[⑤]。万历七年（1579）授翰林院编修，十年（1582）授翰林院修撰，次年充经筵展书官，十四年（1586）任会试同考官，是年奉命编纂六曹奏章，值起居注。1587 年，冯琦参与编撰《大明会典》告成，因功升侍讲学士，负责文官诰敕，次年任湖广乡试主考。万历十七年（1589），冯琦任经筵讲官，升右春坊右谕德，后历任左庶子、少詹事兼翰林院侍读学士、礼部右侍郎、吏部右侍郎、吏部左侍郎，官至礼部尚书，逝后赠太子少保，谥文敏。著作有《宗伯集》、《五大夫集》、《北海集》、《两朝大政记》、《唐诗类韵》、《通鉴分解》、《宋史纪事本末》、《经济类编》、《海岱会集》等，其中后三书并收入《四库全书》之中。

冯瑗（1572—1624），惟敏孙，字德韫，号栗庵，万历二十二年（1594）中举人，次年中进士，历任湖广茶陵知州、泽州知州、户部贵州司员外郎、云南司郎中、山西参政、开原兵备道兼河南布政使司，著有《黄龙纪事》、《开原图说》、《治源园居即事诗十首》等。所纂《开原图说》二卷，为开原现存最早的志书。冯琦所纂《经济类编》一百卷，生前仅成手稿，粗分四类，冯琦去世后，由冯瑗复加整理，分类排比成书，定为帝王、政治、储宫、宫掖、臣、谏诤、铨衡、财赋、礼仪、乐、文学、武功、边塞、刑法、工虞、天、地、人伦、人品、人事、道术、物、杂言等二十三大类，事迹、文章均有收载，正史、杂史、诸子百家无不辑录，该书以其重要的史料价值成为官家经国济民之备。冯珣（1562—1604），惟讷孙，字季韫，号璞庵，历官长武知县、咸阳知县、交河知县、兴安知州、汉中府同知等职，著有《韫璞斋稿》。冯士标，惟健曾孙，字端明，号宗尼，崇祯进士，顺治二年（1645）任兵部武选司主事，后历官陕西按察司佥事、福建按察司副使，

---

① （明）余继登：《淡然轩集》卷6《墓志·明通奉大夫光禄寺卿少洲冯公墓志铭》，文津阁四库全书集部第431册，北京：商务印书馆，2005 年，第583 页。

② 《明史》卷216《冯琦传》，第5706 页。

③ 光绪《临朐县志》卷14《人物》，第614 ~615 页。

④ （明）李维桢：《冯氏家乘》，清抄本。

⑤ （明）李维桢：《冯氏家乘》，清抄本。

有《西征集》传世。冯士衡，惟讷曾孙，任孝丰知县，颇有政绩，逝后入祀孝丰名宦祠，有手迹《西苑诗》存世。冯溥（1609—1691），士衡次子，字孔博，号易斋、云海，崇祯十二年（1639）中举人，清顺治四年（1647）中进士，授翰林院庶吉士，次年授编修，后升秘书院侍读学士，累官吏部右侍郎、吏部左侍郎、都察院左都御史、刑部尚书，康熙十年（1671）升文华殿大学士，兼理刑部，成为临朐冯氏家族中官阶最高的一位，著有《佳山堂诗集》十九卷。

二、朝鲜：冯三仕及其后裔

冯三仕（1607—1671），字惟荣，庠生，被韩国冯氏列为东迁始祖，冯裕六世孙，二支冯惟重后裔，史称其“天资恭俭好义”①。明熹宗天启年间，宦官魏忠贤把持朝政，纪纲日颓，冯三仕无心科举，躬耕自给。崇祯十一年（1638），清兵侵入山东，冯三仕应征从戎，山东布政使张秉文力战遇害，“州县死节者百余人，士民不屈者甚众”。次年，清兵围攻武城，三仕领兵救援，兵败被俘，被关入沈阳监狱。“先是，正德王以大君质留沈馆，深相亲信。不久，京师陷，三仕日夜忧愤，不欲归乡里。及王归国，与王以文诸人俱从。王使居宫门外，厚遇之。”②

李氏朝鲜自洪武二十五年（1392）建国后，就与明朝确立了宗藩关系。万历二十年（1592），日本关白丰臣秀吉发动侵略朝鲜的战争，在朝鲜全境几乎沦亡之际，明神宗下令出兵，倾全国之力援救朝鲜，经过七年艰苦卓绝的战争，终于打败日本侵略军，战后明军立即撤退，没有对朝鲜提任何要求，此举被朝鲜君臣视为“再造藩邦”之恩。终明之世，朝鲜视明朝为父母之邦，谨执君臣之礼。1636 年 12 月，清太宗皇太极亲率大军进攻朝鲜，逼迫朝鲜仁祖大王签订城下之盟，被清军重重围困的仁祖大王遣使告急于明朝，因其时明朝正困于国内的农民战争，无力支援朝鲜。次年正月，在被清军困于南汉山城四十余天之后，仁祖大王最终为了国内民众的安危，被迫向清朝称臣纳贡。仁祖君臣事后得知，崇祯皇帝曾命山东总兵陈洪范调各镇舟师救援，水师出海数日，得山东巡抚颜继祖奏：“属国失守，江华已破，世子被擒，国王出降。”崇祯以继祖之不能协图救援切责之。朝鲜君臣感叹，“毅宗不责我不能守城，反责继祖之不能救，其悯念属国之恩，未有如我毅宗者也”③。上文所说的“世子”，指的是仁祖大王的昭显世子和二王子凤林大君，根据清鲜之间订立的三田渡盟约的要求，清军自朝鲜班师之际，将二位王子带回沈阳，作为人质，清定都北京后，朝鲜质子又随往北京，在此期间，冯三仕因兵败被俘，被关入沈阳监狱，与同样因抗清不成被关入监狱的济南庠生王以文、青州庠生王文祥、东昌庠生王美承、琅琊进士郑先甲、通州庠生杨福吉、大同庠生裴三生、大同庠生柳溪山及杭州进士黄功等九人，成为朝鲜质子在沈阳和北京时的九位仆役，他们被称为“九义士”，在清顺治二年（1645），质子被释放回国时跟随质子来到朝鲜。回朝鲜不久，昭显世子病故，凤林

---

① ［朝］吴庆元：《小华外史续编》卷之二《皇朝遗民录·避地东来诸人》，白岳山房文库，崇祯纪元后五戊辰刊。

② 《小华外史续编》卷之二《皇朝遗民录·避地东来诸人》。

③ 吴晗辑：《朝鲜李朝实录中的中国史料》第 11 册，英宗二十五年三月己酉，北京：中华书局，1980 年，第 4544 页。

大君被册封为世子，他与“九义士”感情至深，下令在宫邸南墙外建成皇朝人村，请“九义士”住居其中。顺治七年（1650），凤林大君继承王位，是为孝宗，他与“九义士”志同道合，时时召见，共谋反清复明大计。孝宗屡有录用之意，曾多次劝说“九义士”出任朝廷官员，但他们均辞而不受。冯三仕说：“羁旅贱臣，敢忘国破家亡，猥蒙国恩，纵欲荣利，将何面目归见先帝先祖于地下乎？宁愿殿下益勉薪胆之志，遣使南朝，合力协谋，臣等得归故乡，虽死足矣！”① 孝宗感慨道：“以天朝缙绅子孙，流离海隅，其志可见矣。”② 孝宗满怀北伐之志，希望待机雪耻，不料天不假年，在位十年即赍志而丧。孝宗既逝，冯三仕自觉复国无望，“自此杜门，惚惚无生世意”③，“至痛在心，无意于生全，竟以忧愤成疾”，子孙为他请医问药，也被他拒绝道：“吾不死于北庭之变，尚有望恢复故也，今国势陵夷，士气解缓，计既已矣，不死何待?”临终之前他还嘱托家人：“吾为人臣子，未湔君父之仇，羁死异域，诚先祖之罪人也。我死，殓以常服，勿用玄纁旌翣及椁，勿使增罪戾也。”④ 1671年8月，冯三仕卒于皇朝人村，年六十五岁。冯三仕的夫人历城李氏，乃翰林院编修李照南之女。乙酉（1645）二月，“九义士”诸人陪从朝鲜世子东渡，李氏与济南庠生王以文的夫人黄氏及宫女回姐、柔姐、紧姐、屈姐等同赴朝鲜，居于朝阳宫南墙外皇朝人村。

冯三仕的父亲为冯秀，祖父冯士述、曾祖父冯瑗。韩国《临朐冯氏族谱》中对于冯瑗的记载是这样的，“冯瑗，字德韫，庚辰（明万历八，西纪一五八〇）进士，户部左侍郎，山东科都官。配青松李氏，子一士述”⑤。祖父惟重，父子履。国内的临朐冯氏族谱中也有关于冯瑗的记载，但与上述说法不同的是，这里的冯瑗虽然同样字德韫，却是万历二十三年（1595）中进士，祖父惟敏，父子升。两人出自冯氏不同的支系，且中进士的时间与为官经历皆不相同，可见不是同一个人。冯三仕因曾经反满抗清，而清朝最终统一全国，三仕又避走朝鲜，所以自冯三仕以上三代，包括其曾祖父冯瑗、祖父冯士述和父亲冯秀，都在临朐冯氏族谱中被除籍，这也就能够解释为什么国内的族谱中冯惟重一支没有关于冯瑗的记载，只是同辈人中出现名和字完全相同的两个人，却是不常有之事。冯三仕的祖父冯士述和父亲冯秀未被列入国内的临朐冯氏族谱中，但根据韩国族谱，仍然可以了解其大致情况。“士述，字肃度，壬辰（明万历二〇，西纪一五九二）进士，吏部科都给事兼春坊左资善。配陇西李氏，子一秀。”“秀，字茂哉，号山光，丙午（明万历三四，西纪一六〇六）进士，兵部侍郎兼左副都御史都察院。配蒲州杨氏，户部尚书俊珉（按：应为‘民’，杨俊民，1531—1599，字伯章，号本庵，嘉靖四十一年进士，历官户部主事、礼部郎中、河南提学副使、太仆少卿、兵部左侍郎、户部尚书、太子少保、太子太保，逝后赠少傅兼太子太傅）之女，子一三仕，女适麻舜裳，父岩、祖承恩、曾祖贵丁酉再乱东援，子蓬直、孙绵蚕。仁祖五年丁卯，舜裳东来，贯上谷。”⑥

冯三仕跟随凤林大君来到朝鲜，其后世遂在朝鲜繁衍生息。1835年，冯三仕五世孙

① ［韩］《临朐冯氏族谱》，第74页。

② ［韩］《临朐冯氏族谱》，第75页。

③ 《小华外史续编》卷之二《皇朝遗民录·避地东来诸人》。

④ ［韩］《临朐冯氏族谱》，第75~76页。

⑤ ［韩］《临朐冯氏族谱》，第69页。

⑥ ［韩］《临朐冯氏族谱》，第69页。

冯宪祖恐后世忘本而修谱系，其后，在1864年、1936年、1960年、1973年和1989年，冯氏后人又多次修谱。族谱体例与中国内地族谱略同，有谱序、世系源流图、先墓位置图、行列字表、源编、流编等内容。韩国冯氏以冯三仕为东迁始祖，根据韩国《临朐冯氏族谱》，可以清楚地了解其后世的为官经历和著述情况：三世冯翊汉为将仕郎，赠通训大夫、司仆寺正。四世冯庆大任大报坛守直官；冯庆文除单付加设哨官、御侮将军行训练院主簿，赠通政大夫、承政院左丞旨兼经筵参赞官；冯庆瑀历任大报坛守直官、活人署别提、大吏通训大夫、重林道察访。五世冯载厚任大报坛守直官；冯载恒任宣武祠守直官；冯载俭历任大报坛守直官、宣略将军、龙骧卫副司，赠嘉善大夫、户曹参判，兼同知义禁府都事、五卫将都总府副总官；冯载修任宣武祠守直官。六世冯学祖历任宣略将军、龙骧卫副司、大报坛守直官、佥知中枢府事、忠壮卫将、折冲将军、龙骧卫副护军兼五卫将，赠嘉善大夫、同知中枢府事，著有《冽泉直中录》、《皇坛配享诸臣目录》、《皇坛参班遗臣诸家录》、《皇朝遗民世系源流图》、《皇朝遗民谱》、《东溟稿》，参与族谱的修订；冯宪祖任《庠生公年谱》编修、《临朐冯氏世谱》编修；冯愿祖历任宣武祠守直官、通政大夫兼折冲将军、佥知中枢府事、五卫将；冯念祖历任宣武祠守直官、龙骧卫副司，推进朝宗岩修建，撰《朝宗岩立庙文》；冯述祖、冯近祖为汉旅成员；冯承祖汉旅未付。七世冯世周历任大报坛守直官、宣略将军、龙骧卫副司、通政大夫、中枢府事、折冲将军、龙骧卫副护军兼五卫将，著有《风泉集》；冯世镐历任大报坛守直官、宣略将军、龙骧卫副司、宣武祠守直官，著有《风泉录》、《皇朝遗臣胡学士实迹》；冯世万任大报坛守直官；冯世龙历任宣武祠守直官、大报坛守直官、效力副尉、龙骧卫副护军；冯世凤与冯世鹤历任大报坛守直官、宣略将军、龙骧卫副司；冯世百汉旅未付。八世冯锡龟历任大报坛守直官、宣略将军行龙骧卫副司、通训大夫、典设司别提、缮工监主簿、司宪府监察、长兴库主簿、礼宾寺主簿、通礼院引仪、尾署别提、司导寺主簿、狼川县监兼铁原镇官、狼川兵马节制都尉、活人署别提、昌陵令、康陵令、献陵令、永陵令、惠陵令、仁陵令、靖陵令、明陵令、显隆园令、英陵令、徽庆园令；冯锡骥历任大报坛守直官、通训大夫、长兴库主簿、司圃别提、东部令、典设司别提、南部令、司宪府监察；冯锡鹏赠通政大夫、秘书院秘书丞旨，著有《皇坛仪轨抄》。九世冯鹤淳任洪唛魂院参奉；冯教淳历任大报坛守直官、宣略将军行龙骧卫副司、通政大夫、中枢院议官。十世冯柱厦任砂防管理所长；冯柱屹历任花树会长、奖学会长。十一世冯仁燮为国民学校教师；冯荣燮（1920—2004），十六岁时即参与族谱的修订工作，早年执教于加平郡京畿道中学和仁川府中学，1945年后至东中山林高等学校设立运动参划，任庶务课长。曾任杨州郡教育委员会委员、副议长、杨州郡农业协同组合监事和山林组合监事等职，著有《朝宗岩文献录》、《朝宗岩文献录续集》、《朝宗岩文献录后集》、《大统庙复享再建志》、《九义士传》、《增补九义士传》、《增修九义士传》、《朝宗岩与九义士》、《大明遗民史》、《临朐冯氏族谱》、《临朐冯氏世稿》等书。1959年，冯姓花树会组织族谱修撰工作，冯荣燮是主要负责人。1978年任《杨州郡志》编纂委员参划，1982年任南杨州文化院创设顾问。他为先祖立“冯义士纪绩碑”，重建朝宗斋，组织朝宗岩保存会，创建大统庙，组织明义会和为大统庙筑墙立门及朝宗岩扩建等。

冯荣燮毕生从事全世界冯氏的寻根运动，自他得知韩国冯氏的族源是山东临朐冯氏，就一直寻找机会，希望能重回故乡、寻根问祖。在《〈寻根〉运动之由来和经验记》一文中，他写道：“（先祖）因当年兵荒马乱之时，仓促东渡来韩，不克将族谱携带同行，以至今日，只知为临朐冯氏，应属中国临朐冯氏之一分派。”① 1989 年 10 月，冯荣燮以韩国粟谷思想研究院研究员的身份，赴曲阜参加孔子诞辰 2540 年纪念庆典，因当时不能至行程安排之外活动，其探访故土的愿望终未能实现。10 月 8 日农历重阳节，冯荣燮登上泰山玉皇顶，将从韩国南杨州捎来的酒果布纸陈设，向临朐冯氏十一代以上远祖之英灵读祝跪拜。回国前，他将所著韩国《临朐冯氏族谱》和《九义士传》二书以及一封题为“登泰山而未能探访祖乡”的信与在泰山之巅祭拜祖先的照片，寄至临朐县地名办公室，办公室工作人员为他找到了冯裕第十六世孙、县文艺创作室主任、国家二级编剧冯益汉。冯益汉是四支冯惟敏之后，因为从事文学创作的缘故，得以传承先祖留下的《临朐冯氏族谱》和集历代名人为冯氏先宗撰写行状、碑文的《冯氏世录》，他为冯荣燮的思乡情愫所感动，即刻为其寄去冯氏先祖的资料，并附先祖遗像六帧。就这样，中韩两国冯氏子孙正式取得了联系。1991 年 7 月，冯荣燮赴天津参加第二届明清史国际学术讨论会，会后偕次子起亨赴临朐寻根认祖。回韩国后，冯荣燮集分散于世界各地的冯氏人物和资料，撰写了百万字的《冯氏大同谱》，次年又撰写了《冯氏大同谱续篇》，1993 年撰成《韩国人尊周思想》一书。

朝鲜君臣对明朝始终怀有强烈的感恩之心，因而他们对留居朝鲜的“九义士”及其后裔也采取了宽容友好、尊重优待的态度，尊称他们为“皇朝人”、“皇朝人子孙”，免其钱粮兵役，厚赐衣廪。孝宗时，将“九义士”拨归宫中内需司管理，同时，“朝廷赐田民、给衣食。”②

肃宗三十年（1704），明朝灭亡六十周年之际，肃宗在昌德宫后苑建大报坛，崇祀明神宗，英宗时期，又将崇祀对象增加到明太祖和崇祯皇帝。大报坛成为历代朝鲜国王崇祀明朝皇帝的祭坛，直到 1908 年被毁。正宗十四年（1790），设立大报坛守直制度，以“九义士”子孙充任大报坛守直官，属兵曹管辖，又置汉旅三十名，入直于朝宗门内，坛享时行奉神榻、设馔、撤馔等事。③ 每当三帝诞辰、忌日和践祚之日，朝廷均会举行隆重仪式，此时“九义士”子孙是最重要的陪祀人员。1831 年，济南庠生王以文五世孙王德一、王德九兄弟在朝宗岩建大统庙，崇祀明朝三位皇帝和九义士，此后，九义士之中的临朐冯氏、杭州黄氏、琅琊郑氏和济南王氏四姓后裔大多移居于朝宗岩附近，这里同样成为朝鲜君臣尊周思明的场所。1968 年 3 月 19 日，四姓后裔成立了“九义士子孙亲睦会”，以大统庙为祭奠圣地。他们对祖先的崇祀对当时及后世的朝鲜社会均产生了深刻的影响，也赢得了朝鲜人民的尊重。

根据韩国经济企划院调查统计局 1987 年 12 月发表的统计报告显示，截至 1985 年 11 月 1 日，散居于韩国各地的九义士后裔有近 3 000 人，其中临朐冯三仕后裔 361 人，分别为汉城 65 人、釜山 22 人、大邱 9 人、仁川 4 人、京畿道 189 人、江原道 14 人、忠北道 19 人、忠南道 7 人、全北道 6 人、全南道 5 人、庆北道 21 人。④ 作为山东临朐冯氏这一名门望族之

---

① 冯荣燮：《〈寻根〉运动之由来和经验记》，1991 年 8 月。

② 阙名朝鲜人：《皇明遗民传》卷之七，1936 年北京大学影印本。

③ ［朝］吴庆元：《小华外史》卷之八，白岳山房文库，崇祯纪元后五戊辰刊。

④ 《韩国姓氏大百科·姓氏的故乡》，中央日报社 1989 年版，载冯荣燮编：《大明遗民史》上卷，韩国保景文化社，1989 年，第 266 页。

后，自明末冯三仕跟随朝鲜质子赴朝，至今已传至十余代，其子孙中有多人在朝鲜为官，而从他们所著多部著述来看，又依稀可以看出临朐冯氏文学世家的浸润和影响。赴朝冯三仕及其后裔，家学渊深，在异国的土地上，继续书写着政事与文章并举的家族传奇。

附：

韩国冯氏著述表

世系	著者	著作	卷数	成书年代
六世	冯学祖	《洌泉直中录》	两卷	纯宗二十八年（1828）
六世	冯学祖	《皇坛配享诸臣目录》	一卷	
六世	冯学祖	《皇坛参班遗臣诸家录》	一卷	纯宗二十八年（1828）
六世	冯学祖	《皇朝遗民世系源流图》	一卷	不详
六世	冯学祖	《皇朝遗民谱》	一卷	纯宗二十八年（1828）
六世	冯学祖	《东溟稿》	一卷	高宗十一年（1874）
六世	冯学祖	《临朐冯氏族谱》	一卷	不详
六世	冯宪祖	《庠生公年谱》	一卷	纯宗三十四年（1834）
六世	冯宪祖	《临朐冯氏世谱》		纯宗三十五年（1835）
六世	冯念祖	《朝宗岩立庙文》	一卷	哲宗十年（1859）
七世	冯世周	《风泉集》	两卷	宪宗十二年（1846）
七世	冯世镐	《风泉录》	一卷	高宗十三年（1876）
七世	冯世镐	《皇朝遗臣胡学士实迹》	一卷	高宗十三年（1876）
八世	冯锡鹏	《皇坛仪轨抄》	一卷	不详
十世	冯柱德	《临朐冯氏族谱》		1960
十一世	冯荣燮	《临朐冯氏族谱》		1936、1960、1973、1989
十一世	冯荣燮	《朝宗岩文献录》		1977
十一世	冯荣燮	《朝宗岩文献录续集》		1982
十一世	冯荣燮	《朝宗岩文献录后集》		1987
十一世	冯荣燮	《大统庙复享再建志》		1987
十一世	冯荣燮	《九义士传》		1967
十一世	冯荣燮	《增补九义士传》		1971
十一世	冯荣燮	《增修九义士传》		1987
十一世	冯荣燮	《朝宗岩与九义士》		1988
十一世	冯荣燮	《临朐冯氏世稿》		1986
十一世	冯荣燮	《大明遗民史》		1989
十一世	冯荣燮	《冯氏大同谱》		1991
十一世	冯荣燮	《冯氏大同谱续篇》		1992
十一世	冯荣燮	《韩国人尊周思想》		1993

作者：刘冉冉，暨南大学华侨华人研究院在站博士后。

The Feng Lineage of Linqu in Shandong and Their Activities in Shandong and Korea in the Ming and Qing Dynasties

Liu Ranran

Abstract: The Feng lineage of Linqu in Shandong was well-known and influential in local society during the Ming and Qing Dynasties. Almost every generation had its eminent representatives in either official circles or literary filed, and it was thus termed as "Aristocratic Lineage of North Sea". Feng Sanshi, the sixth generation grandson of Feng Yu, accompanied the prince of Korea who was held as a hostage in the Qing court back to Korea in late Ming and settled down overseas. His descendants thus propagated from generation to generation in the Korean Peninsula. The Korean government treated them friendly and preferentially, exempting them from taxes and military service while providing them with clothes and grain. A number of Feng's descendants as a result assumed official positions in the Korean court and played important roles in the official memorial ceremony held in Korea.

Key Words: Ming and Qing Dynasties The Feng Lineage of Linqu in Shandong Feng Sanshi Korea

18—19世纪吧城华人婚姻状况研究
——《公案簿》婚姻案件探析（下）

纪宗安　张　雪

【摘　要】吧城华人公馆档案丛书——《公案簿》的系列出版再现了18—19世纪吧达维亚城市华人社会的真实状况。婚姻案件是其中内容相对集中的一个领域，反映了吧达维亚华人在婚姻习俗上的传承和演变，以及初见成熟的婚姻管理体制下，婚姻观念的传承、变异和中华婚俗文化与当地婚俗文化的冲突与融合。本文据已出版的《公案簿》系列丛书为一手资料，在上篇中对吧城华人婚姻状况作了梳理，并在分析、论述吧城华人状况和婚姻管理体制的基础上，进一步探析传统的中国婚俗观念在异地异国的传输、承继和演变，从而反映出移民文化的多变与多元，这在中外文化交流上具有普遍规律。

【关键词】吧城　华人　婚姻

吧城的华人社会构成，是决定其整个婚姻状态的社会基础。中华民族根深蒂固的传统理念，在这个移民国度，除了掺杂诸多的外国面孔和不一样的语言之外，好像没有什么大的不同。男尊女卑在吧城的痕迹依然浓重，男女双方社会地位悬殊，夫妻财产分配和继承上的偏倾，无不体现了男女不平等的特点。看重礼教的风气依然盛行，私通、外遇的审理处罚与移民家乡的严苛也颇为相似。而此时天朝上国的盲目自大，又使得吧城的华人社会充斥着对非我族人的歧视，表现在对当地妇女所生的子女不能一视同仁，对土著男子与华人妇女的结合竭力拦阻等，这些均是吧城华人社会在婚姻问题上值得研究的现象。

一、男尊女卑观念的遗存和维护

中国数千年的封建观念中包含着男尊女卑的思想意识，作为社会主要劳动力的男性对家庭经济的支撑必然决定了他的家长地位，妇女是丈夫的从属，大多数妇女在家庭中的作用仅仅是上要侍奉公婆与丈夫，下要生儿育女，成为家庭劳作和生育的机器，全无平等的地位和权益。

在旧风俗中，妇女社会地位低下，封建礼教的束缚使人们逐步形成了一套歧视妇女、束缚妇女的纲常礼教。封建统治者用种种手段，阻止妇女参与各种社会活动，所谓“大门不出，二门不迈”，就连自己的终身大事也不能自主，而是全凭“父母之命、媒妁之言”，所以闽南话中有“父母主婚，芋横（芋头杆）菜尾（咸菜）也要吞”的说法。许多妇女最终的命运是“嫁鸡随鸡飞，嫁狗随狗走，嫁乞食（乞丐）提加字斗（乞食袋)”[1]。妇女在社会上没有地位，在家庭中也只是传宗接代的工具和听凭差遣的奴仆。这几乎就是旧中国闽南妇女生活的全部内容和真实写照。

封建意识形态中的男尊女卑思想及其种种表现，也被一批又一批的华族移民带往遥远的吧城。而与家乡不同的是，在吧城的华人社会中，家庭女性多是当地土著妇女，或是二代混血侨生女，于是在华人特别看重宗族血亲关系的影响下，就更加重、加深了男女间的不平等。由于很多华人男子在家乡已留有原配妻子，于是在客居的吧城，对婚姻的要求就显得不过于苛刻，但随之带来的却是其在婚姻中的责任心大打折扣。在整理出版的《公案簿》中，许多案件都说明丈夫对妻子没有尽到婚姻中应尽的责任，仅1782年至1803年的二十年间，因“抛弃不养”而离婚的案件就占到68.4%，其中有一典型案例是陈敏娘控诉伊夫林三牙[2]，案件前后审理达七次之多，历时一年之久，成为一起典型的异国“秦香莲”事件。陈敏娘含辛茹苦相夫教子多年，无论是在理家还是财力上都对其夫林三牙作出了忘我的奉献，而丈夫却在出外谋生回来后背信弃义，另宠别妾，敏娘念在多年夫妻情分上不弃不离，想换来丈夫的回心转意，结果仍遭辱骂殴打。现摘录陈敏娘的哭诉状如下：

> 1824年10月29日，拜五，公堂嘧喳唠，值月公勃低黄甲永禄官、戴甲明基官，诶真懒郑解官（不到）。
>
> 陈敏娘入禀控伊夫林三牙，告为骄性肆意割恩断义事。
>
> “初婚三五年前，三牙未有利路，食费一应先父给发。至先父辞世，食费无从给出，妾思既嫁从夫，随夫贱，随夫贵，夫妻互相惟命。夫现无利路，妾甘心劳苦，日夜饮粿、画猫泽[3]图利以畜儿女。后三牙道他欲回唐别图利路，乏用资费，求妾首饰付其发售以充。妾思首饰乃先父遗物，夫欲回唐谋利，乏用资费，二者不得两兼，不忍之中亦当割舍屈从”，于是，敏娘几乎取出全部家当，倾囊相受，不料三牙“在垄取一娼妓，带往四处周游，乐以忘忧，无念妻子在万状辛苦。……亦未尝掷下分文……妾寄书苦诉口腹难充之惨情，再接一信，命妾同家淮友搬运来吧，自成一家。妾为其真情，喜出望外，遂则依命而来，然娼妓依然如故侍侧……”敏娘在吧城几经周折，甚至还遭来丈夫的暴打，还是没有安顿在那本来属于自己的家里，于是“不得不历情哀告甲必丹大人，这般恋娼妓若掌上明珠，弃结发似道旁苦李，割恩断义，败坏纲常……伏乞甲必丹为民伸冤。”

从上述哭诉状中不难看出陈敏娘的孤苦生活和在家庭中的低下地位。如果这个案例还不足以说明吧城华人家庭生活妇女地位低下，那么，在下面对林三牙的审讯中，这种现象的普遍性则表现得更加明显：

---

① 马建钊、乔健、杜瑞乐主编：《华南婚姻制度与妇女地位》，广西民族出版社，1994年，第67页。

② 袁冰凌、[法]苏尔梦校注：《吧城华人公馆档案丛书——公案簿（第二辑）》，厦门大学出版社，2004年，第104页。

③ 画猫泽：指做蜡染布（Batik）。

列台讯曰："今尔妻供称，尔在外私畜妇人，每出日继夜，她唤尔回家，善言苦劝，尔乃凶拳怒打，致伤遍体，且欲绝其饮食，早晚辱骂打赶，是何道理？"三牙答曰："此事有谁证见？若云私畜外室，则公卿大夫庶民皆有之，岂独晚一人？"

林三牙的辩词说明当时这种情况极为普遍，当妻子在家里抚养子女和操持家务时，丈夫却可以抛弃家庭在外寻欢作乐，完全对妻儿不负责任。毫无疑问，女性在婚姻里是不容许有这种行为的。而当时社会中，男性在婚姻里除了有抛妻弃子的特权外，更令人发指的是，还可随意处置妻子。《公案簿》里记录了很多婚内虐待和歧视妇女的案件，见如下案例：

1844年4月19日，公馆嘧喳唠，值月公勃低甲必丹黄永禄官、雷珍兰吴昭阳官，雷珍兰陈启淮官（不到）。

陈福娘、冯元力离婚案①

陈福娘叫伊夫冯元力住中港仔："据云：'逐日无端被夫酷打，并拘禁在房内，睡蚊渠、食餲饭②，无资费，乏衣食。数般凌辱，实难忍耐。又于昨日更遭毒打在于背后，现有伤痕可证。伏乞判离。'以讯元力，供云：'从妈腰（陈永元）字内所详。晚只有少打而已，盖为拙妻庸愚，不能主持家事故也。'"

列台吊讯陈福娘，供如前陈，伏乞分离。

吊讯冯元力，供云："为拙妻屡次炊饭不熟，晚有少打四五次是实。至于食餲饭以及别事，并无此情。晚不愿分离。"

吊讯女婢人段，供云："贱见福娘食餲饭干参水，贱不忍心，私下买饭2雷付与自饮。所供是实，余不知详。"

台驳元力曰："福娘背后现有伤痕，尔用何物打之？"答曰："晚用鸡毛请柄打之。"

公堂会议："论冯元力屡次毒打其妻，绝无夫妻之情。本堂细思，元力务宜责罪为先，后付分离。"

这是一则典型的婚内虐待案件，在这个家庭里，因为两人口角引发了丈夫对妻子任意毒打，甚至还伴有监禁和断食，妇女在家庭中的状况可谓惨不忍睹。而这种情况居然很普遍，公堂在判决这类案件时，一般都以劝和为基本的原则，多数判以伤愈后归家。

基于女人是男人附属品的观念，吧城华人社会中女人不仅可以任由打骂、更换，甚至还可以被买卖。一些妾和奴婢的地位就更为低下，她们被随意更换男主人的事实甚至已被她们自己接受。但是同宗女子，竟然也会遭遇到这种惨境，不能不说在吧城华人社会里，男尊女卑的观念发挥到了极致。《公案簿》中就有一例叔叔卖侄女的案件：

① 聂德宁、侯真平等校注：《吧城华人公馆档案丛书——公案簿（第三辑）》，厦门大学出版社，2004年，第280页。

② 餲饭：变质、变味的剩饭。

1826年7月19日。拜三，公堂嘧喳唠，值月公勃低黄甲永禄官、戴甲明基官（不到），雷珍兰郑甲解官（不到）。

蔡爱娘、陈宝娘同叫蔡高禄①

据蔡爱娘供称："伊故侄蔡光荫之女名娘仔浮廚，被伊叔蔡高禄私悉出去，不知下落已有一礼拜。经向他探问，并不言明。乞恩追究。"

台召高禄问曰："尔姑同尔姻姆投告，说尔将侄女悉去，不知下落，果有否？"禄答曰："因前先父弃世，乏银应用，有借吴良生之银250盾。前日他到厝讨银，无银可还。见侄女，问已许配否，晚答尚未。生问要配人否，晚答曰若有妥人便要。良生云：'尔若将尔侄女付我，尔所欠之银则开消免还。'晚则付携去。"台曰："后尔姑追讨，尔何不向他讨回？况尔侄女非尔抚养，何敢自专付人？"禄答曰："已向他追讨，良生云此女得病未愈，不肯交还。"台曰："尔这罔法的畜生，败坏风俗，理合惩责，以戒后人。"即发押收禁，俟召良生，再行定夺。

吧城社会本以重视血脉宗亲为传统，却依然有不顾亲情以侄女抵债的事情发生，整个社会对女性的轻贱是显而易见的。综观吧城社会风气在异域虽有一定改善，从以上几个案件的判决中，女子的权益尚在官方的考量范围内可以为证，但中国几千年封建社会男尊女卑的思想观念乃是根深蒂固、不可撼动的。

二、妻妾的社会定位和女婢的身份

在吧城华人社会中，除男尊女卑的思想依然严重外，一夫多妻制的情况也相当普遍，那么妻妾的家庭和社会定位就自然成为研究华人婚姻生活的一个重要方面。

自古以来，蓄妾家庭多以妻妾共居的形式存在，直至清以前，在这种家庭的日常生活中，妾服侍妻乃天经地义。只是随着社会发展，情况才发生了些许改变。但是在大多数妻妾并存的家庭里，妻妾之间类似主奴的模式依然保留。正房妻子在家庭中拥有许多妾所没有的权力，而最大的差异就是百年之后正房妻子可以进入庙堂，另外还有正室子女优先、婚内财产控制力强等方面的优势。妻由父母之命、媒妁之言选定，两人相处未必和睦，更遑论爱情，而妾由男子自己选择，或男才女貌，两情相悦，或一见钟情，正可弥补男子婚姻中的感情不足。相对于其他的移情方式，纳妾也许是有利于家庭稳定的一种办法。即使或如此，道义上丈夫对原配妻子的责任和义务还是为大多数人所认可。请看下例：

1834年3月28日，甲必丹大（陈永元）干刀嘧喳唠，值月公勃低叶甲文选官、戴甲明基官。

雷珍兰戴明基官详，为陈柳欲与叶莺娘给婚字事②

① 袁冰凌、[法]苏尔梦校注：《吧城华人公馆档案丛书——公案簿（第二辑）》，厦门大学出版社，2004年，第329页。

② 聂德宁、侯真平等校注：《吧城华人公馆档案丛书——公案簿（第三辑）》，厦门大学出版社，2004年，第160页。

柳云："晚与黄清娘为夫妻计有八年之久，然无给婚字，且不能生养。今欲与叶莺娘为夫妻，乞给婚字。"

台召清娘讯，供云："氏与他为夫妇，虽无给婚字，然初甚贫，而后稍有，若欲给婚字，须与氏为先。"台曰："尔前夫是谁？"答曰："林瘦彪是也。但闻外言，经已身故。"台曰："能指明其身故乎？"答曰："不能。"

台召莺娘讯，供云："氏果要与陈柳为夫妻，乞给婚字。"台曰："尔前夫是谁？"答曰："邓亚实是也，经弃世十四年矣。"台曰："是谁知之？"答曰："有吴三宝为证。"

台召三宝讯，供云："诚如莺娘所言。"

台更讯清娘，供云："既柳欲与莺娘给婚字，听从其便。"柳即应曰："晚虽与莺娘给婚字，亦当给清娘衣食终身。"台曰："若然，准尔求给。"

唯退。

妻妾共居必然会产生重重矛盾，宠妾虐妻或者弃妻子不养的案例时有发生，一旦告上公堂，妻子一方多占有优势，这是传统观念使然。请看下例：

1848年5月12日，拜五，妈腰府中嘧喳唠。值月公勃低高甲俊杰官、陈甲荣乔官，甲必丹黄燎光官、雷珍兰陈启淮官、苏甲天庇官（俱不到）。

涂宁娘叫伊夫林淡生①

涂宁娘叫伊夫林淡生住监光河北，据云："氏结发于今年余，自因今年一月间无端被姑母并拙夫酷打，兼拙夫有养番婆为妾，甚然得宠，是以不能相和。在前氏经投禀于大妈腰，蒙大妈腰已责拙夫之罪，拘禁廿四点钟久。彼时氏即归外祖母之家，于今三个月矣，拙夫并无唤回，如此无情，乞判分离。"吊讯淡生，供云："晚曾二次唤归，又使吴萃娘并林麻同舍妹唤归，奈他不肯。若现他肯回家，晚自当照顾得宜，并无酷打之理，不愿从其离。"以讯宁娘，供云："奈姑母不能相容，若拙夫另税厝，氏自当回归。"淡生答云："娶妻本以为养，焉有另税厝之理？"台劝宁娘须从夫回家，奈他坚执不听。职等将情申详陈印大妈腰裁夺。

列台覆讯，涂宁娘、林淡生供如公勃低所详。台问宁娘曰："若另税别厝，汝肯从乎？"答曰："愿从。"以讯淡生，供云："拙妻若欲另税别厝，晚实无能。"台判林淡生二个月务必另税别厝付涂宁娘居住，二比称愿，相率而归。存案。

与之相关的还有1844年5月9日的林结娘控其夫新任武直迷陈哲明虐待案，案中不仅提及有家庭暴力的出现，而且还有专宠小妾不养发妻的控诉，公堂在判决的时候明白无误地提出"不可宠妾弃妻"，"陈哲明经自认有少打伊妻，而且待妾厚、待妻薄，殊非合

① 吴凤斌、[荷] 陈萌红等校注：《吧城华人公馆档案丛书——公案簿（第五辑）》，厦门大学出版社，2005年，第295页。

理。本堂细思，照我唐人规例，宜弃妾留妻，将所付偏房月金50盾，以供正室使用，然后夫妇有别而贵贱明矣！”①

除特殊情况，一般人家是不肯让自己的女儿作妾的，除了不愿孩子嫁过去吃苦，更主要的还是不堪忍受社会观念和舆论对妾的歧视。由于妾的身份低下，一般良家少女以作妾为羞，甚至有听到将被卖为人妾而宁可自杀的。吧城逐渐开化的社会风气虽然少有这种情况发生，但若是把自家的女子嫁予别人作妾，还是会受到社会舆论和大多数人的谴责的。

> 1846年4月17日，拜五，妈腰（陈永元）府中嗹喳唠。值月公勃低黄甲永禄官、吴甲昭阳官（俱不到）。
>
> 蔡宝娘控李亚万、温桂娘夫妻殴打小妾陈本娘一案②
>
> 蔡宝娘控李亚万并伊妻温桂娘，据云：“氏之小女陈本娘本付他为偏房，收来雷104盾。因清明节，要率小女往丹绒祭墓，被他夫妻阻止。本娘实有啼哭，亚万同伊妻遂取木屐酷打，本娘手臂两边黑肿。伏乞究治。”
>
> 吊讯李亚万、温桂娘，供云：“并无辱打。”和（荷兰）医生字云：“查此女年方十三四岁之左，尚未长成，不宜交寅，但疑猩红已破，亦作交寅而论。背后俱有伤痕是实。”
>
> 列台吊讯蔡宝娘、陈本娘，供如前所情，“伏乞分离”。
>
> 吊讯李亚万夫妻，供云：“并无酷打之事，甘愿付本娘改嫁别人，任从所欲。至其母所取之雷104盾，愿会送作聘金，不敢取讨。伏乞开恩，赦晚无罪！”
>
> 公堂会议：“论李亚万既已自知己过，甘愿财散人亡，又曾系狱许久，可以开消此案，但蔡宝娘明知伊女尚未成人，敢受人钱钞以为奇货，酿成厉阶，罚拘禁警责，庶免后来再踩前愆！”

分析这则案例可以看出两点，一是把未成年幼女卖与别人为妾在法律上是不允许的；另外也能从侧面看到，被卖为妾的境遇是十分悲惨的，无论是身体还是精神上都几乎沦为夫家的奴隶，甚至可以被随意转手出卖。中国封建社会作妾女性的低贱身份在域外的吧城也不例外。

而妾之下，还有更悲惨的女婢，这是兼有奴隶特性的一群人。“在吧地，凡为奴婢者，不得自己主意，一切听从主人的使唤，不能有自己的东西……只是不致饿死而已……而其子孙至于万代，亦为奴。吧城奴婢……只做家内之事。”③ 就女婢在家庭中的地位看，其奴隶身份显而易见，但是因为当时盛行着一夫多妻制，女婢遂成为妾的一种来源。如果能为主人生得一男半女，还有可能摆脱奴隶身份，甚至在分配遗产时获得相应的份额。这是在研究吧城婚姻状况时不应忽略的一个群体，女婢的身份、地位及生活状态值得我们

---

① 聂德宁、侯真平等校注：《吧城华人公馆档案丛书——公案簿（第三辑）》，厦门大学出版社，2004年，第304页。

② 侯真平、聂德宁等校注：《吧城华人公馆档案丛书——公案簿（第四辑）》，厦门大学出版社，2005年，第236页。

③ 瓦尔特·亨利·美都思（W. H. Medhurst）：《咬留吧总论》卷一，第三回。

关注。

《公案簿》第一辑有一例“和（荷兰）1787 年 11 月 22 日，雷珍兰高根官在吧遗嘱字”①，这是一件遗嘱文书，从中可看出女婢与家庭关系的症结所在。

1787 年 6 月 28 日，雷珍兰高根官在吧城通过公证人所立的遗嘱：

和（荷兰）1787 年 6 月 28 日晚六点钟，大南门外梁礁②名吗知窝氏做字云：雷珍兰高根官，住八茶罐，言明前挂沙③字俱折（拆）破不用；付女婢五名出身：一名唤春梅，武讫人氏；一名唤吗年，猫厘人；一名唤春桂；一名唤冬菊；一名唤当寅，俱是逻人。惟春梅、吗年须抚养其子，候至成人。或回家，方准出去改适。

……

做出身之女婢春梅、吗年、当寅，每名付钱一百文。又武讫人名唤罗果，付其终生收西门外一间厝税钱。罗果若卒，此厝付女儿高意娘。

一、付男高荣全钱贰万文。万一荣全早萎，此钱付男高荣杰、高荣辉、高荣叠三人均分。其余所有物业尽付高荣全（年才六岁，系春梅所生）。如高荣全寿不果，其财业尽付高荣叠。

总承就中抽出六千文付高荣杰（年十二岁，系妻郭瑞娘所生）、高荣辉（年七岁，系故妻所生，其名字已忘记了）、高荣叠（年才三岁，系吗年所生），三人均分。

……

该案例中的立遗嘱人高根官，系福建厦门人。1770 年 5 月至 1775 年 12 月任吧城华人武直迷，后由武直迷升任吧城华人雷珍兰，1787 年 9 月在任内去世。遗嘱中的“做出身之女婢”，指的是已赎身的女婢，在吧城官方的人口公告中又称作“获释奴隶”（荷兰语 Mardijkers），指赎身奴隶或因功而获得自由的奴隶。在这份遗嘱中不难看出，出身女婢已经成为这个上等家庭中重要的成员，虽然出身相对比较卑微，但是母以子贵，吗年、春梅就是典型，“付男高荣全钱贰万文”，在重视血统的吧城华人社会中，能够把这么大份额的财产分给赎身女婢的儿子，可见赎身女婢已成为华人家庭中不可忽略的一位成员。

此外，还有在丈夫故后超越继母获得子女抚养权的案例，见和（荷兰）1846 年 5 月 18 日林如益控陈生娘案：

林如益入字美色甘云：“为从于和（荷兰）1845 年 5 月 21 日定夺，准林接若与伊继母陈生娘同居抚养，除厝税外，每月付雷 30 盾。今观陈生娘丧服未阕，再从别夫，有碍唐人法律。伏乞案夺，将此子交付与出身女婢（名唤珠玉）照

① ［荷］包乐史、吴凤斌校注：《吧城华人公馆档案丛书——公案簿（第一辑）》，厦门大学出版社，2002 年，第 9 页。

② 梁礁：notaris（荷兰语），公证人。

③ 挂沙：kuasa（马来语），委托、代理之意。

顾抚养甚为妥当。谨禀。”

虽然此案中是因为继母丧期嫁人才将孩子判给女婢珠玉抚养，但也足以表明在子女抚养权的归属上，赎身女婢已可作为备选，说明赎身女婢作为一种隐性的“妾”，在家庭中享有独特的位置，可以成为华人家庭中的一员。

三、唐人与当地民族在通婚观念上的唐番歧视

17—18 世纪东印度公司统治时期，由于罕有华人妇女直接从中国移入吧城，造成了与当地土族女性通婚成为吧城华人成年男性的首选。加上男女比例失调和华人与原住民混居，于是华人成年男性与当地女子通婚屡见不鲜。只是在这种婚姻关系中双方并不平等，华人常常会表现出“大汉族”优越情结，这也是在本节中要讨论的“唐番歧视”问题。

据 17 世纪末旅居吧城的西方人记载：“（吧城）华人的妻妾多是从巴厘岛和望加锡买来的女奴，皮肤不太黑，呈黄褐色，身材短小而匀称。只要养得起，他们要多少妻妾，就可以有多少。当某个华人死后，他的继承人便将他所有的妻妾再度出售，仅留下死者生前最钟爱的一个，按照遗嘱给予自由，列为正房，其所生子女也就被承认为是真正的华人。”① 这种情景在前述内容中曾有不同程度的涉及，比如在子女抚养分配等问题上对当地妇女的歧视。但在婚配上，唐人男子娶当地妇女并没有什么障碍，因为人口比例等关系，这种通婚实乃势在必行。

但是，如果华人女子想要与当地男子结合，将会面临许多困难和拦阻，不仅其父母认为不光彩、是自降身份的表现，而且就整个华人社会来说，唐人女子婚配番人男子都是一种自贱的表现，下举案例说明：

1. 1847 年 6 月 25 日，拜五，妈腰府中嘧喳唠。值月公勃低陈甲启淮官、吴甲昭阳官，黄甲燎光官（不到）。

刘己娘再醮②

为刘己娘，系刘亚二之女子，请云：“氏深爱失畓③人名迦於，因家父亚二不许氏入失畓嫁于迦於，但前氏曾嫁于唐人后及和兰，兼家母本是失畓人，氏名些于唠，由此思之不干家父之事，故敢自专。”……

公堂会议曰：“论我唐人规例，为父母者，为其女主婚只是一次而已。及后若欲再醮，任从伊女所选何人，但务必不可玷辱祖宗方可。若是背籍改姓，伊父及伊宗亲有所阻止，则自不可。今己娘欲入失畓，便是背籍改姓，玷辱祖宗，如何其可也？况在前经付林如日为妻，伊父亚二亦经甘愿，且己娘尚有一女，年方四岁。本堂细思：其所恳不得承受，宜仍归林如日为是。……凡唐、番人等宜各

---

① 姚楠、钱江译：《热带猎奇——十七世纪东印度航海记》，北京：海洋出版社，1986 年，第 33 页。

② 吴凤斌、[荷] 陈萌红等校注：《吧城华人公馆档案丛书——公案簿（第五辑）》，厦门大学出版社，2005 年，第 153 页。

③ 失畓：Selam（马来语），伊斯兰教。

守其道，免致乱籍，以伤风化。”

2. 1827 年 5 月 4 日，公堂嗹喳唠，值月公勃低杨甲汉官、戴甲明基官（不到）。

许坛叫伊妻萧柔娘①

据许坛供称：伊妻“不守妇道，丑声耐闻，前经对质公堂，已非一次，晚不得已从其所好，但求勿污门闾已耳。于是逃出而嫁番人，今已数载。然彼有生二男一女，恃谁看顾？付乞公堂判付分离，晚得恳他女代盼家庭，恤育幼稚，则戴德靡涯矣”。

台召萧柔娘到堂，将与质讯，但见柔娘番装而入，无半点唐人妇范。

列台会议曰：“据坛所供，其妻不守妇道，与今所见实无虚语。然柔娘亦经改节属番，可独使许坛终鳏养子？宜付分离。”

于是，花押婚字为凭，各从别适。

仅此存案。

在后一则案例中，对唐人女子嫁给当地男子的轻蔑歧视明显表现在公堂的态度上；而前则案例中严申“凡唐、番人等宜各守其道，免致乱籍，以伤风化”的唐人规则不得违反，一般想要挣脱这种观念实属不易，除非有违伦常，已有事实关系存在，才会被公堂认定已“改节属番”，判其既成事实的结婚有效。

除了上述在婚姻中明显对无论嫁娶的当地族人的歧视，还有案例反映出华人和当地民族在宗教信仰上的矛盾，尤其是华人与信奉伊斯兰教的爪哇人结合，更会凸显彼此间不同宗教信仰及生活习俗上的差异与矛盾。《海岛逸志》载当地爪亚（哇）人“食不设筯，以手掬之，以牛为享，不食猪犬，女子脚不缠，面不施脂粉，首不簪花，衣不带领，裙而不绔。男子则衣有领，鬓簪花，身有绔，可谓颠倒反背矣”②。这种衣着装饰及食俗上的差异自然也在华人与当地人的通婚道路上设置了障碍，需要双方去不断地适应或改变。

《公案簿》档案中有不少涉及吧城华人与当地爪哇人在宗教习俗上相互冲突的案子，见下案例：

1845 年 5 月 9 日，拜五，妈腰府中嗹喳唠。公勃低甲必丹黄燎光官、雷珍兰陈启淮官。黄永禄甲（不到）。

陈澳夏、陈良娘兄妹控亡父丧服未满而遭母徐梅娘私通之土著雇工裹富殴打一案③

挨实连于和（荷兰）1845 年 4 月 26 日第 1557 号下 35 号，并日案第 1484 号，委公堂查勘，具词详复。

妈腰详云：“为陈澳夏同伊妹陈良娘请伊母徐梅娘，供云：‘晚等父死未寒，

① 袁冰凌、[法] 苏尔梦校注：《吧城华人公馆档案丛书——公案簿（第二辑）》，厦门大学出版社，2004 年，第 397 页。

② （清）王大海著，姚楠、吴琅璇校注：《海岛逸志》卷一“西洋纪略 · 爪亚风土拾遗”，第 30 ~ 31 页。

③ 侯真平、聂德宁等校注：《吧城华人公馆档案丛书——公案簿（第四辑）》，厦门大学出版社，2005 年，第 117 页。

家母遂背籍从番，与乌发裹富通奸。见晚祭祀有用猪肉，裹富将物抛去地下，声言怒骂，而且用手束晚之颈。伏乞究治。’……以讯乌发裹富，支吾不认。”

公堂委公勃低甲必丹黄永缘官、雷珍兰吴昭阳官查勘申祥。

“职等吊讯陈澳夏、陈良娘，供如褒黎司①所请。吊讯徐梅娘，供云：‘裹富先与氏为巫让②，后成通奸，在氏之厝将近一年，系是实事。盖为儿女有不是处，他用手推之，则有之。至于把持儿女之颈，断无此情。’吊讯裹富，供如徐梅娘所云：‘通奸之事是实。但贱素常在伊厝开戈丕亚朗③，因澳夏兄妹有买猪肉到家中烹调，贱对他有云，此肉务必另下别处，恐番人犯嫌，戈丕不能笑市。耐他不听，贱用手推去则有之，并无将物掷下，亦无殴打之事，伏乞明镜。’吊讯该默叶丁五，供云：‘彼时徐梅娘对晚有云，裹富是他巫让，朝来暮往。及至近日丑事露扬，方对于晚：“裹富是他奸夫。如此窝藏匪类一年同住不报与默，伏乞究治。’于是，陈劝请云：‘晚与澳夏系属亲堂兄弟，兹因梅娘已经失节，与番人通奸，祈将他兄妹四人陈澳夏、陈良娘、陈金娘、陈信育，付晚率归抚养。至于堂妹陈金，年登八岁，而梅娘曾付与陈喜娘，伏乞追归。’以讯梅娘，供如劝所言。吊讯陈喜娘，供云：“情因梅娘欲将伊女金娘付入失畓，氏故求为义妹率规抚养。若陈劝要率归，氏自当送回。’以讯澳夏兄妹，据云：‘愿从陈劝回家。’职等谨详。”

列台复审陈澳夏、陈良娘、陈金娘、陈信育、陈劝、徐梅娘、番裹富等，具如公勃低所详。

公堂会议：“论徐梅娘伊夫丧服未满而养奸夫番人，此系干犯我唐人规例，其罪一也；暗匿番奸在伊家将近一年而无报默，其罪二也。若论裹富久宿梅娘之家，无请知默氏亦不得为无过。祈将二人明罪其罪，以警后来。又，梅娘既已承认与番人通奸，弃我唐规例，本堂细思，其儿女四人：陈澳夏、陈良娘、陈金娘、陈信育，理宜付伊该亲陈劝率归抚养为是，免被伊母付入失畓。将情谨详挨实裁夺。”

这是一则唐人妇女与当地男子私通的案件，从中可清晰地看出宗教食俗上的差异，“见晚祭祀有用猪肉，裹富将物抛去地下，声言怒骂”，说明裹富是一个虔诚的伊斯兰教徒，唐番的习俗差异和宗教信仰的不同，让这个华人家庭更加难以接受新成员，以至于出现子女把母亲告上公堂的案件。案情表述中“失畓”一词，在王大海的《海岛逸志》中作“息奎”，为马来语“Selam”之音译，指的是伊斯兰教或穆斯林。所谓“失畓成规”，指的是伊斯兰教规。而所谓“从失畓成规”，即皈依伊斯兰教，成为穆斯林。唐人社会大多信奉佛教，尤其是在饮食习惯上，与穆斯林有较大差异，易成隔阂，带入婚姻中，就更加深了唐番歧视。

值得注意的是，这些发生在华人和当地土著民之间的摩擦，也可说是华族对当地民族

① 褒黎司：Police，警察局。
② 巫让：Bujang（马来语），仆人。
③ 戈丕亚朗：咖啡店。

的歧视，应该是传统的大汉族情结在作祟，认为吧城原住民比华人劣等，不宜通婚。但是，就吧城整个社会状况看，除了移居的华人和当地民族外，还有一支重要的异族力量，那就是高高在上的殖民统治者——荷兰人，所谓“不许唐番通婚”的规定，仅仅是针对爪哇本地人，并没有包括西方的荷兰人。在《公案簿》记载的众多案件中，就有一例是华人与荷兰人的通婚：和（荷兰）1826年2月9日何水生卖弟媳邱娘娜于荷兰人案①。在这则案子中，何水生在弟弟患病期间，托人做媒，把弟媳邱娘娜作价100元转嫁别人，正巧接受的是一位荷兰人，案发时邱娘娜本人也表示愿意随荷兰人而去。在《公案簿》中当类似案件出现时，只要男性被告的身份是当地番人，一般就会判决婚姻非法无效，妇人回家，作价买卖之人作赔。但若如上举案例，男性为荷兰人，就会因此而投鼠忌器，承认或默许这场异族通婚。个中原因除荷兰人是统治阶层、得罪不起外，在广大华人心中认定荷兰人比华人高贵的民族等级观念更在起作用。所以说，在婚姻中唐番歧视主要是针对当地土著民，而对同样属“番”的荷兰人，华人观念里并不存在也不敢存有实质性的歧视态度。

四、华人婚姻习俗中忠贞观念的延续和淡化

中国封建社会要求女子纯洁、专一的贞节观，渐渐发展成吃人的礼教，女子对丈夫要从一而终，甚至不惜牺牲个人的自由幸福，乃至生命为代价。然而这种不人道的陋规，却因为历代朝廷对守节女子的赞美歌颂，具有一种强大的教化功能，让女子在夫亡之后选择成为节妇烈女，变成了自觉的追求。

吧城华人社会公堂的这类教化作用也依然存在。在离婚案件中，因私通、外遇为由的占了较大比例，而这类案件的判决与经济纠纷等其他案件相比，一般来说惩罚也要重得多，如被判羞辱性的游街，甚至还有拘禁和藤责。见如下案例：

1832年8月24日，拜五，甲必丹大（陈永元）干刀嘮喳唠，值月公勃低杨甲汉生官、陈甲俊英官。

叶利进捉其妻陈员娘与钟亚四通奸一案②

据利进供称：“晚素知吾妻有私情与亚四，偶见四过户者再，故托辞欲往山顶，因闪在对面偷瞧。至三点钟，见四果入我家，将户紧闭。晚随求该地默氏同往捉拿。默氏之人截于后，晚从前面叫门不开，遂破户而入。四即往后欲逃，被晚扯住头发，默氏之人助拿。晚想拙妻敢刚然枉法若此，求公堂先责其罪，后判分离。”

台召员娘询问，供云：“果如利进所供。”

台召亚四讯，供云：“实如利进所言，晚自知有罪，凭公堂裁夺。”

公堂会议曰：“据原、被供词，则利进所控是实。然陈员娘非为衣食不继而

---

① 袁冰凌、[法] 苏尔梦校注：《吧城华人公馆档案丛书——公案簿（第二辑）》，厦门大学出版社，2004年，第294页。

② 聂德宁、侯真平等校注：《吧城华人公馆档案丛书——公案簿（第三辑）》，厦门大学出版社，2004年，第23页。

敢招奸于外，泼贱是实；则钟亚四刚然私通有夫之妇，白日闯入其家，罔法已甚，均与员娘一体同罪。需求上人将奸夫泼妇科责[1]，挂牌示众，然后判付分离，第不准员娘与亚四再合。仅此具词详复挨实唓案夺。”

陈员娘、钟亚四各科责15箠，然后挂牌示众，拆破婚字。

是日，公堂准叶利进夫妻分离，各从别适。

特此存案。

在上述案例中，通奸的男女双方都供认不讳，情节比较简单，认定结果就很明确，即判离，并惩戒奸夫淫妇。

1834年8月1日，甲必丹大（陈永元）干刀嘧喳唠，值月公勃低杨甲汉官、陈甲彬郎官，黄甲永禄官（抱病不到）。

钟奀古叫伊妻高莺娘[2]

据奀古供云：“晚外出，及返，捉奸夫在我家与莺娘私通。伏乞究治。”

台曰：“奸夫是谁?”奀古答曰：“冯亚三。”台曰：“尔与莺娘为夫妇有给婚字乎?”答曰：“无。”台曰：“尔意若何?”奀古答曰：“愿要分离，但欲讨吾之二女，长曰雅娘，年已七岁；次曰冉勿娘，年三岁。”

台召高莺娘讯供，不肯招认。台曰：“尔夫要与尔分离，尔意如何?”莺娘答曰：“愿从其命，但次女尚幼，氏现不忍与之。”

台谕奀古曰：“尔次女现尚幼，须付莺娘暂养，每月宜给其雷3盾，及后稍长方归于尔。”

兹本日准其夫妻分离。

台召冯亚三讯，亦不肯招认。遂令将亚三押禁在公馆一昼夜，以警将来。

特存此案。

此案在审理中双方各执一词，又没有具体证人，被告也拒不供认，但公堂依然信从受害丈夫的意愿，判定离婚并惩罚了“奸夫”嫌疑人。

这类案情较常见，但也曾有例外，即丈夫不但不追究妻子的外遇行为，反而采取十分宽容的态度接纳妻子回归，这在当时的中国，特别是在封建思想根深蒂固的闽南地区，简直是不可想象的。因为直至民国时期还能见到出轨的妻子被“沉猪笼”的恶习。

1847年7月29日，拜四。公馆嘧喳唠。值月公勃低甲必丹黄燎光官、雷珍兰苏天庇官。妈腰、吴甲昭阳官俱不在。甲必丹黄燎光官摄理妈腰事。

黄亚鹏叫伊妻吴宴娘[3]

---

① 科责：鞭打。

② 聂德宁、侯真平等校注：《吧城华人公馆档案丛书——公案簿（第三辑）》，厦门大学出版社，2004年，第211页。

③ 吴凤斌、[荷] 陈萌红等校注：《吧城华人公馆档案丛书——公案簿（第五辑）》，厦门大学出版社，2005年，第172页。

黄亚鹏住吃劳洛，叫伊妻吴宴娘。

据云："为前拜四拙妻私出，不知向何方，约一礼拜，适晚往结石珍，见拙妻在兵营厝第11号从乌鬼人[①]，系鍊间[②]和蛮律[③]之子，晚即欲邀归，奈妻坚执不肯。于和本月21日，晚立请于甲必丹黄燎光官台前，遂即行文于挨实，出乌拔[④]捉拿，伏乞究治。"以讯宴娘，供云："诚如拙夫所言，但氏初遇此乌鬼人，不知其名，约要付氏800盾，氏一时忘却所为，是以从之。然此项尚未有付，今氏已知过，伏乞赦罪，愿从夫回家。"亚鹏答曰："既拙妻愿改过前非，晚亦愿承受，祈息此事。"

公堂会议："论吴宴娘已经自认私从乌鬼人，安得无罪？而和蛮律之子敢私藏有夫之妇，亦不得为无过。碍伊夫黄亚鹏甘愿收留其妻，恳息此事，兼伊妻吴宴娘亦经愿从，宜消此案。"

除去夫妻双方个人的因素，如果是有人恶意引诱导致奸情的，将会罪加一等，因为这在华人的观念里是不可容忍的一种劣迹：

1834年5月2日，甲必丹大（陈永元）干刀嘧喳唠，值月公勃低杨甲汉官、陈甲彬郎官。

为陈日与妾猫系控春花、严木诱奸女儿陈澳娘案。[⑤]

雷珍兰黄永禄官详："与和（荷兰）1834年4月28日系陈甲彬郎官值夜，有陈日与其妾猫系同到公馆请曰：'小女陈澳娘，又名惹辖，年已及笄，忽于八点钟亡去。妾猫系巡至八茶罐王爷间得之，换之不归。猫系返叫其父陈日同往再唤，其厝主春花谓，小女已同严木往别处矣！后夫家请人跟寻，见木率小女回入王爷间，方始追回。伏祈究治。'台召陈澳娘讯，供云：'氏年十六，初为沉病，父母求王爷医痊。因许氏与王爷为子，故朔望特往焚香。严木常戏氏曰：尔与我同住可也。及本年清明前一日，春花求吾母，使氏往伊家助宰鸡鸭。及至，春花预遣氏之养母先归，木竟强拖氏数次，春花视而不救，反出户外，致氏被木强奸。'台曰：'尔何不声张？'澳娘曰：'虽有喊叫，无人入援。'台曰：'尔归何不禀知父母？'澳娘曰：'春花使氏不可言。初，亦系春花劝合，谓氏若不肯，王爷即怒，不然名虽存，而人休矣。'台曰：'尔今愿嫁之乎？'澳娘曰：'氏被其强奸，出于不获已，若欲配之，氏所不愿。'台曰：'若尔不愿，何与是夜往寻？'澳娘曰：'为木对氏取去金硂器，氏欲讨回。……台问木曰：'尔敢强奸闺女，藐视国法！'木曰：'彼爱我，我亦爱彼，以故如此。'台曰：'果系相爱，须凭媒正娶，求其父母甘愿，乃出于局谋强奸，不法极矣！'严木服罪。……

① 闽南话，黑人，指东印度群岛的少数民族。

② 鍊间：牢狱。

③ 蛮律：Mandor（马来语），工头、看守人。

④ 乌拔：Opas（马来语），差役。

⑤ 聂德宁、侯真平等校注：《吧城华人公馆档案丛书——公案簿（第三辑）》，厦门大学出版社，2004年，第177页。

公堂会议曰："论陈澳娘无遵父命之命婚配，而行私通，不能无罪。核其情由，盖因年轻无识，谣言所惑，致坠套中，且其父陈日从中求宥，姑从宽典。至春花、严木藉鬼神乱行索骗，得遂其通奸之情，而私设刑具责罚无罪之人，极恶难堪！观其欲过宿人家，则诈名打骂，而其室中亵渎，乃茫然莫知，所谓知远而不知近，神明哪有是理？其讹言惑众明矣！特求科责、挂牌示众，王爷焚送升天，家器追还原主。

可见，在忠贞这个问题上，华人延续着固有的传统观念和行为，也就是严禁通奸作乱，无论男女，只要违背了忠贞，都要接受严厉的惩罚。同时，由于吧城华人社会的人口类型比较复杂，从而导致婚姻类型也呈现多样化，隐藏着婚姻不稳的各种因素，所以在忠贞观的尺度上也大打折扣，婚姻自由的观念开始萌芽，尤其对女性而言，婚姻的枷锁不再牢不可破，女子对贞女烈妇的追求始渐淡化。

作者：纪宗安，暨南大学华侨华人研究院教授；
张雪，原暨南大学硕士研究生、深圳市罗湖海关职员。

The Marriage of Batavian Chinese in the 18th and 19th Centuries: A Study on the Marriage Cases as Recorded in *Gong An Bu* (II)

Ji Zong'an　Zhang Xue

Abstract: The publication of *Gong An Bu* or Archival Records of Batavian Chinese Office reproduced a real picture of Chinese migrant society in Batavia in the 18th and 19th centuries. A large part of records are concerned with the marriage cases, which not only exhibit the inheritance and changes of marriage custom in local Chinese society, but also show the conflict and acculturation between the Chinese marriage culture and the indigenous counterpart. Based on the primary records contained in the *Gong An Bu* series, this article examines the marriage situation of Batavian Chinese. While the first part of it has discussed the general marriage situation in the Chinese society with a focus on the marriage management system, the second part explores further the transplantation, inheritance and changes of Chinese marriage custom and concept on foreign soil as it would explicitly demonstrate the multiplicity of migrant culture, which could widely be seen in terms of the historical Sino-foreign cultural exchanges.

Key Words: Batavia　Chinese　Marriage Custom

鸦片与社会控制：秘鲁和古巴种植园的苦力

胡其瑜著　　臧扬勤译

【摘　要】鸦片是19世纪40年代至19世纪末叶华工苦力在南美种植园历史的一个重要组成部分。本文根据相关档案史料的记载，对鸦片在拉丁美洲和加勒比海地区华人大迁徙历史中的作用进行了考察，并且认为华工用鸦片来麻木自己的感觉，忍受着孤独和思家之痛。与此同时，当地种植园主及其监工不仅纵容鸦片的使用，而且积极将鸦片输入种植园、分销并出售。种植园主通过榨取华工微薄的工资，以及向工人提供贷款购买鸦片，使得苦力劳工以劳役抵债的方式在种植园里工作更长的时间，从而在经济上获取更大的利润。毫无疑问，华工是整个鸦片及社会控制体系中最大的受害者。但是，伴随着这一体系的发展，一小部分华人也从鸦片的销售中找到了获利之道，进而发现了一个私人资本积累的早期方法。这一过程使得苦力制度下出现了首批华人小企业家。

【关键词】鸦片　华工苦力　种植园　秘鲁　古巴　资本积累

鸦片在拉丁美洲和加勒比海地区华人大迁徙历史中的角色很少受到关注。这篇文章，基于可得到的不完整的证据，试图初步调查这段历史。自1847—1874年，多达22.5万名中国契约劳工（通常被称作苦力）——几乎全部是男性——被送至仍然是西班牙殖民地的古巴和刚刚独立的秘鲁。不但这种人力贸易本身，而且在种植园里的工作和生活都非常像奴隶制；实际上，在古巴的苦力与来自非洲的奴隶一起工作。自苦力贸易开始出现，鸦片就是其中的一部分。在华南关押苦力的围栏中，在穿越太平洋或大西洋漫长而又艰苦的航行中，以及在种植园里，鸦片均被分发给苦力。古巴和秘鲁的种植园主们允许甚至鼓励他们的苦力出售、交换和吸食鸦片。实际上，让苦力交替使用、分发和控制这些很容易使人上瘾的物品，可以形成某种社会控制。但是，对鸦片的这种见利忘义的使用也很可能使他们自食其果，因为持续、大量地摄入鸦片会导致劳工过早地死亡（通常是自杀）以及频繁地旷工，从而导致种植园生产效率降低。

序　言

这篇文章是对鸦片在拉丁美洲和加勒比海地区华人大迁徙历史中的作用的初步考察。人们在原始档案或者二手资料中，可能偶尔会发现一些零星而又分散的记载提到了鸦片的经济结构、消费者和消费模式、政治影响以及相关的争论。这些参考资料大多是简单的并且常常是很不具体的。虽然，鸦片在自19世纪中期至20世纪中期拉丁美洲和加勒比海地区华人侨民社区中的历史中缺乏记载，但是毫无疑问，这其中有重要的历史需要揭示和讲述。

鸦片的历史始于19世纪后半期大量中国契约劳工（苦力）到达秘鲁、古巴以及加勒比海的其他地区。在苦力时代结束后而定居于遍布这一地区城镇的自由华人移民到达和迁徙之前，经常可见到鸦片的踪影，在秘鲁和古巴以及和美国毗邻的墨西哥北部边疆地区，尤其如此。这篇文章是对这一历史的第一阶段（19世纪的种植园时代）的探索，整合了笔者迄今为止所收集的历史资料。作为对华工苦力社会控制的极其有效的方法，鸦片常被种植园主和管理者有效利用，这已为人所知。与此同时，一些苦力诉诸大量的鸦片，孤注一掷地希望摆脱悲惨的生活，这也可以看做是反抗种植园体制压迫的沉默的、个体的形式。在华人苦力中间销售和使用鸦片，造成的偶然性结果是它构成了在种植园里负责分销鸦片的华人资本积累的最初的办法——这种资本积累虽然规模很小，但是很重要。

秘鲁和古巴的苦力贸易

自1847年至1874年，多达22.5万名中国契约劳工（苦力）被运送至仍然是西班牙殖民地的古巴和在19世纪早期已成为独立国家的秘鲁。考虑到仅仅持续了27年，可见这22.5万不是一个小数目。（他们）80%以上的苦力前往古巴和秘鲁两国的蔗糖种植园，以及秘鲁的海鸟粪场和棉花种植园。在古巴，当非洲奴隶制仍然存在但正经历着“逐步废止”的时候，华工却被大量输入，并与这一种植园传统形式的劳工一起工作。就1854年已经废除奴隶制的秘鲁而言，华工取代了黑奴，与一小部分自由的黑人以及来自于高地的印第安人一起劳作。在一些种植园里，他们构成了唯一的劳动力（Hu - DeHart，1992）。

这些中国苦力——大约22.5万人——几乎全部是男性，很少女性根据劳工合同前往，以至于她们在统计上是微不足道的。与加利福尼亚的情况不同，这一时期在古巴和秘鲁从事妓女职业的华人妇女也是极其稀少的。1872年古巴的人口调查显示，58 400名中国人中，只有32人是女性，其中2人是契约劳工，30人是自由人；1862年的人口调查显示，34 650名华人中25人是女性；1877年的统计中，24 068名华人中58人是女性（有些可能出生在古巴）；1872年秘鲁不完全的统计中，记录了在四个沿海省份种植园中的12 849名华人，只有15人是女性（Morales Papers、Peru Census，1872）。

在19世纪50年代中期，出于严厉的国际批评，英国禁止其臣民参与臭名昭著的向古巴和秘鲁贩卖人口，使得这一贸易转向了葡萄牙殖民地——澳门。直到1874年葡萄牙屈服于国际压力结束苦力贸易为止，葡萄牙殖民当局为了直接利益全力与欧洲的苦力商人合作。到当时（1874年），已经有超过20万的华人从澳门输出，尽管中国苦力的实际源头是在华南的广东省和福建省。下表显示了输入到古巴和秘鲁的中国苦力的年度数字，以及与此相关的奴隶输入量（古巴）和蔗糖产量。

古巴和秘鲁的苦力输入量（1847—1874）及与此相关的奴隶输入量（古巴）和蔗糖产量①

年代	秘鲁		古巴		
	苦力（1）	蔗糖（吨）（2）	奴隶（3）	苦力（4）	蔗糖（吨）（5）
1847					
1848	4 754			571	
1853			12 500	4 307	391 247
1854			11 400	1 711	397 713
1855	2 355		6 408	2 985	462 968
1856	4 220		7 304	4 968	416 141
1857	405		10 436	8 547	436 030
1858	300		19 992	13 385	426 274
1859	321		30 473	7 204	469 263
1860	1 092	618	24 895	6 193	428 769
1861	2 116	885	23 964	6 973	533 800
1862	1 691	1 257	11 254	344	454 758
1863	1 620	1 615	7 507	952	445 693
1864	6 562	2 864	6 807	2 153	525 372
1865	5 943	1 463	145	6 400	547 364
1866	6 725	5 111	1 443	12 391	535 641
1867	3 360	3 431		14 263	585 814
1868	4 307	9 352		7 368	720 250
1869	2 861	12 479		5 660	718 745
1870	7 544	13 175		1 227	702 974
1871	11 812	13 141		1 448	609 600
1872	13 026	14 022		8 160	772 068
1873	6 571	21 696		5 093	742 843
1874	3 827	31 940		2 490	768 672
总计	91 412 *			124 793 *	
1875		56 102			750 062
1876					626 082
1877					516 268

* 苦力贸易结束时的总数。

Sources：Col. 1：Rodríguez Pastor 1988：27，296；Col. 2：Rodríguez Pastor 1988：296；Col. 3：Scott 1985：10；Col. 4：Pérez de la Riva 1966：57 – 86；Col. 5：Scott 1985：36，240.

① 1857—1859，年秘鲁苦力进口量锐减，其原因是秘鲁于 1849 年 11 月 17 日通过的旨在引进劳工的《中国人法》被废除。同一时间，古巴仍然大量进口苦力，因而总体上苦力贸易仍然在继续。1861 年迫于各种压力，秘鲁议会于 3 月 14 日又通过了新的移民法，大量引进苦力，直至苦力贸易结束。（译者注）

前往古巴和秘鲁的中国苦力在登船之前会被发给一份契约。前往两个目的地的契约基本上是相同的，并且通常直到登船之时这些苦力仍不知道自己将会前往哪里。秘鲁和古巴的种植园主在澳门雇用相同的经纪人为他们征募工人和管理运输。在澳门，类似的葡萄牙行政当局负责监督苦力的装船过程并使文件生效。据推测，契约以中国方言向苦力宣读，以便他们完全懂得契约的条款，并签字表示同意和认可。中文的契约交给苦力保管，西班牙文的契约则交给购得该苦力劳工在古巴或秘鲁的种植园主（Hu－DeHart，1992）。

在整个苦力贸易时代，有一些基本条款是保持不变的，比如8年的服务期①以及每周1比索或是每月4比索的工资。除了薪水之外，苦力还被供给食物和衣服，这些物品通常包括定额的大米、肉或者鱼、山药、蔬菜，以及一年两件换洗的衣服、一件夹克衫和一条毛毯。住宿也是无偿提供的。契约明确规定新年期间放假3天，以及通常的星期天也放假，但是这一条款却很少被执行，甚至在苦力们明确要求时也是如此。此外，契约还规定提供医疗服务，但也明确规定在这种情况下种植园主可以扣发苦力的工资直至他从伤病中康复。种植园主肯定能得到完整的8年服务，因此苦力必须在8年之外延长他的服务期以弥补期间损失的工作日。还有，从中国出发之时，种植园主提前发给苦力们8～14比索，用以购买一套新衣服和支付旅途费用。这笔钱构成了苦力对种植园主的债务，以以后每月从他的工资中扣除1比索的形式予以偿还（Jiménez Pastrana，1983）。其中最后一项关于延长服务期和债务的规定，在讨论鸦片时具有重要意义，就如同我们将要看到的那样，它为一些不幸的苦力成为类似于债务劳役形式的延长的契约劳工提供了舞台。

在古巴，契约的条款被关于亚裔殖民地定居者的“管理和待遇”的政府法规所强化。在1849年首次发布条例时，古巴政府直截了当地说明了对条例的需要，即保证“他们的从属地位和纪律，排除他们对农业的不利影响而使农业从中受益”。鉴于契约中没有任何地方涉及体罚或是其他形式的惩罚，1849年的条例对这一情况进行了详加说明，对于不服从命令以及逃跑者，可以施以各种各样的惩罚：鞭笞、戴脚链或是脚铐以及带着足枷监禁。事实上，如同古巴历史学家Pérez de la Riva所说的那样，关于惩罚的条款是从为训导和惩罚奴隶的条款中一字不差地抄来的（Pérez de la Riva，1978；Corbitt，1971；Stewart，1951；Rodríguez Pastor，1988）。1854年公布的新条例明确禁止体罚，然而大量来自古巴档案馆以及苦力的证言表明体罚仍然没有减少，甚至随着时间的推移而不断得以加强（Pérez de la Riva，1978；Cuba Commission，1876）。

在古巴，很少有详尽的条例管理苦力的待遇问题，这可能是出于秘鲁虽然不能完全但可以总体上避免大部分古巴所面临的极端检查这一简单的原因，因为在引进华工之前奴隶制已经被完全地废除了。尽管如此，1868年，为了应对国际上强烈的抗议，秘鲁政府宣布将苦力送往沿海的海鸟粪场是非法的，这也是在其后的契约中明确规定的禁令。契约中也包含如下声明：苦力同意在秘鲁工作是“出于自己的自由意志”，以及8年之后没有可以成为延长服务期的借口（包括债务），到那时自由的苦力可以“如我所愿，自由地工作”。然而，在许多情况下，这一防范服务期延长的措施一次次地被破坏了。

作为一个整体，契约和条例都明确了古巴和秘鲁的苦力在其8年服务期内是种植园主的财产，他们构成了种植园主经济活动中的固定资产投资。在秘鲁账簿中规定，如果一个

① 实际上初期的契约规定苦力的服务期是5年（译者注）。

苦力在其合同到期前死亡，管理者将这种过早的死亡标记为“损失”（“pérdida”or “loss”）(Rodríguez Pastor，1988：35－36)。尽管苦力可通过多种合法途径申诉他们遭到虐待、过度劳累以及雇主违约，但是，其他规定明确指出：苦力的日常生活及工作在很大程度上由购得他们契约的种植园主自行决定。许多条款明确了契约以及通过延伸种植园主的权利和要求优先于苦力的权利和要求。比如，一份古巴契约的第19条规定，苦力自签署契约之日起便“放弃了行使所有与履行契约义务不兼容的民事权利”。苦力几乎没有流动的自由，因为没有种植园主或他的管理者的书面允许，工人被明确禁止离开他的工作地点。否则，他会被地方行政当局逮捕并被打上“栗色”的烙印，然后被当作逃犯而监禁。

古巴和秘鲁在1874年官方苦力贸易结束之前，结束了原先8年工作期的苦力，重新签订的合约通常是较短的期限和更多的工资，并且通常不是原先的雇主（Gonzáles，1995；Rodríguez Pastor，1988；Hu－DeHart，1992）。事实上，在古巴，对所有的前苦力来说，重新签约成为他们的一种需求，以此作为他们继续留在种植园工作和减少他们成为城镇自由人机会的手段。重新签约很快就引起了这种前苦力集团的出现，事实上他们成了劳工承包商，负责征募、管理，更为重要的是约束在种植园工作的劳工。至于那些被称作中间分包商的人，他们代表其工人谈判所有事宜，从种植园主那里领取“集体工钱”，这笔钱将在他们抽取大约10%的份额后，分发给工人（Rodríguez Pastor，1988；Hu－DeHart，1992）。与一小部分原苦力成为在种植园和城镇周围的小店主一样，一些人接着承担起了劳工承包商的角色。这些人是首批出现在这个侨民社区里的华人企业家。除了招募和动员劳工，他们也充当了劳工与种植园主和管理者以及劳工与地方政府之间的翻译和文化经纪人。因此，他们在种植园里的鸦片的故事中发挥着其重要作用也就不足为奇了。

种植园里的鸦片

显然，从苦力贸易开始之日起，鸦片就成了它的一部分，早在中国人在广东以及华南沿海的其他城市被诱捕，并被送到广东和澳门的货栈里等待前往秘鲁和古巴的苦力船时，就已开始了。在中国前往南美或加勒比海地区漫长而又艰苦的航程中，鸦片被发给苦力劳工。这一长途航行通常持续120天，而且苦力死亡率高达25%。苦力们经历了极端酷热和严寒的恶劣天气，持续的晕船、因变质的食物而生病、被鸦片弄得神志不清以及被残暴的船员虐待，使得这一远航更加疲惫（Millones，1977：4－6；Pérez de la Riva n. d.，220)。这些人求助于鸦片也就不足为奇了，因为当时鸦片在中国本土已经被广泛地使用。可能更奇怪的是这样一个事实，即种植园主们，尤其是秘鲁和古巴的种植园主不但允许苦力吸食鸦片，实际上还纵容甚至鼓励他们使用鸦片。就以秘鲁势力庞大的Aspíllaga家族来说，他们在沿海的卡亚尔提省（Cayaltí）拥有数处种植园和成千上万的华工，该家族设法输入并向其苦力供给鸦片，费用和好处由所有参与者分享，通过种种方式加以核算(Gonzáles，1995)。

研究这一课题，第一组问题与华人自身有关。不仅仅是他们为什么吸食鸦片，而是为什么他们渴望得到鸦片，以至于在某些情况下，华人劳工宁愿拿他们本已匮乏的食物份额来交换鸦片。此外，他们以什么方式消费鸦片，以及为了什么目的来消费鸦片？

第二组问题与种植园主有关。为什么他们会鼓励鸦片的广泛使用，甚至是当他们中间的一些人开始认识到持续地大量摄入鸦片会降低生产效率、引发过早的死亡，并导致极高的缺勤时，仍然如此。换句话说，与一套完整的经常使用的体罚酷刑一样，种植园主和他们的管理者们显然是把鸦片当作种植园里控制工人的一种工具。但是，它的实际效果以及经济和社会代价最终会如何呢？

第三组问题涉及鸦片的输入、分销和零售。是谁（哪家公司，哪个国家）把鸦片卖给了秘鲁和古巴？是谁在进口鸦片？在各时间段内鸦片输入的数量如何，以及它的分销和零售系统如何？在进口和销售鸦片的各个环节，谁能从中受益？除了大种植园主，还有哪些其他相关方面和部门加入并从中受益？

其中某些问题（虽然不是全部）我们已经得到了答案，另外还有一些零碎的资料，我们可以据此推测进行更深一步的研究。

鸦片与种植园生活

关于秘鲁种植园里鸦片的使用，相关的资料记载稍微多一点。这得益于为数不多的利用大量的种植园记录对种植园生活进行的详细研究，以及一些英国和欧洲旅行家的尖刻的评论，他们出版的记录被认为是关于那个时代的极其宝贵的历史资料（Gonzáles，1995；Peloso，1999；Middendorf，1973；Hutchinson，1873；Cole，1877）。还有另外一种可能的情况：秘鲁种植园里的生活甚至比古巴的情况更令人感到长久的绝望和痛苦。除了他们全是男性外（实际上没有例外情况），生活在广袤的种植园里的苦力甚至很少与监工和管理者（他们也是男性，通常是白人，偶尔是黑人）之外的其他秘鲁人接触，无论是男性还是女性皆如此。事实上，许多种植园被简单地称作“*pueblos de chinos*”或“华人村”。比如，在 Aucallama 种植园，根据1876年的人口统计，有67个白人，234个印第安人，176个黑人，145个混血人（印第安混血人）以及1 225个华人（Millones，1977：9）。他们被剥夺了与自己同族女性交往的机会，因为那里没有女性，这些华人大概很少有与其他种族（他们通常也是以男性为主导）女性接触的机会。此外，鉴于他们低下的社会地位和外来人的身份以及在异域的生活方式，他们不会受到种植园周围本来就很少的任何种族的女性的青睐。

秘鲁种植园内苦力的生活中有两个要素极大地阻碍了他们的日常生活和社会交流，或者说减少了他们闲暇或者娱乐活动的机会。一是他们漫长的工作日，通常从凌晨4：30的点名开始，直至日落为止，延续12个小时或更多时间，每周工作7天，而且有时甚至连契约里明确规定的3天假期也没有，就更不用说周末了。对他们的道德、肉体和感情更具毁灭性的是每晚将他们锁在营房或寮棚里。这些破烂不堪的、肮脏的、通风的简易木板房被雇主从外面锁上，成为“夜间监狱”，这样苦力就无法逃脱，从而迫使他们接受“永无休止的、持续不断的苦工，而他们的状况没有任何改善的希望”（Féliz C. de Zegarra，转引自 Stewart，1951：110，中译本第95~96页）。晚上除了休息、沉思、回忆往事外，就是昏暗的灯光下的赌博活动。当然有诸如打架和交友之类的人际交往，但也有不确切的对性或毒品或性变态之类行为的记载，以及小额的现金交易和吸食鸦片（Stewart，1951：102－103；Rodríguez Pastor，1988：174－75）。

英国总领事汤姆斯·哈钦森注意到，在英国人亨利·斯韦恩的种植园中，1 500名苦力普遍地在赌博和吸食鸦片。他指出，若没有鸦片，“要想使苦力们劳动将会很困难，就如同谚语中说的‘把黑人洗白，或让花豹改变身上的斑点’一样不可能”（转引自 Stewart，1951：107，中译本第93页）。显然，苦力们对鸦片上瘾，不仅仅是因为他们希望通过吸食鸦片让自己神志不清、获得麻木的感觉，以及帮助解决他们精神需求的渴望，而且是因为他们形成了对这种药物的一种依赖，只有通过吸食鸦片他们才可以在第二天早上有精力面对残酷的一天。

然而，面对工作就意味着经常要忍受严厉的体罚。如同古巴奴隶埃斯特万·蒙特霍（Estévan Montejo）所描述的那样，这些用以保证苦力们在工作中服从和守纪律的措施有以下几种形式（Montejo，1968：95）：

> 足枷，在锅炉房中执行，这是最残忍的。它是由厚木板制成的，其间有为头、手和脚所留的开口。他们会为了一些微不足道的罪行而将其像奴隶那样铐起来，长达两三个月。最为常见的惩罚是鞭笞：这种惩罚由监工用可以在皮肤上留下伤痕的生皮制成的鞭子来执行。他们还有一些用丛林植物的纤维制成的鞭子，它像魔鬼一样刺下，并将皮肤一条条地剥落。

种植园的管理者们很快就抓住了中国苦力劳工对鸦片的依赖，并利用鸦片来威胁劳工，在苦力完成每天的任务之前，以不发给鸦片的方式来惩罚苦力。他们“将这些人变成瘾君子，然后通过供给或拒绝给予毒品来控制他们”（Gonzáles，1995：207）。也就是说，管理者用鸦片来奖赏和惩罚工人。

一些华人苦力对鸦片的依赖因此变得更加严重，用自己仅有的值钱的东西去换取更多的鸦片。另一位到过秘鲁种植园的参观者菲茨－罗伊·科尔指出，苦力们“每天可得到两磅去了皮的大米和一磅山羊肉，后者有时被苦力拿去换取鸦片”（转引自Stewart，1951：100，中译本第86页）。如果他们没有东西可供交换，会去偷窃甚至为了鸦片而杀人，这也是华人苦力中出现高犯罪率的一个原因。甚至食用过量鸦片，在秘鲁和古巴都被普遍认为是一种更好的自杀方式。某些种植园报告的华人高犯罪率中就包括自杀，按照西班牙的法律，自杀就是犯罪。据古巴历史学家Juan Pérez de la Riva的计算，1860年登记的1 878起涉及华人的犯罪活动中，就有900起是自杀或企图自杀，203起是抢劫，210起是谋杀其他华人，418起是针对白人、黑人和混血人的蓄意谋杀，72起是放火焚烧甘蔗园或建筑物，只有12起是起义或集体抗议（Pérez de la Riva n. d.；Stewart，1951：318）。通过麻木人的意识并且使人变得无精打采，鸦片的广泛消费很可能也是苦力们无法形成更完善的、规模更大的抗议之意识与能力的原因。除了上吊、投井或跳入炼糖的大桶中自溺而死外，吸食过量鸦片是一种最为常见的自杀方式。历史学家的研究表明，在秘鲁卡亚尔提（Cayaltí）省Aspíllaga种植园里的自杀华人，除了极少数例外的，都是由于吸食过量鸦片而亡（Gonzáles，1995：82；Cuba Commission，1876）。

当窃取或是索取鸦片失败后，一些苦力会从种植园主和管理者那里借钱去买更多的鸦片。继而，种植园主便利用鸦片贷款来加速苦力劳动偿债制度的形成，并使之永久化。这种制度早已因为苦力（不管他是因何种原因失去了工作）必须要延长他们的服役期直到他将欠款还清为止，而成为苦力制度的一部分。

古巴和秘鲁种植园里的生活让观察员觉得简直完全无法接受。同一时代的古巴观察员Manuel Villanueva在1877年的记载，很好地概括了这一状况（转引自Corbitt，1971：

81－82)：

> 通过虚假承诺的刺激，他们被诱使着抛弃自己的故土。然而，这一承诺在他们登船后不久就被怀疑是永远也不会实现的。他们与故土之间被漫长的距离所隔开，而根据他们在漫长的航行期间所作的有关其穿越巨大海域的回忆，这一距离被他们的错觉严重地夸大了。他们被贪婪的水手所盘剥，被强制安排做与他们所接受的训练毫不相干的工作，忍受被奴隶制原则和传统统治的种植园的纪律。他们从一个骗局走向另一个骗局，甚至在许多情况下要忍受他们的契约而不能满足他们对宗教的需求。由于缺乏同一种族的女性，他们被从家庭生活中排除。他们被白人所鄙视，被黑人所憎恨。在他们的契约临近届满时，与奴隶们相比，他们会更多地（选择）离开他们的雇主，因而，他们很少被顾及。他们是古巴社会中真正的被社会遗弃的人。（我们）怎么能因此来责备这种情况导致发生犯罪和堕落呢？

鸦片的输入、分销和出售

关于鸦片是怎样输入到秘鲁和古巴的，以及它是通过何种途径输入的这一问题，对于古巴来说不是很清楚，但是对于秘鲁来说，像 Aspíllagas 这样的大种植园主在整个苦力贸易时代，都是自己输入鸦片的。实际上，Aspíllagas 家族在卡亚尔提拥有出售鸦片的特权。他们的供货者主要是英国的大国际贸易商贩，如 H. R. Kendall 和 Sons of Liverpool 公司，其次是在利马的供货商，如华人的贸易公司 Wing On Chong 公司以及 Virgilio D' Orso 公司。早在 19 世纪 60 年代，如下的广告就已经出现在诸如利马的 *El Comercio* 这样的地方大报中（31 July 1865）：

> !!! 鸦片——鸦片——鸦片!!!
> 注意中文（对华人的广告）
> 在 27 号货栈，我们刚刚得到一大批上好的鸦片，它以 opio-compadre 而闻名，我们是免关税得到的，所以我们卖得极其便宜。

据秘鲁历史学家 Pablo Macera 的推算，1852 至 1879 年，英国人向秘鲁出售了767 401 磅鸦片，其中大部分是在 19 世纪 70 年代。自 19 世纪 50 年代输入 16 787 磅鸦片开始，秘鲁的鸦片输入量迅速增长到了 1860 至 1864 年的 30 688 磅，另外还有 30 574 磅的鸦片在其后的五年中输入该国。鸦片输入量在苦力贸易的最后四年，即 1870—1874 年，急剧增长到了 270 802 磅，在 1875—1879 年（这是一个原苦力重新缔结契约的时代），其输入量更是令人吃惊地达到了 415 691 磅①。通过向他们的工人出售鸦片，像 Aspíllagas 这样的种植园主可以收回他们向苦力支付的大部分工钱。鉴于鸦片的高消费率和高利润率，1887 年秘鲁政府垄断了鸦片的进口。于是，Aspíllagas 庄园主以及其他的种植园主开始转向征

① 每磅大约是 0.453 6 千克，如此计算，1852 至 1879 年英国人向秘鲁出售的鸦片为 348 093 千克（译者注）。

募越来越多的来自秘鲁高原山区的农民，以此来满足他们在沿海地区的劳动力需求。这些农民是历史上曾经一度辉煌的印加帝国的后裔，他们咀嚼着古柯叶，而这一习惯早在西班牙征服他们之前就已形成了。

据说，虽然种植园主或政府进口鸦片，但是他们并没有深入涉足于鸦片的分销和出售。相反，小额的鸦片零售落入了华人之手。三种形式的中国苦力和原苦力参加到了鸦片贸易这一环节中。首先出现的可能是那些被当地的管理者提拔为首领或监工的人，这些人成为翻译，并部分负责对劳工社会进行控制，他们是老板的心腹，他们的部分职能就是控制鸦片的分发。例如，在 Aspíllagas 庄园里的阿陈，就是这样的一个华人工头。他“在寮棚里面”拥有一个小商店，这个商店同时也是他的卧室。他出售鸦片以及其他的一些小商品，并以各种方式骚扰和恐吓他的工人同胞，直到这种恐吓演变成了仇恨。某一天，人们发现他被暗杀了，而行凶者永远也没有被找到（Rodríguez Pastor，1988：196 - 203）。

更为常见的鸦片分销商、零售商是居住在他们原来的种植园或者附近的原苦力，他们拥有并经营此类小商店（在秘鲁，此类小商店被称作 tambo，在古巴，称作 bodega 或 puesto）和餐馆（在秘鲁叫做 fonda）。由于这些小商店多半设在种植园或者其附近的城镇中，它们自然就成为苦力和原苦力们（他们中的大多数人仍然是单身并且很贫穷）的社会活动中心。在古巴，第一批这样的小商店出现于 19 世纪 60 年代，到了 70 年代，几乎所有种植园区所在的城镇都有此类商店。利用这一组织完善的分销网络，被指定的分销商们经常随身携带着大量现金，这就使他们成了被抢劫的目标。在秘鲁的 San José 种植园，一个名叫 Valerio Achay 的鸦片分销商就因此而被中国苦力杀死，并被抢夺了 60 比索。Achull Coy 是卡斯马（Casma）和 Puerto 的鸦片分销商；至于 Agin Yap，则是一个厨师，在 Tambo Real Estate 和圣达城内买卖鸦片。古巴的奴隶 Estévan Montejo 曾经提及古巴的这一现象（Montejo，1968：94）：

> 中国人在经商方面很有才华。他们拥有自己的商店，出售各种稀奇古怪的东西……Sagua 城里的整个 Tacon 街都归华人所有。他们也有裁缝店、糖果店以及公共休息室。华人非常喜欢鸦片，但我不认为他们知道它是有害的。他们用长长的木管吸食鸦片。现在，虽然没有人因吸食鸦片而被找过麻烦，但是他们躲在商店的后面吸食，以免被白人和黑人发现。

这些当地的商店还具有另一项功能，即让年老的原苦力在此获取并品尝鸦片，以此度过其苦难余生。一位华人店主回忆说（Rodríguez Pastor，1988：217）：

> 午餐时间，我走进商店去买一块大面包，以便和我的一杯水一块吃下，我发现了那个老华人，他在二楼，躺在他的床上——一个由藤条制成没有床垫的床——吸着他的大烟管。他的一边有一盏油灯，他在那里点燃或是加热他的鸦片，然后将它迅速放进烟管的小口中来吸食。那个老人很安静地待在那儿，叹息着。我心想，这是多么的愉快啊！我知道，他吸食鸦片时感到很高兴。

第三种形式的鸦片分销商是组织工人并在种植园主那里投标的劳工承包商。华工承包商及其员工的组织看起来很像遍布于东南亚地区（尤其是像矿场和种植园这种人力密集型的殖民地公司）的传统的华人公司，但是关于它怎样运作以及承包商和其员工之间的关系，我们则没有更多的资料。他们为种植园主提供劳工，并就薪水、食物以及其他事项，如以工作或时间为基础的报酬等条件进行谈判。他们还提供鸦片、酒以及其他“必需品”。种植园主则将“集体薪水”付给承包商，承包商自己从中提取10%的份额，然后在他的工人之间分发。在种植园旁边开设一个小商店，通过进一步榨取其中国同胞的薪水，劳工承包商积聚了更多的资本（Rodríguez Pastor，1988：41－46、363）。

1874年之后的数年内，秘鲁和古巴的种植园主继续向华人承包商转包工作（Rodríguez Pastor，1988：119；Hu－DeHart，1992）。他们在不断聚集的自由男劳动力中招募工人。那里仍然是几乎没有华人妇女，虽然极少数的男人已经与当地妇女（通常是黑人和混血人或者是山区人，或来自高原地区的当地妇女）通婚。1899年古巴的人口调查记录了大约15 000名华人，其中超过一半（约8 033人）被列为“日工”，2 754人被列为“仆人”。此外，相当大的数目，即1 923人是商人，471人是毒品贩子。只有20人是女性（Corbitt，1971：92－93）。1873年在秘鲁旅行的德国医生米登多夫（Middendorf）指出，“绝大多数华人仍然是单身，他们被迫的单身状况是他们极不正常的恶习之根源，也是他们普遍进行令人厌恶的鸦片吸食活动的根本原因。”他指出，在利马中心市场周围华商聚集地区周围的空气“充满了浓重的令人厌恶的鸦片的烟气”（Middendorf，1973：174）。

自1887年起，国家垄断机构（烟草公司）进口鸦片并向零售商批发。为了阻止出售走私货，国家垄断机构对出售鸦片的华人商店实施了检查，发现了不少问题。1893年10月，烟草公司的经理通知警察部门，他们的探员在福炎（他与其他人共同拥有和经营邝胜冲有限公司）的商店里发现了重达10磅的走私鸦片。1899年类似的指控涉及阿高和阿陈，他们是年轻的华人，并且在San Juan de Díos种植园里共同拥有一个小商店。在那里，他们将“少量的鸦片”夹杂在其他商品中间出售。同样在1899年被指控的是阿芳，56岁，他在炼糖厂里拥有一个小餐馆，在那儿出售“香烟、火柴和鸦片”（AGN Causas Criminales，1894、1899）。看来，在19世纪，只要华工仍然在种植园里，无论是在田地里工作，还是越来越多地在精炼厂里做报酬更高的工作，或是半熟练工，他们附近的华人就会通过小商店向他们提供鸦片。出售和使用鸦片仍然是合法的，唯一不合法的行为涉及的是那些被指控在获得鸦片而转售时规避国家鸦片垄断的华人。

结 论

尽管有关种植园鸦片缺乏详细的、有说服力的证据，然而很明显，鸦片是华工自19世纪40年代开始直至19世纪末叶行将结束的种植园经历的一部分。无论是在远涉美洲漫长而又艰苦的远航中，还是在极端艰苦的条件下和永无休止的乏味的工作的8年内，或者在更长的服役期间的种植园的营房中，华人苦力用鸦片麻木他们的感觉，忍受孤独和思家之痛，缓解他们对正常需求的渴望。总之，他们要忍受种植园里的生活。换言之，鸦片已经融入了种植园生活和工作的日常节奏之中。种植园主和他的管理者们不仅纵容鸦片的使用，而且刻意地、积极地帮助和煽动种植园里鸦片的输入、分销和出售。古巴和秘鲁的苦力确实偶尔因集体抗议而崛起，然而，或许我们应该问的更重要的问题是，假如没有鸦片，华人苦力和原苦力们是否还会在种植园里工作。就此意义而言，或许有人会认为，鸦片是种植园主进行社会控制的基本工具，它抑制了抗议活动，无论是个体的抗议还是集体的抗议。在推动并煽动鸦片的销售和使用时，种植园主通过榨取其支付给工人微薄的工资的大部分，以及向工人提供贷款购买鸦片，使得苦力劳工以劳役抵债的方式在种植园里工作更长的时间，从而获得了经济利益。

然而，鸦片的大量使用也以人们未曾预料到的方式对种植园主产生了事与愿违的后果。其中最为严重的是大批苦力因为过量吸食鸦片而结束了他们抑郁而又穷困的一生。当然，过量食用鸦片或用其他方式自杀是一种沉默的、消极的、个体的反抗形式。自杀过早地减少了种植园里的劳动力，造成了更高的生产成本。苦力长时期地大量使用鸦片，也导致了旷工和生产效率的低下。于是，近19世纪末时，种植园主开始抛弃华工（他们的数量正在逐渐减少并且迅速衰老），转而征募来自高原山区的当地农民。在减轻苦力感情和肉体上的痛苦时，种植园主可以更好地利用农民对古柯叶的传统依赖来加以控制和利用（Gonzáles，1995；Peloso，1999）。

毫无疑问，华工是这一苦力体系中的最大受害者。但是伴随着这一体系的盛行和鸦片成为维持它的不可或缺的方法，一小部分华人也从鸦片中找到了获利之道。那些在种植园里的鸦片分销商，包括稍后出现的劳工承包商，还有那些在他们位于种植园或其附近的小商店出售鸦片的人，在鸦片销售中发现了一个私人资本积累的早期方法。这一过程大概使得在苦力制度下首批小企业家的出现成为可能，恰如上面提到的阿高、阿陈还有阿芳这样的当地企业家。

参考文献

Documents（archival material）

[1] AGN. Archivo General de la Nación. Lima, Perú. Causas Criminales (Criminal Cases). 1894 and 1899 files.

[2] Archivo General de la Nación. Lima, Perú. Aduanas (Customs). Boletín de Aduanas 1899.

[3] El Comercio [Lima, Peru]. 31 July 1865.

[4] Morales Papers [Collection of mostly unpublished late19th century documents]. Biblioteca Nacional José Martí, Havana, Cuba.

[5] Peru Census. 1872.

Books and Articles

[1] Cole, Fitz-Roy. 1877. *The Peruvians at Home.* London.

[2] Corbitt, Duvon C. 1971. *A Study of the Chinese in Cuba*, 1847 – 1947. Wilmore, KY: Asbury College.

[3] Cuba Commission. 1876. *Report of the Commission Sent by China to Ascertain the Condition of Chinese Coolies in Cuba.* Taipei: Cheng Wen Publishing Co., 1970. Reprint of the original edition published by The Imperial Maritime Customs Press, Shanghai.

[4] Gonzáles, Michael. 1995. "Resistance among Asian Plantation Workers in Peru, 1870 – 1920." In From Chattel Slaves to Wage Slaves. *The Dynamics of Labor Bargaining in the Americas.* Mary Turner, ed. Bloomington, IN: Indiana University Press, pp. 201 – 203.

[5] Hu - DeHart, Evelyn. 1992. "Chinese Coolie Labor in Cuba and Peru in the Nineteenth Century: Free Labor or Neoslavery?" *Haiwai Huaren Yanjiu* (*Journal of Overseas Chinese Studies*), published by the Society of Overseas Chinese Studies, Taipei, No. 2, pp. 149 - 181.

[6] Hutchinson, Thomas J. 1873. *Two Years in Peru with Explorations of its Antiquities.* 2 Vols. London.

[7] Jiménez Pastrana, Juan. 1983. *Los chinos en la historia de Cuba*, 1847 - 1930. Havana: Ciencias Sociales.

[8] Middendorf, E. W. 1973. Peru. *Observaciones y estudios del país y sus habitantes durante una permanencia de* 25 *años.* Lima: Univ. Mayor de San Marcos. (Translated from the German edition published in 1893.)

[9] Millones Santagadea, Luis and Jesús Armando Cavero Carrasco. 1977. "*La vida provincial de los chinos en el Perú: el caso de Casma (siglo XIX).*" Unpublished ms.

[10] Montejo, Estévan. 1968. *The Autobiography of a Runaway Slave.* Edited by Miguel Barnet, translated from the Spanish by Jocasta Innes. London: The Bodley Head.

[11] Peloso, Vincent C. 1999. *Peasants and Plantations. Subaltern Strategies of Labor and Resistance in the Pisco Valley.* Peru. Durham, NC: Duke University Press.

[12] Pérez de la Riva, Juan. (n. d.) "Los culíes chinos en Cuba." Unpublished ms.

——1966. "Demografía de los culíes chinos en Cuba (1853 - 1874)." *Revista de la Biblioteca José Martí* 57 (4): 57 - 86.

——1978. "La situación legal del culí en Cuba." In El barracón. *Esclavitud y capitalismo en Cuba.* Barcelona: Ed. Crítica.

[13] Rodríguez Pastor, Humberto. 1988. Hijos del celeste imperio en el Perú (1850 - 1900). *Migración, agricultura, mentalidad y explotación.* [Lima]: Instituto de Apoyo Agrario.

[14] Scott, Rebecca. 1985. *Slave Emancipation in Cuba.* Princeton: Princeton University Press.

[15] Stewart, Watt. 1951. *Chinese Bondage in Peru.: A History of the Chinese Coolie in Peru, 1849 - 1874.* Durham, NC: Duke University Press.

作者：胡其瑜（Evelyn Hu - Dehart），美国布朗大学历史系教授。
译者：臧扬勤，暨南大学华侨华人研究院在读硕士。
校订：钱江。

Opium and Social Control: Coolies on the Plantations of Peru and Cuba

Evelyn Hu - Dehart

Abstract: Opium was an important part of the South American plantation experience of Chinese workers from inception in China in the late 1840s to the very end of the 19th century when it petered out. Based on relevant archival records, this article examines the place of opium in the history of the Chinese diaspora in Latin America and the Caribbean. The author points out that Chinese coolies used opium to dull their senses, endure loneliness and homesickness. In the meantime, local planters and their administrators not only condoned its use, but intentionally and actively aided and abetted the importation, sale and distribution of opium on the plantations. In aiding and abetting the sale and use of opium, planters also profited economically, by siphoning off a good part of the meagre wages paid out, and, through extending loans to workers to buy opium, kept some of them working longer on the plantations in a practice resembling debt peonage. There is no doubt that the Chinese workers themselves were the big victims in this whole opium and social control system. But as long as the system prevailed, a handful of Chinese workers also found ways to profit from opium. They discovered in opium sales an early form of private capital accumulation. This process enabled the first group of small Chinese entrepreneurs to emerge from the coolie labour system.

Key Words: Opium　Chinese Coolies　Plantations　Peru Cuba　Capital Accumulation

关于民国初期新义州的朝鲜华侨及其商业活动之考证
——围绕二十世纪二三十年代新义州华商之丝织品行业的商业活动情况

宋伍强

【摘　要】新义州原本为平安北道义州郡偏僻一隅。京义铁路及安奉铁路汇集该地，1904 年新义州站落成后不久，新义州府成立。1924 年 7 月，日本政府上调奢侈品关税，这直接威胁到朝鲜华商的利益。在此情况之下，新义州华商丝织品行业者进行该类产品的走私活动，以确保其利益。然而，1928 年以后新义州的日产绢纺织品及人造绢制品大量涌入。走私中国该产品的所获利润率就大幅下降。1932 年以后新义州华商开始在安东和奉天设立分行，将日本货销往满洲。然而，1931 年7 月"万宝山事件"发生，同年9 月又爆发"柳条湖事件"，因此新义州华侨圈内暗云涌动，前途暗淡。众多华侨纷纷踏上归国之途。

【关键词】朝鲜华侨　新义州　丝织品　中朝贸易

序　言

就20 世纪二三十年代朝鲜华侨的商业活动而言，本论文围绕位于中国奉天省安东县①对岸的朝鲜平安北道新义州府内，中国商人的丝织品行业的商业活动展开论述。

所言之及，需追溯至公元前1122 年，出身于殷周时期的殷王族之箕子率众5 000 人前往朝鲜，这便是中国人最早移居朝鲜的年代，② 随后中国的使节、商人，以及受战乱及贫困之苦被迫离乡背井的难民逐渐移居朝鲜。

1882 年签订的《中国朝鲜商民水陆贸易章程》，不仅使中国人的居朝身份合法化，还迎来了朝鲜华侨③的新时代，此后，朝鲜华侨人口量紧随时代变迁而潮起潮落。据估计，现今居韩华侨达2 万人，居朝者则达6 000 人④。

以1992 年中韩两国建立邦交关系为契机，朝鲜半岛华侨的相关研究主要集中在韩国华侨的身上。下文将对其关联研究归类总结。第一类，在日本殖民地时期，以朝鲜总督府

---

①　现辽宁省丹东市。

②　华侨志编纂委员会编印：《华侨志——韩国》，1958 年，第13 页。

③　朝鲜华侨是指1882 年签订《中国朝鲜商民水陆贸易章程》以后移居朝鲜半岛的中国人。参见杨昭全・孙玉梅：《朝鲜华侨史》，中国华侨出版公司，1991 年，第106 页。

④　朱慧玲：《朝鲜》，载《华人经济年鉴》，社会科学文献出版社，1998 年，第122 页。

名义对朝鲜各府的中国人为对象的调查资料①；第二，对开港初期，首尔、仁川的朝鲜华侨商业活动情况的研究②；第三，对殖民地时期的朝鲜华侨的研究。第三点可细分成以下几点：①朝鲜华侨各行业的经济状况之论述，即在日本统治下朝鲜半岛各地华侨的经济实力的分析③；②朝鲜总督府的华侨政策及朝鲜人对待华侨的看法④；③关于华商引进的中国制麻织品、丝织品的进口情况及朝鲜国的流通情况分析⑤；④1931 年的朝鲜排华事件的研究⑥；⑤从殖民地后期，汪政权下的朝鲜华侨政策和驻韩中国领事馆的业务状况对当时的华侨社圈的分析研究⑦；⑥日本战败后，中国政府对朝鲜归国华侨采取的政策及归国后提供的生活援助⑧等方面。

类似上述的朝鲜华侨研究，近年主要集中在首尔、仁川两地，至于其他地区的华侨研究报告，尤其在朝鲜对于华侨研究较少。

新义州原为平安北道义州郡的一片沼泽地。但自 1905 年 1 月开通了连接京义铁路⑨和安奉铁路的新站点——“新义州站”后，越来越多的山东人选择经由安东县，定居于新义州。

焕然一新的新义州被誉为“国门城市”并以“木都”为人们所熟知。而连接新义州和对岸中国安东县的鸭绿江大桥，促进了双方劳动力和物资的交流。

---

① 朝鮮総督府编：《朝鮮に於ける支那人》（1924 年）和 朝鮮総督府编：《来住支那人》（《朝鮮部落調査報告》1923 年）中详细记录了大正时代的朝鲜华侨的概况。另，小田内通敏：《朝鮮における支那人の経済的勢力》（《東洋講座》1926 年）中，以仁川和新义州为重点进行实地调查，清楚记录了中国商人、工人和农民的活动情况。

② 以仁川・首尔—上海—神户・大阪・长崎的网络论观点进行分析有，古田和子：《仁川貿易をめぐる日中商人と上海ネットワーク—1890 年代初期東アジア地域経済論》（《三田学会雑誌》第 92 卷 1 号，1999 年，第 20 ~ 46 页），石川亮太：《開港後朝鮮における華商の貿易活動》（《中国近代化の動態構造》森時彦编，2004 年，第 169 ~ 189 页），石川亮太：《朝鮮開港後における華商の対上海貿易》（《東洋史研究》京都大学東洋社会研究会编，2005 年 3 月，第 846 ~ 811 页）。另，河明生：《韓国華僑商業－1882 年より1897 年迄のソウルと仁川を中心として》（《研究論集》第 23 号，神奈川大学大学院經濟学研究科，1994 年 11 月，第 1 ~ 97 页）中，从开港初期首尔和仁川的经济活动等角度进行分析。另一方面，石川亮太：《開港期漢城における朝鮮人？中国人間の商取引と紛争－駐韓使館档案を通じて》（《年報朝鮮学》第 10 号，2007 年 3 月，第 93 ~ 128 页）中，对朝鲜开港后首尔地区《驻韩使馆档案》的诉讼案件进行分析，并陈明当时华侨和朝鲜人之间的交易形态及纠纷情况。

③ 杨昭全：《朝鲜华侨经济：1910—1945》，《海外华人研究》第二期，1992 年，第 79 ~ 110 页。

④ 松田利彦：《近代朝鮮における山東出身華僑——植民地における朝鮮総督府の対華僑政策と朝鮮人の華僑への反応を中心に》，《東アジアと半島空間—山東半島と遼東半島》千田稔、宇野隆夫共编，思文閣，2003 年，第 313 ~ 341 页。

⑤ 李正熙：《植民地朝鮮における華僑経済に関する研究（上下）》，《京都創成大学紀要》第五卷，2005 年，第 1 ~ 22 页，第六卷 2006 年，第 27 ~ 54 页。

⑥ 由万宝山事件所引发的关于朝鲜排华事件的研究，由緑川勝子：《万宝山事件及び朝鮮内排華事件につての一考察》（《朝鮮史研究会論文集》第六卷，朝鮮史研究会编，1980 年，第 129 ~ 152 页）为首，紧随有朴永錫：《万宝山事件研究》（第一書房，1981 年），菊池一隆：《万宝山・朝鮮事件の実態と構造——日本植民地下、朝鮮民衆による華僑虐殺暴動を巡って》（《人間文化》第 22 号，愛知学院大学人間文化研究所紀要，2007 年 9 月，第 15 ~ 79 页），장세윤《만보산사건전후시기인천시민과화교의동향》（《인천학연구》2 - 1 号，2003 年 12 月，第 189 ~ 234 页）等等。

⑦ 楊韻平：《汪政権与朝鮮華僑（1940—1945）—東亜秩序之一研究》，稻郷出版社，2007 年。

⑧ 曲晓范、刘树真：《当代朝鲜华侨的归国定居及安置史略》，《华侨华人历史研究》第 4 期，华侨华人历史研究编辑部编，2000 年，第 45 ~ 54 页。晁中辰：《山东省日照市旅韩华侨的调查报告》，*The Last Half Century of Chinese Overseas*, Hong Kong University Press, 1998 年，第 463 ~ 473 页。

⑨ 京义铁路指京城（现首尔）至义州的铁路。

因此，在新义州建府初期华侨人数占全府25%①，到1917年甚至超越了当时的京城②华侨，成为朝鲜国内华侨最集中的地区。③

因此，笔者认为作为殖民期朝鲜华侨的研究之其中一环，把重点放到新义州华侨上其意义非同一般。

众所周知，日本政府在1924年7月调高了奢侈品关税率。受此影响，朝鲜华商的主要商品——中国国产丝织品进口到朝鲜的关税被上调至100%，致使次年其进口量锐减为零。但是，经过安东到朝鲜各地的丝织品走私贸易也随之蓬勃发展。20年代后半期到30年代初期，日本产丝织品进入朝鲜、满洲市场，新义州华商丝织品行业的经营也随之进行了一些调整，把日本的丝织品转口运往满洲。

本论文目的在于通过对新义州华商的丝织品的采购与经销渠道的分析，将上述史实予以论述。

本文中所引用到的史料包括有：第一，新义州中国领事馆报告书（中国第二历史档案馆编《外交部公报》江苏古籍出版社，1990年）；第二，朝鲜总督府调查统计资料及新义州海关统计；第三，在殖民地时期发行的各类朝鲜报刊；第四，由帝国商工会编辑的新义州府内商工业者的信用度调查（帝国商工会编《帝国商工会信用录》、《帝国商工会录》朝鲜版，各年号）；第五，新义州帝国商工会议所及新义州理事厅的文书等。

一、清末的鸭绿江区域

1. 清政府的东北移民政策

对中国东北地区实行的移民政策，清政府分成三个阶段实施。换言之就是，初期的东北移民奖励措施（1644—1667年），中期的东北移民禁止措施（1668—1860年）及后期东北移民解禁措施（1861—1911年）。④

17世纪初叶的后金（东北地区），明清战争带来的大规模征兵和军用品需求增加等原因，使劳动力的不足情况更加严重。清政府为解决以上困难，于顺治元年（1644）颁布了不问户籍，为东北地区大量招徕劳动力的诏令，并于顺治十年正式制定了《辽东招民开垦条例》，地理相近的山东人和河北人由此逐渐北上，最后定居在东北地区。⑤

但一直被清政府视为“龙兴之地”的东北，开始对汉族人的过度移居感到不安，终于在康熙六年（1667）颁布了《辽东招民停止令》。1842年，广州、上海、福州、厦门、宁波五处港口因《南京条约》被迫开放。列强下一步是企图扩大在中国大陆的势力范围，特别是俄罗斯对扩张中国东北地区的势力活动表现尤为积极。清政府为阻止俄罗斯的南下攻势，再次出台移居东北的奖励措施。⑥

---

① 《国境地方居住韓国清国人口統計及不動産所有》，韩国国家记录院藏，管理代号CJA0002265。

② 现韩国首尔，朝鲜殖民地时代称其为京城。

③ 朝鮮総督府编：《朝鮮に於ける支那人》，1924年，第48～49，174页。

④ 路遇：《清朝和民国时期山东移民东北史略》上海社会科学院出版社，1987年，第35页。

⑤ 路遇：《清朝和民国时期山东移民东北史略》，第37～38页。

⑥ 吴希庸：《近代东北移民史略》，《东北集刊》第二期，1941年，第29页。

2. 义州的民间贸易和开市情况

李氏王朝末期即18世纪的朝鲜，形成了由超过千所的“场市”组成的市场网，① 并且在国际贸易方面，通过“开市”实现了和华商之间的民间贸易关系，其中以中国辽宁省凤凰城（现凤城市）的“栅门贸易”最为著名。遗憾的是，“栅门贸易”规定每年只开市三次②，且其位于距离朝鲜“国门城市”义州的西北120韩里（约48公里）③ 的路途上，朝鲜商人只能冒险走这条盗贼横行的山路。

这种状况一直持续到1878年中朝两国缔结《中江通商条约》，中江台（中国）成为新的贸易中心。中江台距离义州只有五里远，于是栅门贸易最终被取而代之。④

1882年《中国朝鲜商民水陆贸易章程》的缔结，不仅方便了华商进出义州，⑤ 并使其居朝身份合法化。到了1889年，华商的商业活动被准许在义州以外的地区开展，贸易中心于是由中江台转至安东（北下洞）⑥。

3. 安东的繁荣

安东位于鸭绿江的河口地区，是新义州对岸的国门城市。从地理上看，她因山东、华东地区与鸭绿江流域间的贸易中转站角色而繁盛起来。

其贸易形态是，首先从山东半岛、华东地区购入杂货品和织品后出售给鸭绿江流域的居民；然后以取得鸭绿江流域的木材和谷物作等价交换，再把商品转售至华北、华东地区。因此，很多懂得把握商机的山东商人纷纷聚集到安东。

安东的繁荣提升了对岸新义州地区的重要性，日俄战争时期的1904年6月，设定京义铁路的终点站为新义州，为解决铁路用材的供给，同年9月在新义州设立了大林组制材工厂⑦，把安东县的劳动力引渡到新义州。

二、新义州华侨

1. 新义州和华侨的移居

位于鸭绿江河口上的新生之城——新义州，又名“木都”，是有名的国门城市。她原是义州郡的一处芦苇繁茂的沼泽地，在日俄战争期间，日本政府将京义线军用铁路的终点站定为现在的新义州（当时义州的一部分），并于1904年6月设立了临时军用铁道监部分所。⑧ 1905年1月京义线临时铁路开通后，设立了新义州站，邮局和新义州海关部相继成立，首个行政机关的新义州理事厅亦于1907年1月设立。⑨

1910年日韩并合后，日本政府在义州设立了平安北道的道厅，新义州理事厅正式更

---

① 高仑宗：《韓国史入門》，国書刊行会，1981年，第386~387页。

② 第一期从2月20日到5月30日；第二期从9月19日到10月20日；第三期从11月20日到12月30日。参见大崎峰登：《鴨緑江満韓国境事情》，兵林館，1910年，第105页。

③ 同上书，第106页。

④ 同上书。

⑤ 稲葉岩吉編纂：《平安北道史下》（韓国地理風俗誌叢書74），景仁文化社，1989年，第954~955页。

⑥ 大崎峰登，上引书，第106~107页。

⑦ 和田孝志：《新義州史》，島田丛文館，1911年，第7页。

⑧ 同上书。

⑨ 新義州市民会編：《新義州市誌》，1969年，第52页，第72~74页。

名为新义州府厅。[①] 与此同时，因新义州被宣称为对外通商口岸[②]而迅速地成为朝鲜西北部的贸易中转站，1923年，平安北道道厅终于从义州移至新义州。

以下是笔者对中国人移居新义州的一些浅见：

关于中国人移居新义州，尽管难以考究其源头，但据驻新义州中国领事馆记述，在京义线铁路修建期间，日本人招来了大量的中国工人，他们散居在麻田洞一带（现新义州），参与修建京义线北端的铁路工程，因此他们被认为是移居新义州的先驱者。[③] 另一方面，中国人开始在新义州做买卖的时间则追溯到1902年山东人毕心之在新义州开创一家名为“新明号”的酿酒场，主要生产和销售高粱酒。[④]

移居新义州的华侨以山东人为最多。据1935年的新义州领事馆统计资料显示，新义州山东华侨人数占当地华侨总数的83%。[⑤]

松田利彦氏认为山东人到朝鲜的原因可以从两方面来剖析。其一，山东半岛与朝鲜在地理位置上的接近、山东省人口稠密、奉直战争、重税、水旱蚂蚱危害等因素迫使他们离开故乡；其二，20世纪20年代的朝鲜正处于由公共投资的大型基础设施、伴随产米增殖计划的水利设施等系列大型规划工程的推进阶段，吸引他们移居。[⑥]

在新义州，1904年的京义线铁路的修建和大林组制材工厂的创办，1909年鸭绿江大桥工程的动工等，使日俄战争之后的劳动力供不应求，这些都是中国人走进新义州的契机。

2. 新义州的华侨人数

新义州华侨的人口统计来源于驻新义州中国领事馆和新义州商工会议所的统计资料。由于中国领事馆方面按年度统计的人口数字不甚完备，这一节将采用新义州商工会议所[⑦]的统计资料。事实上，直到1914年4月确立新义州的行政选址为止，行政机构在途中曾多次重组。究其原因，不得不归咎于截至1913年的人口统计上所出现的偏差。例如，1910年前后编成的华侨人口统计中记录着1908年为1 041人[⑧]和1910年为1 506人[⑨]。这可能是一份将当时邻近新义州府的义州郡光城面麻田洞和同弥勒洞的中国人口也计算在内的统计表。

根据以下新义州商工会议所的统计资料，希望能看到新义州中国人口的发展过程。

---

① 新義州市民会编：《新義州市誌》，第72页。

② 华侨志编纂委员会编：《华侨志——韩国》，第46页。

③ 驻新义州领事馆报告《新义州华工与华农状况》（1936年），中国第二历史档案馆编：《外交部公报》第9卷第2期，江苏古籍出版社，1990年，第381页。

④ 帝国商工会编：《帝国商工信用録》朝鮮编，1936年，第173页。

⑤ 《外交部公报》第8卷第4期，第76~77页。

⑥ 上引书，松田利彦论文。

⑦ 新义州商工会议所于1927年11月成立。作为商工业界的管控机关，它收集新义州连同朝鲜国内的产业、商业范围的详尽统计数据，同时也是对商工业者进行指导的机关。参见新義州市民会编：《新義州市誌》，1969年，第73~74页。

⑧ 《国境地方居住在韓清国人口統計》，韩国国家记录院藏，管理代号CJA0002265。

⑨ 上引书，和田孝志，第89页。

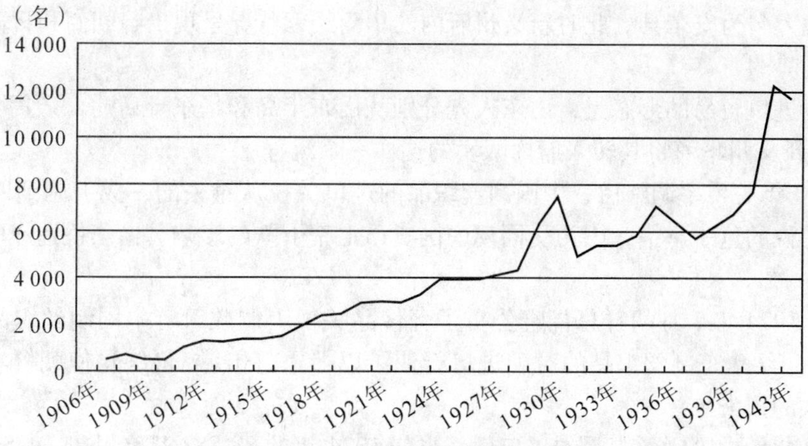

新义州华侨人口的发展（1907—1943 年）

资料来源：根据《新義州商工案内》（新義州商工会議所，1938 年）第 11 ~ 14 页，《新義州商工要覧》（新義州商工会議所，1942 年）第 20 页，《鴨緑江》（新緑会，1996 年）第 20 页编成。

1907 年 1 月，新义州的首个行政机关——新义州理事厅设立，这个地方的人口统计大概也从这一年开始。

上图是新义州的华侨人口变化图。从 1907 年的 497 人开始逐年递增，到 1917 年达到了 2 000 人的规模。此后继续呈上升趋势，到 1923 年是 3 395 人，1928 年是 4 328 人。1929 年 4 月政府出台的扩张新义州行政区域的政策带动新义州华侨人口规模的进一步扩大，到 1930 年达到了 7 487 人，然而次年 7 月发生的“排华事件”和 9 月的“柳条湖事件”使其人数回落至 4 933 人。虽然日后有反弹趋势，不料 1935 年具有反华倾向的“新义州学校事件”① 和中日战争的爆发令其再度锐减。又及，1941 年之后，新义州行政区域的二次扩展再次带动华侨人口的增加。

三、20 世纪二三十年代新义州华侨商人的商业活动变化

1. 1924 年朝鲜总督府的奢侈品关税上调政策和新义州华侨商人

1910 年日本在吞并韩国之际，承诺对当时实行的关税率保持 10 年不变。② 虽然 20 世纪初的 10 年里受日本统治，朝鲜华侨商人还是如从前一样在中国华东地区自由引进大量丝织品和麻织品到朝鲜国内贩卖。③

20 世纪初的新义州，居住着 20 ~ 30 户的中国商人，他们每年的进口额是 3 ~ 7 万日

① 1935 年 11 月，随着在上海中日关系的紧张，朝鲜各地加强对朝鲜华侨的警备。这当中，因新义州警察局对新义州华工学校使用南京政府的反满抗日内容的教科书实行没收，使得新义州领事馆和学校方面与新义州警察产生冲突。参见《전조선삽십여의중국인校엄중감시，反日的교재를쓴사건으로警務局돌연긴장》，《朝鮮中央日報》，1935 年 12 月 1 日，第 2 面）。

② 《韓国合併に関する宣言》，载外務省編：《日本外交年表竝主要文書上巻》，原書房，1966 年，第 341 ~ 342 页）。

③ 李正熙：《植民地朝鮮における華僑経済に関する研究（1905 年 ~ 1930 年）上編・下编》（《京都創成大学紀要》第五卷，第六卷）清楚记述，20 世纪初的首尔、仁川华商的垄断从进口上海的中国制丝织品、麻织品和英国制的晒平纹细棉布开始直到在朝鲜国内的经销的整个流程。

元，进口地大多为安东县。此时新义州府内的华商经营状况呈现出与朝商和日商不可比的压倒性的优势。①

当时的进口贸易的形态是，山东人先分别从山东半岛和华东半岛购入杂货、食品、盐及织品，② 新义州华商将其转入府内贩卖的这样一个流程。

自1920年关税率调整后，中国制丝织品的进口关税从过去的一成上调到四到五成。③日本上调关税的这一举措，因为受同期中国货币汇率下跌的影响，给华侨造成的冲击得到了一定缓冲。④

但是，1924年7月朝鲜总督府公布了奢侈品关税上调政策，中国制丝织品的进口税升为100%，给华东制丝织品的对朝进口行业予以严重打击。⑤ 最终也使朝鲜华侨商人们蒙受了巨大的损失。

在新义州的中国制丝织品的进口额，也从1924年的88 888日元跌到1925年的22日元⑥。然而，高关税也促使了走私进口的利润增大，因此过去以走私横行之地而闻名的新义州的中国制丝织品走私量在1924年8月以后开始剧增。⑦

接下来，笔者尝试分析新义州中国制丝织品的走私贸易情况。

表1是新义州中国制丝织品在1924年到1930年有关走私的报道，由朝鲜各类新闻摘文合编而成。

表1　走私中国制丝织品的拘留情况报道

报刊名	发行时间	走私地	检举地	内容
每日申报	1924-09-28			拘留走私绸缎的中国人（头条）
东亚日报	1924-10-22		镇南浦	查阅20家镇南浦主要织品商号，发现价值数千日元的绸缎
东亚日报	1925-10-09	陆接国境		频繁走私绸缎，并伪造海关印章
东亚日报	1926-02-03			1925年走私揭发案件量为1924年的两倍以上，奢侈品的走私揭发案件数为624宗，追加征收金119 624日元
东亚日报	1926-02-03	安东	沙里院	沙里院站藏有怀疑是绸缎物品两箱，寄件人和收件人均使用假名
时代日报＊	1926-02-03	安东	沙里院	走私及发现价值数万日元绸缎
每日申报	1926-04-01	安东		中国绸缎走私团伙（头条）

① 《近来中国人の新義州国境貿易概况》，载《每日申報》1912年10月8日。

② 上引书，大崎峰登，第34～39页。

③ 《支那絹布輸入税率引上の影響》，载《朝鮮》，1921年8月，第150页。

④ 同上书，第151～152页。

⑤ 陳来幸：《清末民初期江南地域におけるシルク業界の再編と商業組織》（《太湖流域社会の歴史学的研究》太田出・佐藤仁史编，2007年，汲古書院，35～64页）中记述，在华东制丝织品的出口到各国的总量中，至1922年为止对朝出口量一直占据着最大份额，但到1926年左右便跌至谷底，其直接原因是1924年7月朝鲜总督府采取新的奢侈品关税措施。

⑥ 新義州税関：《貿易要覧——新義州・鎮南浦・平壌・龍岩浦》新義州编，1927年，第10页。

⑦ 虽然中国制丝织品的进口量锐减为零，日本制丝织品对新义州运入额的增长率较前年仅有些许上升，1925年为101%，1926年为114%。估计当中是安东至新义州的走私量大增的缘故。（同上书，第14页）。

（续上表）

报刊名	发行时间	走私地	检举地	内容
时代日报	1926-06-04	安东	定州	京义线列车中发现绸缎，价值45日元，走私者为朝鲜人
东亚日报	1926-06-23	安东		估算朝鲜全年的绸缎走私总额为100万到150万日元
东亚日报	1926-07-20	安东	京城	检出价值约2 000日元的中国绸缎，同谋者十数名，另发现数万日元走私品
东亚日报	1926-08-01	陆接国境		年走私绸缎总金额为180万～200万日元，调查专员被派至国境
朝鲜日报	1927-02-11	安东	安州	前日逮捕多名绸缎走私者，最近某走私团伙再次巨额走私绸缎，于新义州海关被发现
东亚日报	1927-08-27	新义州	开城	走私绸缎到开城贩卖，罚款370日元，走私者为朝鲜人
东亚日报	1927-10-06			走私绸缎对朝鲜国内的布商造成打击，应对合法进口的丝织品义务加以印鉴鉴别
东亚日报	1927-11-01			应义务对中国制织品附加进口证明，日本制仿中国织品附加运入证明，朝鲜制仿中国织品附加生产证书进行鉴别
东亚日报	1927-12-03	鸭绿江岸		为杜绝走私，除印章外，同时为加强监视功能，特新设5所监督哨于平安北道，另平安北道原有的3间监督哨升格为监督分所
东亚日报	1928-06-18			朝鲜布匹商期望能监管走私丝织品（头条）

资料来源：由朝鲜国内各新闻报的摘文编成。

注1：表中所指绸缎为中国制丝织品。

注2：1928年后期至1930年未查阅到有关中国制丝织品的相关信息。

时代日报（1926-02-03）与同日的《东亚日报》记述内容一致，推测为同一案件。

首先留意一下报纸的发行时间，中国制丝织品走私情况的报道始于1924年9月下旬。换言之，这是自1924年7月调高奢侈品关税后不足三个月便能见报的重大走私案件。其次，观察上表所示“走私地”与“检举地”。从中得知走私据点主要集中于与陆地接壤的国门城市——安东、新义州，而且在朝鲜各地都有被检举查处的案件发生，足可见走私中国制丝织品是经安东、新义州再转往朝鲜各地的。

再来关注报道的内容，走私者大多以集团或个人名义走私，不仅中国人，许多朝鲜人也加入这一行列，规模从数十日元到数千日元不等。朝鲜国内的具体流通过程是用假名寄送包裹或由本人直接经陆路搬运等，总之走私是一项枝节横生而又复杂的工程。

其他新闻报道共计17篇，其中8篇集中在1926年2月至8月的六个月内。从各报道对每年走私额的推断中得知其持续上升的势态。虽然不知道其推断金额的根据是什么，但这暗示着中国制丝织品的走私情况十分严重，直至1927年仍未停歇，即在1924年下半年走上轨道的新义州中国制丝织品走私业，于1925年上半年出现扩展倾向，并在第二年继续发展。

从以上分析来看，1924 年 7 月的奢侈品调税措施使得作为走私进口岸的新义州得以被重视的同时，赐予新义州华商一个商机。然而，对他们而言，趁着这个势头进一步扩大其商业活动范围的可能性非常小，只能在新义州附近贩卖丝、麻织品①。

此外，朝鲜总督府为杜绝走私中国制丝织品，早于 1926 年 7 月就专门派调查员作实况调查，而在 1927 年末实行对走私加强管制的措施。总督府为区分走私品，决定在合法进口商品上例行盖章。为加强监视网点，在平安北道共增设 5 家监督哨，另将原有 3 间监督哨升格为监督分所。

在总督府加强对走私管制力度的同时，随着日本制丝织品的对朝输出量增加，以及日本政府将日本制人造丝纳入对朝出口项目这一背景下，中国制丝织品走私业在 1928 年后开始走向终结。

关于 1928 年以后新义州华侨的织品行业情况，将另起章节再作论述。

2. 1928 年以后新义州华商的丝织品采购与销售

奢侈品上调关税以来，日本制丝织品运入量在新义州的增长率较之前年——1925 年的 101% 和 1926 年的 114%，1929 年突增至 310%，到 1930 年更是增长了 189%。② 计算运入新义州海关的中下等级日本制丝织品③的单价④，1925 年到 1927 年间是 1. 6 日元/1 方码，到 1929 年跌至 0. 76 日元/1 方码，便可了然。⑤ 不消说，运入新义州的大多数日本制丝织品经由安东出口到中国东北地区。

尽管日本在丝织品行业属于后来者，但进入 1925 年后凭着迅猛的发展速度取得了惊人成绩，朝鲜是其发展初期的主要出口地。⑥

鉴于日本制丝织品在朝鲜丝织品市场中的优势，使新义州华商从日本购入丝织品和人造丝纺织品，然后将其拿到中国东北地区销售。此外，采购点的转移可以从新义州中国领事馆 1930 年的报告书中得悉：

> 管内（新义州）侨民业商者共一千一百三十六户……约占全数百分之二十六强其营业以贩卖绸缎布疋者最多……惟所贩之绸缎布疋杂货日用品等多係日货

① 新闻报道中，各地朝鲜人虽被证实走私中国制丝织品，却找不到与新义州华侨相关联的报道。另，1923 年朝鲜总督府调查中显示，新义州华商是以小买卖为主要营生手段。参见朝鮮総督府编：《朝鮮に於ける支那人》1924 年，第 182 页。关于新义州华商的纺织品的商情，当地有识之士发表以下意见："感觉所有布木（纺织品）被华商所垄断，中国人的商号因齐备的物品而招徕客人"，"西洋鞋履制造商、食品商及布木（纺织品）商等大部分都是中国人"，"到昭和五年上半年为止，绸缎布木市场均由中国人操控"，而未提及他们参与新义州以外地区的贩卖活动。参见张晟栻：《新義州大観》文化堂，1931 年，第 7，176，178 页。

② 新義州税関：《貿易要覧——新義州・鎮南浦・平壌・龍岩浦》，1932 年，第 23 页。

③ 中下等级丝织品，定义为缩缅、羽二重、铭仙以外的丝织品。当时新义州海关在统计日本丝织品运入量时，将其分为四类，即缩缅、羽二重、铭仙与其他来进行统计。面向在朝鲜及满洲的日本人的丝织品（合计缩缅、羽二重、铭仙）在新义州运入日本丝织品整体比重从 1926 年的六成减到 1929 年的二成，1930 年更跌到一成。参见新義州税関：《貿易要覧——新義州・鎮南浦・平壌・龍岩浦》新義州编，1927 年，第 14 页，1931 年，第 23 页。

④ 计算方法：丝织品单价 = 年度总进口额（日元）/年度总进口量（方码）

⑤ 新義州税関：《貿易要覧——新義州・鎮南浦・平壌・龍岩浦》，1927 年，第 14 页，1931 年，第 23 页。

⑥ 如，1928 年日本制人造丝纺织品的总出口额为 8 329 000 日元，对朝鲜的额运出额为 6 847 695 日元。参见帝国人造絹糸株式会社编：《創立二十周年記念——人絹工業之概観と当社之沿革》1938 年，附表，第 1 页，第 14 页。

由大阪神户各处运来我国之绸缎布疋等因关税太重近数年来已無进口矣。①

中国领事馆在1935年对资金超过2 000日元的新义州华商进行了一次调查报告。② 当地共有23家纺织品商号，其中1931年后开业的有15家，1929年到1930年间开业仅有1家。也就是说，日本侵占东北后，许多华侨商人观察到东北地区与朝鲜之间频繁的贸易往来，伺机在两地的接壤处——新义州开创事业。

20世纪30年代中叶，新义州华商纺织品、杂货的经营状况见表2。

表2　新义州华商纺织品、杂货的经营状况

商号	创办年份	资金	商品	采购地	销售点	店面人数	经营状况
永顺祥	1923	40 000	麻布、丝、人造丝	大阪、京城、釜山	鲜满	18	甚佳
晋兴春	1926	10 000	丝、人造丝	大阪	奉天分店	30	佳
双兴东	1932	20 000	麻布、丝、人造丝	大阪、福井、东京	鲜满	20	甚佳
益顺东	1933	25 000	棉布、丝	内地	鲜满	10	佳
新兴东	1933	16 000	棉布、丝	内地	鲜满	9	佳
满泰洋行	1934	10 000	棉布、丝	大阪	鲜满	12	
久茂商店	1935		丝、人造丝	大阪等	鲜满		
福和泰	1933	20 000	杂货	内地鲜内		8	一般
庆昌德	1932	10 000	杂货	东京、大阪、名古屋	鲜满、安东分店	10	一般
新兴德	1932	37 000	杂货	名古屋、东京、大阪、冈山、九州	鲜满、奉天安东分店	25	甚佳

资料来源：帝国商工会编：《帝国商工信用録》朝鲜版，昭和9年至昭和11年各年号；帝国商工会编：《帝国商工録》朝鲜版，昭和9年至昭和11年各年号，《外交部公报》第9卷3期，第446~454页。

注1：此表列举的新义州华商的各商号是抽取当时由帝国商工会主办，以朝鲜各府各行业为对象进行的信用调查数据。

注2：资金是1935年的数据。

商品方面，以棉织品和丝织品为主，人造丝纺织品和麻织品也纳入了销售范围；其次是商品采购点，大阪为最大的供应地，同时与日本其他地区纺织品商人也建立起贸易关系；销售点方面，所有商号皆以朝鲜和中国东北地区为销售范围，并在安东、奉天等地也开设了分店。另外，经营状况“甚佳”或“佳”者则表示1931年以后新义州纺织品华商

① 驻新义州领事馆报告：《新义州华侨之工商事业及经济状况人数之增减》(1930年)，《外交部公报》第2卷第8期，第72页。

② 驻新义州领事馆报告：《新义州侨商概况》(1936年)，《外交部公报》，第9卷第3期，第446~454页。

的经营状况十分理想。同时，各种杂货亦被华商分封从日本各处购入。

通过以上的论述可清楚地看到，新义州纺织品华侨商人从1928年后半期开始进入日本制丝织品，虽受1931年“排华事件”和“卢沟桥事件”影响一度萎靡不振，但也经过了1932年以星火燎原之势东山再起的这一过程。

最后看看“永顺祥”，此店创办于1923年，是表2中唯一一家能够确认与京城、釜山有贸易关系的老字号。也就是说，在物流网尚未完善的整个20年代里，新义州华侨除了安东，还从别地如京城、釜山购入商品，并且1931年后亦延续使用这种渠道。然而，自1931年以来由上海进口到釜山、京城之货物唯有麻织品，[①] 因此“永顺祥”在京城进货的商品应是麻织品。

20世纪20年代后半期到30年代前半期，随着贸易的扩大，摆在新义州华侨商人面前的是如何面对出入境的问题。

3. 出入境问题

据松田利彦氏所述，殖民地时期的朝鲜总督府对中国人曾颁布四度入境限制法令。[②] 即最初颁布于1918年2月，总督府令第14号《关于外国人渡来的说明》中第一条清楚写明："没有携带护照或国籍证明书者严禁入境。"1934年9月1日公告，只允许持有现金100日元以上或在职证明的中国人入境。其余两则法令则在中日战争爆发后颁布。

因此，1918年2月之后入境的中国人均通过身份证的确认。然而，在法令执行方面，日本和朝鲜则存在着差异。相比日本，朝鲜对法令的执行较为松散。[③] 尤其是作为与陆地毗连的国门城市的新义州，从对岸安东县流入的中国人络绎不绝。

1930年新义州领事报告书的记录如下：

> 新义州安东间有铁桥可通其他各地夏船冬冰处处可渡交通极为便利不须护照自由来去无人稽查例如行商小贩杂作工人等朝来暮归。[④]

再有1931年1月的新义州领事报告书亦见同样内容：

> 新义州安东间有铁桥可通其他各地夏船冬冰处处可渡交通极为便利不须护照自由来去无须来领事馆报告之必要。[⑤]

这表示1930年前后，中国人从安东县到新义州是非常方便的，甚至护照也不用带。出入安东、新义州，大致是早上到新义州，傍晚便能回安东，而且经鸭绿江来的中国人不

---

① 驻釜山领事馆报告：《本年朝鲜中国麻布市况及其回顾》（1934年），《外交部公报》第7卷第8期，第96～97页。

② 上引书．松田利彦论文，第320页。

③ 上引书．松田利彦论文，第321～322页。

④ 驻新义州领事馆报告：《新义州华侨之工商事业及经济状况人数之增减》（1930年），《外交部公报》第2卷第8期，第70页。

⑤ 驻新义州领事馆报告：《驻在地华侨之农工商学各业及散在各地之侨民户口》（1931年），《外交部公报》第4卷第1期，第52页。

需要到当地领事馆报到。

但自1934年9月1日实施入境规定法令后，渡朝人数便骤减。① 同年9月的釜山领事报告书中记述了以下入境规定出台后在朝鲜国内的情况：

> 自九月一日新颁入境苛例之后，不惟无间商工同受限制……盖于登输之始，如期条件不备，船公司即不敢售票也。（注一）但据查悉其自安东县入口者，现尚未受此种苛例之拘束。②

这份报告也显示了当时中国人在朝鲜各地严格遵守着入境规条。但注文同时显示，对经由安东县进入新义州的中国人相对没有采取十分严格的管制措施。

通过以上论述了解到，20世纪20年代中国人经安东进出朝鲜非常容易。30年代中期虽说总督府加强了对中国人进入朝鲜的限制，但较其他地区则显得较为宽松。

结束语

本论文就20世纪20年代至30年代前期新义州华侨社会及华侨商人的经济活动进行了论述。

首先是新义州形成前的背景，清政府两度对移居中国东北地区的汉族人民实行奖励政策，使许多山东人搬迁到东北地区。一方面，18世纪以后的朝鲜形成了自己的市场圈，在中国东北地区的凤凰城开展了“栅门贸易”的民间贸易。此后通过几次交涉，中朝陆路贸易由安东（北下洞）贸易取代了原来的“栅门贸易”，安东县对岸的朝鲜平安北道新义州地区开始有中国人出没。

1904年日俄战争时期，在京义铁路和安奉铁路的接壤地修建了新义州站，因参与了北端的铁路建设工程，许多中国人由此流入新义州，奔着贩卖华工生活必需品这一目的，中国商人更是聚集到一起形成了新义州华侨社会。

20年代初期，朝鲜总督府两度调高外来奢侈品的进口关税，对朝鲜华侨最致命的是1924年的关税调高政策，其中中国制丝织品的税率被上调至100%，导致华东地区的丝织品进口到朝鲜的数量骤减。在合法进口商品减少的同时，给中国丝织品的走私贸易创造了发展的土壤。1924年之后由安东流入的走私品开始在朝鲜各地流通。新义州华侨商人参与走私进口中国制丝织品及流通各地到底是何种程度，笔者将继续研究。笔者认为新义州华侨商人通过安东走私进口的绢制品只能在新义州地区贩卖。另一方面，自1928年开始，在朝鲜总督府加强对走私管制力度的同时，由于日本制丝织品的价格低廉和日本正式投产人造丝，运入新义州的日本制丝织品急剧上升。受到影响的新义州华侨，丝织品的进货点由安东变成了大阪，杂货也从日本各地进货。销售范围亦从新义州（平安北道）转向中国东北地区。华侨商业的经营状况虽受1931年排华事件和卢沟桥事件的影响而一度低迷，

① 例如，9月7日在仁川港上岸的中国人人数，只相当于之前1/18的56人。参见《中國勞動者制限後最初入國九割減，制限前엔六百餘名이던汽船實施後仁川에첫入港》，《东亚日报》，1934年9月7日。

② 驻釜山领事馆报告：《旅鲜华侨今昔之概况》（1934年），《外交部公报》第7卷第10期，第135页。

但随着日本占领东北三省，1932年中国人相继来到新义州创业，开始调配日本制丝织品和人造丝并运到中国东北地区贩卖。

20年代后半期到30年代前半期，新义州华侨商人之所以得以不断发展是因为新义州是与中国陆地毗邻的国门城市，进出方便。与朝鲜其他地区相比较，由于其自身的特殊性，该地区华商们受到的入境限制并非十分严格。

本论文作为对新义州华侨社会的研究处于初始阶段，仍有许多课题悬而未决。对此，笔者认为以下三点有待进一步研究。

第一，分析民国时期鸭绿江下游的走私情况与新义州华侨的参与情况；第二，通过20年代新义州朝鲜人的经济活动比较分析新义州华侨制造行业；第三，需要从移民史的角度出发，探讨1934年以后朝鲜总督府的入境管制强化政策下，经新义州流入朝鲜各地的中国人状况。

参考文献

档 案

[1] 韩国国家记录院藏.《国境地方居住韓国清国人口統計及不動産所有》，管理代号CJA0002265。

[2] 韩国国家记录院藏.《国境地方居住在韓清国人口統計》，管理代号CJA0002265。

官方报刊

[3] 驻新义州领事馆报告:《新义州华侨之工商事业及经济状况人数之增减》(1930年)，中国第二历史档案馆编:《外交部公报》第2卷8期，江苏古籍出版社，1990年。

[4] 驻新义州领事馆报告:《驻在地华侨之农工商学各业及散在各地之侨民户口》(1931年)，中国第二历史档案馆编:《外交部公报》第4卷1期，江苏古籍出版社，1990年。

[5] 驻釜山领事馆报告:《本年朝鲜中国麻布市况及其回顾》(1934年)，中国第二历史档案馆编:《外交部公报》第7卷8期，江苏古籍出版社，1990年。

[6] 驻釜山领事馆报告:《旅鲜华侨今昔之概况》(1934年)，中国第二历史档案馆编:《外交部公报》第7卷10期，江苏古籍出版社，1990年。

[7] 驻新义州领事馆报告:《驻新义州领事馆管内侨民状态》(1935年)，中国第二历史档案馆编:《外交部公报》第8卷4期，江苏古籍出版社，1990年。

[8] 驻新义州领事馆报告:《新义州华工与华农状况》(1936年)，中国第二历史档案馆编:《外交部公报》第9卷2期，江苏古籍出版社，1990年。

[9] 驻新义州领事馆报告:《新义州侨商概况》(1936年)，中国第二历史档案馆编:《外交部公报》第9卷3期，江苏古籍出版社，1990年。

专 著

[10] 安井三吉:《帝国日本と華僑－日本・台湾・朝鲜》，青木書店，2005年。

[11] 朝鮮總督府:《朝鲜に於ける支那人》，1924年。

[12] 大崎峰登:《鸭绿江满韩国境事情》，兵林馆，1910年。

[13] 稻叶岩吉编纂:《平安北道史下》(韩国地理风俗志丛书74), 景仁文化社, 1989年。

[14] 帝国人造絹糸株式会社:《創立二十周年記念——人絹工業之概観と当社之沿革》, 1938年。

[15] 帝国商工会编:《帝国商工信用録》(朝鲜版), 昭和9年至昭和11年各年号。

[16] 帝国商工会编:《帝国商工録》(朝鲜版), 昭和9年至昭和11年各年号。

[17] 芳贺登他编:《日本人物情报大系》第79卷, 皓星社, 2001年。

[18] 高仑宗:《韓國史入門》国書刊行会, 1981年。

[19] 和田孝志:《新义州史》鸟田丛文馆, 1911年。

[20] 华侨志编纂委员会编:《华侨志——韩国》, 1958年。

[21] 路遇:《清代和民国山东移民东北史略》, 上海社会科学院出版社, 1987年。

[22] 平安北道编:《平安北道统计年报》, 1930年。

[23] 朴永锡:《万宝山事件研究》, 第一书房, 1981年。

[24] 外务省编:《日本外交年表并主要文书上卷》, 原书房, 1966年。

[25] 小田内通敏:《朝鮮に於ける支那人の経済的勢力》, 東洋研究会, 1926年。

[26] 新緑会:《鸭緑江》特别号, 1996年。

[27] 新义州市民会:《新义州市志》, 1969年。

[28] 新义州商工会议所:《新义州商工案内》, 1938年。

[29] 新義州税関:《貿易要覧——新義州・鎮南浦・平壌・龍岩浦》(1926—1932) 新義州編。

[30] 楊昭全、孫玉梅:《朝鲜华侨史》, 中国华侨出版公司, 1991年。

[31] 杨韵平: 《汪政権与朝鲜华侨(1940-1945)——东亜秩序之一研究》, 稲鄉出版社, 2007年。

[32] 張晟栻:《新義州大観》, 文化堂発行, 1931年。

论　文

[33] 朝鲜総督府:《来住支那人》,《朝鲜部落调查报告》, 1924年。

[34] 晁中辰:《山东省日照市旅韩华侨的调查报告》, *The Last Half Century of Chinese Overseas*, Hong Kong University Press, 1998年, 第463~473页。

[35] 陳来幸:《清末民初期江南地域におけるシルク業界の再編と商業組織》,《太湖流域社会の歴史学的研究》, 太田出・佐藤仁史编, 汲古書院, 2007年。

[36] 古田和子:《仁川貿易をめぐる日中商人と上海ネットワーク—1890年代初期東アジア地域経済論》,《三田学会雑志》, 第92卷1号, 1999年。

[37] 河明生:《韓国華僑商業——1882年より1897年迄のソウルと仁川を中心として》,《研究論集》, 第23号, 神奈川大学大学院経済学研究科, 1994年11月。

[38] 菊池一隆:《万宝山・朝鮮事件の実態と構造——日本植民地下、朝鮮民衆による華僑虐殺暴動を巡って》,《人間文化》第22号, 愛知学院大学人間文化研究所紀要, 2007年9月。

[39] 堀内稔:《植民地朝鮮における中国人労働者(その4)——1934年における中国人労働者の入国制限問題》,《むくげ通信》第209号, 2005年3月。

[40] 李正熙:《植民地朝鮮における華僑経済に関する研究(1905年~1930年)-上下》,《京都創成大学紀要》第5卷2005年, 第6卷2006年。

[41] 緑川勝子:《万宝山事件及び朝鮮内排華事件についての一考察》,《朝鲜史研究会論文集》第六集, 朝鲜史研究会编, 1980年。

[42] 彭南生:《传统工业的发展与中国近代工业化道路选择》,《华中师范大学学报》, 人文社会科学版, 第41卷2期, 2002年。

[43] 曲晓范、刘树真：《当代朝鲜华侨的归国定居及其安置史略》，《华侨华人历史研究》，2000 年。

[44] 石川亮太：《開港後朝鮮における華商の貿易活動》，《中国近代化の動態構造》，森時彦編，2004 年。

[45] 石川亮太：《朝鮮開港後における華商の対上海貿易》，《東洋史研究》，京都大学東洋社会研究会编，2005 年 3 月。

[46] 松田利彦：《近代朝鮮における山東出身華僑—植民地における朝鮮総督府の対華僑政策と朝鮮人の華僑への反応を中心に》，《東アジアと半島空間山東半島と遼東半島》千田稔、宇野隆夫編，思文閣出版，2003 年。

[47] 吴希庸：《近代东北移民史略》，《东北集刊》，第二期，1941 年。

[48] 小田内通敏：《朝鮮における支那人の経済的勢力》，《東洋講座》，1926 年。

[49] 杨昭全：《朝鲜华侨经济：1910 – 1945》，《海外华人研究》第二期，1992 年，第 79 ~ 110 页。

[50] 朱慧玲：《朝鲜》，载《华人经济年鉴》，社会科学文献出版社，1998 年。

[51] 장세윤：《만보산사건전후시기인천시민과화교의동향》，《인천학연구》2 – 1 号，2003 年 12 月，189 – 234 页。

报 刊

[52]《近来中国人의新義州国境貿易概況》，《每日申報》，1912 年 10 月 8 日。

[53]《紬緞密輸의支那人을検挙》，《每日申報》，1924 年 9 月 28 日。

[54]《衣欌속에不穩文書綢緞密輸入者檢擧中，남포숭창신씨부인의장에서중대한불온문서를발견압수》，《東亜日報》，1924 年 10 月 22 日。

[55]《綢緞密輸頻頻，세관도장까지위조한다고》，《東亜日報》，1925 年 10 月 9 日。

[56]《綢緞密輸》，《東亜日報》，1926 年 2 月 3 日。

[57]《密輸品六千件奢侈品密輸가激增，밀수탈세로이십만원벌금原因은關稅增額》，《東亜日報》，1926 年 2 月 3 日。

[58]《의문의주단소포, 사리원국에왔다》，《時代日報》，1926 年 2 月 3 日。

[59]《支那绸缎密输团》，《每日申报》1926 年 4 月 1 日。

[60]《국경밀수범체포，虎皮，중국綢緞，아편경의선기차중에서잡혔다》，《時代日報》，1926 年 6 月 4 日。

[61]《密輸入絹布，昨年百餘萬圓》，《東亜日報》，1926 年 6 月 23 日。

[62]《中國綢緞密輸入，종로서에발각되야잡혀》，《東亜日報》1926 年 7 月 20 日。

[63]《密輸絹布　取締를陳情當局도徹底取締方針》，《東亜日報》1926 年 8 月 1 日。

[64]《綢緞밀수입범》，《朝鲜日报》1927 年 2 月 11 日。

[65]《綢緞密輸犯（開城）》，《東亜日報》1927 年 8 月 27 日。

[66]《絹布輸移入에密輸防止로検印》，《東亜日報》，1927 年 10 月 6 日。

[67]《絹布密輸入防止로證印捺押을實施，斯業者들이協議決定》，《東亜日報》，1927 年 11 月 1 日。

[68]《密輸入防止策으로稅關施設充實，新設昇格十個所今年内부터開始》，《東亜日報》，1927 年 12 月 3 日。

[69]《密輸入絹布取締를朝鮮絹布商希望》，《東亜日報》，1928 年 6 月 18 日。

[70]《中國勞動者制限後最初入國九割減，制限前엔六百餘名이던汽船實施後仁川에첫入港

[寫]》，《東亚日報》1934 年 9 月 7 日。

[71]《전조선삽십여의중국인校엄중감시，反日的교재를쓴사건으로警務局연긴장》，《朝鮮中央日報》，1935 年 12 月 1 日。

[72]《支那絹布輸入税率引上の影響》，《朝鮮》1921 年 8 月。

作者：宋伍强，兵库县立大学经济学研究科博士。

The Commercial Activities of Overseas Chinese in Sinuiju of North Korea in the Early 20th Century with A Focus on Their Silk Textile Industry and Business

Song Wuqiang

Abstract: Sinuiju was a remote village of Uiju county in Pyeonganbuk-do of North Korea. Due to its unique geographical location situated at the meeting point of Gyeongui and Anfeng railways. As a result, Sinuiju station was built in 1904 and Sinuiju City was established shortly afterwards. The luxury tariff raised by the Japanese authorities in July 1924 immediately damaged the interest of Overseas Chinese merchants, who consequently were forced to conduct smuggling trade in order to maintain their profit. The huge quantity inflow of pongee silk and rayon made in Japan, however, caused the profit gained frothe smuggling trade sharply declined. Consequently, Chinese merchants based in Sinuijy shifted their business away since 1932 and set up branches in Andong and Fengtian respectively to re-export the Japanese goods to the Manchuria market. Nevertheless, with the Wanbaoshan Incident and the Mukden Incident occurred successively in July and September of 1931, prospects of Sinuiju's Overseas Chinese merchants became uncertain and gloomy again, which in turn drove large number of them to be back to their homeland in China.

Key Words: Overseas Chinese of North Korea Sinuiju Silk Textile goods The Sino-North Korean Trade

东南亚华侨财产战时损失赔偿问题研究

崔 丕

【摘 要】在制定战后向日本索取战争赔偿政策的过程中，中华民国政府对东南亚华侨战时损失进行了初步调查，确定了单独向对日和会提出索赔专案的基本方针。美英两国关于中国代表权政策的调整，使台湾海峡两岸任何一方都根本没有机会在对日和会上提出东南亚华侨战时损失赔偿问题。1952年，台湾当局承诺放弃的“战争赔偿请求权”，明确限定在《旧金山对日和约》规定的“劳务赔偿”的范围以内。在中日邦交正常化的过程中，中日两国政府按照“求同存异”的原则处理相互关系，也没有涉及战时东南亚华侨财产损失赔偿问题。在国际公法和私法的双重意义上，东南亚华侨战时损失赔偿问题都是没有解决的历史悬案。“新加坡、马来西亚血债”的解决方式，意味着日本变相承认了对东南亚华侨战时损失赔偿的责任。同时，揭示了通过“民间赔偿”继续提出东南亚华侨财产损失赔偿问题的可行性。

【关键词】华侨 赔偿 东南亚

第二次世界大战以后的日本战争赔偿问题，深刻地影响着战后日本的发展方向和亚洲太平洋地区国际关系的格局。近半个世纪以来，国内外学术界虽然从多维视角展开了对这一课题的研究，但至今还没有探讨战时东南亚华侨财产损失与赔偿问题①。本文拟在多边历史档案文献比较研究的基础上，探讨中国国民政府关于战时东南亚华侨财产损失赔偿问题的构想、中国何以没有机会提出关于战时东南亚华侨财产损失赔偿问题、“新加坡、马来西亚血债”与日本的补偿问题及其意义，以推动这一课题研究的发展。

---

① 20世纪80年代以来，美英两国关于对日占领政策的历史档案陆续解密。欧美学者对日本战争赔偿问题的研究，多以美国对日政策的战略转变和美国对日经济复兴政策的形成为中心，他们关注的具体课题集中在美英两国的最初构想、拆迁赔偿计划的制订与实施、美英两国在对日经济复兴政策领域的合作与分歧、美日经济合作框架下的日本对东南亚国家的“劳务赔偿”。日本学者对日本战争赔偿问题的研究，最初着眼于赔偿问题在战后处理和《旧金山对日和约》形成史中的地位与作用。20世纪70年代以来，开始探讨美国对日经济复兴政策的形成与战争赔偿问题的关系、美国对日本战争赔偿政策的演变与日本政府对战争赔偿的对策、战后日本与东南亚国家之间的劳务赔偿问题、战争赔偿与日本经济扩张的关系问题。只有石井明探讨了战争赔偿问题在中国国民政府对日政策中的地位问题。中国学者是从20世纪90年代以来才研究日本战争赔偿问题的。中国学者关注的是美国关于日本战争赔偿政策的演变、日本战争赔偿与德国战争赔偿问题的比较研究、日本对亚洲国家战争赔偿立场的比较研究、国民政府及台湾当局对日本战争赔偿政策的变化、中日国家关系正常化进程中的日本战争赔偿问题、民间赔偿范畴内的日本侵华战争遗留问题及其赔偿问题。

一、中国国民政府关于东南亚华侨战时损失赔偿政策的构想

中国国民政府关于战时东南亚华侨财产损失赔偿问题的调查，是与日军占领区、中国共产党解放区中国公私财产损失调查结合在一起进行的。国民政府关于战时东南亚华侨财产损失赔偿政策的构想，是其关于日本战争赔偿政策的重要组成部分。我们应该在国民政府关于日本战争赔偿政策的整体变动中探索东南亚华侨财产损失赔偿政策构想的形成及其特点。

中国国民政府关于中国战时损失的调查是按照远东委员会设定的事项进行的，分别从“战争破坏”、“战争影响”即“直接损失”、“间接损失”这两大类别进行统计。根据1947年2月国民政府向远东委员会提出的初步调查统计材料，仅财产损失一项，即达350亿美元，中国军队死伤于疆场者达340余万人，平民死亡达700余万人[①]。而有关海外华侨战时损失调查材料仅涉及1941年12月太平洋战争爆发至1945年8月日本战败投降时期的直接损失。南洋各地华侨原有人数7 988 285人，原有财产价值4 493 907 000美元，华侨财产损失共计达223 193万美元，死亡253 000人。与战前财产总额相比，损失率约为50%。与战前人口总数相比，死亡率约为3%。具体而言，在荷属东印度，华侨原有人数1 344 809人，原有财产价值1 166 567 000美元，共计损失财产价值466 627 000美元，死亡人口27 000人，财产损失率为40%，人口死亡率为2%。在英属马来亚，华侨原有人数235 833人，原有财产价值924 031 000美元，共计财产损失462 015 000美元，死亡人口71 000人，财产损失率为50%，人口死亡率为3%。在菲律宾，华侨原有人数117 463人，原有财产价值356 381 000美元，共计财产损失320 743 000美元，财产损失率为90%，人口死亡12 000人，死亡率为10%。在暹罗，华侨原有人数2 500 000人，原有财产价值879 588 000美元，共计财产损失351 835 000美元，损失率为40%，人口死亡75 000人，死亡率为3%。在法属越南，华侨原有人数462 466人，原有财产价值为444 340 000美元，共计财产损失222 170 000美元，损失率50%，人口死亡9 000人，死亡率2%。在缅甸，华侨原有人数193 594人，原有财产价值115 800 000美元，共计财产损失104 220 000美元，损失率90%，人口死亡19 000人，死亡率10%。在英属婆罗洲，华侨原有人数68 034人，原有财产价值40 800 000美元，共计财产损失16 320 000美元，损失率40%，人口死亡1 000人，死亡率2%。在香港，华侨原有人数923 584人，原有财产价值554 400 000美元，共计财产损失277 200 000美元，损失率50%，人口死亡37 000人，死亡率4%。在日本，华侨原有人数20 000人，原有财产价值12 000 000美元，共计财产损失价值10 800 000美元，损失率90%，人口死亡2 000人，死亡率10%[②]。在这里，不包括间接损失问题，也不包括1931年9月至1937年7月期间受中日战争形势影响、在暹罗排华风潮中华侨所蒙受的财产损失[③]。

① 中华民国外交问题研究会编：《中日外交史料丛编（七）·日本投降与我国对日态度及对俄交涉》，台北1966年出版，第305~315页。

② 侨务委员会编：《海外华侨战时损失统计表》，1945年11月24日。中国第二历史档案馆编：《中华民国史档案资料汇编》，第五辑第三编，江苏古籍出版社，2000年，第184~185页。

③ 中华民国外交问题研究会编：《中日外交史料丛编（七）日本投降与我国对日态度及对俄交涉》，第305~306页。《中华民国史档案资料汇编》，第五辑第三编，外交，第230~240页。

东南亚是华侨最主要的聚居地，华侨总数占全世界华侨人口的90%。1930年，华侨寄回国内的汇款达6 650万元以上①。中日战争时期，华侨先后从台湾、朝鲜半岛、日本本土等地避难归国。太平洋战争爆发以后，侨居在南洋各地及缅甸的华侨归国数量倍增，总计1 501 838人，扣除重复登记者，至少达1 351 655人②。战争期间，国民政府采取了积极的救助措施。例如，行政院颁布了《紧急时期护侨指导纲要》、《国外战区侨胞紧急救济案》，拨付1亿元专款用于救助。有关省份地方政府还建立了“紧急华侨救济委员会”③。战后初期，国民政府实施遣返东南亚华侨的政策。对于经济困难而无力自费返回侨居地的贫侨，由国民政府予以补助。“返缅归侨每人补助缅币五百盾，返马来亚者每人补助美金200元”；“返回暹罗、越南归侨得比照缅甸归侨补助，返回荷属东印度、菲律宾之归侨，比照马来亚归侨补助”。1946年，经审定应受补助人数，“计缅甸、越南、泰国、马来亚、东印度、菲律宾，共有3 317人”④。至1947年7月，遣返华侨经费已达325万美元⑤。应该说，不论国民政府战时安置救助归国难侨和战后遣返东南亚华侨的经费支出究竟有多少，理应计入“间接损失”的范畴。

中国国民政府在制订索取战争赔偿计划的过程中，是将日军占领区中国公私财产损失赔偿与东南亚华侨财产损失赔偿分别处理的。有关日军占领区中国公私财产损失赔偿问题，国民政府主要是通过远东委员会提出中国的建议和要求⑥。有关海外华侨战时财产损失赔偿问题，则准备作为专案处理⑦。根据国民政府行政院1946年12月4日核定，1947年1月29日，国民政府外交部颁布《外交部关于在华外侨及海外华侨战时损失赔偿原则训令》。其中规定：“一、我对在华外侨损失不拟直接赔偿，应由其本国政府径向日本取偿；二、对于赔偿盟国海外侨民损失之要求，盟国间应相互支持；三、在华外侨战时损失在互惠条件下可由各该国使领馆统计后送由外交部转达行政院赔偿委员会登记；四、海外华侨战时损失应向对日和会提出专案要求赔偿”。⑧

国民政府处理海外华侨战时损失赔偿问题的政策，与东南亚华侨居留地政府的政策是不同的。由于南洋华侨多保留双重国籍，因此，在南洋华侨聚居的12个居留地当中，如荷属东印度当局承担对华侨损失赔偿责任，法国政府承担部分赔偿日军占领越南期间侨民所受损失，澳洲华侨所受损失在澳洲的战争损失赔偿计划下与澳洲人享受平等待遇⑨。本

---

① 樋口秀実：《日本海軍から見た日中関係史研究》，芙蓉書房，2002年，第233~234页。

② 谢培屏编：《战后遣返华侨史料汇编》第1卷，《缅甸篇》，台北·国史馆2003，第103~106页。

③ 菊池一隆：《戦時華僑政策と帰国華僑問題》，石井紀之、久保亨编：《重慶国民政府史の研究》，東京大学出版会，2004年，第371~378页。

④ 谢培屏编：《战后遣返华侨史料汇编》第1卷，《缅甸篇》（导言）。

⑤ 《中华民国史档案资料汇编》，第五辑第三编，政治（五），第641~648页。

⑥ 《中华民国史档案资料汇编》，第五辑第三编，外交，第484~511页。

⑦ 除海外华侨战时损失赔偿问题以外，国民政府作为专案处理的事项还有：中国劳动力损失问题（中国人民因直接间接参加战争而不能从事生产，或因战争流亡异地而脱离生产，或被迫参加伪军作战及服役，或被迫吸食毒品等所受之劳动力损失）、归还劫物问题（日本归还劫掠中国古物、文献、金银钢镍币、永利碱厂、广东省造纸厂、机器设备及各种船舶等）、苏联红军在中国东北搬移的日本资产问题、台湾各种金融机构的处理问题、日本人在华资产处理问题。《中华民国史档案资料汇编》，第五辑第三编，外交，第233~234页。

⑧ 《外交部关于在华外侨及海外华侨战时损失赔偿原则训令》，1947年1月29日，《中华民国史档案资料汇编》，第五辑第三编，外交，第575页。谢培屏编：《战后遣返华侨史料汇编》第1卷，《缅甸篇》，第27页。

⑨ 《中华民国史档案资料汇编》，第五辑第三编，政治（五），第571页。

来，国民政府侨务委员会曾建议："如各居留国政府向敌人要求赔偿时，我国侨民应将其损害，商请并入全部损害中计算，同求补偿"。[①] 但是，这个建议并没有被国民政府所采纳。国民政府为什么要坚持采取"专案"处理这种方针呢？在这里，至少有三方面的因素应该考虑。其一，华侨为中国革命和社会发展作出了巨大的贡献。海外华侨始终是中华民国政府的重要社会基础。1932年国民政府建立侨务委员会，将"移殖保育"作为施政方针[②]。其二，这一构想是战时国民政府护侨政策的继续。自从日本侵略中国东北开始，世界各地排华风潮迭起。应该承认，国民政府积极同这些国家进行了交涉。其中，1943年11月，美国同意废除"排华法案"，意义深远。在国内，国民政府积极安置归国难侨、沟通侨民汇款、提高侨汇汇率、鼓励侨民回国投资、辅导回国侨民、扶助侨民教育，由最初的单纯性救济向积极性的救助方向转变。正是在这一过程中，海外华侨踊跃地"输财出力"。1937至1945年期间，华侨捐款达13.2亿多元[③]。海外侨汇和华侨捐款成为支撑战时国民政府财政的重要力量。在中国战后重建的过程中，国民政府继续期待华侨的鼎力支持。其三，抗日战争胜利以后，归国难侨亟须返回侨居地重整家业。侨务委员会、外交部与联合国善后救济总署及行政院善后救济总署共同合作，负责各地区的遣返工作。遣返东南亚华侨的工作一直持续到1949年4月才告结束[④]。国民政府关于海外华侨战时损失赔偿问题的构想，是与遣返东南亚归国难侨问题相互呼应的。

国民政府关于东南亚华侨战时损失赔偿政策的构想，体现了民族主义立场。在实践上，带来两方面的结果。其一，从1945年12月27日到1947年9月27日，远东委员会共计讨论103个议题。其中，有26个议题涉及日本战争赔偿问题。国民政府代表没有利用这个机会适时提出海外华侨战时损失赔偿问题[⑤]。其二，在国民政府向远东委员会提出的《对日和约草案》中，详细阐明了中国政府关于日本战争赔偿问题的立场和要求，但是，同样没有涉及海外华侨战时损失赔偿问题。可以说，国民政府关于海外华侨战时损失赔偿问题的构想既然建立在向对日和会提出专案解决这一基础上，那么，这一构想能否实现就取决于国民政府能否参加对日和会。美苏矛盾的发展与中国国共两党力量对比的变化，恰恰使中国代表权问题成为东西方冷战中的矛盾焦点，解决东南亚华侨战时损失赔偿问题的暗淡前景已经显现。

二、美英关于中国代表权政策的调整及对中国索赔政策构想的影响

第二次世界大战以后，美国政府主导着日本战争赔偿问题的处理。美国最初的设想是以此永远根除日本的战争能力，中国将获得赔偿总额的29%，其他国家依次为美国29%、英国10%、澳大利亚8%、菲律宾8%、印度4%、荷兰4%、苏联3%、法国2%、加拿

① 谢培屏编：《战后遣返华侨史料汇编》第1卷，《缅甸篇》，第27页。

② 《中华民国史档案资料汇编》，第五辑第三编，政治（五），第626页。

③ 《中华民国史档案资料汇编》，第五辑第三编，政治（五），第626~648页。关于华侨捐款总数问题，参阅：《华侨革命史》，下，台北正中书局1981年印行，第705~706页。曾瑞炎：《华侨与抗日战争》，四川大学出版社，1988年，第138页。

④ 有关联合国善后救济总署的活动，参阅：Arieh J. Kochavi。*Post－Holocaust Politics*：*Britain*，*the United States*，& *Jewish Refugees*，1945—1948. Chapel Hill and London，Tseng Information Systems，Inc. 2001.

⑤ 《中华民国史档案资料汇编》，第五辑第三编，外交，第45~64页。

大1.5%、新西兰1.5%[①]，以遗留在对日作战的同盟国各国的日本资产和盟军占领日本期间拆迁的工业设备作为赔偿来源。在东京盟军统帅部主持的先期拆迁赔偿计划中，中国应获得拆迁赔偿物资总额的50%，其余在菲律宾、荷属东印度、英属东南亚殖民地分配。然而，美苏在欧洲的对抗和中国大陆国共斗争形势的急剧变化，促使美国政府决定停止拆迁赔偿计划，推进日本经济复兴[②]。截止到1950年5月运往菲律宾的最后一批拆迁赔偿设备，日本移交给亚洲被侵略国家的物资，计2.8万捆、价值约4 500万美元，使用船舶106艘[③]。移交给中国的拆迁工业设备共计有：制造机械7 686台、重量为52 034吨；实验设备1 690台，重量为735吨；电气设备及杂物19 827吨[④]。除被中国政府没收的日本在华资产以外，这就是战后中国得到的全部实际赔偿。

毋庸讳言，美国政府的这一举措，严重损害了被日本侵略的亚洲各国的利益。但是，亚洲各国的反应却是完全不同的。印度支持美国的政策。菲律宾政府义正词严地谴责美国政府的行径，要求日本赔偿战争损失[⑤]。国民党当局则陷于极其窘困的境地。1951年1月22日，国民党当局指令驻美大使顾维钧向杜勒斯特使递交照会，声明："中国政府愿放弃另提赔偿之要求，唯以其他国家同样办理为条件。如任何其他国家坚持付给赔偿，中国政府纵不要求受优先之考虑亦将要求同样之考虑"。[⑥]

朝鲜战争的爆发和中国参战，标志着美苏之间对立和冲突的激烈程度远远超过柏林危机，并向美国揭示了日本在东西方对抗中的战略重要性。1951年5月17日，美国国家安全委员会重新确定了美国在亚洲政策的根本目标是"排除苏联在亚洲的占优势的力量和影响"，"维护日本、冲绳、菲律宾、澳大利亚、新西兰这一沿海岛屿防卫链的安全，绝不允许台湾与任何中国政权建立联盟或者被苏联所控制，加速发展和提高台湾的防卫能力"[⑦]。美国在筹划对日单独媾和的过程中决意彻底排斥中华人民共和国，由台湾国民党当局代表中国参加对日和约的签署。英国政府则主张由中华人民共和国代表签署对日和约。美英在中国代表权问题上存在的分歧，导致了1951年6月19日美国对日媾和特使杜勒斯与英国外交大臣莫里森达成如下谅解："第一，中华人民共和国和中华民国的代表均不参加对日和约会议；第二，日本将来对中国的态度必须由恢复主权并且具有独立地位的日本自己来决定。"这就是《杜勒斯·莫里森备忘录》[⑧]。双方在中国代表权问题上的妥

---

① Japanese Peace Treaty Draft of August 5, 1947. Appendix D. General Records of Department of State, Decimal File, 1945—1949. National Archives.

② 崔丕：《美国国家安全委员会第13/2号文件形成探微》，《历史研究》，1992年第3期。崔丕：《美国关于日本战争赔偿政策的演变》，《历史研究》，1995年第4期。

③ 秦郁彦：《アメリカ对日占领政策》，大藏省財政史室编：《昭和財政史》，第3卷，東洋經済新報社，1976年，第363页。原朗：《总論·賠償·終戰処理》，大藏省財政史编：《昭和財政史》，第1卷，東洋經済新報社，1982年，第322页。

④ 中华民国外交问题研究会编：《中日外交史料丛编（七）日本投降与我国对日态度及对俄交涉》，第352页、353页。

⑤ 吉川洋子：《日比賠償外交交涉の研究》，勁草書房1991年，第30～34页。

⑥ 中华民国外交问题研究会编：《中日外交史料汇编（九）金山和约与中日和约的关系》，1966年，第14～16页。

⑦ NSC48/5, United States Objectives, Policies and Course of Action In Asia, May 17, 1951. Paul Kesaris ed. *Documents of The National Security Council*, 1947－1977. Microfilm University Publications of America Inc. 1980, Roll 2.

⑧ 細谷千博：《サンフランシスコ講和への道》，中央公论社，1984年，第281页。

协，为确定《对日和约草案》和召开旧金山对日和会奠定了基础。中国是否还有在对日和会上提出有关东南亚华侨战时损失赔偿问题专案的机会，就取决于日本的选择和苏联的抗争程度。美英两国对《杜勒斯·莫里森备忘录》的不同解释，又推动美国决意在《旧金山对日和约》生效以前由日本和台湾当局缔结和约。

对于美国对日政策所发生的这一切变化，日本吉田茂政府相当敏锐地认识到其中的深刻意义。吉田茂向杜勒斯书面保证"日本无意与共产党中国缔结双边条约"。日本追求的目标当然是以此换取"最理想的媾和条件"①。对于美国来说，则因此而能够向台湾当局和苏联施加更大的压力。1951 年 6 月 28 日，杜勒斯与顾维钧举行会谈，明确提出了《中日和约》与《旧金山对日和约》分别签署、《中日和约》在《旧金山对日和约》以后签署的原则。7 月 3 日，杜勒斯首次提出了日台条约的适用范围问题②。7 月 20 日，美英两国大使同时拜访苏联外交部，美国驻苏大使柯克在口头声明中强调，召开国际会议不是为了制定条约，而只是为了签署美英《对日和约草案》。8 月 10 日，苏共中央决定：苏联将出席旧金山对日和会，同时批评和修改美英和约草案，特别是要强调中华人民共和国的代表必须参加会议，争取通过这些修改意见，否则将拒绝签署条约③。8 月 12 日，苏联向中国通报了这一立场。8 月 15 日，周恩来发表声明：对日和约的准备、拟制和签订，如果没有中华人民共和国的参加，无论其内容和结果如何，都是非法的和无效的④。这样，尽管苏联政府准备为中国代表权问题据理力争，实际上，中国已经完全被排斥在对日和会的大门以外，台湾海峡两岸任何一方也就根本没有机会提出像战时东南亚华侨财产损失赔偿问题这样的专案。

三、东南亚华侨战时财产损失赔偿问题成为历史悬案

《旧金山对日和约》签署以后，美国政府着手解决日本与台湾国民党当局缔结和约的问题。1951 年 9 月 12 日，台湾当局表示愿意以《旧金山对日和约》为蓝本与日本缔结双边和约⑤。日本试图利用美英两国之间的矛盾，最大限度地维护自己的利益，在"政经分离"前提下处理中日关系。1951 年 12 月初，杜勒斯访问日本。根据日本政府 2001 年解密、2003 公开出版的《关于缔结和平条约的调查报告》所披露的新材料，日本外务省条约局局长西村熊雄事先准备了《关于确定日本国与中华民国国民政府正常关系的协定草案（要领）》。按照外务省自己的解释，这个协定不是根据《旧金山对日和约》第 26 条确定的日中之间的"媾和"；协定的适用范围限定在国民政府事实上控制的台湾和澎湖群岛；与国民政府建立的关系是实务关系而不是邦交关系。在将该文件提交美国政府以前，吉田茂对该协定草案的措辞加以修改。其一，在前言部分，将"双方确认，现在中华民国的事态，不可能全面调整《旧金山对日和约》第 26 条确定的中日两国关系"中的"中华民国"改为"中国"。在这里，将"中国"与"中华民国"区别使用，更加明确地表

① 吉田茂：《十年回忆》，世界知识出版社，1965 年中译本，第 2 卷，第 104 页。

② 中华民国外交问题研究会编：《中日外交史料丛编（九）金山和约与中日和约的关系》，第 61 页。

③ 木村汎：《ソ連と対日講和》，渡边昭夫、宫里政玄 编：《サンフランシスコ講和》，東京大学出版会，1986 年，第 317 ~ 345 页。

④ 中共中央文献研究室编：《周恩来年谱（1949—1976）》，上卷，中央文献出版社，1997 年，第 171 页。

⑤《中华民国重要史料初编》，《战后中国》（四），第 753 ~ 754 页。

达了不将国民政府视为代表全中国的政府，只是作为台湾地方政权的意图。其二，在适用范围问题上，将“前言”中的“在中华民国政府作为事实上的政府正在控制的范围内”修改成为“在中华民国国民政府事实上行使统治权的范围内”。在这里，尽管适用范围仍然限定在台湾，但是回避了国民政府对台湾的统治权①。

1951 年 12 月 18 日，杜勒斯向吉田茂提交备忘录，希望“日本与中国国民政府缔结双边条约”，条约适用的范围是：“日本国和中国国民政府现在控制的领土或（及）将来在其实际控制下的领土。”否则，美国国会将不批准《旧金山对日和约》。12 月 19 日，吉田茂提出修正案，删除了其中的“日本”（Japanese）这个词，修改为“中华民国国民政府现在控制的领土或（及）将来在其控制下的领土”。12 月 20 日，杜勒斯提出修正案，建议将有关条约适用范围问题的措辞修改为：“中华民国政府现在控制的全部领土或（及）将来在其控制下的领土。”这一表述正式载入了 12 月 24 日的《吉田书简》②。在这四个文件中，自始至终都使用“or”而不是“and”，这一词汇连接“中华民国国民政府现在控制的领土”和“将来在其控制下的领土”这两个部分，其用心是相当深远的。按照英语“or”这个词汇的一般用法，如果是在否定的意义上使用，它有二者择一的意义，中文译作“或”；如果是在肯定的意义上使用，它同“and”的意义是相通的，中文既可以译作“及”，也可以译作表示递进关系的文言连词“抑”。杜勒斯之所以选择这个可以在否定和肯定两种意义上都可以使用的词汇，他自己曾经解释说：“即使共产党中国将国民政府现在控制地区的一部分纳入其管辖之下，日本与国民政府间的媾和条约也不适用于那一地域，包括战争赔偿在内的媾和成果不会落入人民政府的手里。”当台湾国民党当局和日本政府在谈判和约时为此而产生严重争执之际，杜勒斯在致美国驻台北公使兰钦的电报中又强调指出：“关于‘or’，在两个方面具有重要意义。其一，避免损害国民政府的国际地位；其二，即使万一台湾、澎湖群岛的一部分暂时落入共产党中国的控制之下，避免给予共产党中国以权利”。③《吉田书简》划定了日中关系发展的方向与范围。

国民党当局是在 1952 年 1 月 16 日美日两国政府正式公布《吉田书简》以后才得知其全部内容的。从 1952 年 2 月 20 日到 4 月 27 日，日本与台湾国民党当局共举行 3 次正式会议、19 次非正式会议。日本政府的基本策略是利用台湾国民党当局争夺中国法统地位的心理，以中国政府正统权问题为诱饵，迫使国民党当局放弃战争赔偿请求权，全面接受《旧金山对日和约》关于战争赔偿的规定。台湾国民党当局的基本策略则是将战争赔偿问题作为换取日本承认其法统地位的筹码。这样，在 1952 年 4 月 28 日签署的所谓《日本国与中华民国间和平条约》及其议定书中，双方同意：关于条约适用范围的“或将来”一语可做“及将来”解释；“中华民国自动放弃根据金山和约第十四条甲项第一款日本国应供应之服务之利益”④。双方同意在条约的《同意记录》中载明：“日本国全权代表：‘本人了解：中华民国即已如本约议定书第（一）项（乙）款所述自动放弃服务补偿，则根

① 外務省編：《日本外交文書——平和条約の締結に関する調書》，第 1 册，平成 14 年 3 月外務省発行，第 493 页。该草案的英文本见同书第 494～495 页。关于吉田茂的修改，见同书第 331～332 页。

② 外務省編：《日本外交文書——平和条約の締結に関する調書》，第 1 册，第 517～521 页。

③ Acheson to Taipei (drafted by Dulles). No. 579, 693. 941/2－752, Box 3004. National Archives. 陈肇斌：《戦後日本の中国政策》，東京大学出版会，2000 年，第 65 页。

④ 《中华民国重要史料初编》，《战后中国》（四），第 989 页。

据金山和约第十四条甲项规定日本国尚须给予中华民国之唯一利益，即为该约第十四条甲项第二款所规定之日本国在其本国外之资产。是否如此?’中华民国全权代表：‘然，即系如此。’”[①] 从国民党当局与日本谈判缔结和平条约的完整过程来看，在战争赔偿问题上仅仅涉及《旧金山对日和约》所规定的“劳务赔偿”和“日本在海外资产”的处理问题。东南亚华侨战时损失赔偿问题并没有纳入会谈的议程。

中华人民共和国建立以后，将中苏同盟与中美对抗作为基本国策。中苏同盟的破裂最终推动了中美关系和中日关系的缓和。在1972年中日国家关系正常化谈判过程中，中国政府将反对霸权主义、日本接受中日复交三原则置于首位，在此前提下，同意“放弃对日本国的战争赔偿要求”。因此，中日双方虽然曾经在中日战争责任和战争赔偿问题上进行争论，最终仍然能够寻求妥协[②]。1978年，中日两国政府签署《中日和平友好条约》。中日两国政府的现实主义政策取向以及为此付出的政治努力，纠正了自从《中日马关条约》以来被日本军国主义扭曲了的中日关系，意义重大。另一方面，我们也应该指出：《中日联合声明》是求同存异精神的产物，因此也就没有能够解决中日两国之间的一切历史遗留问题。中日两国政府始终既没有讨论也没有明确肯定“战争赔偿请求权的范围”是否包括中日战争时期东南亚华侨损失赔偿问题。在国际公法和私法的双重意义上，构成“战争赔偿请求权”法律基础的“权利依据”依旧存在，中日战争时期东南亚华侨损失赔偿问题仍然是中日关系中的历史悬案。

四、日本政府对“新加坡、马来西亚血债”的补偿及其意义

以《旧金山对日和约》作为分界线，赔偿问题的意义或性质截然相反。在《旧金山对日和约》以前，美国政府指令东京盟军统帅部执行的“拆迁赔偿”，反映了战胜国方面的利益和意志。《旧金山对日和约》以后，必须由日本同各个请求赔偿的国家磋商赔偿的具体办法。1951年9月末，日本政府决定：《旧金山对日和约》第14条第1款所规定的赔偿责任，只限于“修复在战争中引起的损害”，不包括对赔偿请求国在战争期间的政府开支、国家征用产业设施而导致的国民个人所得损失、因死伤和失踪而导致的家庭所得损失等损害的赔偿，也不包括对“在战争中引起的痛苦”的赔偿。日本提供的劳务不能超出财政经济负担能力、不能超出外汇负担能力、不能影响正常出口。1953年6月，日本政府又将“劳务赔偿”的定义扩大解释为“包括提供资本货物”[③]。这就使日本与东南亚国家签署的劳务赔偿协定深深打上了重新开拓东南亚市场的烙印。1952—1972年，日本政府先后同缅甸、菲律宾、印度尼西亚、南越、老挝、柬埔寨、马来西亚、新加坡等国达成协议，同意提供价值101 200万美元的劳务赔偿和49 576万美元的无偿经济合作，共计150 776万美元[④]。其中，日本向新加坡和马来西亚无偿提供的经济合作资金，实质上乃是对新加坡和马来西亚华侨战时损失的补偿。

---

① 《中华民国重要史料初编》，《战后中国》（四），第1068页、1069页。細谷千博、有賀貞、石井修、佐佐木卓也 编：《日米関係資料集1945—97》，東京大学出版会，1999年，第179～189页。

② 細谷千博、有賀貞、石井修、佐佐木卓也编：《日米関係資料集1945—97》，第875～876页。

③ 平川均：《賠償と経済拡張》，倉沢愛子等編：《岩波講座（7）・アジア・太平洋戦争》，岩波書店2006年出版，第448～449页。

④ 原朗：《总論・賠償・終戦処理》，《昭和財政史》，第1卷，第536页。

根据《旧金山对日和约》第14条的规定，太平洋战争时期被日军占领、遭受战争损害，并且表明要求日本赔偿损失愿望的国家共有菲律宾、印度尼西亚、缅甸、越南、老挝、柬埔寨这六个国家。新加坡和马来西亚当时仍然在英国的殖民统治之下，并没有能够在《旧金山对日和约》上单独签字。按照《旧金山对日和约》第25条的规定，凡是没有签署和批准该条约的国家，就不享有该条约所赋予的任何权利。日本政府也是以此为据坚持对新加坡和马来西亚的战争赔偿问题已经解决这一立场的。

1962年2月，新加坡建筑工地发现大量被日军集体屠杀的华侨遗骨。新加坡中华总商会发起了要求日本赔偿华侨损失的索赔运动。这一事件，就是日本政府出版物所说的“新加坡、马来西亚血债”。1962年5月，新加坡当局提议由日本出资修建纪念性公园，从而平息民众的不满情绪。1963年3月，新加坡中华总商会提出修建医院等公共福利设施的建议。1963年8月，新加坡民众大会通过决议，要求日本为该事件支付5 000万美元，并对战争期间日军的杀戮行为支付11 000万马来亚元（折合132亿日元）的补偿。

1963年9月16日，马来西亚联邦建立。马来西亚同印度尼西亚之间的利益冲突加剧。1965年8月9日，新加坡脱离马来西亚联邦而独立。马来西亚政府借助新加坡华侨索赔运动向日本谋取开发援助资金。日本政府则借调停马来西亚与印度尼西亚争端之机，扩大其在政治经济方面的影响①。日本政府派遣外务省亚洲局长后宫、驻马来西亚大使大限信幸与马来西亚政府进行谈判。日方表示，尽管根据《旧金山对日和约》的规定，已经解决了对马来西亚的赔偿问题，为了维护和发展日本与马来西亚的友好关系，仍然愿意采取适当措施解决这一问题。1967年9月，日本分别与马来西亚和新加坡签署协定，承诺三年内分别向马来西亚、新加坡无偿提供价值294 000万日元（2 500万马来亚元）的经济合作资金。日本向马来西亚无偿提供资金建造的两艘海运货轮于1972年5月6日交付使用。日本向新加坡无偿提供的资金用于建设造船厂、人造卫星地面通讯基地、港口起重设施、公共事业②。

新加坡华侨社团中华总商会发动的索赔运动，最初具有私法意义上的“民间赔偿”性质，而被转换成为新加坡、马来西亚与日本之间的国家行为。“新加坡、马来西亚血债”事件的解决方式表明，尽管日本政府规避正式承担对新加坡华侨战时损失赔偿的道义责任，事实上却对战时集体屠杀新加坡华侨事件做出一定的补偿。这一点，就连日本政府官方著作也是直言不讳的。大藏省财政史室编的《昭和财政史》第1卷《总论·赔偿·终战处理》就十分明确地指出：日本与新加坡、马来西亚缔结的协定是“对战时集体屠杀华侨事件的补偿”③。“新加坡、马来西亚血债”的解决方式，提供了日本政府对东南亚华侨战时损失进行补偿的范例。

当前，影响中日关系发展的重要障碍之一就是日本对战争责任的认识。在这个意义上，积极开展东南亚华侨战时损失赔偿问题的研究，必将加强我国反击日本右翼势力斗争

---

① 参阅：John Subritzky . 2000. *Confronting Sukarno : British , American , Australian and New Zealand Diplomacy in the Malaysia—Indonesian Confrontation* , 1961 - 1965. London : Macmillan，宫城大藏：《戦後ァジァ秩序の模索と日本——海のァジァの戦後史1957—1966》，創文社2004年10月出版。

② 原朗：《总論·賠償·終戦処理》，《昭和財政史》，第1卷，第530~531页。

③ 原朗：《总論·賠償·終戦処理》，《昭和財政史》，第1卷，第478页。

的力度。

作者：崔丕，暨南大学华侨华人研究院教授、博士生导师。

A Study on the War Damage Compensation to Properties Owned by Overseas Chinese in Southeast Asia

Cui Pi

Abstract: While making policy to raise a claim for the war damage from post-war Japan, the Republican China government conducted an initial investigation into the properties damage of Overseas Chinese in Southeast Asia, and finalized its basic strategy in terms of individually raised special compensation claim. The adjustment of Chinese representative in the negotiation proposed by America and British, however, blocked the efforts from both sides of the Taiwan Strait. Neither the ROC nor the PRC had the opportunity to participate in the peace treaty negotiation, not to mention that they could file the claims for war damage to properties owned by overseas Chinese of Southeast Asia. In 1952, the Taiwan Administration promised to withdraw its claims for the war damage, but clearly it was confined to the 'service reparations' as stipulated in the San Francisco Treaty of Peace with Japan. While negotiating the normalization of Sino-Japanese diplomatic relations, both governments did not touch the war damage compensation issue in line with the spirit of "Seeking common ground while reserving differences". In other words, it is an unresolved dispute either in the international public law or in the international private law. The compensation pattern pursued by both Singapore and Malaysia implies that the Japanese government did to some extent indirectly acknowledge its responsibility to compensate for the war damage. It on the other hand demonstrates that it is feasible to file the claims for war damage by way of "civil reparation".

Key Words: Overseas Chinese　Compensation　Southeast Asia

马来西亚独立以来的马华两族关系
——几起重大族群事件的缘起与影响①

廖小健

【摘　要】1969 年的“5·13 族群冲突事件”，1987 年的“华小高职事件”，以及 1999—2001 年的华人大选诉求风波，是马来西亚 1957 年独立以来影响比较大的马华两族之间的几次冲突。引发冲突的原因非常复杂，包括政治、经济、文化教育、公民地位等因素。由于导致马华两族矛盾冲突的主要问题还没有得到根本解决，两大族群的矛盾与摩擦依然不可避免，并将继续影响马来西亚的社会发展。

【关键词】马来西亚　族群冲突　原因　影响

马来西亚是一个以马来人、华人和印度人三大族群为主的多元族群国家。马来人和华人一直占马来西亚人口的绝大多数，1957 年分别占人口比重的 49.8% 和 37.2%②，2000 年占 65.1% 和 26.0%，当年马来人为 1 425 万，华人为 569 万③。自从 1957 年马来西亚独立以后，由于涉及马来人和华人关系的一些重大问题没有得到根本解决，在不断变化的政治、经济和社会形势的影响和冲击下，两族就各种问题的或大或小的争论与摩擦，几乎从来没有停止过，族群纷争课题一个接着一个，两大族群直接或间接的角力亦连绵不断。有关对峙课题包括 50 至 60 年代围绕《1957 年教育法令》（拉扎克报告书），《1961 年教育法令》（达立报告书）而产生的超龄生退学、华文小学和华文中学改制的课题；70 年代以后围绕“新经济政策”和《工业协调法令》以及“阿兹报告书”、“国家文化政策”、大学招生固打、小学“三 M 制”教学、华人义山拆迁等课题与事件展开的辩论与冲突；90 年代以后围绕《1996 年教育法令》、宏愿学校课题、白小事件、单一语文教育、大学招生“绩效制”、“英语教数理”等问题的争论与摩擦，至于其他各种分歧与争论，如舞狮问题、中文招牌等，更是多如牛毛，不一而足。马来西亚华人与马来人两大族群矛盾冲

---

①（基金项目）教育部社科 2007 年后期资助项目《战后马来西亚族群关系——马华两族矛盾冲突的“非暴力”研究》，项目号为：07JHQ0041。

② 1957—1980 资料，见“Population and Housing Census of Malaysia 1970/1980”，转引自［马］林水檺、骆静山编：《马来西亚华人史》，吉隆坡：马来西亚留台校友会联合总会，1984 年，第 453 页。马来亚 1957 年独立，1963 年与沙巴、砂捞越、新加坡组建马来西亚，1965 年新加坡退出。战后马来亚（马来西亚）于 1947 年、1957 年、1970 年、1980 年、1991 年 和 2000 年 进行过全国人口普查。

③ 2000 年数据，见“Population and Housing Census 2000 ”，转引自马来西亚统计局网站，http：//www. statistics. gov. my/，2004 - 11 - 15。

突的持久与频繁，超过许多多元族群国家，与其他国家的华人与当地族群关系比较，也是绝无仅有的。马华两族关系和两族矛盾，由此成为1957年独立以来马来西亚社会发展的重要特色和主要矛盾。

本文主要探讨马来西亚1957年独立以来马华两族之间的几次较大的冲突，希望对马来西亚族群关系面对的问题及其发展态势有一个比较客观的把握。

一、1969年“5·13族群冲突事件”

对马、华两族关系影响最大的，首推1969年的“5·13族群冲突事件”。

(一) 事件经过

20世纪60年代后期，马来西亚的族群矛盾日益尖锐，社会动荡不安。1969年5月10日举行第三次全国大选，联盟党失利，而华人反对党民主行动党和民政党的席位明显增加，5月13日，民主行动党和民政党的华人青年支持者举行胜利游行示威，游行队伍向雪兰莪州务大臣拿督哈仑在吉隆坡的官邸前进时，与愤怒的马来人发生冲突。骚乱自吉隆坡蔓延到其他地方，从冲撞发展到杀人、放火，混乱持续了近半个月，史称“5·13族群冲突事件”（以下简称“5·13事件”）。[①]

事后，据马来西亚全国行动理事会公布报告书的统计，这次冲突共造成196人死亡，其中马来人25名、印度人13名、华人143名、其他15名；受伤的总共439名，其中马来人127名、印度人26名、华人270名、其他16名；另外还有39名失踪，分别是马来人7名、印度人7名、华人25名。但据西方记者和内幕消息报道，死亡的华人可能有870多名，马来人220多名，印度人60多名，受伤400多名，房屋被焚烧的，吉隆坡商店20多家，乡村木屋600多家，汽车100多辆。[②]还有的估计，死者人数多达800名、1 200名到2 000名。[③] 族群骚动导致如此严重的后果，在马来西亚是史无前例的。

(二) 引发事件的原因

冲突发生的当天，时任马来西亚首相东姑·拉赫曼指责冲突是共产党或秘密会社挑起，内政部长伊斯迈医生则认为是反对党破坏了民主。他说，“这个国家的民主死亡了，

---

① 按照马来西亚全国行动理事会报告，由5月11日选举成绩揭晓后的当天傍晚至第二天晚上为止，民行、民政两党的支持者在首都市内举行了喧闹而充满挑衅意味的胜利大游行，又继之以无数的小规模游行。游行队伍多杂以电单车或汽车，浩浩荡荡，行至市内的马来人聚居处（尤其是 Kampung Baham）、警局与八打灵土著学院等地时，则用马来语高呼“马来人去死，山番们回到森林中去!”、“马来人可以回乡下去啦!（Melayuboleh balikkampung!）”、“吉隆坡现在是属于华人的了（Kuala Lumpur sekarang Cina punya）”以及“马来人现在失势啦（Melayu sekarang mkadakuasalagi）”等极尽侮辱与嘲弄的口号，甚至有队伍游行至雪州州务大臣哈仑（Hamn Idfis）的官邸前，呼喝其搬离官邸。马来人的愤怒情绪至此已沸腾。5月13日傍晚巫统雪州分部发起一场反制性的大游行，来自各地且多已自行配有马来短剑及巴冷刀等武器的巫统党员首先聚集于哈仑的官邸前，但群众在还未按照预定时间出发前，即已因马来人在文良港区已遭华人攻击的传言失去控制，开始蜂拥至华人聚居的闹区攻击、砍杀路人，并纵火焚毁华人的商店与车辆。在这个过程中，华人、印度人也开始纠众反击，于是暴动爆发。（全国行动理事会，1969：Cheng Teik，1971：20～21）转自，[马] 王国璋：《反思五一三》，[马来西亚]，《人文杂志》，2002年第15期。

② 杨建成：《马来西亚华人的困境：西马来西亚华巫政治关系之探讨，1957—1978》，台北：文史哲出版社，1982年，第254～255页。

③ [马] 许德发：《历史幽灵与马来西亚的记忆政治——试论1969年‘五一三事件’的各种阐释》，[马来西亚]，《人文杂志》，2002年第15期。

它死在反对党的手上，因为是它们引致暴动的事件”。[①] 对于导致“5·13事件”的原因，马华两族、朝野人士，以及学者们，有各种各样的解读。

笔者认为，“5·13事件”的爆发是各种因素综合的结果，族群差异形成的隔阂，经济差距导致的矛盾，应是导致引发族群冲突的深层和最根本的原因。据统计，1970年西马的家庭中有49%生活在贫困线下，即每月入息不超过200马元，马来人家庭的月均入息仅172元，低于贫困线，比同时期华人家庭月均入息的394元少了222元，两者距离高达1.29倍。马来人的收入甚至比不上印度人，马来人家庭收入为172元，仅是印度人家庭入息（304元）的56.57%。马来人的贫困率高达64.8%，不仅比华人的26%高得多，甚至比印度人39.2%的贫困率还高。[②] 到1975年，西马贫困率下降到43.9%，但马来人集中从事农业生产，贫困率仍高达63.0%，其中以马来人为主的稻农的贫困率高达77%。[③]

另外，“5·13事件”之所以爆发，还与独立后马华两族关系持续紧张，特别是意想不到的1969年大选结果，有着直接的联系。1969年5月10日举行的第三届全国大选，执政联盟的席位率和得票率都出乎意料地低，它在国会104个议席里，只赢得了66席，总得票率为49.1%，而反对势力在国会里赢得了37席，占总得票率50.9%。这意味着各族群反对党，特别是华人的政治力量已经可由合法途径，威胁马来人的政治地位。事实上，当时以华人政党为主的反对党已获得槟城和霹雳两州的多数议席。选举结果使马来人充满危机感，情绪激昂。巫统一些激进分子，认为马来政治权力和其他特权已受到了严重而过分的挑战。[④] 选举结果使族群情绪迅速膨胀，最终在街头游行中短兵相接，爆发马来西亚有史以来的族群流血冲突。

（三）事件影响

有学者认为，第二次世界大战后在印度尼西亚、缅甸当地土著排华的惨剧终于降临到大马华人的身上，华巫共荣共存的理想在暴力事件中消失。[⑤]“5·13事件”爆发后，政府宣布国家进入紧急状态，中止国会民主直至1971年才恢复。期间，以拉扎克为首的全国行动理事会负责全国行政事务，马来西亚国家政权转移到第二代马来人手上，马华公会则一度退出政府，马来人转向全面控制政权。

事件发生后，首先，国会修改宪法，通过《煽动法令》，禁止对宪法规定的国语、马来人特殊地位、马来统治者的地位和主权等条款进行质询[⑥]，从此，马来人特殊地位神圣不可侵犯；其次推出旨在扶持马来人经济发展的“新经济政策”，华人经济骤然面临各种挑战；再次，多党联盟的国民阵线取代了原来的三党联盟，华人政党在执政党内的代表地位大大削弱；最后又推出“国家文化政策”，在文化和教育上推动“马来化”。当地华人

---

① Leon Comber. 13, *May*, 1969. *A Historical Survey of Sino - Malay Relations*, Kuala Lumpur: Heinemann Asia, 1983, p. 73.

② ［马］冷眼：《在国家经济发展中华人经济地位问题检讨》，见前引骆静山编：《马来西亚华人问题论丛》，第40页。

③ ［马］林水檺、骆静山合编：《马来西亚华人史》，第275页，

④ ［马］林水檺、何启良、何国忠、赖观福合编：《马来西亚华人史新编》（第二册），吉隆坡：马来西亚中华大会堂总会，1998年，第83页。

⑤ 杨建成：《马来西亚华人的困境：西马来西亚华巫政治关系之探讨，1957—1978》，第254页。

⑥ R. K. Vasil. *Ethnic Politics in Malaysia*. New Delhi, Radiant Publishers, 1980, p. 91.

将这一连串变化称之为一种“新国家运动”，并认为马来西亚已经由一个“基本上”是马来人的国家蜕变成为一个公开由马来人支配的国家[①]。马华公会领袖也认为，事件后马来人在国阵的势力如日中天，对马来人有利的许多政策就是这样成了定案。[②] 新国家运动，或马来人支配，对华人意味着什么？当地华人总结道：对华人而言，“5·13 事件”意义巨大，它是华人在马来西亚历史上最大的悲剧。所谓的悲剧是多重的，是政治权力争夺上的悲剧，也是文化、教育上巨大阴影铺天盖地的起点，亦是经济上大挫折的起端，更大的悲剧则是开始了漫长的苦闷压抑期。“5·13 事件”标示了华人追逐、争夺国家机关机运的一去不复返。[③]

这种转变对两族关系的影响是非常巨大的。“5·13 事件”后，“华人对政府猜疑和敌意的情绪弥漫着整个华人社会”。[④]

二、1987 年的“华小高职事件”与“茅草行动”

1987 年的“华小高职事件”与“茅草行动”，对马、华两族的关系也颇有影响。

事件的直接导因是，1987 年 9 月马六甲、雪兰莪、吉隆坡与槟城等地的教育当局派出大批不谙华文的人员，到多间国民性华文小学担任校长、副校长、校长助理等行政高职。此举引起华人社会的恐慌与哗然，他们认为可能会造成华小变质。[⑤]

因此，华人社会各界人士纷纷奋起抗议，朝野政党与主要华团不约而同地站在同一战线上，联合抵制行动，要求教育部收回成命。但派遣行动继续进行，且波及数十所华文小学。同年 10 月 11 日，华人执政党马华公会、民政党、华人反对党民主行动党，以及华教组织董教总成立的华团政党行动委员会，在吉隆坡天后宫召开抗议大会，与会者代表超过 4 000 名，主要华团、董教总以及三大华人政党的代表几乎全部出动，会上通过五项决议，首先提出全面解决“华小高职事件”的原则和立场，即“华文小学的本质是教学与行政语文必须是华语华文，这是不能讨价还价，不可妥协的基本原则”，决议要求政府在 1987 年 11 月 14 日之前解决问题，不然就展开挽救华文小学的全国性行动，即准备支持部分华小家长提出 10 月 15 日至 17 日三天罢课抗议行动。[⑥] 时任马华公会副会长暨教育部副部长的云时进也在会上声言，如果“华小高职事件”不能解决，他将辞去副部长之职。[⑦]

面对华人社会的激烈反对，教育部长和一些地方教育局长的态度最初都非常强硬，表示“不会收回成命”。[⑧]华社 10 月 11 日在吉隆坡天后宫召开抗议大会后，巫统多位领袖猛烈批评马华及民政两党在事件上的表现，并建议检讨马华公会在国阵里的地位。一位巫统国会议员还扬言要以万人集会回应。柔佛州新山等巫青区团也召开紧急会议讨论对策。另据报道，支持教育部长安华的电报如雪片般涌向教育部，包括来自马来教师职工会、青年

---

① ［马］王国璋：《反思五一三》

② ［马］黄家定：“马来西亚多元族群的政治——在厦门大学的演讲”，《南洋问题研究》，2006 年第 2 期。黄家定目前是马华公会总会长。

③ ［马］许德发：《历史幽灵与马来西亚的记忆政治——试论 1969 年“五一三事件”的各种阐释》。

④ 杨建成：《马来西亚华人的困境：西马来西亚华巫政治关系之探讨，1957—1978》，第 288 页。

⑤ ［马］林水檬、何启良、何国忠、赖观福合编：《马来西亚华人史新编》（第一册），第 190 页。

⑥ 郑良树：《马来西亚华文教育发展史》（第四分册），第 345 页。

⑦ ［马］柯嘉逊：《马来西亚华教奋斗史》，吉隆坡：雪兰莪中华大会堂，1991 年，第 167 页。

⑧ 郑良树：《马来西亚华文教育发展史》（第四分册），第 338、340 页。

团体、福利机构、政党组织、个人以及海外的马来文教组织等，他们不但呼吁安华“绝对不可让步”，还要求安华“有效地废除华小”，并且强烈谴责马华及民政在这个问题上“背叛了朋友”，应该退出国阵。①

尽管10月14日政府内阁设立五人委员会（成员分别是劳工部长李金狮、原产业部长林敬益、工程部长沙米维鲁及青年体育部长纳吉，主席为时任教育部长安华）全权处理华小高职事件。但10月15日，还是总共有57间华小参加全面罢课，受影响的学生估计超过三万名。大部分罢课的华小都被持枪的镇暴队所包围，他们或阻止家长群众进入校园，或拆除没收校内外的标语，双方随时有发生冲突的可能。10月16日，槟城双溪里蒙光华小学的篱笆外被挂上两条醒目的白色大布条，上面分别写着马来文“Gugurkan Kerakyatan Mereka”（取消他们的公民权）及英文“Revoked their citizenship, send them back to mainland”（取消他们的公民权，送他们回中国大陆）。10月17日，巫青团在吉隆坡惹兰慕达体育场举行了一个大规模的马来人集会，虽然大雨滂沱，警方戒备森严，但出席的马来团体以及大学生多得水泄不通。他们高声呐喊、高举标语；标语写着“取消反马来统治者的人的公民权”，“安华不要被华人吓倒”，“5·13开始了”，“让短剑浸着华人的血”。②

就在大集会的第二天，即10月18日晚上，一名士兵由于受到刺激，在吉隆坡秋杰地区胡乱开枪，造成一死两伤。这一枪杀事件完全与族群关系无关，然而，却导致谣言四起，人心惶惶。10月25日，巫统总秘书沙努西宣布，11月1日将在吉隆坡举行有50万名人士，包括30万名党员及20万名同情者的大集会，虽然他声称大集会是党庆和平集会，而非抗议大会。但新闻第二天见报后，全国尤其是雪隆区，态势高度紧张，人们购粮屯集，夜不出门，甚至请假远离雪隆区。③ 族群公开对立的情势，“是1969年5·13惨剧以来所仅见的”。④

11月1日大集会日渐逼近之际，出访的马来西亚首相马哈蒂尔匆忙回国。10月27日，政府以防止国家骚乱为理由，援引内部安全法令，实施“茅草行动”，先后逮捕了朝野政党人士、华教领导人、社团领袖，以及教师、商人等共106名，其中包括了董总主席林晃升及教总主席沈慕羽。次日吊销星洲日报、Star（星报）及Watam（祖国报）等三家报章的出版准证。首相兼内政部长马哈蒂尔宣布：由于国家面临危险境地，原定11月1日举行的巫统党庆大集会已经取消，同时，也禁止全国各地举行任何形式的集会。⑤ 这场风波最终平息。

官方把这次危机归咎为华社维护华小的抗议行动。而多个国际团体如国际特赦组织则认为：“在数项危机中，那些被扣留的人士并未激起种族或宗教的紧张情绪，反而是国阵政府的决策人及同僚为了本身的利益，使长久以来在大马社会中的政治及种族紧张情绪

① 郑良树：《马来西亚华文教育发展史》（第四分册），第344～346页。
② 郑良树：《马来西亚华文教育发展史》（第四分册），第347～349页。
③ 郑良树：《马来西亚华文教育发展史》（第四分册），第349页。
④ ［马］陈志勤：《华小高职风波》，载戴小华总编、邓日才主编：《当代马华文存》（7），吉隆坡：马来西亚华人文化协会，2001年，第46页。
⑤ 郑良树：《马来西亚华文教育发展史》（第四分册），第350页。

恶化。"①

1987 年"华小高职事件"，表面上是华文小学问题，实际上反映了华人社会对马来西亚政府文教政策的普遍不满，是"5·13 事件"后马来西亚马华两大族群矛盾的集中表现。政府虽然通过"茅草行动"平息了这场风波，但没能平息华人的不满情绪，1990 年大选，大量华人选民支持反对党，与此不无关系，而 1990 年大选国阵受挫，则是 20 世纪 90 年代初期国阵政府对华人实施"小开放政策"的重要原因之一。

三、华人大选诉求风波

20 世纪 90 年代前期，由于马来西亚政府实施对华人的"小开放政策"，也由于 90 年代前后，马来西亚经济多年持续高速发展，各族人民，包括马来人和华人都得到了实惠，除了对 1995 年教育法令和当时提出的宏愿学校课题有所争论外，马华两族关系相对平静，华人选民还在 1995 年大选全力支持国阵。然而，1997 年金融危机激化了一切矛盾，尽管华人在 1999 年大选仍然一边倒地支持以巫统为首的国阵，但在国内政治形势的影响下，马华族群纷争课题在大选后却一度呈现越演越烈的态势，其中华人诉求与"马来人特权"课题纷争的时间特别长，斗争方式特别激烈，且与马华两族矛盾的核心问题有关，影响也特别大。

（一）诉求缘起

诉求纷争最初出现于 1999 年 8 月大选前夕，当时董教总等 11 华团提出《马来西亚华团的大选诉求》（以下简称《华团大选诉求》），并赢得 2 000 多个华人社团签章支持。《华团大选诉求》提出了 17 项 83 点诉求，全面提出华人社会在政治、经济和文化教育上面临的各种问题，要求逐步废除一切领域的"土著与非土著"的区分，实施公平的经济政策，公平对待华裔、印裔及其他少数民族母语教育。该诉求也关注到金融危机以来广泛议论的诸如贪污、人权、正义、政府公信力、废除内安法等问题。②。

对于《华团大选诉求》，开始时，一些马来人反应非常强烈，认为诉求是一部分华人趁大选向政府施加压力。当年 9 月 14 日，马哈蒂尔首相就表示，马来西亚华人社团大选诉求，不代表大部分华社意愿，认为任何附带条件的支持，对国阵都形成一种威胁。9 月 20 日，马哈蒂尔首相强调，国阵不会为了选票而向趁机提出诉求的施压者屈服。他劝告各方面不要趁大选即将来临之即，刻意挑起种种课题向政府施压。他认为，这种做法足以破坏各族和谐及国家的稳定。但随着国阵政府对《华团大选诉求》的态度从拒绝转向接受，诉求引起的激烈纷争气氛很快平息。③

（二）2000 年诉求纷争

然而，2000 年 8 月，即《华团大选诉求》颁布一周年前后，诉求和马来人特权问题再度引起两族严重纷争。2000 年 8 月 14 日，马来文的《马来西亚前锋报》头版新闻以"废除马来人特权"为标题刊登评论，指"华人代表建议，政府若要看到马来人进步和有

---

① ［马］柯嘉逊：《马来西亚华教奋斗史》，第 169 ~ 170 页。

② ［马］《马来西亚华团的大选诉求》，见［马］《南洋商报》，1999 年 8 月 17 日。

③ 廖小健：《世纪之交：马来西亚》，世界知识出版社，2002 年，第 158 ~ 162 页。

能力与其他种族竞争，应废除马来人在重组社会政策下所享有的特权。”[①] 8 月 17 日《马来西亚前锋报》再以封面头条报道 1999 年大选前马来西亚华团大选诉求工委会提出的 17 项诉求，指出：“去年在大选时定下 17 项诉求的华团，配合推出整整一周年，今日再次重申他们为这项议程斗争的立场，包括力促取消各领域有关土著与非土著的地位区别。其他诉求包括实施不以马来人特权为限的重组社会政策，以及废除宏愿学校计划。”[②]

《马来西亚前锋报》的有关评论掀起轩然大波，引发马来西亚族群之间，朝野上下围绕“马来人特权”和《华团大选诉求》的激烈争论，从口诛笔伐，发展到公告、集会、游行、示威，激起了马华两族的日趋高涨的族群情绪。其中，马来青年的反应尤为激烈，在 8 月 17 日《马来西亚前锋报》抨击诉求工委会的次日，即 8 月 18 日，巫青团部分党员在副团长阿都阿兹带领下向诉求工委会呈交备忘录，要求工委会一周内，收回诉求 17 项要求中提到取消马来人特权的内容，同时公开向马来人及土著人道歉，否则，将对巫青团采取更剧烈的反击行动。200 多名巫青团员在诉求工委会驻地前示威，高举的标语内容包括：“不要挑战马来人主权”、“我们没有质疑你们，不要质疑我们”、“马来人等于马来西亚”、“忘记历史的外来移民”、“我们宁愿为维护主权而牺牲生命”、“马来人必须团结一致”、“警告：不要挑战我们”等，并呼喊“马来人万岁”、“不要挑战马来人主权”等口号，历时约 15 分钟，其间夹有怒骂，发生冲撞。[③] 在巫青团不断宣称采取行动的威胁下，华人青年也不甘示弱，表示将举行大集会还以颜色。同月 24 日，以雪华青、甲华青和森华青为首的 12 个华人青年组织要求《马来西亚前锋报》和副巫青团长阿都阿兹，针对近日掀起的马来人特权课题和诉求风波，向全国人民道歉。[④] 双方情绪激动，形势相当紧张，马华族群冲突大有一触即发之势。1969 年的“5・13 事件”最初就是由马华两族青年冲突引起的，随着政府出面干预，有关马来人特权和大选诉求公开和激烈的纷争到当年 9 月逐渐平息。

然而，由于诉求课题也是当年 12 月鲁乃补选国阵失利的原因之一，鲁乃补选后，“马来人特权”和《华团大选诉求》再度引起两族的激烈争论，马来人的反击更为激烈。12 月 14 日，马来西亚半岛学生联合会集会示威，要求诉求工委会 1 个月内收回诉求，不然，该会将公布属于马来人的 100 条“诉求”，恫吓并声称将召开全国大集会。该会主席苏海米表示，诉求工委会提出的 83 点诉求，不但侵犯马来人的特权，也不理会马来人的感受。所以，该会也已拟定 100 条诉求，若工委会坚持己见，该会将直接向首相及内阁提出他们本身的诉求。其内容包括在大专院校提高超过 70% 教育固打制，60% 大学讲师由马来人担任，马来人任首相等。他警告极端分子“勿玩火”，不然他们将十倍奉还[⑤]。马来西亚半岛学生联合会的要求得到不少马来人领袖、马来人组织和马来人媒体的支持和声援，该联合会计划在各地组织集会，并与多个非政府组织开会讨论进一步的行动，形势甚至比 8 月份更为紧张。12 月 21 日，内阁发出指示，要求各族，包括部长和社会领袖不准

① ［马］《南洋商报》，2000 年 8 月 15 日。该报所指的华人代表是国家第二经济咨询理事会副主席蔡国治，蔡国治也是马华工商联合会副义务总秘书。

② ［马］《南洋商报》，2000 年 8 月 18 日。

③ ［马］《南洋商报》，2000 年 8 月 19 日。

④ ［马］《南洋商报》，2000 年 8 月 25 日。

⑤ ［马］《南洋商报》，2000 年 12 月 14 日。

再评论或回应敏感课题。首相署警告，任何人评论或回应包括诉求在内的敏感课题，如果有触犯煽动法令之嫌，当局将援引该法令逮捕及把他们送上法庭。①

（三）结果

巫统领袖虽然拒绝华团诉求，明确表示“在捍卫马来人特权上，政府绝不作任何让步”,② 但不希望国家因此陷入混乱，他们纷纷发表讲话，要求两族以国家大局为重，停止争论和冲突。曾直接交锋的巫青团和大选诉求工委会也积极寻求解决纷争的办法。经过多日的磋商，巫青团与华团大选诉求工委会终于达成协议，并于2001年1月5日发表联合声明，同意搁置“诉求”83个项目中内容敏感的7项，并承诺对其余76项展开讨论，致力落实双方所能接受的项目。

联合声明提到双方同意搁置的7项，包括：①扶弱政策的实施，应以保护及提升社会弱势阶层为出发点，而且不分肤色、出身及宗教信仰；②采取步骤，废除一些领域的“土著/非土著”区分；③必须公平及合理地分配土地给极需耕地的各族农民；④废除“种族固打制”，代之以按能力分配制度；⑤废除大学收生固打制；⑥我国各宗教在传播、发展、享用官方资源及媒体报道方面，应获公平对待；⑦推行学生助学金与贷款制度，并不分种族地以按能力分配制度加以分配。声明表示，双方之所以会达成今天的谅解，主要是基于以下考量：①马来社会中的意见，即“7项”已触及马来人的特别地位与权利以及他们对“7项”的反对；②诉求工委会的重申：“诉求”是在国民团结与国家建设的考量下提出的，及诉求工委会将为塑造具容忍、中庸及多元主义特征的、团结的马来西亚而全力以赴；③首相与副首相的劝告：种族紧张的升级必须遏止，作出煽动性言论的组织必须立即停止重复这些言论。③

虽然诉求纷争没有就此完全解决，仍有不少马来人领袖和马来人组织不同意上述对话和协议，认为这是马来族的让步和服输，继续提出诉求工委会收回全部诉求的要求。2月初，马来人行动阵线召开名为“马来人不会在世上消失”的大集会，会上仍充满族群性言论，要求让马来人享有更多的权益。华人反对党和一些华人社团也不满搁置7项诉求，要求工委会作出合理解释和交代。但国阵领袖制止冲突的努力，巫青团和工委会的对话和协议，对化解当时的冲突起到明显的作用，诉求风波最终平息。

大选诉求风波表明，尽管20世纪90年代以来政府陆续对华人实施一些宽松的政策，而且马华两族关系大有改善，但维护马来人特殊权益，始终是巫统为首的国阵政府放宽华人政策不愿超越的底线。时任马来西亚首相马哈蒂尔当时就强调，在马国政治中，巫统就是马来人，马来人就是巫统；巫统是民族的心脏，马来人则是促使心脏跳动的血液。④因此，巫统不会为了赢取华人的支持而牺牲马来人的权益。他说，巫统不会用马来人所享有的四项基本权益来交换非马来人的支持；这四项基本权益是马来人的地位与特权、马来文作为官方语文、伊斯兰教作为官方宗教，以及马来统治者的地位。⑤

综上所述，导致独立以来马来西亚马华两大族群的几次较大冲突事件的原因，既有政

① ［马］《南洋商报》，2000年12月22日。
② ［马］《南洋商报》，2000年8月18日。
③ ［马］《南洋商报》，2001年1月5日。
④ ［新］《联合早报》，2001年6月21日。
⑤ ［马］《南洋商报》，2001年5月13日。

治因素、经济因素、社会因素，还有族群文化与教育以及公民地位差别等因素的，各种因素纠结在一起，非常复杂。但也必须指出，从族群博弈的历史发展而言，由于马华两族人民的努力，近40年来，两族彼此矛盾冲突的激烈程度有所减弱，冲突形式已从暴力逐渐转向非暴力，即从1969年的流血冲突，到1987年的集会对峙，再到2001年的协议搁置纷争。两族矛盾冲突从暴力逐渐转向非暴力，无疑为马来西亚社会发展的相对稳定和有序提供了有利条件。

然而，由于导致两族矛盾的主要问题，如马来人特权，华文教育未来发展方向，以及“新经济政策”的族群倾向等问题，没有得到根本解决；由于马来人为首的政府始终坚持维护马来人特权，不愿意对华人实施完全平等的政策，马华两族的地位差别将继续存在。在法定不平等，以及各种行政偏差影响下，华人与马来人两大族群的矛盾与磨擦依然不可避免①，并将继续影响着马华两族关系和马来西亚社会发展。正如一位马来西亚出生的学者所形容的，“大马族群关系的脆弱，实在不容有半毫的闪失，如果有人蓄意达到某种目的，只需星星之火，就可以摧毁数十年的独立果实了”②。

如何缓解两族矛盾，如何防止两族的矛盾摩擦演变为激烈的暴力冲突，如何尽量降低两族的矛盾摩擦对社会发展的消极影响，始终是马来西亚政府和马来西亚人民共同面对的重大问题之一。

作者：廖小健，暨南大学华侨华人研究院教授。

Ethnic Relations between Malay and Chinese in Malaysia after the Independence as Seen from a Number of Big Ethnic Conflicts

Liao Xiaojian

Abstract: The years following 1957 when Malaysia achieved its independence saw a number of big ethnic conflicts between indigenous Malay and ethnic Chinese in the country, such as “The 13th May Ethnic Riots” in 1969, “The Senior Positions at Chinese Schools Event ” in 1987, and “The Tempests of Chinese Election Appeals ” in 1999 – 2000. Factors leading to ethnic conflicts were very complicated and they were concerned with politics, economy, education, as well as the citizen status. The conflicts between the two major ethnic groups are inevitable in the foreseeable future as the major problems behind the ethnic conflicts have not yet been resolved, which could continue its negative impact on the social development of the country.

Key Words: Malaysia Ethnic Conflicts Factors Impact

① 2006年以来，马华两族曾围绕诸如“种族输赢论”、“槟城马来人边缘化”、“华人被邻国系统边缘化”、“华人侨居论”等课题展开了激烈的争论。

② 郑良树：《马来西亚华文教育发展史》（第四分册），第349页。

中越边境的越侨

——中国人还是越南人

陈玉华著　鲍秀玲译

【摘　要】根据作者在中越边境所做的人类学田野访谈调查，本文重点探讨了一群生活在中越边境的越侨所具有的争议性的身份。基于他们所拥有的中越文化联系和华人血统，这些人极易被误解为是华人，即居住在越南地区的华人。通过研究这些越侨的个人历史、家庭世系、主观的认同选择和他们生存的社会政治背景，本文剖析了政治、经济、历史和地域空间交织的复杂的身份政治。作者认为，一个人的身份认同可以是模糊的、动态的、多重的、因情形而改变的、波动的，甚至是自相矛盾的，但这些情况仅在一定的社会政治经济环境影响下才会发生。本文指出，身份认同并不意味着对该文化的忠诚，也不意味着对国家或政治制度的认同。因而，多重的身份认同并不一定导致多重的忠诚。同样道理，单一的身份认同并不限制人们只能对单一文化和地域效忠。族群分野的界限可以重叠，但重叠并不必然导致模糊的身份认同。

【关键词】越侨　跨国身份认同　老街　河口　跨国网络

导言："Viet - kieu" 的含义

"Viet - kieu" 指的是哪些人？"Viet - kieu" 一词的字面意思是 "海外越南人"，但是在不同的时空下，却有着不同的含义。自20世纪80年代末开始，越南实行了一系列经济体制改革的措施，不少在1975年越南共产党统一全国后移居西方国家的越南侨民，或在70年代末排华期间离开越南的人，纷纷返回越南。他们有的携带着大笔资金返越投资，有的则是专业人才，从事管理、银行业和信息科技等方面的工作。由于这部分人对越南经济的发展作出了很大的贡献，因而广受新闻界关注，常被冠以新兴富豪的形象。这些返回越南的人统统被称为 "Viet - kieu"（越侨），即曾居于海外的越南人。虽然这些人中有不少人是华裔，离越前他们在越南被称作华人（nguoi Hoa），但从海外回国后，他们却被越南政府归类为越侨或海外越南人。

本文的重点并不是这些从西方返国的越侨，而是聚焦于另一个群体——20世纪70年代从中国返回的越侨。中越边境地区的越侨不像从西方回国的越侨那样受到媒体和学术界的关注。在20世纪70年代末的排华运动中，大量华侨被驱逐出越南，对此已有大量文献记载。但是很少有人知道，在70年代前中期，为响应北越共产党的爱国号召，曾有大批居住在中国的越南人返越。与此同时，也有部分人继续留居在中国。不论是已返回越南的还是仍旧留居在中国的，一律被越南政府视之为“越侨”，他们自己也这样认同。因此，这些越侨家庭中，往往同时包括越南人和中国人，而且各自具有不同的生活体验和历程，其对“越南人”、“中国人”这些身份的认同也各有不同。

本研究以老街（越南北部）和河口（中国云南）为调查点，这两个城镇分别位于红河与南溪河汇合处的南北两岸。目前，约有近两千名归国越侨居住在老街，其中大部分人是在中国出生并成长的，他们是华族和越南人共同的后代。70 年代他们自中国回到越南，显示他们对越南的忠心，可是，返回越南后却受到当地社会及政治上的歧视。自 70 年代到 90 年代，这部分人的政治信仰和个人命运都曾经历了戏剧性的转变。在不同的历史环境下，他们身上混杂的文化素养和跨境的家庭联系对其社会和经济生活有利亦有弊。本文通过探讨不同的个案，研究中越边境越侨的身份认同问题。

近年来学术界兴起了研究跨国移民文化和身份认同的问题，强调人及身份的不断变动性，否定以静态的观点去研究某个特定地方，同时否认某个族群有着固定的身份认同和文化（Kearney，1995；Basch et al.，1993；Chappell，1999；Shapiro and Alker，1996）。与此同时，也有学者提倡应着重“多点”的田野调查，以追踪调查研究对象的“多重地方性”（Translocality）（Appadurai，1995；Gupta and Ferguson，1997a、1997b；Olwig et al.，1997；Ong，1999；Massey et al.，1998；Toyota，2003）。新的理论转向强调文化和认同的不定和多变性。不过，这样的研究趋势有时会反过来把“流动性”变为“静止不变性”，因为其过于强调研究对象的能动性，从而忽略了个人在多变的政治经济环境中所面临的限制和机会。

本文将分析宏观层面（政治—经济环境所产生的限制与变迁）和微观层面（生活历程中所作的抉择、个人喜好）的认同。通过越侨的个案，本文将对身份认同和认同政治的理论提出一些反思。首先，不论身份认同是变动的还是固定的，都必须在人们所处的具体的政治经济和历史背景下进行探究，因为这些因素为身份认同设定了限制条件。不同的历史背景会容许不同程度的弹性供人们去作出选择。为求生存，人们可能会获取或者放弃一些特定的身份联系，而政府的宣传言论有时也会煽动起人们不同程度的民族认同热情。

其次，个人在某些关键时刻所作出的认同选择，往往带来重大且难以预料的结果，从而影响其将来的身份认同和想象。再者，个人的文化认同并不会完全等同于族群认同。许多越侨在中国长大并接受中文教育，因而认同部分中国文化。但是，他们普遍认为自身是“越裔”。最后，对文化和族群的认同并不总是伴随着对地域和政治的忠诚，认同于某个特定族群的人或许也会不满意自己的文化、政府和民族。

颇具争议性的认同：越南人还是中国人

越侨的身份认同问题是复杂且富争议性的。本文研究的是中越边境上生活的越侨，其中很多人是中越两族通婚或越侨之间通婚的后代，很多人的祖先是中国人。但是，为什么称呼他们为越侨而不是华侨呢？越侨是中国人还是越南人？这一问题必须在特定的环境中来加以理解。边境地区有许多中越两地相隔的家庭，而在越南境内的家庭，亦有不少家庭有兄弟姐妹或是父母生活在中国境内。

笔者问过老街的当地人，怎样区分越侨和华侨。一般的回答是，通过父辈的血统来判别。在中越两族通婚的后代中，如果父亲是越南人而母亲是中国人，则此人为越侨；如果父亲是中国人而母亲是越南人，则此人为华侨。但这并不是绝对的划分界线。笔者认识的一些越侨，他们的父亲是中国人，母亲是越南人，他们本人也在中国出生长大，但他们并不把自己看作是中国人，因此他们像其他越侨一样在70年代选择返回越南。

一位65岁的老人说："很难明确地区分越侨和华侨。我们年轻的时候，只是遵循父母的轨道去生活，我们跟着他们住在中国。长大之后，我可以作出新的选择。"这位老人的父亲是中国广东南海人，娶了越南妻子。他原在云南出生和居住，直至1974年，他选择响应越南政府的爱国号召，返回越南。这个"政治"决定成为他身份认同的一个很重要的准则。在这个决定中，他把自己看作是越南人。回到越南后，他娶了一位越南妻子，而他的家庭也成为一个越侨家庭。

老街的一名越侨受访者说："越侨可以是中国籍也可以是越南籍，但其祖先一定是越南人（nguoi goc Viet Nam）。""goc"一词的意思是"源自"。在越南，该词是"真正"的身份认同的重要标志。有一天，一名受访者将笔者介绍给一位越南老婆婆，她把作者说成是香港越裔（nguoi Hong Kong goc Viet）。她之所以用这个虚假的称谓，旨在缩短我和老妇人之间在沟通上的距离，从而将笔者归入越南人的族群中，使笔者在新结识的受访者面前减少了外人的色彩。虽说"源自越族"（goc Viet）是身份认同的重要指标，但是，这一"源自"到底要追溯到多少代以前，却没有确切的答案。这可以是人们记忆所及的某一代，或者是他们相信自己所记得的某个年代的祖先身份。

Linh出生在老街的一个越侨家庭。父母都是20世纪50年代出生在云南个旧，双双在1974年回到越南，之后生了一个女儿、两个儿子。Linh是三兄妹中唯一会说中国话的。她告诉我，她的兄弟成长时没有兴趣学习中国话。小时候，父母送她去河口读了两年小学。她还说，她的外祖父母都是生活在中国的越南人。1974年，她的外祖母催促她的母亲、姨母和舅舅返回越南，但她的姨母不喜欢在越南生活，一年后又溜回了中国。现在她姨母一家人住在昆明，家庭中的全部成员都是中国公民，但"源自"越南。Linh的家庭是越南的越侨家庭，她姨母的家庭则是中国的越侨家庭。

Linh的祖父是居住在中国的越南人，娶了中国的穆斯林妇女为妻。Linh的父亲从小跟随母亲成为穆斯林。他返回越南后，很少跟别人提及他是穆斯林。除了家人外，邻居们没人知道他不跟家人同桌吃饭。Linh还提到，她父亲的汉语要比越语说得流利，他喜欢用中文跟她谈可兰经的教义和故事。几年前，她的父亲去世了，当时只有50多岁。Linh很后悔在父亲生前没有很好地与他沟通，咎于自身的华族血统和穆斯林背景，父亲好像生活得比较孤独。2004年，Linh的母亲建议她去昆明读大学，学习专为外国学生开设的国际贸易课程。最近，她告诉笔者，她已经向大学申请转到当地班级，因为她所在班级的学生中文水平很低，因此课程进度很慢。她在申请信中向校长解释并声称自己的父母都是越南华侨，因此中文水平与普通中国人相当。显然，这个身份的"转移"是在特定的情况下产生的，是为达到某个特定目标而做出的。

除了像Linh的父母这样从中国返回越南的越侨，在中越边境地区还有其他类型的越侨。Mai于1984年出生在老街，在她两岁的时候，她的越籍母亲带她去河口生活。Mai不知道她的亲生父亲是谁，她的母亲不愿跟她提及此事。在河口，Mai的母亲跟一名中国籍男人同居并生下同母异父的妹妹。Mai在河口一直生活到初中毕业。2002年，她母亲带着她和妹妹回到老街。她的母亲和妹妹住在农村，她则在城镇上从事导游工作。Mai的越语和普通话说得都很流利，但她的汉字书写能力明显要比越南文字强。她也听得懂河口和昆明的地方方言。由于她长期在中国居住，而且是刚刚返回越南，周围的人们都认为她是越侨。有时，Mai 对她自己的身份也感到迷惘、困惑，她从事导游工作之后尤为如此。由于在中国长大，她对中国的事物更为熟悉，比如，中国当下流行的歌手和演员的名字，她都熟悉。然而，她却无法容忍中国人批评越南人。她说："当我听到中国游客批评越南人时就很反感。他们以为我不懂他们的语言，但是我全都懂。"因为她能说一口流利的中国话，许多游客质疑她是不是真正的越南人，"我会说，我确实是越南人，但有时我会使他们感到混乱，例如，我会说'这座庙跟我们中国的一样'及其他诸如此类的话"。

在河口的一些中国受访者也是混血儿，通常是中国父亲和越南母亲的后裔。Qing 今年 24 岁，出生在越南，20 世纪 70 年代越南排华时期，她的父母把她从越南带往中国。她们全家在云南南部的一个收留难民的农场定居，她在那里度过了自己的童年。笔者做田野调查时，她在河口当导游，经常带领中国的高层官员和富商旅行团去越南旅游。虽然 Qing 的家庭因华族渊源在排华期间从越南逃到中国，但基于她出生在越南，而且母亲是越南人的缘故，同事们都认为她是越侨。另外，由于母亲是越南人又在越南出生，她在越南很容易就买了一张越南身份证，因为拥有越南身份证能更加方便她的导游工作。这样，她在中国时便用中国人的身份，在越南时便用越南人的身份。和 Qing 一样，23 岁的 Jiang 也有中国父亲和越南母亲，也曾在河口做过导游。但是，他出生在河口，没有难民经历，他把自己完全看作是中国人。他从母亲那里学了几句简单的越语，但是他不喜欢越南，很不愿意过境到对面的越南去。2003 年初，他辞去了导游工作，帮助母亲打理跨境水果生意。他说，虽然很容易就可以买到越南身的份证，但是他不经常去越南，因此也就没这样做。

边境越侨的双重生活

1979 年中越战争后，边境上的越侨渡过了 80 年代边境封锁的生活，到 90 年代又经历了十年边境重开后的繁荣。在不同的政治经济背景下，越侨的跨境联系对他们的命运带来极为不同的影响。在 20 世纪 90 年代日益兴旺的边境贸易中，能讲汉语和越语并拥有大量跨国人脉关系的越侨，很快便成为边境贸易和商业的先驱者。但在 70 年代到 80 年代，当中越关系仍然紧张时，他们的生活在多方面受到有关当局的限制，同时因为他们的跨境联系和"中国人"的背景而备受歧视。

虽然这些越侨对越南共产党的爱国召唤作出了积极响应，但当他们返国之后越南政府并未给予其信任。所有返国的越侨都必须在外务部门登记注册，有些家庭甚至要接受警察局的审查。他们中的许多人都没有想到自己居然会处于如此窘迫的"中间人"地位，这种尴尬的遭遇破坏了他们的民族感情。"如果我们早知道会这样，宁愿不回来"，一位越侨妇女说。部分越侨家庭的年青一代在其成长过程中也经历了此类待遇。一位 26 岁的年轻人说："我很难理解为什么我的同学有权去参军，而我却不能。"一位 20 岁生于越侨家庭的女儿说，虽然她自己在童年时代并没有感觉受到隔离，但她的母亲曾告诉她，越侨返回越南后遇到不少生活上的困难。

从 20 世纪 70 年代初到 80 年代末，中国和越南经历了近 20 年的外交紧张关系，越侨家庭与中国的任何联系，都有可能被视为是对国家安全的威胁。越侨和华侨家庭成员一般不能担任政府部门的职务，甚至不能接触政府高层官员或越共的家庭成员。一对越侨夫妇的女儿爱上了某越南国家干部的儿子，但是，基于她父母所带有的“中国人”的背景，她要嫁给心上人的愿望终于成为泡影。

30 岁的 Doan 生长于华侨家庭。他的父亲是一名中国军人，20 世纪 50 年代从四川来到越南参加抗法斗争。战争结束后，他娶了一个越南妇女，并育有六名儿女。Doan 说，华侨子弟是难以和越南干部家庭的女儿成婚的。他还说，小时候的生活并不开心，他的家庭时常受到当地警察的监视。他的父亲觉得自己像是生活在囚室里，在 1985 年郁郁而逝，留下六个孩子由妻子独力抚养。Doan 的母亲带着一家人在河内郊区生活。Doan 中学毕业后，在国家电力公司工作，并被派到边境的老街省。Doan 小时候没有学过中文，90 年代末，他为了多接触些中国老板，为经商做准备，便开始兼职当导游，自学中文。

中越边境的重新开放，推动边境贸易日益繁荣，促进了边境经济的发展。然而，拥有某些中国的关系不但会对越侨、华侨家庭产生影响，有时候对普通的越南人来说，也会带来不利的影响。一位从事导游的越南受访者说，其男朋友是一名公安人员，男友的家人劝她不要与中国游客打交道。她男朋友的母亲甚至提议她辞去工作，但她并没有这样做。不久之后，男朋友便决定跟她分手。

边境贸易中的越侨

Chau（2000）在他的研究中发现，在芒街（越南西北部的广陵）和东兴（中国广西）的边境地区，Hoa（越南华人）是当地最富有和最早在商贸活动中获得成功的人。华人被视为是最能与当地政权发展共存关系，并使商业活动顺利进展的族群。他们利用国外亲戚的汇款资金及其提供的商业网络，能够在短时间内积聚起财富（Chau，2000：246～247）。在老街边境地区，活跃在边境的商人、经纪和翻译，其中许多人是越侨。由于他们的双语能力和跨境的家庭纽带，使其很容易就被误认为是华人，并被归入华人这一类别。

Tuan 是老街杰出的商人，他很少向别人提及他的身世和背景，但是他一口极为流利的中文却透露了其特殊的背景。他十多岁时到中国学习中文，并在中国内地居住了十余年。他的妻子也是来自中国的一个越侨家庭。70 年代他们一起返回越南，但现在却很后悔当初作出这样的决定。他的妻子说：“我不知道我们为什么回来。那时候，我们都很年轻，脑子里有一些想法。现在回想起来，那时候的做法看来有点无知。”Tuan 把他的成功归功于他混合了越南人和中国人的思考方式。

Hoan 是一名在边境拥有自己贸易公司的越侨。90 年代初，他靠着自己在昆明的人脉关系经营农机机械配件。1998 年又开了一家旅行社，但效益不佳，与两位越南合伙人的意见产生分歧。后来，他退出了商场，过着半退休的生活，偶尔也帮着昆明的亲戚经营不同种类的商品。Hoan 的妻子是越南人，他们有一个儿子和两个女儿，孩子们都已长大成人，但都不会讲中文。大女儿在老街售卖纪念品，儿子则计划到中国经商，并已开始学习中文。Hoan 说，相对于中国茶他更喜欢越南茶，不过，他很怀念美味可口的云南菜。

大多数越侨并不像 Hoan 和 Tuan 那样经营公司，他们从事小规模的跨境走私贸易。Trinh 今年 55 岁，行事非常果断。在过去的几年里，她与越南的朋友合伙从中国走私偷运任何可以携带的物品到老街，然后再贩卖到河内。她声称自己是在中越重新建立友好关系前，走过中越边界的第一批人。20 世纪 90 年代当婚礼在越南盛行时，她售卖结婚礼服的装饰品，近几年她又转为买卖小型电器，如电动车和电视机，因为这类货品更能盈利。像其他边境居民所从事的贸易活动一样，Trinh 经营的许多买卖其实都是走私贸易，在边境通关时需要贿赂边防警察。

除了从事贸易外，许多越侨还为中国商人担当翻译和中介商。Khanh 今年 60 岁，在老街为中国人当翻译已有十年了。Khanh 出生在云南，于 1974 年返回越南。他的妻子是越南人，夫妇两人生了一子一女。他保存有一张父亲（也是在中国出生）的照片，将其悬挂在房子的柱子上。Khanh 年轻时喜欢演奏中国的二胡，也喜欢阅读中国的文学作品。他说，自己的中文修养可以与中国学者相媲美。1974 年，他跟其他人一样，在越南政府的爱国号召下返回越南。虽然他在中国长大并受到中国文化的熏陶，但他不喜欢那些看不起越南人的中国人。他虽和中国人交朋友，可并不完全相信他们。Khanh 习惯在回家吃晚饭前跟朋友一道出去喝酒，但每当跟中国人一起喝酒，他就会有所警惕。“喝酒是一种娱乐，可以使人放松，但当你与不合适的人喝，就变成了一种负担。”

Nguyen 女士的兼职也是翻译。她和丈夫都是越侨，能够说一口流利的中文。她对越南人及他们的思维和办事方式有不少批评，对当地的官僚也极为不满。她认为，中国政府比越南政府公正，越南男人较为无能懒惰。“很幸运的是，我丈夫更像中国男人。我的儿子也和他父亲一样勤恳工作并不懒惰。”

一位越侨家庭的年轻女孩，从事自由翻译职业。她的父母建议她找中国男友并嫁给中国人。“我母亲经常提醒我，说嫁给中国人比嫁给越南人好。她说越南女人的地位低微，许多越侨妇女人返回越南后便过着艰辛的生活。”

关于跨国身份认同的研究

近年关于跨国人口迁移（本文针对邻国边境之间）的研究日益增多，而且都强调身份认同是富有争论性、多变性和流动性的，直接挑战了一向以来认为身份认同是由疆域及文化来界定的概念（Wilson and Donnan，1999、1998；Inglis，1997；Smith and Guarnizo，1998；Clifford，1994）。多重的跨国界身份认同和社会空间为跨境族群和文化研究提供了新的理论基础（Basch et al.，1993；Hannerz，1996；Gupta and Ferguson，1997a、1997b；Smith，1998；Rouse，1995）。人类学对地方性的敏感度，对本土的多样性和复杂性的了解，被认为是特别适合于自下而上的研究方法，可用于重新检视像边境这种地区的国家概念（Wilson and Donnan，1994：11～12）。

人类学的传统观点认为，族群认同并不是与生俱来的，也不一定有清晰的文化界线，而是存在于与其他族群的关系中，重点在于族群之间如何划定差异（Barth，1969）。自 20 世纪 50 年代以来，东南亚已成为人类学研究多变身份认同和动态的跨族群关系的重点地区（Leach，1954；Moerman，1965；Keyes，1979；Lehman，1976、1979）。过去十年，有关身份认同的流动性和多重身份认同的研究之所以成为潮流，与后现代主义对文化相对论的新看法和反对结构主义及其所引申出来的限制有一定的关系。与此同时，这也与我们反省民族学一向只是研究某一特定地方的一种文化和某一族群的传统研究方法有关（Clifford，1986；Fox，1991；Appadurai，1997；Olwig et al.，1997）。“二战”结束后，随着日益增加的全球性自由贸易和国与国之间的边境开放，不少社会科学家皆希望能掌握社会生活的这种过渡性，强调其中的联系性、人生的多种可能性、迁移、流动和人的能动性。

Mika Toyota（2003）在其最近发表的文章中，研究了中、缅、泰国边境地区的 Akha 少数民族如何不断在文化认定和身份认同上产生变化。历史上，Akha 人的身份认同是经常转换的，关于什么是 Akha 人的概念，也不单局限于这一族群的内部界定。拥有 Akha 特性的人，并不必然认同其他 Akha 族人。“Akha 人和 Akha 特性是存在的，但这并不意味着所有拥有这一名称标签的人，都认同自己和其他人属于同一族群。很多早期的研究忽略了同一族群内的多变性和个人的自相矛盾。”（Toyota，2003：307）Toyota 还主张，民族人类学研究应该摈弃早期移民研究的二分法，即研究移民的原生地（关于文化根源和联系）和移民目的地（关于移民后的适应和现代生活），而应多采用动态的、多点的在地研究方法，从而掌握身份认同建构的持续变化及其不受地域限制的特质。Toyota 的上述研究对象主要是迁徙人口中的非精英类别，往往被排挤到合法移民以外，不受当地政府承认，但他们能根据个人的经历和想象，为自己建立多重身份认同。譬如，为了提高个人的社会、文化资本，方便他们的跨境网络联系，这些人便为自己建构了跨境性的中国人身份，从而作为一种另类的生存策略。

笔者从 Toyota 的研究中获益良多，但并不赞同人们可以任意运用身份，作为生存的策略。有关身份认同是动态的抑或是非动态的，必须在特定的社会脉络中加以探讨。从本文中笔者研究的这些越侨的经历看来，身份认同可以是动态的，也可以是非动态的，关键取决于这种身份是在什么时期和在哪一种政治经济环境中表达、运用、被质疑和挑战。我们探讨人们的身份认同及相关的运用时，必须关注人们具体的生活和社会脉络，以及人生历程，这些因素都影响他们更多或更少地表达和运用某个身份。

20 世纪 70 年代，越侨面临着国家忠诚和政治认同的考验。那些返国越侨证明了自己是爱国的越南人。但是，这种表现忠诚的行动却带来不愉快的后果，挫伤了返国越侨的热情。他们被迫选择一种身份认同（中国人或越南人），不只是口头的表达，而是用实际行动返回越南。这种跨境行动，与许多被迫迁徙的国际移民和难民的经历相似，意味着受到限制，而非拥有更多的生活选择。这一问题涉及迁徙、空间和身份认同政治的复杂关系［参阅 Massey 的“权力几何”概念（1993，1994）］。

中越边境地区越侨的跨国性，亦即他们的跨境家族联系和混杂的文化素养，使他们在不同的政治经济环境中经历了两种不同的生活。他们的跨国特质令其在 20 世纪七八十年代受制于当时的政治问题，但 90 年代以后，却给他们带来许多经济机遇。跨境纽带和经历有时的确会给人们带来更多的机会，但有时也会带来不稳定和不幸，甚至将使自己处于险境和悲痛之中。跨地域的身份并不总是像一些学者所认为的那样，总是可转换的、流动的。在不同的历史时期，越侨家庭经历了戏剧性的政治经济变革，不仅因此塑造了他们的身份认同，还改变了他们的信念和命运。本文的越侨研究恰恰表明，经济和政治环境可以对人们的跨国认同及身份选择加以限制或提供多种可能性。

人们选择特定身份认同的意愿是会随着政治经济环境而改变的。Toyota（2003）讨论了生活在中国东南亚边境地区的 Akha 人为何认定自己是中国人，因为在媒体中“中国人”常常被认定为精明的商人，蕴涵着一定的经济实力和价值。相反，老街的许多越侨，虽然认识到他们的双重文化联系，却不太愿意强调自己的这种多重身份。在他们的日常生活中，他们可以享受这种杂糅着中越文化的联系，他们会说双语，熟悉两种饮食习惯，了解两种文化。但是，基于他们过去的经历，大多数越侨对自己的跨境身份都很谨慎，并保持着低调。为自己选择身份名称可以说是一项政治行为，而且会带来政治后果。笔者的一位受访者曾说：“如果中越两国再发生冲突，越侨将首当其冲。”

许多越侨并不在中国人和越南人这两个身份上流动，而是说自己是源自越南的人（nguoi goc Viet Nam）。不论他们拥有什么国籍，现居何地，也不管“goc Viet”（越人后裔）这一称呼具有多大的想象空间，这一身份认同却能让这部分人自成一体。像这样的一种身份认同实际上让他们超越了以国家定义身份的界线，同时避免了因不稳定的政治气候所带来的潜在的危险。

结 论

本文研究的是一群生活于中越边境地区的越侨的具有争议性的身份。基于他们所拥有的中越文化联系和华人血统，他们极易被他人误解为华人，即居住在越南地区的华人。通过研究这些越侨的个人历史、世系、主观的认同选择和他们生存的社会政治背景，本文剖析了政治、经济、历史和地域空间交织的复杂的身份政治。

一个人的身份认同可以是模糊的、动态的、多重的、因情形而改变的、波动的，甚至是自相矛盾的，但这些都在一定的社会政治经济环境影响下才发生。本文指出，身份认同并不意味着对该文化的忠诚，也不意味着对国家或政治制度的认同。因而，多重的身份认同并不一定导致多重的忠诚。同样道理，单一的身份认同并不限制人们只能对单一的文化和地域效忠。族群分野的界限可以重叠，但重叠并不必然导致模糊的身份。越侨确信自己的“goc Viet”身份，使身份问题不再囿于政治与国土界线和世系。虽然他们曾经历了一段时期混乱的政治经济生活，族群内的成员对不同的文化有着不同程度的联系，但只要认清自己是“nguoi goc Viet”，他们就在越南人的整体中找到了自己的立足之地。

作者注

① 这些专业人士中的许多人是西方越侨的第二代，他们或是在小时候离开越南，或是出生在国外，并在西方国家完成了高等教育。

② 这篇文章的资料是从笔者 2002 年 9 月—2003 年 7 月的田野调查，以及 2004 年和 2005 年的电话采访中获得的。

③ 这是当地越侨的估计。他们说，因为越侨的身份是个敏感问题，因此官方数字很难获得。

④ 本文中的名字均采用假名。

⑤ 20 世纪 70 年代末和 80 年代初，许多华人逃离越南返回中国，被安顿在难民农场工作。在云南、广西、广东和福建有很多这样的农场。

⑥ 一种有着两根弦的传统中国乐器。

参考文献

[1] Appadurai, Arjun. 1995. “The Production of Locality.” In *Counterworks: Managing the Diversity of Knowledge.* Richard Fardon, ed. New York: Routledge, pp. 204 – 25.

[2] Appadurai, Arjun. 1997. “Fieldwork in the Era of Globalization.” *Anthropology and Humanism.* 22

(1): pp. 115 – 18.

[3] Barth, Fredrik, ed. 1969. *Ethnic Group and Boundaries.* Boston: Little, Brown and Company.

[4] Basch, Linda, Nina Glick Schiller, and Szanton Blanc. 1993. *Nations Unbound: Transnational Projects, Postcolonial Predicaments and Deterritorialized Nation – States.* Langhorne, PA: Gordon and Breach.

[5] Chappell, David. 1999. "Transnationalism in Central Oceanian Politics: A Dialectic of Diasporas and Nationhood?" *Journal of the Polynesian Society.* 108 (3): pp. 277 – 303.

[6] Chau Thi Hai. 2000. "Trade Activities of the Hoa along the Sino – Vietnamese Border." In *Where China Meets Southeast Asia: Social and Cultural Change in the Border Regions.* Grant Evans, Christopher Hutton, and Kuah Khun Eng, eds. Singapore: Institute of Southeast Asian Studies, pp. 236 – 276.

[7] Clifford, James. 1994. "Diaspora." *Cultural Anthropology.* 9 (3): pp. 302 – 338.

[8] Clifford, James. 1986. "Introduction: Partial Truths." In *Writing Culture: The Poetics and Politics of Ethnography.* James Clifford, and George Marcus, eds. Berkeley: University of California Press, pp. 1 – 26.

[9] Fox, Richard, ed. 1991. *Recapturing Anthropology: Working in the Present.* Santa Fe: School of American Research Press.

[10] Gupta, Akhil, and James Ferguson, eds. 1997a. *Anthropological Locations: Boundaries and Grounds of a Field Science.* Berkeley: University of California Press.

[11] Gupta, Akhil, and James Ferguson, eds. 1997b. *Culture, Power, Place: Explorations in Critical Anthropology.* Durham, NC: Duke University Press.

[12] Hannerz Ulf. 1996. *Transnational Connections: Culture, People, Places.* New York: Routledge.

[13] Inglis, Christine. 1997. "Introduction: Identity in a Changing World." *Asian and Pacific Migration Journal.* 6 (3 – 4): pp. 267 – 273.

[14] Kearney, Michael. 1995. "The Local and the Global: The Anthropology of Globalization and Transnationalism." *Annual Review of Anthropology.* 24: pp. 547 – 565.

[15] Keyes, Charles. 1979. *Ethnic Adaptation and Identity: The Karen on the Thai Frontier with Burma.* Philadelphia: Institute for the Study of Human Issues.

[16] Leach, Edmund Ronald. 1954. *Political Systems of Highland Burma: A Study of Kachin Social Structure.* London: Athlone Press, University of London.

[17] Lehman F. K. 1967. "Ethnic Categories in Burma and the Theory of Social Systems." In *Southeast Asian Tribes, Minorities, and Nation.* Peter Kunstader, ed. Princeton: Princeton University Press, pp. 93 – 124.

[18] Lehman F. K.. 1979. "Who are the Karen, and If So, Why? Karen Ethnohistory and a Formal Theory of Ethnicity." In *Ethnic Adaptation and Identity: The Karen on the Thai Frontier with Burma.* Charles Keyes, ed. Philadelphia: Institute for the Study of Human Issues, pp. 215 – 253.

[19] Massey, Doreen B. 1993. "Power – Geometry and a Progressive Sense of Place." In *Mapping the Futures: Local Cultures, Global Changes.* Jon Bird et al., eds. New York: Routledge, pp. 59 – 69.

[20] Massey, Doreen B. 1994. *Space, Place, and Gender.* Minneapolis: University of Minnesota Press.

[21] Massey, Douglas, et al. 1998. *Worlds in Motion: Understanding International Migration at the End of the Millennium.* New York: Oxford University Press.

[22] Mitton, Roger. 2001. "Back to Future: Returning Vietnamese entrepreneurs are sparking not only the economy but also wider social change." *Asiaweek.* 9 Mar.

[23] Moerman, Michael. 1965. "Ethnic Identification in a Complex Society: Who Are the Lue?" *American Anthropologist* 67 (5): pp. 1215 – 1230.

[24] Olwig, Karen Fog, and Kirsten Hastrup, eds. 1997. *Siting Culture: The Shifting Anthropological Object.* London: Routledge.

[25] Ong, Aihwa. 1999. *Flexible Citizenship: The Cultural Logics of Transnationality.* Durham, NC: Duke University Press.

[26] Rouse, Roger. 1995. "Thinking Through Transnationalism: Notes on the Cultural Politics of Class Relations in the Contemporary United States." *Public Culture.* 7 (2): pp. 353 – 402.

[27] Shapiro, Michael, and Hayward Alker, eds. 1996. *Challenging Boundaries: Global Flows, Territorial Identities.* Minneapolis: University of Minnesota Press.

[28] Smith, Michael Petter, and Luis Eduardo Guarnizo. 1998. "The Locations of Transnationalism." In *Transnationalism from Below.* Michael Petter Smith, and Luis Eduardo Guarnizo, eds. New Brunswick: Transaction Publishers, pp. 3 – 34.

[29] Smith, Robert. 1998. "Transnational Localities: Communities, Technologies and the Politics of Membership within the Context of Mexico – US Migration." In *Encuentros Antropologicos: Power, Identity and Mobility in Mexican Society.* Valentina Napolitano, and Xochite Leyva Solano, eds. London: Institute of Latin American Studies, University of London, pp. 144 – 169.

[30] Toyota Mika. 2003. "Contested Chinese Identities among Ethnic Minorities in the China, Burma and Thai Borderlands." *Ethnic and Racial Studies.* 26 (2): pp. 301 – 320.

[31] Wilson, Thomas, and Hastings Donnan. 1999. Borders: Frontiers of Identity, Nation and State. Oxford and New York: Berg.

[32] Wilson, Thomas, and Hastings Donnan, eds. 1998. Border Identities: Nation and State at International Frontiers. Cambridge: Cambridge University Press.

[33] Wilson, Thomas M., and Hastings Donnan, eds. 1994. Border Approaches: Anthropological Perspectives on Frontiers. Lanham: University Press of America.

作者：陈玉华博士，香港城市大学亚洲及国际研究系助理教授。
译者：鲍秀玲，暨南大学华侨华人研究院在读硕士研究生。
校对：钱江。

Vietnamese or Chinese: *Viet – kieu* in the Vietnam-China Borderlands

Chan Yuk Wah

Abstract: Based on author's anthropological fieldwork interviews conducted in the China – Vietnam borderlands, this article especially examines the contested identities of a particular group of *Viet – kieu* in the Vietnam – China borderlands. With their hybrid cultural affiliation with and possession of Chinese ancestry, these *Viet – kieu* may easily be mistaken by outsiders for the *Hoa* (Chinese) and be included in the category of *nguoi Hoa* (Chinese people) in Vietnam. By looking into their personal histories, descent backgrounds, subjective identification choices, and the social contexts in which they live, this article has explored the complexities of the politics of identity at the juncture of politics, economics, history, as well as space. The author argues that a person's identity may be blurred, fluid, multiple, situational, fluctuating as well as contradictory, but it may only be so under certain social, political and economic circumstances. This article also shows that identity affiliation does not automatically imply loyalty to culture, even less to national/political institutions. Thus, multiple identities do not necessarily lead to multiple loyalties, in the same way that a single identity affiliation does not limit one to a single cultural and territorial loyalty. Ethnic boundaries can be overlapping, but overlapping boundaries do not always lead to blurred identities.

Key Words: *Viet-kieu* Transnational Identity Lao Cai Hekou Transnational Networks

论少数族群传媒传播特点与族群认同的认识偏差
——以海外华文传媒为例[①]

彭伟步

【摘 要】本文阐述了少数族群传媒的特点，提出了它们传播族群文化并不意味着在政治上效忠祖籍国，处于被边缘化地位并不意味着缺乏影响力，强调族群认同并不意味阻碍少数族群融入主流社会等观点。

【关键词】少数族群传媒 海外华文传媒 认识误区

传媒、社团、教育是少数族群维系族群的重要手段和工具，其中，传媒起着相当关键的作用。它们不仅传播族群信息，也传播当地主流社会信息。它们不仅服务族群，而且也促进各族群间的文化交流；它们不仅是维系族群认同的重要工具，而且也是促进族群融入主流社会的重要手段。作为以族群语言为媒介语言，以维护族群利益和传播族群文化为己任的传媒来说，少数族群传媒起着当地主流传媒、跨国传媒不可替代的作用。少数族群传媒的生存与发展不仅是历史现象，而且有其存在的合理性和合法性。然而，当前学界对少数族群传媒研究较少，而且存在一些认识上的偏颇和误区，这些都有待我们客观分析和理性对待。海外华人是世界上比较有代表性的移民，也是其他各国比较有代表性的少数族群（除新加坡外）。作为海外华人重要的信息传播工具，华文传媒历史悠久，影响力强大，本文以其为例，通过总结人们对其认识的四点误区，深入阐述了少数族群传媒的特点、社会影响力及族群认同，纠正人们对少数族群传媒的认识。

一、少数族群传媒并不一定由少数族群创办

少数族群传媒的创办存在三种情况，第一种是政府为向少数族群传播有关国家政策而创办的少数族群传媒；第二种是少数族群为弘扬本族群的文化和思想，维护本族群的利益，反映本族群的诉求而创办的少数族群传媒；第三种是当地一些私营传媒，或者半官方创办的少数族群传媒。

第一种传媒是由政府主导，因此向少数族群宣传和灌输国家认同和主流文化的色彩比较浓郁，比较少反映少数族群的利益诉求，主要起传播政府政策的作用，比如，1965 年印尼政府创办的双语（印尼文和华文）报纸《印度尼西亚日报》，就是其中的典型代表。第二种传媒则担当了重要的社会功能。它们不仅完全具备主流传媒的传播功能和责任，还承担了维系族群认同和文化认同的重要历史使命。马来西亚最大的华文报纸《星洲日

① 此文是广东省普通高校人文社会科学重点研究基地、暨南大学海外华文文学与华语传媒研究中心的研究成果之一。

报》、美国《世界日报》（台湾联合报系在美国创办的华文报纸）是其中的典型代表。所以，第二种少数族群传媒才能真正反映少数族群的心声。第三种传媒则是当地主流传媒或者西方传媒鉴于为打开少数族群的商业市场，获取商业利益而创办的面向少数族群的传媒。如英国BBC创办华文电台、《华尔街日报》创办中文版《华尔街日报》。这类传媒虽然也面向少数族群，但经营活动和文化传播有很浓的商业味。

近十年来，随着中国经济迅速发展，社会不断进步，华文热在世界上兴起，再加上大量的中国人移居到其他国家，西方传媒为打开中国市场，以及吸纳人数庞大的海外华人受众，纷纷开设了华文电台、电视、报纸和网络。在海外，一些当地主流传媒甚至控股华文报纸。如加拿大主流报纸——星报集团控股香港星岛报业集团在加拿大开设的分版，并把它随星报集团发行网络向华人发行，同时也向懂华文的白人发行。

由此可见，海外华文传媒的构成相当复杂，但是许多人以为它们就是由中国人在海外创办的，是中国传媒在海外的延伸，而忽视了商业运作与政治因素对其的影响。在这种惯性思维的影响下，人们对海外华文传媒产生了许多不切实际的幻想，甚至提出了不符合实际情况的要求。如海外华文传媒一定要宣扬中国的进步和政府的功绩等。这种对海外华文传媒提出的不切实际的要求，根本原因就是缺乏对海外华文传媒的创办宗旨和特点的认识。实际上，海外华文传媒是海外华人或其他族群人士在当地注册，面向当地华人和部分懂华文的其他族群人士传播的一种传媒，因此它不是中国传媒在海外的延伸，它具有自己的运作方式和特点。海外华文传媒由海外华人创办，理所当然地要传播中国政府的声音，这种想法是不符合客观现实的。

由此看来，海外华文传媒构成相当复杂。这种复杂性其实也存在于其他少数族群传媒中，即它们并不一定是由该族群的人士创办的。这样它们就呈现出不同的特点，人们不能以惯常思维认识少数族群传媒。只有认识到少数族群传媒构成的复杂性，深入了解创办者的思想与宗旨，才能真正了解它们的出发点，区分不同少数族群传媒对族群认同与文化传播的方式与特点，也才能实事求是地探讨它们的族群与国家认同。

二、被边缘化不等于缺乏影响力

很多人以为少数族群在当地属于非主流，因此，传播其文化的少数族群传媒的影响力也微不足道。然而，一份有关少数族群传媒的调查报告显示："美国少数族群的媒体正在美国社会中呈现出越来越大的力量，对它们影响力的忽略将是一种错误。调查显示：有高达5 100万美国成年人经常接触少数民族传媒，这差不多等于美国成年人数目的25%。在这些传媒消费者之中，有2 900万的少数族群成年人，也就是说占美国30%的成年人，不仅经常使用少数族群传媒，而且他们喜欢选择自己族群传媒，更在主流传媒之上。"[①] 虽然少数族群传媒被主流社会边缘化，但是它们却起着主流传媒无法取代的作用。

少数族群传媒虽然处于被边缘化地位，但是并不等于其缺乏影响力。以海外华人来说，他们手中的选票已经成为影响当地国家政治选举的重要力量。面对华人经济上的成就以及手中的选票，任何一个政党和候选人都不敢小视华人的舆论。因此，华文报纸的舆论

① 《最新调查显示：美国少数族裔传媒呈现出巨大力量》，新华网，2005年6月9日，http：//news. xinhuanet. com/overseas/2005 -06/09/content_ 3062505. htm

常常能够引起政界的注意。如2008年2月23日，宣布竞选美国总统的希拉里，首次在旧金山进行公开筹款活动。美国华文报纸《世界日报》记者及另外两份华文报纸前往采访却被其竞选团队拒之门外。该事件引起华文报纸及民主党华人领袖的不满。他们遂提出抗议，指责希拉里竞选班子忽视华人和亚裔诉求。第二天，希拉里竞选总部华盛顿总部全国总发言人沃尔夫森（Howard Wolfson）亲电《世界日报》公开道歉，承诺希拉里竞选总部将会聘请懂华语及其他语言的职员，加强与华人及其他族群的联系和交流。希拉里也为此特别抽时间接受华文报纸和其他亚裔媒体的联合采访。

在其他国家，政治人物也丝毫不敢对华文报纸掉以轻心，并对其舆论特别敏感。在马来西亚，每逢国会选举，华文报纸的政治与选情分析，已经成为华人观察政治和决定投票意向的重要资讯。因此，政治人物对这些分析相当关心。比如，2008年3月大选。投票结束后，华文报纸及时出版号外，第一时间向华人告知选情，如影响力很大的华文报《星洲日报》一天出版七次号外，滚动详细报道结果。鉴于华文报纸强大的社会影响力，非华族的候选人经常与其联络，希望报纸多报道他们的正面事迹，以便在选举时能够得到华人的选票。

华文传媒虽然在绝大多数国家属于非主流媒体，但是它们的政治动员能力，以及影响舆论的能力有时丝毫不逊色于主流媒体。海外华文传媒的影响力告诉我们，少数族群传媒虽然是非主流传媒，但是在全球化的趋势下，弱小的族群声音通过网络等传媒反而更能引起世界的关注，迫使政府不得不正视少数族群的诉求。

三、文化认同不等于政治认同

在许多民族国家，少数族群传媒曾经出现了接受当地政府，但并不认同政府的现象，也出现过接受当地主流社会的价值观，但并不接受政府宣扬的国家认同观等现象。许多学者通过研究发现，许多少数族群传媒传播族群文化，增强族群认同感，并不意味着它们要求少数族群在政治上认同祖籍国。

确实，少数族群传媒发挥了重要的族群认同作用，然而，很多人把文化认同与政治认同等同起来，从而产生了一种错觉，以为传播族群文化就是在政治上认同祖籍国。也正是这种错觉，造成少数族群传媒一直蒙受“阻碍少数族群对国家认同”的不白之冤。事实上，文化认同与政治认同有相当大的差异，也正是这种差异，才使得少数族群传媒具有双重认同的作用。族群认同主要是指族群对某一文化共同体的认同，带有较少的政治色彩，而国家认同有政治色彩，主要是指对国家的忠诚，在某种程度上体现为爱国主义。因此，族群认同与国家认同是两个不同范畴的概念，很多人没有仔细分辨其中的差别，就把两者等同视之，结果产生错误的结论。

在许多实行民主自由选举的民族国家中，少数族群在人数上处于劣势，但是民主选举制度又为少数族群获得一定的权利提供了政治条件。少数族群传媒利用这种政治条件，通过传播族群文化，发挥族群各成员之间的纽带作用，共同维护族群权益。这样，在主流社会的眼中，少数族群传媒的族群文化色彩就成为影响少数族群融入主流社会的障碍，由此把它们的文化传播、族群身份认同与效忠祖籍国联系起来，认为传播祖籍国的文化就是要求少数族群在政治上也认同祖籍国。这显然误解了文化传播与政治认同之间的本质差别。

美国学者布罗（Judith R. Blau）等人在《移民报刊：族群缓冲机构，纽约1828—1984》中，通过对非裔和亚裔族群报刊的研究，认为没有证据显示，这些族群报刊憎恨或拒绝主流社会的同化（assimilation），也没有证据显示他们在政治上认同祖籍国，相反他们却帮助少数族群了解和融入主流社会①。这个结论清晰地反映一个事实，那就是传播族群文化并不会强化少数族群对祖籍国的政治认同。

以海外华人为例，长期以来，主流社会对华人的政治效忠产生怀疑，但是有关研究却表明海外华人虽然非常注重维护族群权益，但是也积极融入主流社会。马来西亚华人学者王碧君（Heng Pek Koon）于2002年对马来西亚人关于国家和族群认同感的调查中发现，在愿意移民的华人当中，只有2%的华人愿意移民到中国（大陆、香港和台湾），相比较愿意移民到新加坡的华人却有7.9%，接下去是澳大利亚、西欧、美国，甚至希望移居日本的华人也比移居中国大陆的人数多。由此可见，马来西亚政府总以为华人效忠中国的看法是错误的。

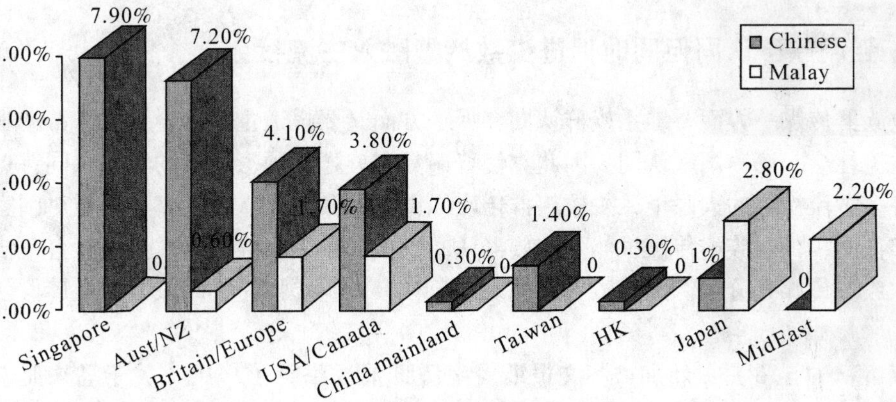

马来西亚华人希望移居地区调查②

从上图的数据来看，华人愿意移民到中国大陆的百分比只有0.3%，与华人移民到香港的数据相同，但与华人移民到台湾的数据相差很多（台湾是1.4%）。经过三十年的改革开放，中国沿海地区经济发展的成就并不逊色于马来西亚，但是为什么华人不愿意移民到中国大陆呢？这个调查数据使我们从中发现另外一个事实，那就是华人认同中华文化来自中国，但是并不等于他们认同中国大陆。这个调查数据也说明，华人认同香港多于认同中国大陆与台湾。

笔者在马来西亚、新加坡和柬埔寨进行田野调查时也发现，华文报纸认同文化来自中国大陆，但是在政治上并不认同中国。在马来西亚，华文报纸从业者说，他们是马来西亚华人，与中国没有政治上的联系，而且华文报纸也不受中国管辖，因此，对中国正负面新

---

① Judith R. Blau, Mim Thomas, Beverly Newhouse. Andrew Kavee: Ethnic Buffer Institutions - The Immigrant Press: New York City, 1820 - 1984, *Historical Social Research*, Vol. 23, 1998, No. 3, 20 - 37.

② Heng Pek Koon. The Malaysian Chinese successor generation: Identity Formation, Political orientatin, Economic Preferences and Socio - culture Attitudes . *The Malaysian Chinese in the 21st Century: Challenges in a multi-ethnic and multi-cultural Malaysian society* 2002.

闻都要进行报道。新加坡华文报纸的态度就更明显了。新加坡新闻从业者说，新加坡是一个国家，不受中国政府管理，华人效忠新加坡，华文报纸对中国的报道有其自己的选择标准。因此，人们要冷静地看待海外华文报纸和华人的政治认同，不能从感情出发认为海外华文传媒认同中华文化，就会在政治上认同和效忠中国。实际上，著名的美国社会学家罗伯特·帕克和其他学者通过对少数族群传媒的研究，也证明了没有证据显示，少数族群传媒要求少数族群在政治上认同祖籍国。

在国家意识淡化的全球化时代中，宗教、文化和少数族群权益的诉求，凸显了少数族群在民族国家中的角色与作用，也强化了少数族群传媒的族群认同作用。当少数族群感觉到被边缘化，地位不平等时，就会造成他们对政府及国家认同感的衰落，反而促使族群认同感不断上升。然而，一些当权者没有看到政府出台的政策对少数族群产生许多不利影响，反而指责少数族群传媒阻碍了少数族群的归化与对国家的认同。这种指责显然对少数族群传媒有失公平，也反映了执政者狭隘的思想，严重打击少数族群对国家认同的积极性。

四、强调族群认同但同时促进少数族群融入主流社会

少数族群传媒一方面要维系族群认同，另一方面又要报道主流社会信息，帮助少数族群融入主流社会，培养国家认同，因此它们普遍具有族群和国家认同的双重认同特点。然而，在许多主流社会的人眼里，少数族群传媒强调族群和文化认同，将会降低对国家的认同。事实证明，少数族群传媒虽然强调族群认同，但并不阻止族群融入主流社会，恰恰相反，少数族群传媒充分认识到少数族群融入主流社会的重要性，不断鼓励少数族群融入主流社会。

1947 年 3 月至 6 月，新加坡华文报纸《南侨日报》举行了一次“关于马来亚未来政制民意测验”①，“调查共收到个人及社团寄来答案总计 24 023 份，除其中 11 份未依照规定投稿作为废票外，实际参加测验的有效人数为 24 012，只有 23 人选择不做马来亚人，占全部有效人数的 0.1%”②。这个调查结果很清楚地反映了马来亚华人虽然强烈保留族群认同，但也效忠马来亚。

在美国，少数族群传媒也帮助少数族群融入主流社会。美国独立媒体协会负责人安德鲁·怀特（Andrew White）说：“在纽约，你会发现关于纽约市、美国政治和美国政府的许多不同的声音。这些声音不少来自少数族群媒体。少数族群媒体对这座城市和对美国的报道越多，那些声音就越有可能进入美国的主流社会。”③ 这说明少数族群传媒在帮助少数族群了解当地主流社会中起着重要作用。对于少数族群传媒的作用，“美国之音”于 2006 年 11 月 24 日以“美少数族裔报刊鼓励移民融入社会”为题，报道了美国少数族群传媒注重帮助移民融入主流社会的新闻，高度评价了少数族群传媒对促进美国社会种族和谐的作用。

---

① 1963 年新加坡加入马来西亚前，马来西亚称为马来亚。

② 崔贵强：《新马华人国家认同的转向 1945—1959》，新加坡南洋学会出版，1990 年，第 173 页。

③ 《美少数族裔报刊鼓励移民融入社会》，美国之音，Http：//www.voanews.com/chinese/archive/2006-11/w2006-11-24 - voa43.cfm，2006 年 11 月 24 日。

美国是一个移民国家，来自世界各国的移民办起了将近1 000种的少数族群传媒。它们大量报道主流社会信息，增强少数族群对主流文化的认识，对帮助移民接受和认同美国文化和价值观起着重要的作用。这说明少数族群传媒虽注重维系族群认同，但并不妨碍少数族群融入主流社会。

五、总　结

少数族群传媒强调族群认同和文化传播，同时又促进少数族群融入主流社会，这是由它们的办报特点所决定的。一方面，作为族群传媒，它们必须担负文化传播和族群认同的责任，另一方面，它们又必须承担帮助少数族群了解主流社会，适应环境，求得生存的重任，于是在这两种责任的推动下，少数族群传媒就呈现出族群和国家认同的双重特点。只看到少数族群传媒维护族群认同，而没有看到它们传播主流社会信息，促进少数族群了解、融入主流社会的作用，然后出台压制少数族群传媒的政策，这对它们相当不公平。事实上，许多少数族群传媒也是由政府或当地主流传媒创办的。当地主流社会和政府把少数族群传媒传播族群文化的行为当作阻止少数族群认同国家的障碍，显然误解了它们的作用与特点。

少数族群传媒强调维系族群和文化认同，并不妨碍少数族群融入主流社会，反而鼓励他们培养国家的认同，加快融入主流社会的速度。它们在社会上的影响力，显然证明了它们在这一方面的作用。以少数族群传媒会阻碍少数族群对国家的忠诚为理由压制少数族群传媒，不仅违背了少数族群的意愿，而且也违背了事实，对国家的稳定和族群间的和谐也不利。笔者针对当前有关对少数族群传媒的四个认识误区，提出正确认识它们作用的观点，希望各国政府能够深入和准确地认识少数族群传媒的作用，为它们的生存与发展提供宽松的环境，充分发挥少数族群传媒在促进种族和谐，帮助少数族群融入主流社会，以及传播多元文化的作用，肯定它们传播多元种族文化的历史贡献，纠正主流社会对它们的不客观评价，同时也对我国如何弘扬少数民族文化，促进各民族的和谐提供借鉴。

参考文献

[1] Arendt, Hannah. 1994. *Foreign Affairs in the Foreign – Language Press.* New York：Harcourt, Brace.

[2] Barth, Frederik. 1969. *Ethnic Groups and Boundaries.* Oslo：Universitets Forlaget.

[3] Blau, Judith R. 1998. Immigrant Communities and Their Newspapers in America. New York, Philadelphia, Boston, and Buffalo, *Sociological Analysis.* 1：pp. 13 – 24.

[4] Blau, Judith R. Kenneth C. Land, Kent Redding. 1992. The Expansion of Religious Affiliation. 1850 – 1930, *Social Science Research.* 21：pp. 329 – 352.

[5] Boyer, Paul. *Urban Masses and Moral Order in America.* Cambridge：Harvard University Press, 1978.

[6] Judith R. Blau, Mim Thomas, Beverly Newhouse, Andrew Kavee. 1998. Ethnic Buffer Institutions – The Immigrant Press, New York City, 1820 – 1984, *Historical Social Research.* Vol. 23, No. 3, pp. 20 – 37.

[7] Robert E. Park. 1922. *The Immigrant Press and Its Control.* New York：Harper & Brothers.

[8] 马戎：《民族社会学》，北京大学出版社，2004年。

[9] 方铁：《民族文化与全球化》，民族出版社，2006年。

[10] 彭伟步：《东南亚华文报纸研究》，社会科学文献出版社，2005年。

[11] 彭伟步:《海外华文传媒概论》,暨南大学出版社,2007年。

作者:彭伟步,暨南大学新闻与传播学院讲师。

Characteristics of and Misconceptions in Understanding the Ethnic Minority Media: A Case Study on the Overseas Chinese Media

Peng Weibu

Abstract: This paper discusses the characteristics of ethnic minority media. The author argues that disseminationg ethnic culture does not necessarily mean to be politically loyal to the home country. Similarly, being marginalized in local society would not reduce the influence of ethnic minority. Finally the author emphasizes that ethnic identity would not hamper the ethinc minority to be assimilated into host society.

Key Words: Ethnic Minority Media Overseas Chinese Media Misapprehension

华文教育、地方化与族群认同

——以曼德勒为例[①]

段 颖

【摘　要】随着缅甸的改革开放和中缅贸易的迅速发展，缅甸华文教育出现了新的契机。根据作者在缅甸中部曼德勒地区的人类学田野调查，本文叙述了曼德勒华文教育的历史与现状，分析了地方化进程中当地华文教育与族群认同两者之间的关系，并进一步阐明了华人如何在逆境中维持、开展华文教育，进而使之逐渐走向合法，并以此表达其公民归属与族群认同。

【关键词】缅甸　曼德勒　华文教育　地方化　族群认同

华文教育作为海外华人社会的“三宝”[②]之一，历来受到华人族群的重视。纵观海外华文教育历史，不难发现，各地华文教育往往因国家政治、经济、移民历史、族群关系等社会文化因素的差异而体现出各不相同的发展模式。在缅甸，自20世纪60年代军政府禁止华文教育后，至今仍未恢复，因此，缅甸的华文教育一直处于半正式、半公开的状况，发展举步维艰。总体而言，缅甸的华文教育发展始终与缅甸民族和国家进程息息相关，华文学校的运作则反映出华人族群、缅甸社会及国家之间的复杂关联与互动。此外，华文教育与文化传承、变迁的密切关系，则多少显示出华人族群的现状与未来。由此，基于人类学之田野调查（2006年8月至2007年8月），本文之论述目的在于，通过叙述曼德勒华文教育的历史与现状，分析地方化进程中华文教育与族群认同两者之间的动态关系，并进一步阐明华人如何在逆境中维持、开展华文教育，进而使之逐渐走向合法，并以此表达其公民归属（cultural citizenship）与族群认同。

一、逆境图存：曼德勒华文教育的历史与现状

缅甸华文教育的发展历史大致可追溯至19世纪末，当时仰光的闽粤华侨所建观音庙、宗祠及会馆中大多附设私塾。1903年，缅甸第一所华侨学校——中华义学在仰光成立，由陈植汗、庄银安等闽侨创办，学校为义务性质（林锡星，2003：69～70）。在随后数十年中，缅甸各地华校发展迅速，益商学校、仰光福建女子学校、华侨中学、华侨女子中学、南洋中学、光华小学、华侨中小学校等华校相继成立，缅甸华文教育逐渐走上正规化的现代教育之路。伴随缅甸民族—国家进程，缅甸华文教育大致经历了五个时期：①英国

① 第四届海外华人研究与文献收藏机构国际会议论文。

② 华人社团、华文教育、华文报刊。

殖民时期（1904—1942；1945—1947）；②日本占领时期（1942—1945）；③议会制民主政府时期（1948—1962）；④革命委员会及纲领党时期（1962—1988）；⑤新军政时期（1988 年至今）。

曼德勒华文教育的发展历程亦大致经历了上述的不同时期。早期广东同乡会于 1892 年创办“广育小学”，福建同乡会于 1924 年创办“礼仪学校”，但两所学校均依托于会馆，主要对象为同乡子女，管理较为散乱，教学也不太系统，后均因战乱停办。“二战”后，百废待兴，为推动华人社会公益事业，在尹兆国、苏知觉、曹忠楼等先侨的倡导下，瓦城华侨、华人于 1946 年成立华侨互助会，并于福庆宫创办华侨学校，面向曼德勒所有华人华侨的子女招生。随后，广东同乡会在观音古庙重建学校，定名光华中学。

当时，大多华侨仍怀有中国民族主义情结，视缅甸为侨居地，入籍者相对较少，因此，言行也多受中国国内政治的影响。1949 年，新中国成立，国民党政权退至台湾。双方开始利用华文教育抓紧对华侨、华人的统战，争取海外支持，以达到其政治目的。缅甸的华文学校随之分化为左、右两派。曼德勒也不例外，大家因政治立场不同而产生极大分歧，走向不同的发展道路。比如，华侨学校因此一分为二，留守福庆宫的师生拥护新中国红色政权，分出去的师生则支持台湾国民党政权，还有部分学校师生不愿介入政治，尽量保持中立。

意识形态的分歧自然也影响到各所华文学校的教学安排，首先，在教材选用上，“左派”选用新华教材，“右派”则使用正中书局所编课本，而中立学校则多选用新加坡出版的课本，至于课外读物，“左派”多读鲁迅杂文，看《林海雪原》、《青春之歌》、《红岩》等小说，“右派”则读胡适、林语堂、梁实秋等人的文章，看鸳鸯蝴蝶派小说。学校生活也大不相同，“左派”学校组织看新中国拍摄的电影，如《五朵金花》、《白毛女》，后来还排练样板戏《红灯记》，“右派”则多看三四十年代的上海电影，如《马路天使》以及后来香港邵氏公司出品的武侠片等。这对华人生活与价值观念的形成产生了一定的影响。

> “受中国政治的影响，两边学校相互对峙，老师学生分别在学校刊物、小报上打笔战，各说各有理，如果双方学生在街上遇到，有时还会斗嘴、对骂，甚至互相扔石头。”YML 先生说道。

当然，尽管华文学校出现意识形态的分歧，但校方都比较自律，在教学和生活中，大家各行其是，没有引起过激冲突。而且，“左派”、“右派”并非互不往来，大家虽然观念不同，但私下则可能是亲戚朋友、生意伙伴，生活中多有接触，只是在公共领域持有不同立场。

1962 年奈温执政后，对私立学校的控制日趋严格，1964 年，曼德勒地方政府开始着手将私立学校收归国有，先小学后中学，1965 年，军政府颁布《私立学校国有化条例》，在全国实施教育国有化政策。1967 年，政府出台《私立学校登记条例修改草案》，除补习班外，不允许开办其他形式的私立学校。收归国有的华文学校，经改扩建之后，大多成了政府的缅文学校。1967 年“6·26”排华事件之后，军政府全面禁止包括补习班在内的一切华文教育，并密切关注与中国政府过往甚密的左派华侨华人动向①。曼德勒华侨中小学校均被收归国有，中学校舍被改建为政府第十四号学校，位于广东同乡会观音古庙的光华学校也被没收。曼德勒的华文教育就此转入地下。不少华文学校教师继续在家中补习中文，一来靠此维持生计，二来确保华文教学不至于就此中断，学生则三五成群，而家庭条件好的华人则直接为子女聘请家教。

通过与曼德勒地方政府的交涉、斡旋，福建同乡会最终以另建新校址充作政府学校的方式保住了福庆宫观音亭（原华侨中小学校小学部）。20世纪60年代末及70年代，“左派”华侨、华人仍聚集于此，举办国庆、春节等庆祝活动，甚至还演出歌剧《刘胡兰》、样板戏《红色娘子军》等革命戏剧。但是，由于受“文革”冲击、华侨归国、缅共兴起及军政府对红色中国的警惕与忌惮等因素影响，“左派”华侨华人在缅甸社会的影响力逐渐减弱。20世纪80年代，因与侨领意见、立场不和，云南同乡会与福建同乡会中的“左派”华侨、华人相继被排挤出同乡会，“左派”势力渐渐归于沉寂，而由“左派”领导的华文教育则以家庭补习的方式进行，大多各自为政，如一盘散沙。

与此同时，曼德勒“右派”华侨、华人领导的华文教育则借机缓慢地发展起来。由于政治立场的关系，“右派”华侨华人大多没有被卷入缅甸与中国的复杂历史关系与政治运动中。在曼德勒，部分“右派”华侨、华人与地方政府高层关系良好。为维系华文教育，他们开始有策略地恢复办学。1966年，吴中庸、施英泽等华侨在原有光华学校的基础上，成立孔子学术研究会（孔教学校前身），借研究孔子之名教授中文，之后，学校更名为“如来孔教华人佛经学校”，以研读佛经的名义教习中文。学生在缅文学校上完课之后即来此就学，边读中文佛经，边学习从台湾寄来的教材。由于教学与佛教“有关”，加之校方领导与政府官员的私人关系，地方政府虽未正式批准学校注册，但对学校多采取默认态度。

> 在敏感时期，学生课桌上一般都会放上两套书，一套中文教材，一套佛经，遇上政府突击检查，我们就让学生马上收起中文教材，换成诵读佛经。

由于不涉及与政府相对的政治立场以及校方的谨慎行事，加之台湾的积极援助，孔教学校得以发展至今，虽曾遭政府封校停课，但风波平息后，多能恢复正常教学。如今，孔教学校设有东区、南区、北区、新城四个校区（其中高中部设在东校区）。曼德勒孔教学校为董事会制，董事会任命校长，副校长（分管各区），学校教务、管理（包括教师任免）则由校长负责。2006年，孔教学校有教师130多人，学生6 000余名，大部分为曼德勒本地学生，少数则来自缅北各地。学制则从幼儿园、小学、初中到高中，为避开缅文学校上课时间，小学、初中上课时间为早上6点至8点，下午3点至5点，高中上课时间则为早上6点至12点。在缅甸学校放假期间，所有班级均为全日制教学。孔教学校现已成为缅北地区规模最大的华文学校，在曼德勒地区华文教育发挥着重要作用，即便是担任福庆学校副董事长的HPF先生，也对孔教学校大加赞赏：

---

① 其中，一部分“左派”华侨回到中国内地，或移居港澳地区及其他国家，还有一部分激进分子则加入了缅共，继续与政府对抗。

> 1965 年禁止的主要是亲中的华文学校，而使用台湾教材的孔教学校则得到默许，一直办到今天，所以才会有如此之大的规模。我们现在不谈政治，孔教学校对缅北的华文教育而言，的确功不可没。

1988 年后，军政府开始适度开放，并恢复与中国的经贸往来，同时也放松了对华侨、华人的控制。借此契机，在原左派侨领杨秀先生的号召下，分散各处的补习班教师相继集中在一起，于 1993 年以宗教名义创办了“福庆佛经学校”，同时吸取历史教训，以面向当地为办学宗旨，不再涉及政治。当然，学校领导具有的“左派”背景，在如今推动中缅文教学交流中发挥了重要作用。1996 年，学校增设计算机培训班。2000 年，在原有幼儿园、小学部、初中班、先修班（高中）以及会话班、成人速成班的基础上，又增设与云南大学成人教育学院合办的汉专函授班。2003 年，学校进行改革，吸收新董事，不限省籍，顺应时代发展，学校更名为“瓦城福庆语言计算机学校”。2006 年，学校有教师 39 名，学生 1 200 多名，采取外语教学方式，教学时间则与孔教学校相似，一般安排在早晨与傍晚（曼德勒福庆语言计算机学校，2006）。

事实上，在全缅华校中，规模最大者应是明德学校，该校于 1955 年创办于缅甸北掸邦孟固段家寨，开始仅为一所乡村小学，学生不足百人，1965 年迁至腊戍，定名“五戒学校”，以讲授佛经为由向政府申请办学。明德学校在全缅各地设有 12 所分校，并设有明德学校文教会。瓦城为第一分校，创建于 1976 年，原名为“五戒佛经学校”，为宗教团体（一贯道）办学。现有教师 12 名，学生 300 多名，学生大部分为瓦城人，之前还有果敢、南坎等地学生。学校上课时间与其他两所学校相似。教授课程有国文、数学、历史、地理、社会等，初中还增添有物理、化学两门课程。明德学校初中毕业的学生部分会继续到孔教学校就读高中。

在曼德勒，除了三所规模较大的华文学校外，现今仍存在许多大小不等的华文补习班，虽然零散，但因人数较多，力量不可小视。补习班一般为老师在自己家或学生家里开办，学生人数由两三名到数十名不等。另一种形式为寄宿制，规模较小，学生则来自缅北各地，食宿、学习均由老师安排。补习班灵活性强，课程、地点、时间均可根据学生情况具体安排，人数不多，教师各自根据学生不同情况进行辅导，有效地弥补了华文学校教育时间固定、授课时间少的不足。但是，因为学生层次差别大，教师水平各有不同，教学方法又相对单一，无法形成整体、系统的教学环境，因此，影响面不大，教学成效一般。

二、并行不悖：语文教学 VS 语言教学

如今，曼德勒华侨、华人以往的左右之争已渐渐淡去，由左右两派创办的华文学校逐渐褪去意识形态的色彩，趋向中立，立足当地。但是，多年积累下来的办学经验与教学传统造就了曼德勒诸华文学校各自不同的风格，具体表现在教学目的、方式、教材使用、生源、就业深造前景、市场需求等方面，而这些差异又集中体现在华文教育的性质上，即华文教育是语文教育还是语言教育，抑或华语教学是母语教学还是外语教学。前者以孔教学校为代表，后者则以福庆学校为代表。

华文作为语文教育和语言教育，存在极大区别。

第一，对华文教育的理解不同。坚持华文教育为语文教育的侨领（多为老一辈华人）及校方领导大多认为海外华文教育目的即在于弘扬、传承中华文化，在他们看来，华人无论生活在哪里，懂得中文才是成为华人的先决条件，“不会讲华语，还算什么华人”，这样的话经常被他们提及；坚持华文教育为语言教育的侨领及校方领导则认为华人生活在海外，自然要懂得当地语言，并且要将其视为母语，对于当地出生的华人而言，更应如此，而中文则是自己族群内部的语言，甚至只是第二语言，换言之，学习华语，主要是符合现实需要，首先讲求实用，其次才谈得上文化传承。

第二，历史背景不同。将华文教育视为语文教育的孔教学校为“右派”华侨创办，建校至今都与台湾保持联系，教学一直使用台湾全日制教材，教师会参加台湾不定期举办的师资培训。台湾每年都会在缅甸招收侨生，并给成绩优秀者发放奖学金；将华文教育视为语言教育的福庆学校则是在“左派”华教停办近三十年之后创办，起初只是将几个补习班合并，使用教材多为自编，之后才从中国引进对外汉语教材，凭借“左派”的背景，学校逐渐与中国侨办、对外汉语办公室、各地大学取得联系，开展联合招生、教学。双方如今都力图避免涉及政治，淡化意识形态，但由于历史因素与现实关系，以及双方“左”、“右”传统影响下的社会资本、跨国关系之运作，多少决定了两校不同的办学风格与发展方向。

第三，两所学校在教学方案、课程安排、教材使用上亦各不相同。孔教学校基本照搬了台湾全日制国民教育的教学方案，实行母语教学，书写繁体字，所用教材为台湾国立编译馆出版。中文教学不单是语言知识的讲授，而且是传统文化、道德伦理的灌输，同时也是学习其他学科的信息载体与语言工具。对于华裔学生而言，以母语教育为基础的课程设置所面临的最大问题在于课时严重不足，白天他们要去缅文学校就读，只有早晚可用来学习中文，精力、时间多有不济，因此，学校不得不精简课程，这自然对教学效果产生了很大影响。补习班教学也就是在这样的情形之下逐步发展起来的，以弥补学校教育之不足。

福庆学校则采取了完全不同的教学方案。福庆学校的华文教学以语言教育为基础，将华文教学作为外语教学，教材均为由中国大陆各高校出版的对外汉语课本，字体为简体。教学目的在于培养学生的语言应用能力，具有较强的针对性，同时避免了使用全日制教材及开展各学科教育所导致的学时不足的问题，这对吸引非华裔学生就读，拓宽华文教育的层面尤为重要。

第四，两校教学性质及其与外界联系的不同对学生的就学目的以及毕业之后的走向产生了重要影响。台湾政府每年都会在海外举行侨生考试，成绩优秀者可赴台留学，由政府给予适当资助，就学期间，学生还可利用假期打工解决学费问题，甚至可以帮补家用。学生毕业后若能在台湾谋职，将有机会定居台湾。当然，招考试题以台湾国民教育大纲为基础，这也成为华人、华侨子女报读孔教学校的重要原因。孔教学校学生初中毕业后可以参加台湾“教育部”举办的联考，成绩优秀者可进入台湾五年制专科学校学习，高中生则可参加台湾“教育部”举办的海外联招考试。2006 年，孔教学校共有 50 多名毕业生被台湾大专录取，20 多名学生考上海外青年技术训练班。潜在的经济利益与发展机会，使很多华人学生以及家长专注于此，意图借升学台湾改变他们的人生轨迹。

福庆学校则与之不同，其办学宗旨在于立足当地，从实际情况出发，配合市场需要培养语言人才，教学多以应用为主。缅甸逐渐开放之后，与中国经贸往来、文教交流日益密切，不少中国及东南亚华人企业开始在缅甸投资建厂，中缅边境的旅游业也随之发展起来。因此，对通晓中缅双语的人才需求逐年增多，福庆学校即抓住这样的契机，大力推动实用性的中文教育，注重培养学生（尤其是没有中文基础的学生）的听说能力。经过十多年的努力，福庆学校逐渐建立了从小学至大专的教学体系。2001 年，中国国家汉语国际推广领导小组办公室（简称汉办）开始在缅甸举办汉语水平考试（HSK），福庆学校积极响应，并将其定为教师、学生的考核标准①。而 HSK 考试成绩优异者，将获中国汉办资助，到北京语言文化大学、北京师范大学等高校进修一年，此外，中国国侨办则设立奖学金，资助优秀学生到暨南大学、华侨大学留学深造，并不定期地举办各种文教交流活动，如寻根之旅夏令营、华校校长观摩团等。近年来，留学中国内地的缅甸华裔逐渐增多，但由于名额少、起步晚，学生毕业后又很难在中国内地找到工作，因此，其影响及吸引力均无法与留学台湾相比。

第五，孔教学校与福庆学校在教学性质、课程设置、毕业去向等方面的差异又导致了两校生源的不同。选择孔教学校（华语教育作为母语教育）的学生、家长，大多具备以下若干特征：①日常生活（至少在家庭内部）中多使用华语交流，中文基础较好，这是华语成为母语的必备条件；②家长多坚持华语是华人认同的重要特征；③学生、家长均期望通过参加台湾联考赴台留学；④“右派”华侨、华人家庭，多少仍受意识形态的影响。而选择福庆学校（华语教育作为外语教育）的学生、家长则多具有以下某些特征：①日常生活中的主要用语为缅语；②家长、学生更多将华语视为第二语言；③学生、家长都期望立足缅甸，在当地谋求发展；④“左派”华侨、华人家庭，多少仍受意识形态的影响。当然，也有一些学生、家长在选择学校时并不看重华语作为母语还是作为外语，而是从地理环境、教师水平、社会关系等不同方面加以考虑。

相较孔教、福庆两所华文学校而言，明德学校基本保持中立，学校曾使用新加坡教材，后又选用台湾教材，如今也使用部分大陆教材，主要是追求实用与有效。如今，明德学校（包括其他地区的分校）与中国大陆、台湾地区两方面都保持联系，该校教师曾到云南师范大学及台湾屏东师范学院参加师资培训，学校领导还多次参加中国国侨办举办的海外华校校长观摩团，赴北京、上海、昆明等地参观。但是，由于明德学校为宗教团体（一贯道）办学，中国大陆、台湾地区政府在和学校接触时又始终与之保持距离。尽管 HDB 校长一再解释，虽然是一贯道支持学校办学，但宗教和教育并未混为一谈，但受宗教因素的制约，明德学校无论在规模或是影响上，都无法与孔教、福庆两所华文学校相比。

在曼德勒，尽管华文教育作为母语教育和作为外语教育存在较大差异，但是孔教、福庆、明德三所学校并没有因此产生太大冲突，即便偶尔有所摩擦，大多也是因相互之间的竞争关系所致，并不影响大局。大家依循各自的教学方案开展华文教学，按照不同的路径筹划学校的未来。究其缘由则在于：①双方学校发展的历史背景不同，由此形成了各具特色的教学风格与办学传统，这就为学生提供了多样的教学模式，而学校与外界的不同联系，则为学生今后的发展提供了多元的选择；②不同形式的华文教育并存，也体现出曼德

① 小学毕业者须通过 HSK 基础考试；初中毕业者须通过 HSK 中级考试；汉专函授班须通过 HSK 高级考试。教师至少要通过 HSK 中级考试。

勒华人族群复杂、多样的特征。由于移民历史、人口流动、家庭环境、地方化程度的不同，华人之间对华文教育的认识、态度存在较大差异，这也影响到他们对华文教学方式的选择。上述内、外因素的结合，最终形成如今曼德勒华文教育中语文教育、语言教育共同发展、并行不悖的局面。

三、曲线发展：华文教育的地方化策略

20世纪80年代后，曼德勒的华文教育有了长足的发展，并融入了许多地方性特征，至今已颇具规模。这与缅甸的改革开放、中缅经贸发展、东南亚华人企业投资缅甸、军政府逐渐放宽对华人的限制、缅甸华人自身的经济发展等内外因素密切相关（林锡星，2003；范宏伟，2006）。但是，由于军政府的民族主义意识形态以及华文教育在缅甸民族、国家进程中的敏感历史，缅甸的华文教育至今仍未取得合法地位，所有华文学校都没有向政府正式注册，军政府对华文教育仅持默认、观望态度。换言之，合法化问题仍然是困扰缅甸华文教育的最大问题，这也就导致华文教育在发展之中仍充满许多不确定因素，华人及相关社团在积极推动华文教育的同时，又不得不谨慎行事，采取曲线发展策略，以确保华文教育平稳发展，而华人之公民归属与族群特征、对缅甸社会的理解与认同以及促进华文教育发展的能动策略与文化政治，亦都蕴涵于华文教育的地方化进程之中。

华文教育迟迟不能走向合法，有其内在因素。其一，族群性民族主义（ethnic nationalism）仍为军政府处理国内族群问题的基本方针，军政府至今仍未承认华人为缅甸之合法少数民族，其语言教育的合法化问题也就无从谈起，而且，一旦华文教育合法，其他少数族群如克钦、克伦、印裔等也会纷纷要求开办自己的语言学校，甚至会导致不少外力介入，这是军政府不愿见到的。其二，军事威权统治对民间活动历来都非常敏感，担心其发展壮大，并与政治相连，因此自然不愿正式认可。即使出于社会、经济发展需要，军政府对其大多采取默认态度，并根据形势采取不同的对策。其三，以当下缅甸国家社会的政治环境，从制度层面推动华文教育，将其纳入合法程序，不但困难重重，反而使其发展更受限制。

根据华人在缅甸的生存经验及其对军政府、缅甸国家社会的理解，经过多方面的考虑，各华文学校制定出适合当下社会现实的“曲线”发展方略。

第一，面向当地。基于华文教育的历史经验与华人的社会化进程，同时也出于对华人与缅甸国家社会关系的考虑，几乎所有华文学校均将“面向当地”作为办学的首要方针。福庆学校在创校之初即将“面向当地”确定为学校办学宗旨，学校提倡“华文教育不分年龄、不分宗教、不分民族”，借此打破族群界限，推动华文教育的地方化进程。具体而言，福庆学校提出：

> 教育对象面向当地，不单是生源，教师培养也以当地为主，选择课程也以适合当地社会为前提，学生学成之后也以回报当地为目标，同时，还应搞好有关“当地”的所有关系（李祖清，2003：2）。

福庆学校不单将面向当地作为其办学的重要方针，而且在教学实践中认真贯彻落实，除华裔学生外，学校还接受大批缅族及其他少数族群学生，并以对外汉语教学的形式授

课，同时还吸收缅族优秀毕业生留校任教，如今，福庆学校已有4名缅族教师任教。2002年，福庆学校与云南大学联合举办的第一届汉专函授班毕业学生中有4名为缅族，其中还有一位缅族僧侣吴耶瓦达，学校一直将此作为“面向当地”的成功范例予以宣传。在教学之外，学校还与当地政府及民间组织保持密切联系，积极参加当地社会的文化活动，并在中国各代表团来缅访问时充当翻译。就此，LZQ副校长说：

我们和政府关系很好，学校对政府还提供很多帮助，比如派翻译参加接待活动等，他们知道我们在教中文，只是“睁一只眼，闭一只眼”而已，这样大家做事都方便。所以，这里的华文学校既不完全合法，又不完全非法。

此外，福庆学校的教学活动充分突出了面向当地的办学理念，以对外汉语的教学形式开展华语教学，一方面使非母语背景的学生更容易掌握，另一方面则确立汉语作为一种外语的定位，从而避免因汉语、缅语的母语之争而引起族群矛盾及政府当局的紧张。缅族学生尤其僧侣吴耶瓦达学习华语则进一步向地方政府及当地社会显示出学校不分宗教、不分民族的办学方针以及华文教育的地方化趋向。

对于将华语教育作为母语教育的孔教学校而言，面向当地的教育方针也逐渐被其接受。尽管很多华裔学生将留学台湾作为其学习动力与奋斗目标，但每年赴台留学的人数毕竟有限，尤其是2000年台湾民进党执政后，对缅甸侨生的资助有所减少，移民政策亦逐渐收紧。目前，台湾政府规定，一般情况下，赴台留学的侨生毕业后（研究生以上学历除外）须返回侨居地。这自然对缅甸侨生的求学动机、发展计划产生一定的影响。此外，学校同样需要面对当地政府与社会，因此，孔教学校也提倡华文教育不分种族、不分宗教，凡有志学习华文者均可进入学校就读。2006年，在孔教学校的6 000多名学生中，就有400多名为非华裔学生。此外，学校还设有免费生资格，对僧尼、教师及政府公务员子女均免收学费。

第二，自力更生。尽管各个学校都与外界保持良好关系，学生也往往通过这些关系获得更好的发展机会，但在学校的基本运作、发展上，各华文学校都坚持立足当地，自食其力。具体为：①经费自筹。为避免卷入政治、党派之争，各学校均不接受国外捐款，平时学校运作、教工薪水均从学生学费中支出，收支基本平衡。若学校遇到经费不足、添置设备或有扩建需要等问题，则由校董会出面，向当地华人、华侨募捐。②本地教师培养。最初，华文学校的师资情况比较复杂，有原补习班教师、远征军老兵、知识青年以及中国大陆、台湾的外派老师等，这些教师的社会背景差异较大，水平不一，教学方式又各不相同。随着时光流逝，老一辈教师逐渐退休或故去，教师出现断层，加之学校管理、教学的逐步规范，对教师要求日渐提高，师资缺乏的问题随之显现出来。基于历史经验，同时出于对缅甸社会局势的考虑，各校均决定以培养本地教师为主，尽量避免因教师的社会背景对学校造成负面影响，因此，各学校均提出“小老师（年轻教师）”培养计划，鼓励学校高年级中成绩优秀者留校任教，并为其提供较好的条件（如赴中国大陆、台湾参加师资培训等），同时吸收从中国大陆、台湾地区留学归来的学生到学校任教。这在一定程度上缓解了师资缺乏的问题。但是，由于教师薪水较低（以孔教学校为例，小学教师工资每月五六万缅币，高中教师每月则为十二三万缅币①)，若单靠薪水，很难维持生活，教师自我发展也受到很大限制。因此，师资缺乏仍将是曼德勒各华校长期面临的问题。

第三，依靠本地华人社会力量促进学校发展。华文学校与曼德勒各华人社团均保持良好关系，华文学校校董会本身即是华人社会组织之一。各华文学校校董会的成员大多也在各同乡会理监事会中任职，相互重叠的关系网络使学校与华人社团之间联系更加紧密，学校因此也获得更多的社会资源。以同乡会为主的华人社团历来都将华文教育视作华人社会延续、发展不可或缺的动力，为此，同乡会经常捐资出力，积极推动华文教育发展。而在曼德勒华人的各项社会活动中②，学校与华人社会组织经常互相配合，相互支持。

第四，谨慎行事，适度发展。尽管近些年来曼德勒的华文教育事业发展顺利，介于缅甸华文教育的历史经验与教训，各华文学校大多仍保持谨慎，行事比较低调。“在缅甸做华文教育与其它国家不同，政府十分敏感，我们都是以佛教名义教授中文，做事还要小心谨慎。别的地方都希望媒体大力宣传，可上次《世界日报》记者来学校参观，并要写文章报道，我们考虑之后还是婉言谢绝，以免招来麻烦。”孔教学校校董会董事长 DBY 先生如是说。这种谨小慎微的态度不仅反映在教学方面，而且也体现在学校的日常管理当中。

第五，策略促成华文教育的官方化。事实上，曼德勒的华人、华侨都很清楚，在现今的社会环境与政治格局之下，几乎不可能从制度层面推动华文教育的合法化进程。但是，也正是因为当下缅甸国家与社会之间的松散关系，设法使华文教育获得地方政府的认可，进而使之平稳发展，则存有较大的斡旋空间。福庆学校与官方合办 HSK（对外汉语）考试即是成功案例。随着中缅两国合作关系的发展，文教、经贸交流日益频繁。2001 年，由中国国家汉语国际推广领导小组办公室（汉办）举办的对外汉语考试（HSK）获得缅甸政府认证，并于当年在仰光举行首次 HSK 考试，福庆学校即组织瓦城许多学生赴仰光参加考试。后来，在 LZQ 等人的斡旋及中国驻曼德勒总领事馆的协助下，2005 年，HSK 在瓦城增设考点，最初由曼德勒外国语大学承办，2006 年，外国语大学因校方原因不再承办 HSK 考试，经过华校校方的努力，福庆学校争取到承办权，至此，HSK 考试均在福庆学校信息中心举行，但学校还是邀请曼德勒外国语大学汉语系教师参加考试培训及监考，借以表明“官方合作”的性质。无疑，HSK 考试及相关教学成为学校与政府沟通的桥梁，由于 HSK 已获军政府认可，地方政府自然不会干涉福庆学校以 HSK 之名举办的各项培训与教学活动，这又使福庆学校的华文教育向公开化、合法化迈进了一步。

四、华人特性：华文教育、归属与认同

对曼德勒华人而言，华文教育自然不单是语言学习，同时也是华人社会文化生活的重要组成部分，这也是华文教育得以维系的另一动力。华文教育的发展离不开华人及华人社团的支持，华文学校的各种公共活动又与华人的岁时风俗紧密相关。此外，无论教学方式如何，曼德勒的各华文学校在进行正常教学的同时，也力图依据华人的文化传统，为学生树立良好的道德准则与行为规范。而在华文学校的各种活动中，华人对缅甸的情感归属，对族群的文化认同也得到充分体现。

---

① 当时汇率约为 1 美元兑换 1 200 缅币。

② 如逢年过节的庆祝活动、接待中国访缅代表团等。

2006年10月18日，瓦城云南同乡会“庆祝孔子诞辰暨第廿六届优秀学生颁奖典礼”在云南会馆举行。中国驻曼德勒总领事馆总领事，福建、广东同乡会代表，各校老师、家长、学生应邀出席。奖项分别为缅文十年级考试成绩优等者以及中文高中、初中、小学毕业班成绩前三名。颁奖典礼中，云南同乡会理事长首先致辞，LXJ先生简单介绍了孔子的生平思想，又对各华校教师一年来所付出的辛勤努力表示感谢，之后又强调同乡会对子女教育的重视：

> ……瓦城云南同乡会一贯重视同乡子女的教育，包括缅文和中文教育。由1981年开始，每年举办优秀学生颁奖典礼，今年已是第廿六届。我们很高兴地看到，每年领奖学生的数量和水平都好过去年。今天我们将颁发缅文奖218位，中文奖包括孔教学校、福庆学校、明德学校毕业生，一共94位，其中，中文奖不分民族、不分宗教，只要是中文小学、初中、高中毕业，成绩优秀，就能获奖，共计312位……
>
> 接下来由总领事、云南同乡会理事长及各位副理事长、监事长、副监事长、各组组长依次为学生颁奖。颁奖顺序为缅文十年考试五科、四科、三科、两科、一科优秀和及格，然后是华文高中毕业成绩前三名，初中毕业成绩前三名，小学毕业成绩前三名，其中有三名缅族学生获奖。之后，同乡会备有晚宴，招待获奖学生、家长及教师。福建同乡会也于同月举行了优秀学生颁奖典礼，广东同乡会、多省籍同乡会则在春节期间举行优秀学生颁奖典礼。

各同乡会举办的优秀学生颁奖典礼不但显示出同乡会对华文教育的推动，同时也反映出华人的公民归属，对缅文教育的强调与重视不但体现了华人的地方化进程，而且也向缅甸政府及当地社会表明华人对缅甸的情感归属与认同，而对华文学校成绩优秀的缅族学生同样给予奖励，则跨越了族群边界，进一步体现出华文教育面向当地、服务缅甸社会的宗旨，就某种意义而言，这也成为确保华文教育顺利发展的曲线策略之一。

而各华文学校在春节期间组织的迎春拜年则是学校最具特色的活动。2007年农历正月初二，笔者应邀参加了福庆学校组织的拜年活动。早晨六点半，学生已陆续到达福庆学校，在福庆礼堂用完早餐（炒米粉）后，全体学生来到观音庙前，LXZ老师事先发给每人一张纸条，上书“福庆语言计算机学校农历丁亥年正月初二，2007年2月19日拜年队拜观音颂词”。在她的带领下，大家齐念：

> 福庆学校全体师生向观音菩萨烧香敬拜，祝愿福庆学校校务蒸蒸日上！祝愿全缅甸风调雨顺、国泰平安！祝愿全体师生身体健康、万事如意！

之后又在L副校长带领下向观音庙三鞠躬，随后十一个拜年队①集合上车出发，分区去各同乡会、领事馆、侨领、教师及学生家中拜年，在春节之前学校就给各家发过拜年帖。拜年过程大致为，学生们先以学校的名义恭祝主人新春快乐，万事如意。之后，由学

① 春节前两星期，学校将初中以上的学生分成十一组，下课之后组织学生练习拜年时所唱歌曲。

生合唱三首拜年歌，向主人致谢。主人家则会准备茶水、糖果招待前来拜年的学生，随后会给拜年队派红包。会馆和各侨领所给拜年款不等，少则数万，最多为缅币 20 万。晚上七点左右，所有拜年车队回到福庆宫，LZQ 副校长作简单总结，同时感谢为校友会募捐的侨领。福庆学校此次拜年共收得拜年款缅币 448 万，除去租车、雇用吉他手、早中晚餐的费用外，还剩余 200 万左右，分别归入学校基金、教师基金、学生会基金。

孔教、明德学校的拜年活动也在当天举行，过程大致相似，只是在形式上略有不同。春节拜年活动体现了华文学校与华人社会的紧密结合，既为节日增添了喜庆色彩，又彰显了华人尊师重教的文化传统，同时增进了年青一代对华人文化的理解与认识。而由学校组织的集体活动，则强化了学校内部的凝聚力，同时加强了学校与华人社团之间的联系。而出发之前敬拜观音寓意丰富：其一，佛教为缅甸社会共同的宗教信仰与象征符号，观音则是华人特性的显现；其二，所拜之庙历史悠久，充满华人的集体记忆；其三，颂词“祝愿全缅甸风调雨顺、国泰平安”一语双关，华人式的祈福中表达的是对缅甸的归属与认同。

五、结　语

在族群民族主义主导的军事专政之下，缅甸华文教育可谓几经风雨，艰难维系，从建国之初的兴盛到禁止华文教育后的衰落，如今，缅甸的改革开放、中缅贸易的迅速发展为缅甸华文教育又带来了新的契机。但是，时过境迁，随着地方化进程的不断深入，缅甸的华文教育已发生了极大的转变。以曼德勒为例，第一，华文教育作为语言教育的兴起，客观上承认了缅语的母语地位，这也反映了华人的文化涵化以及对缅甸的情感归属，将华语作为语言工具的选择，也体现出华人语言教育的多元化倾向；第二，不同教学风格的华文学校的存在，也映射出曼德勒华人复杂的移民历史与族群构成，对华文教育需求、态度的不同，造就了不同类型的华文教育并行不悖的局面；第三，介于历史教训、缅甸华人边缘化的社会处境，以及华人的生活经验，在华文教育的维系与发展过程中，曼德勒华人采取了微妙而有效的能动策略，如以佛经之名教习华文、面向当地的教育方针以及积极促成当地华文学校与中国政府的合作，将华文教育推向官方认可的层面，进而从侧面证实华文教育的合法性等；第四，尽管在教育模式上，语文教育与语言教育分道扬镳，但对于年青一代华人族群认同的形成而言，华文教育仍然扮演了不可替代的重要角色，华人的道德伦理、价值规范蕴涵于春节拜年、庆祝孔子诞辰等由华文学校组织的社会活动中，当然，在弘扬华人文化传统的同时，也在传达着他们对于缅甸的情感认同，毕竟，他们生长于斯，他们是缅甸华人。

参考文献

[1] Eriksen, Thomas Hylland. 2002. *Ethnicity and Nationalism*: *Anthropological Perspectives*. London, Virginia: Pluto Press.

[2] Fenton, Steve. 2003. *Ethnicity*, Cambridge: Blackwell.

[3] Geertz, Clifford. 1973. *The Interpretation of Cultures*: *Selected Essays*. New York: Basic Books.

[4] Than, Mya. 1997. The Ethnic Chinese in Myanmar and Their Identity. In Leo Suryadinata, ed. *Ethnic Chinese as Southeast Asians*, pp. 115-146. Singapore: Institute of Southeast Asian Studies.

[5] 陈志明:《华裔族群: 语言、国籍与认同》, 载《广西民族学院学报》, 1999 年第21卷第4期, 第27~35页。

[6] 范宏伟:《缅甸华文教育的现状与前景》, 载《东南亚研究》, 2006 年第6期, 第71~75页。

[7] 李祖清:《十年沧桑——福庆学校十周年》, 载《缅甸曼德勒福庆语言计算机学校简介》, 学校数据 (未刊行)。

[8] 林锡星:《缅甸华文教育产生的背景与发展态势》, 载《东南亚研究》, 2003 年第3期, 第69~77页。

[9] 曼德勒福庆语言计算机学校:《曼德勒 (瓦城) 福庆语言计算机学校简介》, 学校数据 (未刊行), 2006 年。

作者: 段颖, 香港中文大学人类学系博士。

Chinese Education, Localization and Ethnic Identity: A Case Study on the Chinese Community of Mandalay in Burma

Duan Ying

Abstract: With the launch of economic reform in Burma and the rapid development of Sino-Burmese bilateral trade over the past three decades, the Chinese education of Burma has recently exhibited new trend. Based on the anthropological fieldwork research conducted in Mandalay region of Central Burma, the author depicts the history and current situation of Chinese education in Mandalay, examining the relationship between the Chinese education and ethnic identity, and how it changes in the process of localization. This article also delineates how ethnic Chinese tried hard to maintain and promote the Chinese education in local society while striving to let it gradually be legalized, which in turn strengthens their cultural citizenship and ethnic identity.

Key Words: Burma Mandalay Chinese Education Localization Ethnic Identity

新移民研究

1980—2005 年香港、澳门、台湾之海外移民

钱　江　何彩满　刘方中

【摘　要】在广泛收集政府部门相关统计数据和现有研究成果的基础上，本文对 1980 年后香港、澳门及台湾三地的国际移民状况和变化作了较深入的梳理和比较研究。本文认为，港、澳、台三地之所以在 20 世纪 80 至 90 年代先后出现海外移民的高潮，直接或间接地均与中国大陆的因素有关。而且，其移民的方向各有侧重和变化。这三个地区的国际移民模式主要有五种，即家庭团聚移民、商务移民、专业技术移民、留学移民以及退休移民。其中，最主要的模式为家庭团聚移民。本文在结论中指出：保持稳定的政治局面和安定、繁荣的社会经济环境，是保证港、澳、台地区不至于因为政局动荡而突然出现大批海外移民的关键，也是中央及各级政府有关决策机构所必须汲取的经验教训。

【关键词】香港　澳门　台湾　国际移民　移民动机　移民方向　移民模式

一、绪　论

（一）本课题的研究意义

香港、澳门和台湾同属于中国。港、澳、台地区的中国居民尽管是在各个不同的历史时期自大陆各省、市迁居而来的华人及其后裔，但都是中国人的重要组成部分。况且，自 19 世纪开埠以来，香港就一直是中国内地居民向海外移民的重要通道和门户。因此，研究当代中国的国际性移民，必须包括港、澳、台三地的海外移民部分，否则有关的研究便不够全面，其所得出的结论和数据亦不可避免地存在着某些缺憾。

然而，在过去的数十年间，无论是学术界还是政府有关政策调研或决策部门对港、澳、台三地海外移民这一课题的研究均着力不多。除了香港和台湾地区的部分学者在 20 世纪 80 至 90 年代进行过数个相关项目（如“九七回归”前香港的海外移民、迁徙加拿大的香港人、移居纽约和澳大利亚的台湾人）的研究之外，这一课题的研究基本上尚处于萌芽状态，在许多方面仍是空白，以至于迄今为止还找不到对这三个特殊的中国大陆境外的华人行政管辖区域之海外移民所进行的比较全面、细致的综合性比较研究。造成这一研究局面滞后的原因是多方面的。除了政治与历史方面的种种因素之外，三个地区的政府主管部门缺乏系统性的、准确的海外移民统计数据，在一定程度上确实阻碍了相关学术研究和政策调研得以进一步深入开展。

受有关方面的委托，香港大学亚洲研究中心跨国移民研究项目组承担了本课题的研

究。本研究不仅具有学术意义，在政策调研方面亦具有不容忽视的重要性。其学术层面的意义在于第一次较全面地对港、澳、台三地的当代海外移民现象展开探讨和比较研究；在政策调研层面上的意义则体现在为有关政府主管部门制定相关人口政策或华侨政策提供参考依据。

（二）研究目标及本文结构

我们希望，能在前人做过的个案研究的基础上，广泛收集相关的政府统计数据和其他数据，尽可能清晰地勾勒出1980年以来香港、澳门和台湾三地向海外移民的大致概况和趋势，并在此基础上进行比较分析。

本研究报告分为七个部分：①绪论；②研究方法与资料来源；③香港海外移民；④澳门海外移民；⑤台湾海外移民；⑥港、澳、台三地海外移民之比较分析；⑦结论。其中，第三部分至第六部分为报告的重点。

二、研究方法与资料来源

（一）国际性移民的定义及统计

就研究人口的跨国移动而言，最主要的困难在于移民身份的界定和统计。对此，Hania Zlotnick 曾提出以下观点和评论："……移民可以出现多次，这使得有关方面在移民统计上出现困难；再者，由于移民是跨越国境的，民族国家在控制移民出入境及移民在其领土上居留所扮演的角色，对统计和分析更增添了一种影响。"① 在归纳了联合国国际经济和社会事务部②（United Nations, Department of International Economic and Social Affairs）出版的《对国际性移民的统计建议》（*Recommendations on Statistics of International Migration*）中五个基本概念的基础上，Zlotnick 指出：法理国籍（legal nationality）、居住地（residence）、出生地（place of birth）、居留时间（time）以及居留目的（purpose of stay）为国际移民研究中的五个要素和研究者经常使用的工具，因其各有优缺点，故研究者通常的做法是将这五个要素混合使用，以取长补短。③

（二）香港、澳门两地海外移民的定义与统计资料方面的问题

上述的这五个研究国际性移民的要素，落实到具体的地区和考察对象，又会面临新的复杂因素。由于历史的原因，香港和澳门曾分别是英国和葡萄牙的殖民地，华洋杂处，人口流动性极高，来自世界各地的移民的背景五花八门，而且因为外交政治和殖民地宗主国法律体系的关系，使得研究者不可随意套用上述这些基本概念，来对这两个前欧洲殖民地的海外移民活动进行简单化的移民研究。只有对当地的出入境政策、移民定义、国籍法、公民等概念加以说明了解之后，方可进一步阐述当地的海外移民状况，并作出分析。由于澳门的海外移民数量不多，且港、澳两地的情况相似，本文拟以香港为例来对此加以

① Hania Zlotnick. 1987. "Introduction: Measuring International Migration: Theory and Practice." *International Migration Review*, 21: 4 (Winter), Special Issue, p. V.

② 现称联合国经济和社会事务部（United Nations, Department of Economic and Social Affairs）。

③ Hania Zlotnick. 1987. "The Concept of International Migration as Reflected in Data Collection Systems." *International Migration Review*. 21 (4), p. 926.

说明。

根据1981年制定的《英国国籍法》(*British Nationality Act*, 1981),绝大多数在香港出生的居民都应拥有英国属土公民(British Dependent Territories Citizenship)的身份。在《中英联合声明》签署后的1985年,英国国会另外制定了《香港法》(*Hong Kong Act*, 1985),设立了英国国民(海外)[①] 的身份给予与英国有关系的香港公民,使他们在1997年政权移交后“有资格保留某种适当地位”[②]。此外,英国国会又在1990年通过了《英国国籍(香港)法》[*British Nationality* (*Hong Kong*) *Act*, 1990][③],旨在通过英国国籍甄选计划(又称“居英权计划”,British Nationality Selection Scheme),给予50 000名香港户主及其家属以英国公民的身份。

另外,中国现代史上的第一部《国籍法》(1909年颁布),以及国民政府于1929年颁布的第二部《国籍法》均以血统主义原则(*jus sanguinis*)为判定公民国籍身份的基础,而血统主义的原则在1949年中华人民共和国成立后一直被继续沿用。[④]直到1980年,第五届全国人民代表大会第三次全体会议在讨论修订《中华人民共和国国籍法》时,才首次在血统主义原则之外引入了属地原则(*jus soli*)[⑤],但同时指出“双重国籍问题乃旧中国遗留下的历史问题”[⑥]。修订后的《中华人民共和国国籍法》第三条明确宣布:中华人民共和国不承认中国公民具有双重国籍;第八条指出:申请加入中国国籍并获得批准者,即取得中国国籍;被批准加入中国国籍者,不得再保留外国国籍。[⑦]

尽管如此,在主权回归后的香港地区和澳门地区,由于长期殖民历史所造成的复杂局面,《中华人民共和国国籍法》在当地实施时,不得不加以变通和修订,承认当地事实上的双重国籍甚至是多重国籍状况的存在并使之继续生效。针对香港居民国籍身份复杂的实际情况,全国人民代表大会曾特别立法说明,对香港地区中国公民的身份采用了十分特殊的、宽松的定义。第八届全国人民代表大会常务委员会指出,因“考虑到香港的历史背景和现实情况”,根据《中华人民共和国国籍法》,香港特别行政区的中国公民包括:“凡具有中国血统的香港居民,本人出生在中国领土(含香港)者,以及其他符合《中华人民共和国国籍法》规定的具有中国国籍的条件者,都是中国公民”;“所有香港中国同胞,不论其是否持有‘英国属土公民护照’或者‘英国国民(海外)护照’,都是中国公民”;“上述中国公民可继续使用英国政府签发的有效旅行证件去其他国家或地区旅行”,“在外国有居留权的香港特别行政区的中国公民”,亦同样“可使用外国政府签发的有关证件去其他国家或地区旅行”,但在香港特别行政区和中华人民共和国其他地区则不得因持有他国旅行证件而享有领事保护权。最后,“任何在香港的中国公民,因英国政府的‘居英权计划’而获得的英国公民身份,根据《中华人民共和国国籍法》不予承认,这类人仍为

---

① British National (Overseas)

② 中英联合声明英方备忘录第一项。

③ *British Nationality* (*Hong Kong*) *Act*, 1990

④ Dudley L, Poston and Mei-YuYu. 1990. “The Distribution of the Overseas Chinese in the Contemporary World.” *International Migration Review*, 24 (3), pp. 482-483, 480-608.

⑤ Dudley L. Poston and Mei-YuYu. “The Distribution of the Overseas Chinese in the Contemporary World.”, 482.

⑥ Ibid,原文为“... the problem of dual nationality is something left behind from Old China”。

⑦ 见《中华人民共和国国籍法》,http://www.immd.gov.hk/chtml/chnnationality_1.htm。

中国公民，在香港特别行政区和中华人民共和国其他地区不得享有英国的领事保护的权利”①。

换言之，虽然在法理上中华人民共和国不承认双重国籍，但因全国人大常务委员会的具体解释，使得因政权移交而获得中国公民身份的香港居民实际上无须放弃其原有的外国国籍。这样一来，导致香港特区政府有关主管部门根本无法依据已掌握的护照或国籍资料，来判定究竟有多少本地居民已移民海外或取得外国国籍。因为按照香港出入境条例的规定，所有香港永久居民在出入境时，只需要向人民入境事务处官员出示自己的永久居民身份证便可，而无须出示护照或申报自己所拥有的国籍。② 自 2006 年香港简化了出入境措施，开始采用电子自助式指纹鉴别出入境通关措施后，政府主管部门甚至无从知晓出入境的香港永久居民自哪一个国家归来，或准备前往哪一个国家。上述情况在澳门同样存在。毫无疑问，在香港和澳门两地，若单纯利用国籍数据去解读国际移民的数据，势必会产生偏差。

此外，解读移入国的移民统计数字时亦需特别小心，以免被误导。例如，若以国籍去区分的话，有部分国家，如澳大利亚，便会将来自香港的移民申报为英籍者，不论其为英国公民、英国属土公民或英国海外公民，均计算为英籍移民。另有一些国家对国籍并不重视，如美国，在该国的官方统计数字中，只有移民的出生地和前居住地的统计，若单凭这两项资料来解读，对准确掌握香港海外移民的数量来说就会产生一些偏差，因为绝大多数的香港海外移民是在中国内地出生的。正因为如此，前香港大学专门研究国际移民问题的司克敦（Ronald Skeldon）教授在 1994 年时就极力主张，应以移民原居住地为基本原则来判别移民的来源地，测算某地居民海外移民的规模。③

换言之，由于香港和澳门的历史背景，中央政府在国籍界定的问题上，一反中国政府不承认双重国籍的一贯立场，给予这两个特别行政区非常特殊、宽松的处理，以便让大批持有外国国籍的港澳居民可以继续保留其中国公民的身份。这一事实上的承认双重国籍或多重国籍，令学者们在判别港澳地区海外移民的身份定义时颇为棘手，难以从国籍的角度对研究对象加以严格的定义和区别，因为同一个人，他既可以是加拿大公民，同时也可以是定居在香港的中国公民。

（三）台湾地区海外移民的定义与统计资料方面的问题

台湾地区的出入境政策和规定与中国大陆和港澳地区均不相同。按照台湾当局的规定，1989 年以前入出境者，均须填具“人民入出国许可证”。因此，当时出入境者在许可证上所填写的出入境理由，如工作应聘、探亲、依亲、返回侨居国、移民、前往国家地区等重要相关特征，均可作为政府有关部门统计人口出入境资料的依据。可是，自从政府废止核发许可证后，便再无相关资料可供参考。

---

① 见全国人民代表大会常务委员会关于《中华人民共和国国籍法》在香港特别行政区实施的几个问题的解释，http://www.immd.gov.hk/chtml/chnnationality_2.htm。

② Ronald Skeldon, John Jowett, Allan Findlay and Lin Li. 1995. “An Assessment of Available Data Sources for the Analysis of the Trends in Migration.” in Ronald Skeldon ed. *Emigration from Hong Kong: Tendencies and Impacts*. Hong Kong: The Chinese University Press, pp. 89 – 90.

③ Ronald Skeldon, John Jowett, Allan Findlay and Lin Li. 1995. “An Assessment of Available Data Sources for the Analysis of the Trends in Migration.” Ibid., pp. 79 – 109.

依据《中华民国户籍法》第二十条的规定："迁出户籍管辖区域三个月以上时，应为迁出之登记。但因兵役、国内就学、监所收容及随本国籍远洋渔船出海作业，都不为迁出之登记。出境二年以上，应为迁出之登记。"所以，理论上凡户籍设于台湾地区，但出境超过两年未回台湾者，各乡镇户政事务所就会主动注销户籍（户籍法未修正以前为六个月），可视为国际迁徙，其中包括出国留学、经商及探亲者，如许多出国留学者在两年后就被户政单位除籍，并标记为迁出，待其学成返国后又因为办理入籍而被标记为迁入。故究竟该如何界定台湾的海外移民身份，其实相当复杂，难以一概而论，因为这类短期出国的人员与永久性的移民之间，有着极大的区别。①

究竟如何进行移民研究，首先遇到的挑战仍然是移民的定义与移民数量的统计问题。1994 年，台湾侨务委员会曾委托萧新煌、周素卿、陈东升、曾嬿芬及 Christopher J. Smith 等学者对"台湾地区移民及其在美国的调适过程与回流转向问题"进行研究（侨务委员会，1994）。恰如这些学者在其报告的政策建议中所提到的那样，他们"在研究一开始就面临了资料缺乏的问题，具体地说，台湾地区国际移民的统计系统相当混杂，缺乏专职机构作有系统的搜集和管理。这在移民统计次级量化资料即是如此，对于有关移民之初级主观调查资料更是失之阙如。由于这两类可供研究的资料均不准确或根本不存在，这对研究计划在进行上产生了很多的限制和困难。首先是移民人数的准确度难以掌握，在作长期趋势的分析上，自然难免产生偏误。其次是在分析与移民现象相关的各种态度、行为和需求课题时，更缺乏足够的经验调查资料，再全盘了解移民动机、管道、移民国之选择、移民调适过程与问题，以及对侨务政策与措施之评估等，就不易达到符合社会科学研究方法论上的水平"。

同时，龙文彬、黄国枏（2002a）在台湾侨委会的委托下进行的《台湾及两岸三地华人人口推估方法：理论构建与实证探讨》中亦说明，有关从出境统计探讨移民的问题，一直没有足够可靠的资料来推算移民人口，因此，过去许多研究中，一直未能有所突破。他们指出，有关移民的推计方式可有两种选择，一方面可依据国境内移出（emigration）之移民数据推计，另一方面则可从他国境外移入（immigration）登记资料加以统计，若两者统计时点及基准一致，不论从境内移出或境外移入，两者之迁徙人口应会相同。

然而实际上，自境内移出的数据在统计认定上有困难，主要是因为移民迁出地政府主管部门缺乏准确的移民登记数据，也因为公民之出国并不等同于真正的移民，甚至公民在办理出国登记时，移民者之真正目的与填报数据也不尽相符，哪些人是真正移民不得而知。

（四）资料来源

如前所述，由于移民政策和出入境管理条例的不同，港、澳、台三地政府难以系统地掌握本地居民前往海外移民的准确数据。尽管如此，仍可设法从其他渠道的统计数字来综合估计有关的海外移民规模和趋势变化，例如，移民接收国方面的入境登记，以及移民原居地警方为申请移民外国者所开具的无犯罪记录证明书（俗称"良民证"）。换言之，本报告所引用的移民统计数据，来自移民移出国和迁入国两地政府所提供的官方估计或内部

① 请参阅中华民国侨务委员会编印出版的《台湾及两岸三地华人人口推估方法：理论构建与实证探讨》中的说明，台北，2002 年。

统计数字，包括人口普查统计出入境记录、原居地警方开具的无犯罪记录证明文件统计数字、合法入境登记以及学者进行的抽样问卷调查和相关研究成果。虽然有关统计数据不太完整或不尽准确，但至少有助于我们描述出1980年后港、澳、台三地海外移民的大致规模和趋势。

三、香港海外移民

香港自19世纪中叶开埠以来，一直都是中国人向外迁徙的一个重要的国际移民港埠。[①]除了作为中国公民对外移民的跳板之外，香港本身也是一个移民的接收地。政局的动荡、经济形势的骤变，促使大批商民从中国内地涌入，导致1950年时的香港人口在四年间足足增加了三倍。[②]

1949年中华人民共和国成立以后，来自内地的一波又一波的移民浪潮为香港提供了大批劳动力和资金，成为20世纪60年代后香港经济得以高速增长的主要原因。这些移民中，绝大部分人最终都在香港定居了下来。不过，这批移民中，后来又有相当一部分人参与了80至90年代的香港移民潮，使得香港海外移民的背景更为复杂。

战后香港的对外移民中，最早的一波移民潮源自香港新界的原居民。这批移民主要为新界的农民，其移民方向为殖民地宗主国——英国，成为当时英国急需的廉价劳工。香港政府方面对此批移民并无具体的数字记载，但据前英国伦敦大学贝克（Hugh D. R. Baker）教授引述英国下议院内政委员会（House of Commons, Home Affairs Committee）1985年出版的调查报告《英国的华裔社群》（*Chinese Community in Britain*），当时在英国的华裔中，约75%到80%的华裔人士是该批新界原居民移民及其家属后裔。[③]大量的新界移民迁入英国，直接推动了该国中餐馆服务业的兴盛。据统计，1951年时，英国仅有36家中餐馆，至1967年便上升到1 100家，1980年增至3 500家，1984年更急升至7 000家之多。[④]中餐馆数量的迅速上升，间接地说明了当时迁徙进入英国的香港移民及辗转来自东南亚国家的华侨数量在英国急剧增加。此后，据1991年香港政府驻伦敦代表处的统计数字，当年在英的华裔移民有143 500人，如果采用英国下议院内政委员会所提出的当时80%的华裔人口为香港移民及其家属的标准来推算的话，则1993年在英国的香港移民及其家庭的总人口约有115 000人。[⑤]

---

① 有关第二次世界大战之前中国内地居民经由香港向海外移民的大致状况，可参阅 Elizabeth Sinn（冼玉仪）. "Emigration from Hong Kong before 1941: General Trends." In Ronald Skeldon ed. 1995. *Emigration from Hong Kong: Tendencies and Impacts.* Hong Kong: The Chinese University Press, pp. 11 – 34; Elizabeth Sinn, "Emigration from Hong Kong before 1841: Organization and Impact.", Ibid, pp. 35 – 50.

② 1945年时的香港人口约为65万，1949年秋季时为190万，到1950年春季时已达到240万。详情可参阅 Irene B., Taeuber. 1963. "Hong Kong: Migrants and Metropolis." *Population Index*, 29 (1) (January) 4, pp. 3 – 25.

③ Hugh D. R. Baker. "Branches All Over: The Hong Kong Chinese in the United Kingdom." In Ronald Skeldon ed. *Reluctant Exiles? Migration from Hong Kong and the New Overseas Chinese.* Hong Kong: Hong Kong University Press, p. 295.

④ L. Wong ed. 1967. *Overseas Chinese in Britain Year Book.* London: Overseas Chinese Service, pp. 295 – 329; Ng Kwee Choo. 1968. *The Chinese in London.* London: Oxford University Press for the Institute of Race Relations, p. 10; 游海龙:《英国华侨手册》，伦敦：星岛日报出版社，1980年，第208～278页；A. Shang. 1984. *The Chinese in Britain.* London: Batsford, p. 27.

⑤ Hugh D. R. Baker. "Branches All Over: The Hong Kong Chinese in the United Kingdom." Ibid. p. 298.

(一) 1980—2005 年香港居民向海外迁徙的趋势

香港政府有关部门每年都会对香港向海外移民的数字进行内部估算，但是其估算的方法并没公开。据向有关政府部门的负责人了解，港府的这一估算数字来自三方面数据的综合比较：首先是香港出入境管理部门提供的数据，其次是香港警务处发出的无犯罪记录证明书（Certificate of No-criminal Conviction）数字,[①] 以及数个香港人主要移民前往国家的外国总领事馆向港府提供的有关该国政府向香港居民签发移民签证的数字。[②]换言之，香港政府所估算的这些海外移民的统计数字虽然谈不上精确和完备，但若忽略那些较次要的移民输入国和地区，基本上还是准确的，能够反映出香港对外移民的大致规模和变化。

表 1 香港政府估计的香港居民向海外移民的数字（1980—2005 年）[③]

年份	移民人数	年份	移民人数
1980	22 400	1993	53 000
1981	18 300	1994	62 000
1982	20 300	1995	43 000
1983	19 800	1996	40 300
1984	22 400	1997	30 900
1985	22 300	1998	19 300
1986	19 000	1999	12 900
1987	30 000	2000	11 900
1988	45 800	2001	10 596
1989	42 000	2002	10 500
1990	62 000	2003	9 600
1991	60 000	2004	9 800
1992	66 000	2005	9 800
合计	773 896		

① 申请移民西方国家时所必须提交的证明文件之一。

② Skeldon, Jowett, Findlay and Li. "An Assessment of Available Data Sources for the Analysis of the Trends in Migration." Ibid., p. 91. 钱江与香港入境事务处副处长、香港保安局内部统计组组长等政府官员私人交换意见和讨论，2008 年 7 月 15 日。

③ *Hong Kong Annual Reports*, *Hong Kong Yearbook*, *1981—2006*; "Emigration from Hong Kong", Internal Report by the Hong Kong Government Special Working Group on Hong Kong's Emigration, 8th September 1989.

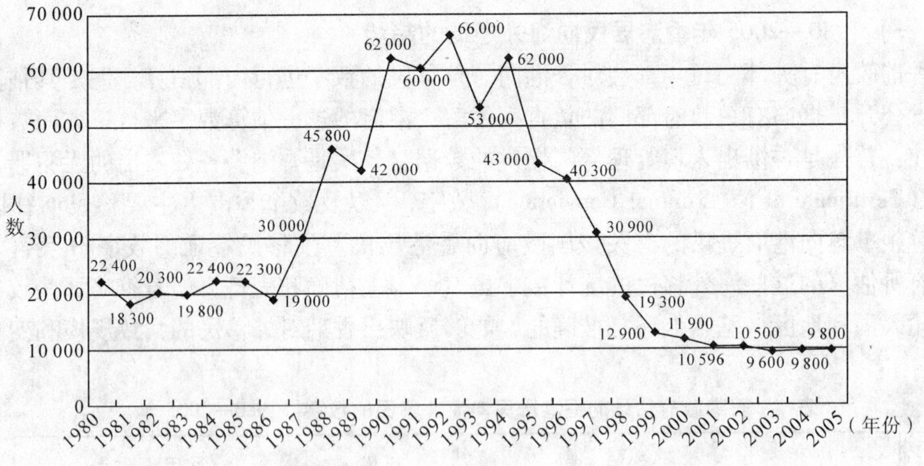

图1 香港海外移民趋势变化（1980—2005年）

必须指出的是，香港政府提供的估算数字并没有详细地列出香港居民的移居地和具体人数等资料。①究其原因，一方面可能是港府根本无从获得这方面的完整统计数据，另一方面是因为港府与部分西方国家的移民局曾就此问题达成协议，应对方的要求，不会公开披露某个国家接收香港移民的具体统计数字。② 此外，还有一系列的因素可能导致有关部门逐年统计的海外移民数字失准。例如，当地移民局和外交领事部门审批移民申请时间的长短、某些短期政治事件对港人移民决定的影响、移民申请人最后或许没有实际使用移民签证到外国登陆报到、香港居民在另一国家向第三国申请移民、被批核移民者在移居国登陆后旋即返港，然后以一年往返多次的方式保留当地身份等。所以，研究国际移民问题的专家们提出，应以三年平均数来估算某地的海外移民趋势，认为这种测算方法在学术研究和人口统计方面会更加可靠。③

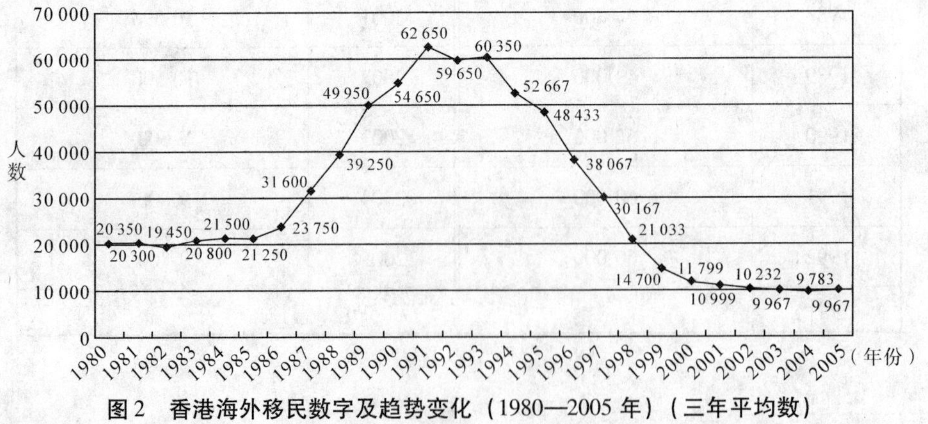

图2 香港海外移民数字及趋势变化（1980—2005年）（三年平均数）

① 直到2005年，政府方面才在《香港年鉴》中提供香港居民的三个主要海外移民地美国、加拿大及澳大利亚的估算数字，参见《香港年鉴2005》，http：//www. yearbook. gov. hk/2005/en/20_ 02. htm。

② 钱江与香港特区政府保安局及入境事务处负责人的谈话，2008年7月18日。

③ Skeldon, Jowett, Findlay and Li. "An Assessment of Available Data Sources for the Analysis of the Trends in Migration." Ibid., pp. 92 – 93.

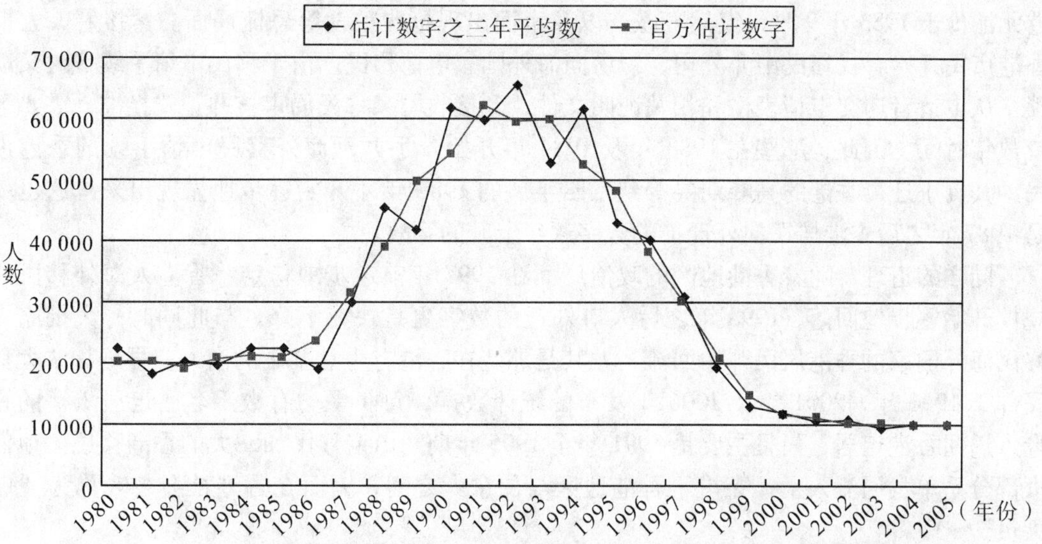

图 3　香港海外移民趋势与三年平均数之趋势比较（1980—2005）

从上列的 4 张图表中可以清晰地辨认出，自 1980 年开始，香港居民向海外移民的数量开始逐渐地增加，其流动的规模虽然在短期内有所波动，但大致维持在平均每年 20 000 人左右。1984、1985 年连续两年升越 22 000 人后，在 1986 年又回落至 19 000 人。紧接着，在 1987 年，香港对外移民的人数开始急速上升，达到 30 000 人，此后直到 1996 年为止，平均每年向海外移民的人数都在 40 000 人以上。其中，在 1990、1991、1992 年及 1994 年这 4 年内，海外移民的总人数年均超过 60 000 人。1992 年为香港历史上的移民高峰期，当年有多达 66 000 人移出香港，占当时香港总人口的 1%。若以三年平均数来计算，则从 1989 年到 1995 年，平均每年都约有 50 000 人迁离香港。不过，香港的海外移民规模在 1995 年之后开始逐步下降，但在 1996 和 1997 年这两年，仍分别有约 40 300 和 30 900 人迁徙到海外。香港海外移民人数真正出现大规模的减少，应始于 1998 年，并在 1999 年降至近 10 000 人。此后一直到 2005 年，香港每年向海外移民的人数均在 10 000 人左右，并在 2003 年首次降至不足 10 000 人。如上述图表所示，在 1980 年到 2005 年间，按照香港政府的估算，总计有 773 896 人移离香港。

那么，为什么直到 1980 年之后香港海外移民的数量才开始发生急剧上升的变化呢？显然，这与 20 世纪 70 年代末期中英两国开始谈判收回香港主权的政局变化有关。1979 年 3 月，香港总督麦理浩首度访问中国，并首次向当时的中国领导人邓小平提出香港前途问题，邓小平提出中国必定会在适当时候收回香港。80 年代初，英国向中国提出分拆香港的“主权”及“治权”：1997 年之后香港主权归中国、英国人继续保留治权，但遭到中国政府的严词拒绝。中国坚持 1997 年之后英国对香港既没有主权，也没有治权；中国不单要收回新界，而且要整体收回香港。1982 年 9 月，英国首相撒切尔夫人访华，与邓小平展开对香港前途问题的谈判，邓小平在会谈中明确表明主权问题没有妥协的空间，双方无法达成共识，撒切尔夫人无功而返。1983 年 7 月，中英两国正式展开香港前途谈判，但谈判进展得十分艰难，中英双方未能就香港前途的谈判达成共识。于是，香港社会各阶层普遍开始对香港在1997年后的前途忧心忡忡，导致物价一度飞涨，甚至出现了股灾、港元汇价于1983年9月份突然狂跌，以及市面出现抢购粮食等恐慌局面。紧接着，大批香港市民开始寻找移民中介公司，纷纷向海外国家申请移民。由于移民申请手续费时又烦琐，从申请者递交申请表格和相关证明文件，到接收国家移民局审核并正式批准，需要等待数年时间。因此，那些在1983年及1984年开始着手办理海外移民申请手续的香港市民，其真正迁离香港的高峰期要等到三四年后的1987年才开始逐步地显现出来，这也就是1987年之后香港居民向外迁徙的数字逐年上升的缘故。

同样的道理，随着香港地区的政治局面在1997年前逐步地稳定，香港人海外移民的规模开始逐步地回落，1998年之后人口外迁的数字更是快速下降。与此同时，大批原先移民海外国家的香港居民开始回流，尤其是那些在香港有生意基础的商人。根据加拿大移民部于1996年、2001年及2006年发布的统计数据，每年平均有数千名已定居入籍的香港人返回香港定居，而且主要是1991年至1995年期间申请移民加拿大的香港移民。他们大部分系单身回流人士，穿梭于香港地区与加拿大之间，因而在香港社会被戏称为“航天员”。①

（二）在主要海外移居地的香港移民概况

众所周知，香港是一个人口、货物及资金流动非常自由且频繁的地区。香港政府的架构内既没有专门分管移民或侨民事务的机构，也难以找到这方面的资料。在很大的程度上，必须依赖移民输入国方面提供的调查数据来了解香港移民在海外国家的分布及其在移居地的情况。鉴于这一情况，本文择取几个有代表性的香港居民主要移居的国家，来进一步考察有关海外香港移民的情况。至于所根据的主要数据，则是移居国移民事务主管部门所公布的移民登陆报到（landed immigrants）的资料。

由于香港原为英国殖民地，传统上香港的海外迁徙一般是前往英语国家。根据香港政府官方的调查及海外诸英语国家移民局公布的资料，发现自1980年之后，香港居民蜂拥前往移民的主要是美国、加拿大、澳大利亚和新西兰这四个国家，前往该四国的香港移民数字的总和占香港海外移民总数的95%以上。此外，有部分香港商人或市民迁往一些东南亚国家，如新加坡、马来西亚、印度尼西亚、越南、菲律宾和柬埔寨等，但是数量有限。新加坡的李光耀政府曾在20世纪90年代初期大力鼓励香港人移民到新加坡，试图乘机与欧美国家争夺香港的华人人才，但效果不明显，大部分报名申请移民的香港人最终放弃了前往新加坡的移民计划。

从表2的数字中可以发现，经过比较，香港政府官方估算的海外移民数量与移民输入国政府调查统计后公布的数字其实相差不远，从而也说明了本文援引香港政府的估算统计资料基本上是可靠的。以下以美国、加拿大、英国这三个国家为例，来进一步观察香港居民的海外移民状况。

① Statistics Canada, 1996, 2001, 2006. 2008年7月11日，钱江在参加香港特区政府中央政策组召开的香港移民问题内部研讨会上，与加拿大多伦多大学社会学系 Eric Fong 教授的讨论与交流。

表2　香港移民往澳大利亚、加拿大、新西兰与美国人数与香港官方估计数字之比较 ①

年份	国别				四个国家移民人数总计	香港官方估计	四国移民人数总计占官方估计数字的百分比
	澳大利亚	加拿大	新西兰	美国			
1989—1990	11 538（23.0%）	24 585（49.0%）	1 555（3.1%）	12 545（25.0%）	50 222	52 300	96%
1990—1991	16 747（29.9%）	22 843（40.7%）	2 261（4.0%）	14 209（25.3%）	56 059	58 650	95.6%
1991—1992	15 656（25.1%）	27 668（44.3%）	2 912（4.7%）	16 153（25.9%）	62 388	61 150	102%
1992—1993	8 111（13.6%）	33 078（44.3%）	3 056（5.1%）	15 384（25.8%）	59 628	60 000	99.4%
总计	52 052（22.8%）	108 173（47.4%）	9 783（4.3%）	58 289（25.5%）	228 297	232 100	98.4%

1. 美国

移民人口概况：有关香港居民移民美国的资料，主要来自由美国司法部（2001 年前）和国土安全部（2001 年后）编辑、美国政府印务局（Washington DC：U. S. Government Printing Office）出版的《移民与归化服务统计年鉴》（*Statistical Yearbook of the Immigration and Naturalization Service*）。以下是根据美国政府司法部历年来发布的移民数据所整理出的香港人前往美国的移民规模趋势变化图。

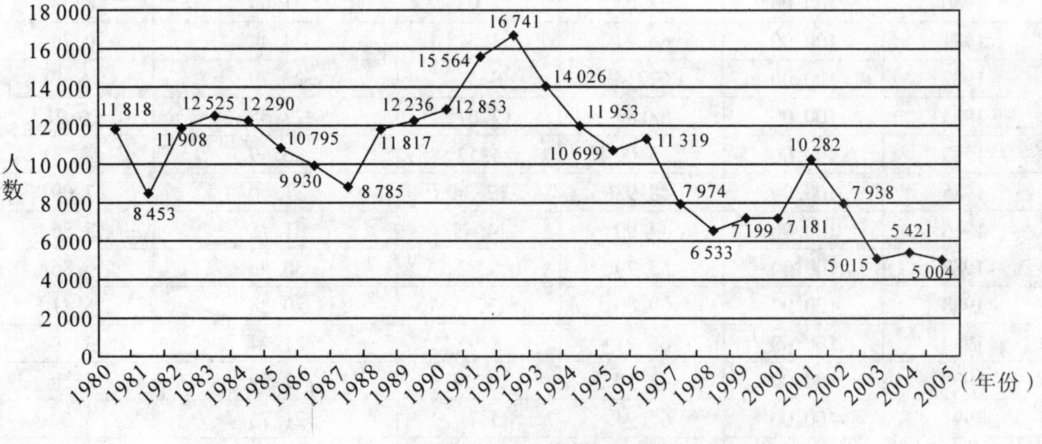

图4　1980—2005 年香港移民获得美国居留权之人数统计

① 为使其他三国及香港地区可以与澳大利亚以 6 月 1 日为年度开始的统计数据比较，其数字是以澳大利亚数据取得的两个年份之平均数。

根据美国政府的统计，从1980年到2006年，香港移民美国的总人数约为270 000人。香港居民移民美国的趋势与香港向外移民的总体趋势大致相符。移民潮同样自1980年开始，经历1982年至1984年的一次移民浪潮之后，迁往美国的移民人数以年平均11 000人到12 000人的规模慢慢回落。但是，1987年之后，随着1997年香港主权回归进入倒计时，港人移民美国的规模也渐渐地开始进入高峰期，直到1992年达到鼎盛阶段，该年正式获得美国政府移民签证的香港人为16 741人。此外，值得注意的是，自1988年至1996年连续9年，每年均有超过1万的香港市民获得美国政府的移民许可。香港主权回归后，移民美国的数字立即开始下降。1997年之后，港人移民美国的人数连续4年下降到1万人以下，徘徊在年平均7 000多人的水平。可是，2001年突然又有10 000多人移民美国，具体原因不明，估计是前些年申请移民美国的个案积压，拖延到当年才获得批准。2002年后，移民美国的数量不断下跌，回落到7 900人后，又持续下降到年平均约5 000人的水平，并维持这一规模到现在。

至于移民美国的类别，可参阅下列根据美国政府司法部统计数据制作的表3。该表显示了1980年至2000年移民至美国的香港移民中获核准的类别百分比内容及其平均百分比。总的来说，首先是香港移民以家庭担保获核准的比例占大多数，约为57.84%，换言之，超过一半的香港人是通过该种方式移民美国；其次，则是以美国公民直接亲属的身份申请移居美国者，所占比例为23%；以工作原因而获得移民身份者，则有12.41%；此外，通过其他类别移民美国者占6.75%。

表3 1980—2000年香港地区移居美国人口统计（按照移民类别统计） 单位：%

年份 Year	合计 Total	家庭 Family Based Preferences	工作 Employment Based Preferences	美国公民之直接亲属 Immediate Relatives of U. S. Citizens	其他 Other
1980	100.00	62.64	7.08	21.94	8.33
1981	100.00	66.24	8.57	24.44	0.76
1982	100.00	52.14	8.57	22.79	16.49
1983	100.00	58.87	7.67	22.55	10.91
1984	100.00	55.09	4.52	26.69	13.70
1985	100.00	48.98	12.34	31.60	7.09
1986	100.00	47.90	14.49	31.75	5.86
1987	100.00	55.79	6.72	30.63	6.86
1988	100.00	59.89	13.41	20.28	6.41
1989	100.00	66.21	8.97	21.24	3.58
1990	100.00	63.59	11.14	22.99	2.28
1991	100.00	67.94	6.71	21.75	3.60
1992	100.00	49.50	18.83	18.46	13.21
1993	100.00	51.81	21.34	20.08	6.77
1994	100.00	53.28	21.62	20.02	5.08
1995	100.00	56.15	15.88	20.53	7.45

（续上表）

年份 Year	合计 Total	家庭 Family Based Preferences	工作 Employment Based Preferences	美国公民之直接亲属 Immediate Relatives of U. S. Citizens	其他 Other
1996	100. 00	51. 75	20. 26	21. 60	6. 39
1997	100. 00	48. 17	16. 55	29. 19	6. 08
1998	100. 00	62. 81	15. 48	18. 23	3. 48
1999	100. 00	73. 14	8. 17	14. 59	4. 10
2000	100. 00	62. 68	12. 35	21. 64	3. 33
合计/平均	100. 00	57. 84	12. 41	23. 00	6. 75

图 5 显示的是香港在 1980—2000 年移民至美国的各种移民类别的变化。如前所述，家庭担保是香港人移民至美国的主要形态。除了 1985、1986、1992 年与 1997 年这四年曾经低于该年的 50% 以下，其余年均以超过半数的比例获得核准在美永久居留，甚至在 1999 年仍有七成以上的申请者通过这一渠道获得移民核准。在上述这四个年头内，还有一个移民类别（即美国公民直接亲属类别）的移民比例呈现出上升的态势。除了 1992 年之外，以此类别移居美国者达 29% ~31%。以工作移民的渠道移民美国者，在 1980—1984 年，大约有 4% ~8% 的人以此方式移民美国，1985 年首次有超过 10% 的人循此工作移民的渠道进入美国。1992 年后，通过工作移民前往美国的香港居民日益增加。1993、1994、1996 年三个年度内，有超过两成比例的香港移民循该移民渠道迁徙美国。

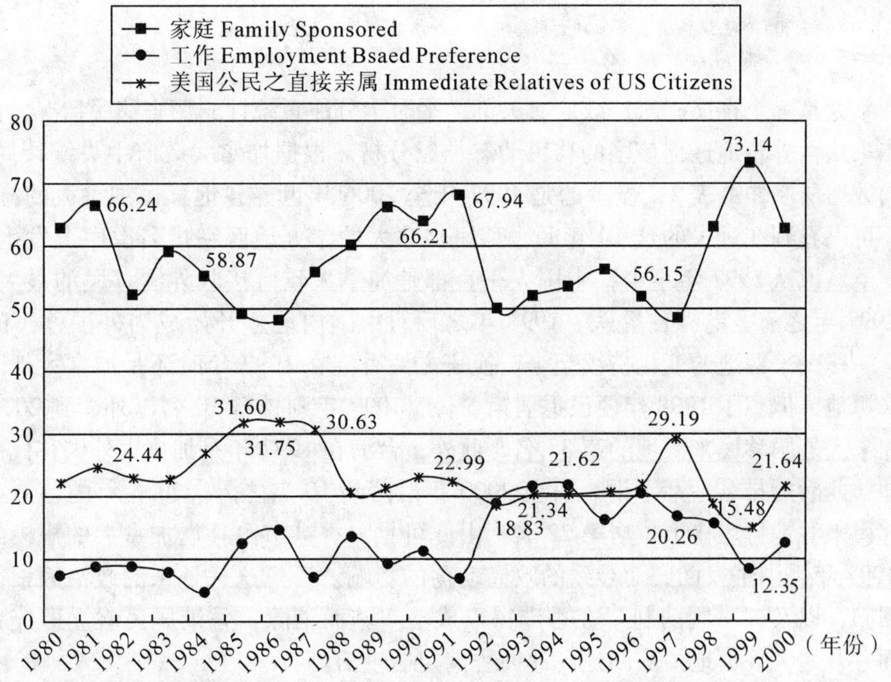

图 5　1980—2000 年香港地区移民美国的移民类型趋势变化

2. 加拿大

香港移民加拿大的高潮肇始于 1987 年。从图 6 的统计数据中可以看出，香港移民到加拿大的人数在 1987 年后有明显增加的趋势。1986 年为 5 893 人，翌年几乎增长了三倍，达到 16 170 人。移民高潮逐年攀高的趋势延续至 1991 年才略为下滑，此后又再度升高，到了 1994 年，香港人移民加拿大的人数增至 44 169 人，成为整个移民潮的顶点。接着，移民人数开始逐年下降，最为明显的下降趋势发生在 1997 和 1998 年前后。1997 年主权回归时，香港移民加拿大者还有 22 250 人，1998 年则呈倍数陡降至 8 087 人。此后的移民规模日益萎缩，2006 年，移民加拿大的香港人数降至 1 489 人。

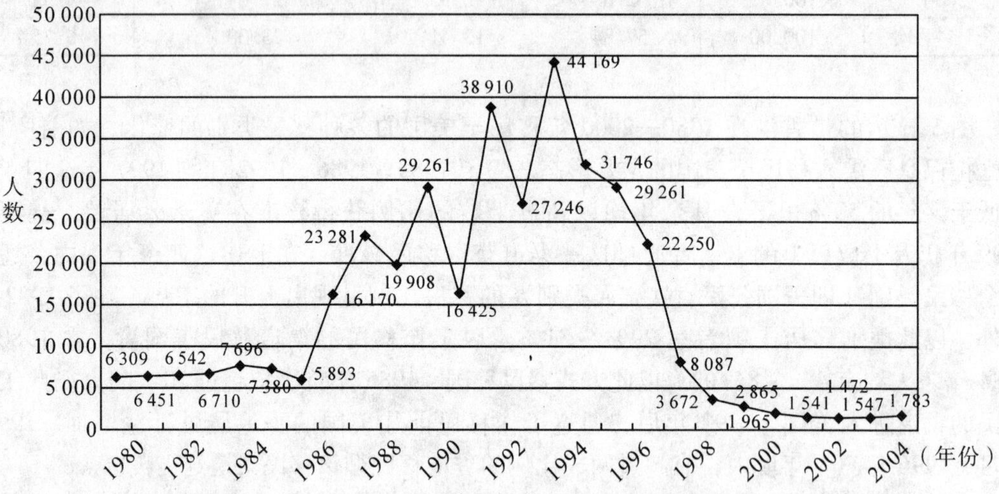

图 6　1980—2005 年香港移居加拿大人数及趋势变化

注：1980—2005 年香港移民取得加拿大居留权之人数统计（以前居住地为准则）。

加拿大是一个移民国家，政府有关部门平时十分注意统计、调查移民情况，并不时地对历年来从世界各地迁徙该国的移民动态加以分析。根据加拿大政府中央统计局 2007 年发布的数据所制作的表 4，显示的是 1997 年至 2006 年世界各地移民加拿大的排名次序。其中，可以看到在过去的这 10 年间，移民加拿大的华人地区在排名次序上发生了变化。例如，虽然说从 1997 年至今，中国人一直都是加拿大政府接收外国移民的最大来源地，但在 1997 年之前香港独占鳌头，1998 年之后，中国内地才开始成为外国移民的首要来源，这一移民来源地的变化持续至今。换言之，香港在 1997 年时还是加拿大外国移民的首要来源地，但到了 1998 年便已退居第 5 位，1999 年则排行 10 名以外，到 2006 年甚至成为加拿大外国移民来源地的第 33 名。此外，台湾在 1997 年是加拿大外国移民的第 4 大来源地，此后的排名逐渐下滑，直至 2000 年滑落到 10 名之外，2006 年的台湾在加拿大外国移民来源地排名榜上位居第 22 名。由此可见，香港市民移居加拿大的规模纯粹是受到了 1997 年香港主权回归而导致的政局动荡的影响。一旦这一外来的政治因素因为主权顺利回归，以及“一国两制”在香港得以成功实施而消除，香港居民就立即停止向外移民，而且开始大规模地掉头回迁，返回香港定居生活。

表4　1997—2006 年加拿大外国移民来源地排名

Source Countries	1997	1998	1999	2000	2001	2002	2003	2004	2005	2006
China, People's Republic of	3	1	1	1	1	1	1	1	1	1
India	2	2	2	2	2	2	2	2	2	2
Philippines	6	3	4	4	4	4	4	3	3	3
Pakistan	5	4	3	3	3	3	3	4	4	4
United States	9	9	7	7	6	8	6	5	5	5
Iran	7	7	6	8	7	5	7	6	9	6
United Kingdom	10	11	10	10	10	10	9	7	7	7
Korea, Republic	11	8	6	5	5	6	5	9	8	8
Colombia	60	45	39	25	21	16	11	11	6	9
France	17	12	11	12	12	13	12	10	10	10
Sri Lanka	8	14	9	6	9	9	10	13	12	13
Romania	12	15	14	11	8	7	8	8	11	13
Russia	14	10	12	14	13	14	13	14	15	20
Taiwan	4	6	8	13	19	19	21	27	18	22
Hong Kong	1	5	13	17	29	32	32	33	31	33
Yugoslavia (former)	35	40	29	9	22	31	48	59	99	120

至于移民类别，正如以下图表所示，1980—2001 年自香港移居加拿大者，一般来说，以技术类别为首要原因（占38.94%）；其次则为依亲类别，占移民总人数的27.32%；第三大移民类别则是商务移民，与依亲类别相差不大，约有26.54%。至于具体数据，请参见表5。

表5　1980—2001 年香港地区移居加拿大的移民类别统计　　单位：%

年份	合计	依亲	技术	商务	Provincial nominees	Govt Refugees	Private Refugees	Inland Detemination	Refugee Dependants	Deferred Removal Order Class	Live-in Caregiver Programme	Post' Determination Refugee Claimant	退休	Missing or Invalid
1980	100.00	71.46	24.33	2.12	—	0.57	1.01	—	—	—	—	—	0.51	—
1981	100.00	62.31	31.65	3.67	—	0.56	0.59	—	—	—	—	—	1.22	—
1982	100.00	52.98	38.79	5.07	—	1.22	0.31	—	—	—	—	—	1.63	—
1983	100.00	61.96	14.26	17.61	—	0.77	0.21	—	—	—	—	—	5.19	—
1984	100.00	49.49	9.34	29.70	—	1.71	0.22	—	—	—	—	—	9.53	—
1985	100.00	39.78	13.67	38.20	—	0.01	—	—	—	—	—	—	8.34	—
1986	100.00	29.44	22.09	41.25	—	0.41	0.02	—	—	—	—	—	6.79	—
1987	100.00	17.69	57.14	19.63	—	0.01	0.01	—	—	—	—	—	5.52	—

（续上表）

年份	合计	依亲	技术	商务	Provincial nominees	Govt Refugees	Private Refugees	Inland Detemination	Refugee Dependants	Deferred Removal Order Class	Live-in Caregiver Programme	Post' Determination Refugee Claimant	退休	Missing or Invalid
1988	100.00	13.13	62.09	19.28	—	0.08	0.14	—	—	—	—	—	5.28	—
1989	100.00	16.34	48.84	26.66	—	0.50	0.12	—	—	—	—	—	7.54	—
1990	100.00	19.50	52.07	22.94	—	0.05	0.02	—	—	—	—	—	5.41	0.00
1991	100.00	37.52	23.82	28.55	—	0.16	0.10	0.01	—	—	—	—	9.84	—
1992	100.00	36.86	19.64	33.95	—	0.03	0.05	0.01	—	—	—	—	9.45	0.02
1993	100.00	25.40	20.82	37.83	—	0.01	0.01	0.00	—	—	0.14	—	15.76	0.01
1994	100.00	21.55	36.77	26.99	—	0.01	0.01	—	0.00	—	0.17	—	14.49	—
1995	100.00	25.40	53.81	19.84	—	—	—	0.01	0.01	—	0.18	—	0.75	—
1996	100.00	17.69	54.41	27.29	0.02	—	0.02	0.00	0.00	0.05	0.15	—	0.36	—
1997	100.00	17.94	53.18	28.54	—	—	0.01	0.01	—	0.02	0.17	0.00	0.12	—
1998	100.00	22.25	43.81	33.25	—	—	0.02	0.01	—	0.04	0.62	—	—	—
1999	100.00	28.88	40.10	30.06	—	—	—	—	—	0.03	0.76	0.03	0.14	—
2000	100.00	41.36	30.13	27.78	—	—	—	0.07	—	—	0.66	—	—	—
2001	100.00	45.77	29.23	24.08	0.25	—	—	0.05	—	0.05	0.56	—	—	—
合计/平均	100.00	27.32	38.94	26.54	0.00	0.14	0.07	0.00	0.00	0.01	0.10	0.00	6.86	0.00

若欲观察香港移民类别的变化趋势，则可参见图 7。从图 7 中可以看出，在 20 世纪 80 年代初期，香港居民多循依亲的渠道申请移居加拿大。这一移民类别的比例虽然此后有所下降，但仍占有较高的比例，直到 1986 年才开始被商务移民类别所超越，后者甚至成为该年最大的移民类别。此后的数年，依亲移民类别的比例尾随着商务移民类别比例，但在 1986 年至 1990 年，商务移民多于依亲移民。1986 年，技术移民类别的比例开始升高，并在翌年（即 1987 年）成为香港人移民加拿大的最主要的移民类别，约有 57.14% 的移民是通过这一移民类别而获得加拿大政府的移民签证。技术移民类别的高峰期在 1988 年，在当年迁徙加拿大的香港移民中，有 62.09% 的申请者循此渠道移居加拿大。技术移民类别的另一个高峰期则发生在 1996 年，当年的比例约占该年移民总人数的 54.41%。还有一点值得注意，不同于中国内地前往加拿大的移民，从香港外迁的移民中还有第四种移民类别，亦即以退休形态移居加拿大者。从 1983 年至 1994 年之间，有 5% 至 15% 的香港移民实际上是通过退休移民类别到加拿大去安度晚年的。

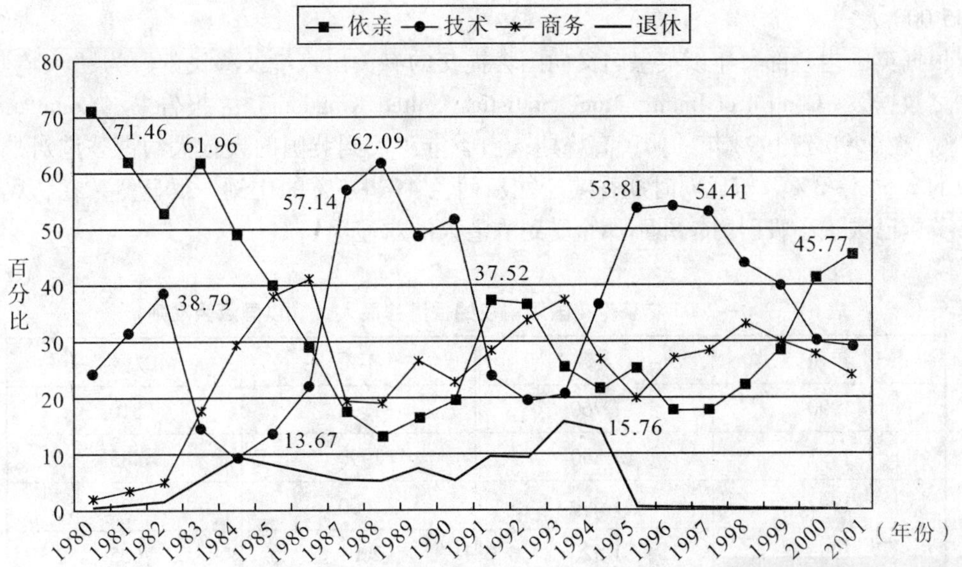

图7 1980—2001 年香港移居加拿大的移民类别趋势变化

3. 英国

香港人向英国移民的情况与其他国家很不相同。由于历史上宗主国和殖民地之间的密切关系，在英国人统治时代，有很长一段时期香港人到英国本土居留或出入境是没有任何限制的。其中涉及英国国籍法律条例的变化，限于篇幅，不便在此细述。

简单来说，英国国会通过 1981 年的《英国国籍法》（*British Nationality Act*, 1981）后，废除英国及殖民地公民身份，代之以英国公民（British Citizenship）、英国属土公民（British Dependent Territories Citizenship）及英国海外公民（British Overseas Citizenship）三种国民身份，并在《中英联合声明》签署后制定《香港法》（*Hong Kong Act*, 1985），设立英国国民（海外）（British National Overseas）身份予香港有关系之英国属土公民，使他们在政权移交后"有资格保留某种适当地位"①。截至 2007 年，英国政府估计香港地区共有 340 万名拥有英国国民（海外）身份的人士，其中约有 260 万人并无持有相关的英国国民（海外）护照。另外，就正式领取护照而言，从 1997 年 4 月到 2006 年底为止，包括更新及补发在内，英国政府共发出 794 457 本英国国民（海外）护照给香港居民。②

此外，还有部分香港人是通过 1990 年的英国国籍甄选计划（又称居英权计划，British Nationality Selection Scheme）而将自己的国籍改为英国国籍的。在 1996 年的一次上议院会议中，贝利嘉勋爵（Lord Blaker）指出，1990 年该法案通过时，预计通过此法获得英国公民身份的总人数大约为 225 000 人，但在 1996 年英国国籍甄选计划结束时，共有 49 000 名香港户主取得英国公民身份，总计当时取得英国公民身份的香港居民

---

① 中英联合声明英方备忘录第一项。

② 外交及联邦事务部政务次官（The Parliamentary Under - Secretary of State, Foreign and Commonwealth Office）查士文勋爵（Lord Triesman）回应艾夫伯里勋爵（Lord Avebury）质询时提供的数字，参见 Hansard HL Vol. 690 Col WA213（22 Mar. 2007）.

为135 000 人。①

根据英国内政部每年以英皇名义向国会提交的有关出入境及移民的题为“入境监控：英国之数据”（Control of Immigration：Statistics United Kingdom）之报告书（Command Paper）②，在1990 到1994 年的移民高峰期，由香港移民到英国的人数大约占香港对外移民总数的2.5% ~3%，对比同时期香港迁往新西兰4% ~5%的比例，很显然，在移民问题上，英国已失去了吸引力，并不那么受到香港人的欢迎。

表6 1990—2005 年获得英国居留权的香港移民人数（以国籍为准则）③

年份	人数	年份	人数
1990	1 760	1998	810
1991	1 890	1999	485
1992	1 590	2000	795
1993	1 520	2001	605
1994	1 490	2002	460
1995	1 310	2003	725
1996	1 240	2004	540
1997	895	2005	805
总数	16 920		

两相对照，可以肯定的是，历年报告书所列举的香港移民数字都不包括通过居英权计划而直接获得英国公民身份的香港居民人数。可能是因为当时伦敦当局提出的居英权计划并非常规性移民计划，故不计算在内。也就是说，历年报告书的统计数字远远低于实际上香港人移居英国的规模。

至于迁往英国的香港移民类别的数据，可供参考的数字只有由2000 年到2006 年的数据。表7 显示香港在2000—2006 年移民至英国的移民类别及其在移民总数中所占的百分比以及平均百分比。总体而言，香港移民循家庭担保团聚之渠道获准移民签证的比例比较大，约占61.47%。换言之，超过一半的香港移民是以该种方式移民英国的。其次，其他移民类别的占有比例为26.51%；以技术移民渠道获得移民身份者平均比例为11.12%，商务移民的平均比例最小，为0.91%。

① Hansard HL Vol. 576 Col 1218 (12 Dec. 1996).

② 本报告查得可供查阅的报告书由2000 年出版的第5315 号（Cm 5315）开始，整体移民数据可追溯至1990 年，但分类统计则只有出版当年之数字。

③ Secretary of State for the Home Department, “*Control of Immigration*: *Statistics United Kingdom* 2000”（Cm 5315）for 1990 - 1994 data, “*Control of Immigration*: *Statistics United Kingdom* 2005”（Cm 6904）for 1995 data and “*Control of Immigration*: *Statistics United Kingdom* 2006”（Cm 7197）for 1996 - 2006 data.

表 7 2000—2006 年香港移民英国之移民类型 单位:%

年份	工作签证	商务	家庭	其他	合计
2000	10.00	0.00	66.25	23.75	100
2001	4.17	4.17	75.00	16.67	100
2002	4.35	1.09	61.96	32.61	100
2003	5.88	0.00	61.76	32.35	100
2004	10.28	0.00	56.07	33.64	100
2005	23.60	0.62	51.55	24.22	100
2006	19.53	0.47	57.67	22.33	100
平均	11.12	0.91	61.47	26.51	100

图 8 表现了香港移民 2000—2006 年类别的变化。家庭移居英国的类别于 2000 年就超过六成，在 2001 年则升高到 75%，接着以此类别移民者的比例逐渐下降，但仍是移民形态中的最大类别。当家庭类别逐渐下降时，香港移民以其他类别以及工作类别的比例则显示上升的趋势，持工作签证移居英国者，在 2000 年就有一成的比例，但在来年此类别比例就下降了，直到 2004 年才又增长到超过一成的比例，在 2005 年，工作移居类别增长甚至有超过两成的比例。

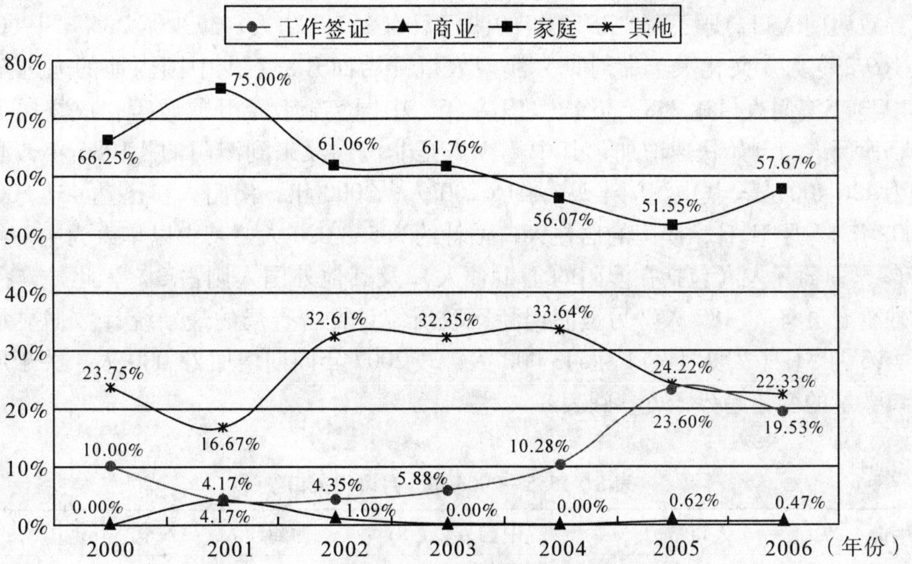

图 8 2000—2006 年香港移居英国移民类别趋势变化

四、澳门海外移民

（一）澳门人口发展概况

与香港的情况相似，澳门是一个典型的移民城市。1557 年葡萄牙人开始在澳门定居时，澳门的人口只有 400 人；到了 1563 年，澳门人口就已达到 5 000 人，其中华人 4 100 人，葡萄牙人 900 人。1578 年，澳门人口增加至 10 000 人；1640 年，澳门人口增至 40 000人。由于清朝初年实施海禁，大批澳门居民被迫内迁，导致 1700 年的澳门人口数字有所下降。1750 年，澳门人口又上升至 20 000 人。历史上，中国政府在澳门进行的最早的一次人口普查是在 1839 年。当时，林则徐亲抵澳门，对当地社会进行了一次较为仔细的人口调查。据《林则徐奏稿》记载，当年的普查结果表明，澳门人口总数约为 13 000 人，其中，华人 7 033 人，葡萄牙人 5 612 人，其他国家人口为 355 人。1910 年澳门地区人口总数有 74 866 人，其中华人 71 021 人，占总数的 94.8%，葡萄牙人只有3 601 人，其他外籍人口也只有 244 人。人口密度方面，澳门地区每平方公里为 5 156 人，其中澳门半岛人口密度为 14 569 人，凼仔岛人口密度只有 1 852 人，路环岛的人口密度更低，只有 290 人，另外澳门还有水上居民 19 041 人，占人口总数的 25.4%。1927 年澳门人口增加至 157 175 人，接着的 10 年，人口急剧增加。随着抗日战争的爆发，大批人口向南方流动，相当一部分战争难民流入港澳地区。特别是在 1938 年，广州、中山沦陷后，流入澳门的人口就更多了，1939 年澳门人口已超过 20 万人，达到 245 194 人，其中华人有 239 803人。抗日战争胜利后，不少流入澳门避难的居民返回中国内地，有些人则迁往香港，导致澳门人口急剧下降，1950 年的澳门只有 187 772 人，减少了 23%，1960 年更下跌至 169 299 人。文化大革命时期，澳门人口开始回升，不少中国内地的人逃至港澳地区，1970 年澳门人口达 248 536 人。1978 年，中国实施改革开放政策，放宽居民出境的限制，澳门人口开始快速增加，其中不少人是非法偷渡来到澳门的。1986 年，澳门人口总数为 426 400 人，其中澳门半岛有 416 200 人。2000 年，澳门人口已达 431 500 人。截至 2007 年 12 月 31 日，澳门的居住人口估计约为 538 000 人，其中以华人为主，占总人口的 97%，葡萄牙人（包括在澳门的土生葡人）及其他外国人则占 3%。此外，在澳门工作的外籍雇员有 71 182 人。另据澳门特区政府统计暨普查局的最新统计数据显示，截至 2008 年 3 月 31 日，澳门人口为 543 000 人，较 2007 年同期增加 23 000 人。关于历史上澳门人口数量的变化趋势，可参阅表 8。

表 8 1555—2008 年 3 月澳门人口统计

年份	总人口数	中国人	葡萄牙人	其他国家的居民
1555	400			
1563	5 000	4 100	900	
1578	1 0000	4 000 ~ 5 000		
1621	2 0000	7 500	700 ~ 800	
1640	4 0000	20 000	600	5 000

（续上表）

年份	总人口数	中国人	葡萄牙人	其他国家的居民
1700	4 900	4 000	900	
1743	5 500	2 000	3 500	
1750	20 000			
1839	13 000	7 033	5 612	355
1910	74 866	71 021	3 601	244
1920	83 984	79 807	3 816	316
1927	157 175	152 738	3 846	591
1939	245 194	239 803	4 621	767
1950	187 772	183 105	4 066	601
1960	169 299	160 764	7 974	516
1970	248 536	240 008	7 467	1 611
1980	241 950			
1985	290 633			
1990	339 510			
1995	415 000			
2000	437 903			
2005	488 144			
2006	513 427			
2007	538 100			
2008	543 000			

资料来源：

①黄启臣、郑炜明：《澳门经济四百年》，澳门基金会，1994 年。

②郑天祥、黄就顺、张桂霞、邓汉增：《澳门人口》，澳门基金会，1994 年。

③澳门政府统计暨普查司历年人口统计资料。

（二）澳门的海外移民

历史上，由于葡萄牙人曾经在澳门殖民统治了 400 余年，使得澳门人口的来源非常广泛，包括不同国籍、不同种族、不同出生地、不同宗教信仰文化的居民，这些因素促成了澳门多元性特色的形成。澳门的居民大部分为各个时期迁移自中国内地的华人。除此之外，有近 100 个国家或地区的公民长期在澳门居住或工作。若以血统分类计算，其他国籍的人口占澳门人口的 4% 左右，其中葡萄牙籍人口约占澳门总人口的 3% 左右。除了来自欧洲本土及南美、安哥拉等地的葡萄牙人之外，必须特别留意的是澳门社会中的一个独特的族群——土生葡人（葡文：Macaense）。所谓的“土生葡人”，指的是在澳门当地土生土长的葡裔人士及其后代，尤其是自明朝中叶就开始移居澳门，并长期在澳门居留的葡裔人士，亦指葡萄牙人与亚洲人士或其他国籍人士通婚后，在澳门所生的混血人士及其后代。不过，具有葡萄牙公民资格的澳门华裔居民不属于土生葡人。在 1999 年澳门主权回归前夕的数年，不仅葡萄牙人的数量比历史上任何一个时期都多，而且有一大批澳门的土生葡人，其数量大约在 11 000 人。他们中间有相当一部分人在 1999 年前后跟随着葡萄牙人迁离澳门，辗转迁到葡萄牙或历史上的几个葡属海外殖民地定居生活，成为澳门海外移民的主要组成部分。①尽管如此，由于澳门基本上是一个移民接收地，而不是一个移民输出地，所以总的来说，1980年以后，除了因为1999年主权回归促使大部分葡萄牙国籍的公务员、商人以及部分欧洲其他国家的人士迁离澳门之外，澳门的海外移民数量其实相当有限。加上许多土生葡人迁到葡萄牙后突然发现自己的身份认同出现矛盾，当地的葡萄牙人并不认同他们是自己民族的一部分，因此感到十分痛苦和迷惘。所以，大部分的土生葡人最终还是选择留在澳门，他们认为澳门才是自己真正的故乡。至于在1999年前已在澳门取得葡萄牙国籍的华人已为数不多，1999年后迁到海外国家的就更少了。②

关于历年来澳门海外移民的统计数据，经查询澳门政府身份证明局及葡萄牙政府移民局，方知晓根本没有这方面的资料，因为澳门政府无法准确知道哪些人真的是已迁离澳门，所以有关职能部门也就不像香港特区政府一样去费心搜集数据，估算移民数字作为内部制定相关人口政策之参考。1999年回归祖国后，澳门特区政府统计暨普查局虽然在其年度人口统计报告中列有迁出人员的数字，但是，这些统计数字基本上不能用来分析澳门的海外移民规模变化，因为其中既有真正的移民海外者，也包括原来在澳门工作、定居的大批中国籍的香港居民、中国内地居民及外籍居民，统计暨普查局未将这些人仔细分类，而是混为一谈，令研究人员难以进一步加以分析。也就是说，澳门政府将“迁出人士”等同于“海外移民”，但凡在澳门居留、工作一段时间之后再迁离澳门者，统统被视为迁出人员。尽管如此，本报告还是将近年来澳门政府统计暨普查局发布的澳门外迁人口的统计数据编制成表，以供有关部门参考。

表9 1998—2007年澳门外迁人口统计

年份	迁出人数	年份	迁出人数
1998	212	2003	350
1999	119	2004	418
2000	1 003	2005	264
2001	590	2006	13 761*
2002	549	2007	324

* 2006年的外迁人口数字统计颇为蹊跷，因为不可能会突然出现如此大规模的外迁人口，或许是意识到统计上存在着难以弥补的差错，澳门政府在该年的统计报表中非同寻常地有意不填写具体的迁入及迁出人口数字，而在有关的栏目中留空，只提供当年获准在澳门居留人士的总数为36 398人。本栏的13 761人是以2005年的数字50 159人扣除36 398人后得出的。

资料来源：澳门政府统计暨普查局人口统计年度报告，1998—2007年。

---

① Manuel Teixeira. 1965. *Os Macaenses.* Macau: Imprensa Nacional; P. Benjamin Antonio Videira Pires. 1987. *Os Exibemos Conciliamse: Tramscultur ão em Macau.* Macau: Instituto Cultural de Macau; João de Pina Cabral and Nelson Lourenço. 1993. *Em Terra de Tufões: Dinâmicas da Etnicidade Macaense.* Macau: Instituto Cultural de Macau.

② 以上这些评论来自钱江在过去15年间7次出访葡萄牙期间的观察，以及与部分1999年后从澳门移居里斯本的葡萄牙原派驻澳门的高级官员和葡籍澳门华人的交谈。

由表9的统计数据大致可以看出澳门在1999年回归前后到现在的人口外迁的规模。在1999年之前，每年的外迁人口只有100~200人，可是在主权回归中国后就发生了急剧的变化。很显然，由于主权回归的政治因素，原来在澳门殖民政府中工作的大批葡萄牙公务员和葡籍人士，加上一部分拥有澳门永久居留权的土生葡人，纷纷在主权回归的翌年（2000年）离开澳门回国，或迁到其他国家，所以，澳门的人口外迁在2000年时突然出现了一个高潮。此后，仍有少量葡籍人士选择迁徙海外，惟其内迁移民规模已经逐渐地缩小，从每年500余人降至300~400人，近年来基本上保持在每年300人左右的规模。若将大批原在澳门工作、定居的香港人也计算在内的话，则实际上澳门的海外移民规模实在是微乎其微，或许每年真正移民海外的澳门居民只有100人左右，可以忽略不计。至于2006年的统计数字，则应该是政府当局在统计时发生的差错，应排除在分析对象之外。

五、台湾海外移民

（一）战后台湾移民概况

影响人口迁徙的原因众多，包括环境、经济、社会、政治与文化运作等因素，因具体的历史背景而不同，但均对人口迁徙产生推动作用。1949年国民政府迁台后，一方面对于人民出境及人口外移政策采取强行管制，因此早期台湾出境者及外移人口数量较少；另一方面，由于当时台湾的外汇储存有限，经济上真正有能力出境者甚少。

当年到海外者以留学生居多。从1960年至1979年，台湾有50 000人赴美深造留学。台湾出现真正意义上的大规模移民，始自1970年代中期以后，其主要原因是台湾在国际政治舞台上之挫败。1971年，台湾退出联合国及1979年美国和台湾当局断交，是造成大量台湾居民向海外迁移的重要因素（台湾侨务委员会，1994）。为了减少时局不稳的干扰，或为自己的子女寻求较佳的居住和学习环境，留学生及其亲属就成为台湾向外移民的主要组成部分。台湾人以移民作为寻求政治安全保障的途径之一，如迁往美国、加拿大及日本等经济发达的国家。此后，台湾当局在出境与移民政策及规定上作出几项重大改变，直接影响出境及移民人数的变化（蔡宏进，2005）。①

除了台湾当局的政策影响之外，海外移居目的国家的移民政策也直接地对台湾居民的移民动向发生作用。例如，1980年美国修订移民法，同意分配给在台出生人口每年20 000名的移民配额，类似的移民政策修订势必直接影响其后数十年内每年向美国迁移的人数的变化。谢高桥（1989）在整理台湾侨务委员会核准出境者的种类资料时发现，每当探亲、团聚与应聘出境人数增加时，台湾的移民出境人数就会减少。②这有可能是因为在早期，台湾人民交替使用这些方式来出境，倘若移民申请困难，他们就多用探亲、团聚或应聘等方式出境。例如，20世纪80年代之后，某些经济发达国家的移民政策曾规定：申请者必须先取得执业作为移民的必须条件，于是，通过应聘方式这一渠道移民出国的人数就逐渐地多了起来。换言之，台湾当地与海外移居地两方面的移民政策，皆直接影响到移民人口数量的多寡。

---

① 例如开放大专毕业生出境留学的政策、准许留学生眷属出境的政策、开放台湾人出境观光的政策等。

② “出境”在此指的是以探亲、家庭团聚、应聘与移民等理由出境者。

（二）1980—2005 年自台湾移出人口数量概况

如上文所介绍的那样，由于台湾当局的移民政策和独特的户籍管理条例，混淆了短期侨居海外与永久移居之界线，导致人们难以准确地界定台湾海外移民的身份。但是，无论如何，本报告首先依据台湾当局内政部户政司之资料，推估1980年至2007年自台湾外迁（emigrants）的人数，并据此统计制成表10与图9。由于台湾当局对于出境方式的逐步开放，使得台湾外移人口多年来始终维持着稳定增长的趋势。表10显示，自1980年至2007年，从台湾岛迁出的人口总数共计4 277万余人，此数量大大超过了台湾本岛总人口的数量，不啻说明其中许多人可能往返于台湾与海外移居地之间，从而导致台湾当局重复计算外迁人口。若从移民外迁的波段来看，第一个迁出高峰发生于1980年，当时总共有173万余人迁出，次年的迁出人口规模略为减退，随即又维持着稳定增长的态势。1989年之后，外移人数持续下降，直到1992年，又掀起另一波外移人口的高峰成长期。这一外移人口的浪潮在1997年时达到高峰，共有169万余人迁出。随后，外移人数又趋减缓并且开始下降，2000年虽然曾一度回升，但在2001年又趋减缓。2007年，台湾外移人口估计有115万余人。

表10 1980—2007年台湾迁出与迁入人口统计

年份（Year）	迁入人数（Immigrant）	迁出人数（Emigrant）
1980	1 728 596	1 731 443
1981	1 541 191	1 536 683
1982	1 658 685	1 653 054
1983	1 564 253	1 580 995
1984	1 596 464	1 596 912
1985	1 602 553	1 610 666
1986	1 582 294	1 598 600
1987	1 623 900	1 623 413
1988	1 644 707	1 652 511
1989	1 593 063	1 601 500
1990	1 558 429	1 543 397
1991	1 477 764	1 489 892
1992	1 536 084	1 551 843
1993	1 584 102	1 606 453
1994	1 597 045	1 622 135
1995	1 648 105	1 678 379
1996	1 616 073	1 651 503
1997	1 704 992	1 692 612

(续上表)

年份（Year）	迁入人数（Immigrant）	迁出人数（Emigrant）
1998	1 635 617	1 598 111
1999	1 444 021	1 437 773
2000	1 381 843	1 376 912
2001	1 373 363	1 377 174
2002	1 452 575	1 456 261
2003	1 273 526	1 286 021
2004	1 264 937	1 261 692
2005	1 442 018	1 427 213
2006	1 414 340	1 376 816
2007	1 173 040	1 154 510
总计	42 713 580	42 774 474

资料来源：1991—2007 年的资料来自台湾内政部户政司；1990 年前的资料来自 1992 年出版的《内政统计提要》。

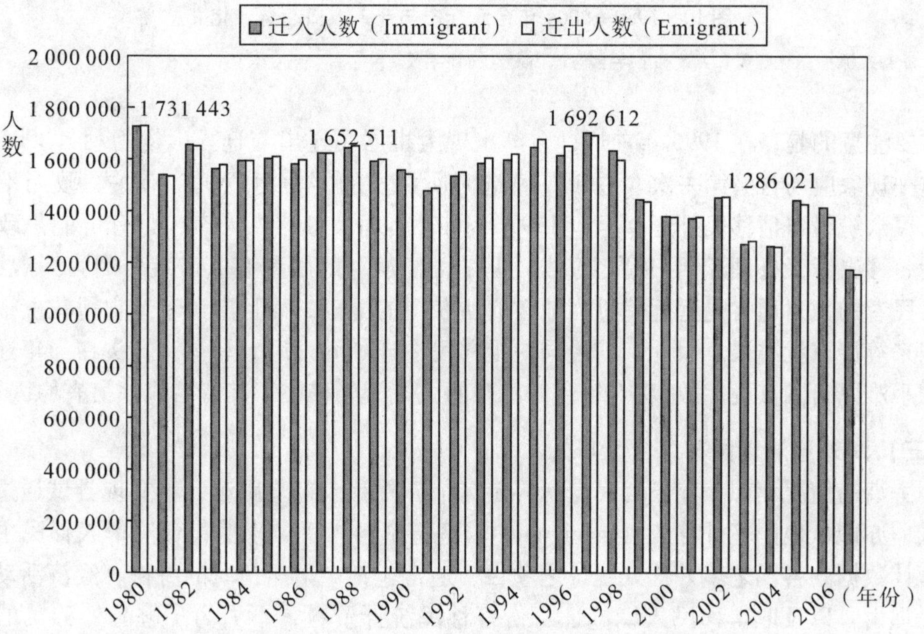

图 9　1980—2007 年台湾迁出与迁入人口趋势变化

另有部分研究台湾人口迁移之学者，采用台湾当局较早之前规定的国际迁移之定义：[①]将户口迁出台、澎、金、马等当地政府之管辖地者，或凡是出境六个月以上未回来

① 2004 年 1 月起，中华民国政府将“出境”定义为出国两年以上者将注销其户籍，但拥有中华民国护照者，权益不受影响。

者，则将其户口注销，视为国际迁移（包含留学生及应聘人员）。这一国际移民统计定义上的差别，在于究竟是以出境六个月还是以出境两年作为计算国际迁徙之基准。若依照六个月出境未归即为海外移民的定义进行统计，那么，台湾海外移民的规模及趋势变化将如图 10[①] 所示。

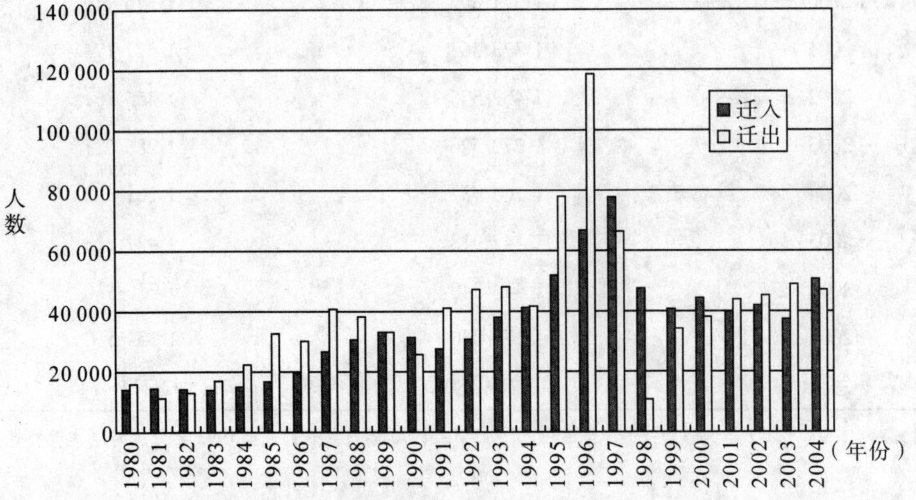

图 10　1980—2004 年台湾迁出与迁入人口趋势变化

资料来源：资料整理自内政部各年台闽地区人口统计年报。

需要注意的是，在 1996 年前后，台湾出现大批居民迁出与迁入。杨静利（2005）认为，这一现象应与台湾第一次"总统"直选时所引发的"台海危机"有关，政局不稳导致台湾民众纷纷申请移民外迁。至于 1997 年同时出现大量移入人口，则有可能是政局稳定之后，移出者又办理迁回户籍之缘故。但是，杨静利的解释有其破绽，因为一般而言，申请移民者的数目通常是远远超过当地政府所获得的配额，而且申请者经常得花上很长一段时间来等待审批结果。因此，若说同一批移民在迁到海外后，马上又掉头在当年迁回台湾，似乎难以自圆其说。故 1996 年台湾出现的大批海外移民，其背后应该另有原因。

（三）海外移居地国家之台湾华人

同香港的情况相似，鉴于移民身份界定与估算外移人口之困难，本文现尝试通过迂回的方式，亦即从他国境外移入（immigration）登记资料入手，来搜集台湾华人移民主要国家之统计数据。各国之境外移入统计之项目，通常包括申请居留时的身份、经济活动、核准移民理由，以及取得移民入境签证身份等移民统计资料，不失为了解海外移民的重要数据。

受限于本文的撰写时间与经费，笔者无法到世界各地华人移民集中的国家和地区进行实地调查，仅能以大多数台湾居民移居的目的地国家为目标来进行统计整理。依据台湾侨委会统计室的调查资料（2002b）显示，若以 2002 年的情况为参考依据，则台湾海外移

① 此图摘自徐荣崇：《美国、澳洲、加拿大三国台湾侨民比较研究》，中华民国侨务委员会编印，2005 年，第 3 页。

民以美国最多，占55%；其次为加拿大，约占10.3%；东南亚占7.5%；日本占6.6%；澳大利亚占6.2%；其余的14.4%则分散在世界各地。

由于从各国政府所取得的统计数据与年份不一，无法作一全面整体性的比较与说明。但是，台湾侨委会曾于2002年委托部分学者调查有关台湾地区移居海外侨民的生活现状，[①]其中有几项结果发现，有助于我们了解台湾居民在海外的概况。

第一，台湾移民海外人口中，女性的比例大于男性，占54.4%，年龄层以青壮年居多，教育程度多为大专以上程度，约占70%。

第二，台湾移民海外的最主要原因以“求学”最多，占38%；“工作”移民者居次，占27.5%；“依亲”居第三，占20.7%；因“投资”而移民者则占5.5%，投资移民中大部分又集中在美国及加拿大。

第三，关于移民之居留身份，“已归化当地国”者占39.5%；“取得永久居留权”者占21.9%；“暂时居留当地”者占29.3%。其中，归化侨居国比例以加拿大及美国较高，分别占50.6%与44.1%。

第四，海外侨民日常活动以“从事工作”最多，占46.8%，“求学”次之，占28.8%；“照顾家人”占14.6%；“赋闲养老”占7%。就其当初移民之目的与现在从事之活动相比较，当初因求学移民者中有67.5%仍未完成学业，有26.5%目前已在工作。

第五，目前台湾海外移民之就业者中，以“受雇当地”者最多，占53.3%；“自己经营事业”者次之，占29.5%；“受雇厂商或政府外派”者占11%。

美国是台湾移民数量最多之地区，占移民人口之55%，教育程度亦高，硕、博士合计占39.3%。这批移民在经济上之独立自主性相当高，靠台湾家人供给者仅占18.9%。在就业者中，受雇于当地公司者占62.8%，从事教学研究者占17.7%，均为各国中最高。

台湾移居加拿大人数占10.3%。其中，投资移民比重高达13.6%，为各国之冠，唯移民之就业人口却不到1/3，照顾家庭及养老赋闲者比重达三成，远高于其他国家，显示移民加拿大者多属学生、主妇或退休老人等不从事生产之依赖人口。

移居东南亚之台湾移民，则以受聘于当地企业或赴侨居地经营事业者居多，这部分人返回台湾的次数也最多。其中，男性移居人数远多于女性，且多为企业主管人员。

根据上述调查所揭示出的移民特点，本文拟选择台湾移民的主要国家或地区（包括美国、加拿大、澳大利亚、日本与东南亚）来进行考察，在当地国家移民统计资料的基础上加以整理与说明。

1. 美国

提供1980—2005年新移民数据的西方国家仅有加拿大和美国两个国家，而澳大利亚提供的数据则是自1983年起至2005年止的统计资料。以这三个国家而言，我们发现，自台湾之华人，选择美国的总移民人口数有328 338人，加拿大有97 780人，澳大利亚大约有29 000多人。移居美国的台湾华人总数超过移民加拿大人数的3倍有余。显然，美国是台湾人移民目的地之首要选择。

---

① 详见中华民国侨务委员会：《台湾地区海外居民市场调查》，台北，2002年。

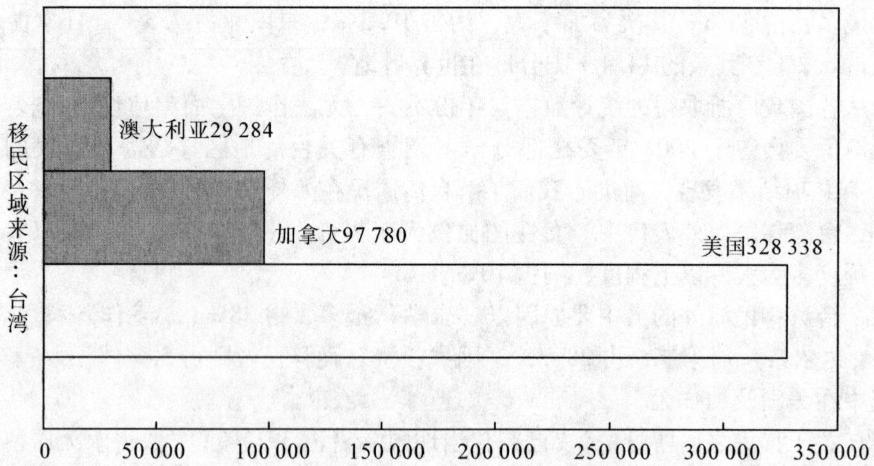

图 11 台湾人移民澳、加、美三国规模比较

至于台湾人移居这三个国家的具体人口数字，请参见表 11 与图 12。

表 11 1980—2005 年台湾人海外移民主要国家概况

年份	美国	加拿大	澳大利亚	年度
1980	9 415	827	—	1980—1981
1981	10 757	834	125	1981—1982
1982	12 099	560	132	1982—1983
1983	19 018	570	233	1983—1984
1984	14 684	421	241	1984—1985
1985	17 517	536	381	1985—1986
1986	15 931	695	804	1986—1987
1987	14 080	1 467	1 146	1987—1988
1988	12 376	2 187	2 100	1988—1989
1989	14 705	3 388	3 055	1989—1990
1990	16 344	3 681	3 491	1990—1991
1991	15 067	4 244	3 172	1991—1992
1992	17 905	7 456	1 434	1992—1993
1993	15 736	9 362	785	1993—1994
1994	11 157	7 411	794	1994—1995
1995	10 725	7 691	1 638	1995—1996
1996	15 228	3 681	2 180	1996—1997

（续上表）

年份	美国	加拿大	澳大利亚	年度
1997	10 828	13 324	1 518	1997—1998
1998	9 764	7 193	1 556	1998—1999
1999	7 285	5 483	1 699	1999—2000
2000	9 457	3 535	1 009	2000—2001
2001	12 457	3 114	680	2001—2002
2002	9 932	2 910	364	2002—2003
2003	7 168	2 126	314	2003—2004
2004	9 314	1 992	242	2004—2005
2005	9 389	3 092	191	2005—2006
总计	328 338	97 780	29 284	

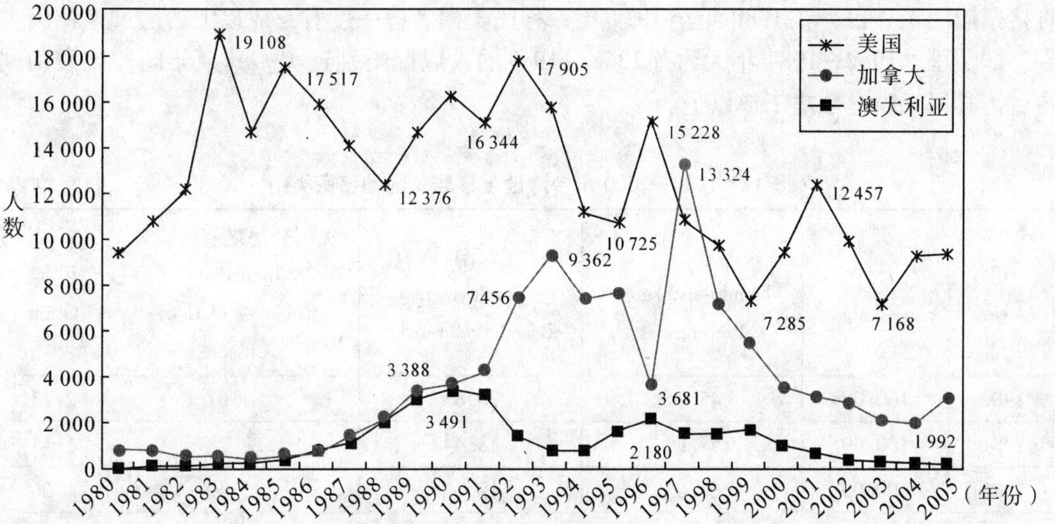

图 12　1980—2005 年台湾人海外移民澳、加、美三国之趋势变化

关于移居美国部分，本文使用的数据为美国政府提供的《移民与归化局统计年鉴》(*Statistical Yearbook of the Immigration and Naturalization Service*)。依据 2001 年出版的统计年鉴，美国官方所定义的移民，指的是合法获得在美居留权利的外国人，通常也指那些拥有绿卡（永久居留权）之外国居民。值得注意的是，在美国官方的统计数字分类中，尤其是在 1980 年与 1981 年的华人移民统计资料里，台湾与中国大陆归为同一类代码“245”。因此，为了分别取得中国大陆与台湾的移民统计数据，本文参考了台湾侨务委员会所推估的台湾人移居美国的统计数字。

（1）移民人口概况。

图 12 显示，台湾居民喜爱移民美国甚于加拿大，1980 年至 2005 年，移居加拿大的台湾人共计有 9 万余人，移民美国者则近 33 万人。台湾人移民美国从 1980 年直到 1997 年都维持着稳定的人口数量，每年几乎均有万余人左右移居美国。自 1980 年以来，历史上最大的移民高峰发生于 1983 年，共计有 19 000 多人移民美国。第二个高峰在 1992 年，共有 17 905 人移民到美国。1996 年也有不少人移居美国，达到 15 000 多人，但是，移民规模在 1997 年之后呈现下降的趋势，虽然 2001 年曾一度上升到 10 000 余人，但是之后又略为下降，甚至在 2003 年出现了历史上的移民低点，仅有 7 163 人移往美国。

那么，这些来自台湾的移居人口以何种移民类别获准迁入美国呢？图 13 显示了在 1980—2000 年台湾移民美国主要类别的变化。很明显，以家庭担保方式移民至美国的移民数量在 1982 年（66. 03%）和 1983 年（66. 53%）分别以六成六的比例达到高峰之后，就逐渐地下降。1992 年是家庭类别比例最低的一年，仅有 28. 49%，其余年份均有三成至五成以上的人是通过家庭担保方式获得核准移民美国。第二大移民类别是以工作方式移民至美国的，该类别在 1982 年即超越美国公民之直接亲属类别，成为移民的第二大类别，甚至在 1992 年、1993 年超越家庭担保类别，成为这两年的最大移民类别，分别有 45. 84%、45. 91% 的人口比例以工作类别方式移民美国。第三大移民类别则是美国公民之直接亲属团聚移民，在 1980 年至 1997 年，移民美国者曾一度有三成以上者通过该移民类别移居美国，1982—1984 年大约有 13% ~19% 的人以此类别迁美。其余年间，该类别则占台湾移民人口总数之二成以上。

表 12　1980—2000 年台湾地区移居美国的移民类别　　单位：%

年份 Year	合计 Total	家庭 Family-sponsored Preferences	工作 Employment Based Preferences	美国公民之直接亲属 Immediate Telatives of U. S. Citizens	其他 Other
1980	100. 00	45. 41	20. 83	31. 01	2. 75
1981	100. 00	57. 86	13. 44	27. 23	1. 47
1982	100. 00	66. 03	19. 31	13. 60	1. 06
1983	100. 00	66. 53	18. 60	14. 44	0. 43
1984	100. 00	55. 40	24. 17	19. 46	0. 97
1985	100. 00	51. 46	26. 85	21. 31	0. 38
1986	100. 00	40. 65	33. 48	25. 48	0. 40
1987	100. 00	43. 63	29. 91	25. 75	0. 72
1988	100. 00	37. 26	36. 68	25. 06	1. 01
1989	100. 00	43. 88	28. 79	26. 81	0. 52
1990	100. 00	42. 82	29. 25	27. 53	0. 40
1991	100. 00	47. 84	21. 42	30. 15	0. 59

（续上表）

年份 Year	合计 Total	家庭 Family-sponsored Preferences	工作 Employment Based Preferences	美国公民之直接亲属 Immediate Telatives of U. S. Citizens	其他 Other
1992	100. 00	28. 49	45. 91	22. 55	3. 04
1993	100. 00	31. 83	43. 35	23. 65	1. 18
1994	100. 00	37. 03	33. 88	28. 37	0. 73
1995	100. 00	45. 24	25. 93	27. 67	1. 16
1996	100. 00	47. 49	25. 20	26. 62	0. 69
1997	100. 00	39. 12	28. 91	31. 27	0. 70
1998	100. 00	50. 56	27. 38	21. 87	0. 19
1999	100. 00	58. 09	18. 70	21. 83	1. 39
2000	100. 00	46. 88	27. 46	25. 31	0. 35
合计/平均	100. 00	46. 83	27. 59	24. 62	0. 96

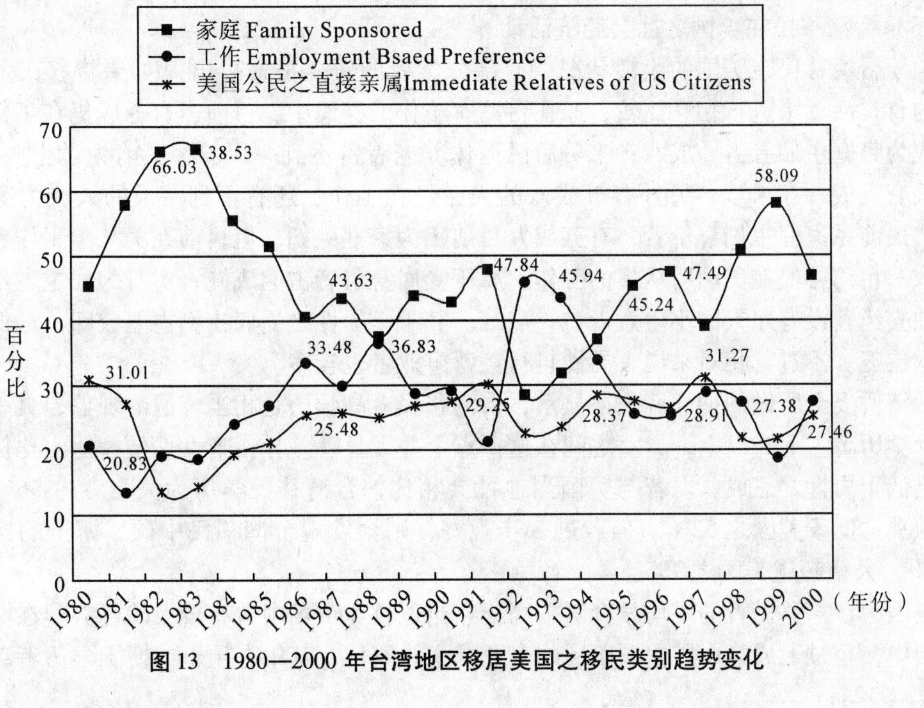

图 13　1980—2000 年台湾地区移居美国之移民类别趋势变化

（2）移民居住区域。

根据台湾侨委会2005 年出版的《各国华人人口专辑》的资料显示，[①]台湾侨民所选择

① 详细资料请参考中华民国侨务委员会：《各国华人人口专辑》2，2005 年，第 12 页。

之移民地点，似乎出现越来愈集中之趋势。在早期，台湾移民大多聚居在美国加州及纽约，其余则分散在德克萨斯州、伊利诺伊斯州、新泽西州、宾夕法尼亚州、马里兰、密歇根州、俄亥俄州等地区。但到了20世纪80年代，选择在纽约定居的人数逐年下滑，移民加州的人数却一路增加，移民集中的趋势日益明显，德克萨斯州则一直位居第三。经调查，长年以来选择定居加州者超过三分之一；纽约及其紧邻的新泽西州，占一成五左右；德克萨斯州也有一成左右；其余的四成移民则散居在美国各地。

表13　2004年台湾移民人口在美国居住地区之分布　　单位：%

居住地区	百分比分配	男性	女性
	100.0	100.0	100.0
加州	54.0	55.2	53.1
纽约	6.7	7.0	6.5
德州	8.6	8.6	8.5
其他地区	30.7	29.2	31.9

资料来源：美国公民暨移民服务局（Citizenship & Immigration Services，DHS，U.S.）。

（3）台湾移民在美国之社会经济活动。

关于台湾移民在美国的生活状况，有部分学者的研究报告指出，①如果将移民前后所从事的日常活动来进行相互比较，原在台湾有工作的移民中，目前尚有七成仍在工作；来美后成为家庭主妇者占一成八；来美后已退休养老者占不到一成。移民前为学生身份者，目前仍有三成一在求学；另外有五成八的人已经在工作；还有不到一成的人成为家庭主妇。移民前系家庭主妇身份者，有五成九目前仍为家庭主妇，但目前在美从事工作者亦接近三成。台湾移民在美国所从事的工作，属于受雇身份者占七成九；本身为雇主者不到一成；独立经营没有雇人的小生意者占一成二。其中，男性之受雇比例占七成四，远低于女性之八成五。不过，相对来说，男性自行经营事业者也较多。

台湾侨委会所做的抽样调查还显示，台湾移民者高学历是相当普遍的现象，具有大专及以上学历者占七成以上，男女之间在这一点上并无显著差异，唯女性硕、博士比例占三成，略低于男性之三成八。若与美国当地社会相比，台湾移民学历为大专者占36%，看起来似乎远低于美国之52%。但若进一步观察，则会发现台湾移民中硕、博士的比例高达34%，大幅超越美国之9%。

正因为台湾移民者的平均教育水平高，在当地就业市场中占有较大的优势。在所有就业者当中，超过七成集中在白领阶层的专业及主管职位，其中有硕士或博士学历者超过三

① 详见 Yen-Fen Tseng. 1995. “Beyond ‘Little Taipei’: The Development of Taiwanese Immigrant Businesses in Los Angeles.” *International Migration Review*. Vol. 29, No. 1, Sepcial Issue, pp. 33－58;（2002）“Immigrant Firms and Transnational Embeddedness: Chinese Entrepreneurs in Los Angeles.” In Tzeng. R. and Uzz. B.（eds）, *Embeddedness and Corporate Change in a Global Economy*. NY: Peter Lang Publishing Inc. 以及中华民国侨委会编印，徐荣崇计划主持2006年出版的《美国台湾侨民生活适应及发展之研究——以洛杉矶为例》。

分之二；中层行政管理人员或销售买卖者，也接近四分之一，约4%的移民在从事体力劳动工作。

移居美国的台湾移民平日主要的社交活动对象以华人为主，约占45.0%，以美国人为主者则占17.6%，两者比例相当者占30.7%。社交对象在年龄世代上有很大的差异。25岁以上的台湾移民有近六成平日社交是以华人为主，年龄愈大，这一特点愈为明显。至于24岁以下的年轻人，平日之社交则以美国人为主的约近七成，显示年龄越小，其融入美国社会的概率就越高。

2. 加拿大

(1) 移民人口概况。

台湾人移民至加拿大的规模基本上呈现比较稳定的发展态势。1986年之前，每年大约只有数百人移民到加拿大。移民潮的第一波发生在1987年，从1986年的695位移民者突然增加到1987年的1 467位。第二波移民高峰出现在1993年，当年移民加拿大的人数计有9 362人，这一移民规模一直持续到2005年。台湾人移民至加拿大的鼎盛期发生在1997年，计有13 324人迁入加拿大，此后便呈现逐年下降的趋势。

如前所述，1997年之后，移民加拿大的华人地区排名出现变化。根据加拿大于2006年出版的官方资料，台湾在1997年时是加国移民者的第四大来源地，直至2000年才滑落到10名以外，2006年则在该国移民来源地排行榜上名列第22名。

至于移民类别，1980—2001年，在移民加拿大的台湾移民中，以商务移民类别占最多数，比例达48.34%；其次是技术移民，约占移民总平均数的37.19%；再次才是依亲团聚移民，占9.59%；与此同时，通过退休移民类别进入加拿大的比例也有4.82%。详情请见表14。

表14 1980—2001年台湾地区移居加拿大的移民类别

年份	合计	依亲	技术	商务	Provin-cial Nomi-nees	Govt Refug-ees	Private Refu-gees	Inland Detemi-nation	Refugee Depen-dants	Deferred Removal Order Class	Live-in Caregiver Progra-mme	退休	Missing or Invalid
1980	100.00	54.05	32.65	8.34	—	1.09	—	—	—	—	—	3.87	—
1981	100.00	38.85	38.73	19.18	—	—	—	—	—	—	—	3.24	—
1982	100.00	32.32	44.29	18.75	—	0.71	—	—	—	—	—	3.93	—
1983	100.00	39.65	16.49	38.77	—	—	—	—		—	—	5.09	—
1984	100.00	47.28	10.87	36.41	—	0.24	—	—	—	—	—	5.20	—
1985	100.00	43.20	19.74	29.05	—	—	—	—	—	—	—	8.01	—
1986	100.00	28.92	16.55	49.64	—	—	—	—	—	—	—	4.89	—
1987	100.00	20.65	18.95	52.58	—	—	—	—	—	—	—	7.81	—

（续上表）

年份	合计	依亲	技术	商务	Provin-cial Nomi-nees	Govt Refug-ees	Private Refu-gees	Inland Detemi-nation	Refugee Depen-dants	Deferred Removal Order Class	Live-in Caregiver Progra-mme	退休	Missing or Invalid
1988	100.00	12.34	19.30	60.13	—	—	0.05	—	—	—	—	8.19	—
1989	100.00	9.03	14.86	66.89	—	0.03	0.06	—	—	—	—	9.12	—
1990	100.00	10.97	12.22	67.24	—	0.03	0.05	—	—	—	—	9.49	—
1991	100.00	10.68	6.99	70.23	—	—	0.09	0.02	—	—	—	11.97	0.02
1992	100.00	9.43	5.17	75.33	—	—	0.01	0.01	—	—	—	10.05	—
1993	100.00	6.46	6.70	73.47	—	—	—	—	—	—	0.02	13.31	0.04
1994	100.00	8.85	16.25	63.53	—	—	—	—	—	—	—	11.37	—
1995	100.00	8.93	44.72	45.78	—	—	—	—	—	—	0.08	0.49	—
1996	100.00	5.50	60.57	33.68	—	—	—	0.01	—	0.01	—	0.23	—
1997	100.00	4.93	67.09	27.82	—	—	—	—	—	0.01	0.02	0.14	—
1998	100.00	6.17	61.17	32.59	—	—	—	—	—	—	—	0.07	—
1999	100.00	8.29	53.32	38.28	—	—	—	—	—	—	0.04	0.07	—
2000	100.00	12.13	53.38	34.26	0.11	—	—	—	—	—	0.11	—	—
2001	100.00	13.75	47.94	38.11	0.16	—	—	—	—	—	0.03	—	—
合计/平均	100.00	19.65	30.36	45.54	0.01	0.02	0.01	0.00	—	0.00	0.02	4.82	0.01

台湾移民至加拿大的移民类别及其趋势变化如图 14 所示。依亲类别仅在 1980 年（54.05%）及 1984 年（47.28%）成为当年最大的移民因素，其余年均不是最重要的移民类别。技术移民与商务移民类别则互有消长。技术移民类别在 1992 年一度成为最重要的移民形态，此后这一类别并不占有最高的比例，一直到 1995 年，几乎与商务移民类别（45.78%）前后相差大约一个百分点（技术移民占 44.72%）。不过，此后技术移民类别逐渐超越商务移民类别，成为台湾人移民到加拿大的最大群组，这一现象一直持续到 2001 年。至于商务移民类别，在 1986 年时曾首度成为最重要的移民形态，比例约占 49.64%。在很长时期内，商务移民类别的比例持续居于首位，为绝大多数台湾人移民加拿大的类别，其最高峰发生在 1992 年，当时有 75.33% 的人是因为商务原因而移民到加拿大的。另一个重要类别，则是退休后移居加拿大的移民，1980 年至 1995 年都有一定的人数，其比例稳定地在 3% ~11%之间徘徊。

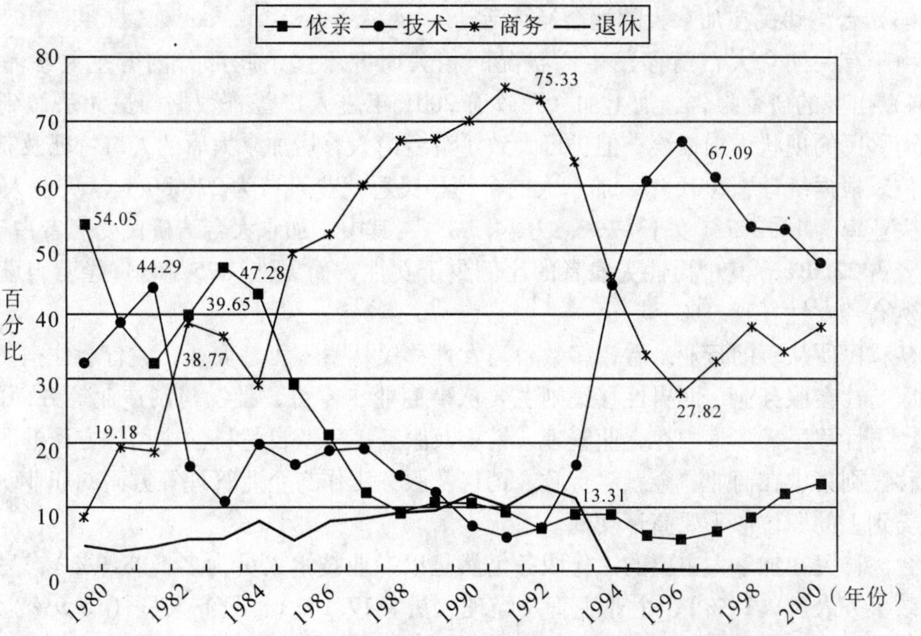

图 14 1980—2001 年台湾地区移民加拿大的移民类别及趋势变化

（2）台湾移民在加拿大的居住区域分布。

表 15 显示，大多数定居在加拿大的台湾移民喜欢选择住在卑诗省，占侨民总数的 66.3%，安大略省居次，约有 17 910 的人口，占 25.3%。而约有 88.3% 的台湾移民集中在温哥华、多伦多和卡加利（Calgary）三大都会区中。其中以温哥华所占比例（45 390 人，64.1%）最高，多伦多（15 570 人，22.0%）次之。台湾侨民在加拿大地区集中于城市的比例较高。

表 15 2001 年台湾移民人口在加拿大居住地区分布

居住地区	人数	百分比（%）
加拿大（Canada）	70 790	100.0
卑诗省（British Columbia）	46 935	66.3
安大略省（Ontario）	17 910	25.3
魁北克省（Quebec）	3 010	4.25
埃布尔达省（Alberta）	2 210	3.12
曼尼托巴省（Manitoba）	270	0.38
萨克其万省（Saskatchewan）	205	0.29
新斯科系亚省（Nova Scotia）	170	0.24
其他省份（Others）	80	0.10

资料来源：2001 年加拿大国家统计局、中华民国侨委会《加拿大台湾侨民现况之研究》。

(3) 台湾移民在加拿大的社会经济活动。

由于有关加拿大台湾移民生活状况的相关研究不多，此部分内容主要参考徐荣崇(2004) 出版的研究报告，加上加拿大政府2001年之人口普查数据，虽无法做到将加拿大台湾移民的现状详细描绘，但仍可大致了解台湾人移居加拿大后的人口特征及其社会经济地位。根据统计，2001年，加拿大的台湾移民总就业人口为22 680人，失业人口3 765人，失业率为14.2%（女13.7%，男14.7%），其中，加拿大台湾侨民受雇者占76.9%，自营者占22.0%，其中男性受雇者的比例少于女性，而男性（25.4%）经营自营事业者的比例高于女性（18.1%）。

从移民所从事的行业来看，多数台湾女性移民从事零售、商业、教育、住宿、餐饮业及健康与社会服务业，而男性移民则主要从事商业、零售、批发与制造业等方面的工作，其中，男性移民大多集中在企业管理、销售及服务工作及自然科学应用等方面的职业，而女性移民则集中在商业、金融、行政、销售及服务工作与企业管理等方面的职业。男性在职业类别上的职位似乎要高于女性。

台湾移民在加拿大主要的工作职务仍然是以专业技术人员为多（28.9%），另外依次为行政事务人员（18%）、企业主管及经理人员（17.1%）、服务人员（16.9%）和销售人员（11%）。专业技术人员、企业主管及经理人员合计约占四成六。技术工人及体力工人的数量极少，比例低于一成。就加拿大的两大都会城市相比而言，在多伦多都会区工作的台湾专业技术人员及销售人员比例远高于温哥华都会区，但其他方面的职业，温哥华都会区则较多。

3. 澳大利亚

由于台湾移民至澳大利亚的时间较晚而且人数也较少，直至1986年当地的人口普查数据中才开始有台湾移民人口的资料。1981年，澳大利亚统计局将台湾移民单独分类，而在此之前的统计数据均与来自中国大陆的移民合并计算（姜兰虹、徐荣崇，2003）。至于在澳华籍移民当初决定移民的动机、在当地的生活现状、未来之规划与回流等较为深入的问题，需到当地进行深入的田野调查和访谈，无法从人口普查数据中获得。必须指出的是，由于澳大利亚政府在移民统计方面的分类标准是以出生地为原则，因此，在官方发布的统计数据中，台湾出生（Taiwan-born）与实际来自台湾的移民（包括非台湾出生但从台湾申请移民者）之间一定存在着出入。

(1) 移民人口概况。

台湾移民澳大利亚的速度在20世纪80年代末期开始加快，其主要原因是当时的澳大利亚政府鼓励来自海外的商业移民及技术移民。1982年7月至1990年6月，共有36 555人因商业移民计划（Business Migration Program，BMP）的实施而迁居澳洲，其中15.3%的移民来自台湾（Ip，2001）。在20世纪80年代末期及90年代初期，台湾被澳大利亚政府列为接受经济与商业移民的来源国之一，这和当时霍克（Hawke）领导的工党政府积极推动澳大利亚与亚洲建立密切联系有关（Schak，1999）。

根据澳大利亚移民和国籍部（Department of Immigration and Citizenship）所公布的统计数字，1980至2006年，共有29 284名台湾人移民到了澳大利亚。值得注意的是，该统计数据中对中国移民的区分依据是其出生地而非来源地。

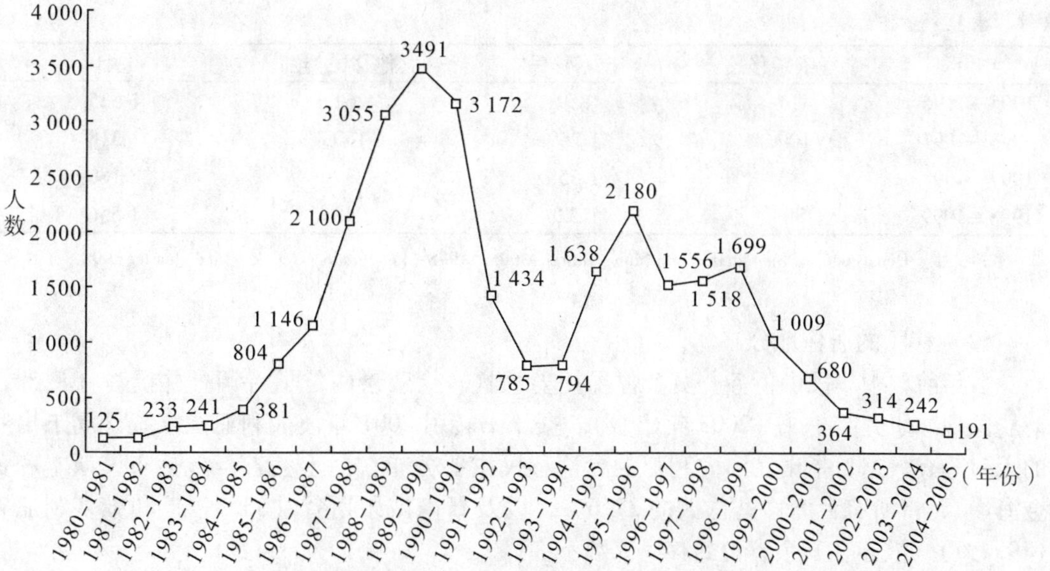

图 15　1980—2005 年迁徙澳大利亚的台湾移民人数

就移民的增长趋势而言，从 1985 年至 1990 年，呈现倍数增长的态势，特别是 1989—1990 年台湾人移民澳大利亚达到历史高峰，共有 3 491 人选择迁徙到澳大利亚定居。此后，移民人数一路下降，1993—1994 年进入低潮，仅有 785 人移民到澳大利亚，翌年又开始上升。虽然直到 1990—2000 年每年都还有千人以上的台湾人移民至澳大利亚，但在 2000 年后移民人数迅速减少，2004—2005 年甚至不到 200 人。

就移民类别而言，虽然台湾出生的移民近年来多循技术移民（skills migration）的管道移居澳大利亚（见表 14），但很少有人在移民之前就已经在当地找到工作或建立自己的事业（Ip，2001）。这批台湾移民大多是带有大量资金与存款，准备抵达澳大利亚后能高枕无忧地过上一段时期的没有金钱困扰的舒适生活。与此同时，他们并没有结束原先在台湾的事业，当台湾的小家庭迁到澳大利亚之后，丈夫大多会返回原居地继续经商，在安顿好妻小后便必须不停地往返于台、澳之间，以维持在台湾事业的持续运转。这种情形和移居加拿大的香港移民的情况相当类似，因此这些台湾移民也被称做是“航天员”（astronaut）或“空中飞人”（flying trapeze）（Ip，1998；徐荣崇，2003）。

表 16　1988—1999 年台湾迁徙澳大利亚的移民类别

年份	家庭依亲移民	技术移民	其他移民类别	总计
1988—1989	179	1 857	55	2 091
1989—1990	151	2 895	9	3 055
1990—1991	154	3 291	9	3 454
1991—1992	256	2 890	26	3 172
1992—1993	259	1 152	23	1 434
1993—1994	328	414	43	785
1994—1995	276	378	140	794

（续上表）

年份	家庭依亲移民	技术移民	其他移民类别	总计
1995—1996	414	859	262	1 535
1996—1997	109	1 259	150	1 518
1997—1998	283	1 558	339	2 180
1998—1999	80	1 228	248	1 556

资料来源：Department of Immigration and Multicultural Affairs, 1998: Immigration Update, June Quarter 1998.

（2）移民的居住地分布。

数年前，中华民国侨务委员会曾委托姜兰虹、徐荣崇两位学者调查并撰写《澳洲台湾居民现况研究》一书（2003 年出版）。据该书转引 2001 年澳大利亚国家统计局未出版的人口普查数据，指出在澳大利亚的台湾移民主要分布在昆士兰省（包括布里斯本和黄金海岸），占所有台湾移民总数的 37.6%，以及新南威尔斯省（35.3%）和维多利亚省（19.4%），散布在其余省份的移民人数不多。

表 17 台湾移民在澳大利亚各省分布概况（2001 年统计数据） 单位：%

新南威尔斯省（New South Wales）	35.3
维多利亚省（Victoria）	19.4
昆士兰省（Queensland）	37.6
南澳洲省（South Australia）	2.3
西澳洲省（Western Australia）	3.9
塔斯马尼亚省（Tasmania）	0.2
北部省区（Northern Territory）	0.3
澳大利亚首都区（Australian Capital Territory）	0.9

（3）台湾移民在澳大利亚的社会经济活动。

有关台湾移民在其他国家的社会经济活动状况，相关的调查研究文献不多。相对来说，有关澳大利亚台湾移民的调查稍微多些。根据澳大利亚政府统计局未公开发布的普查报告，在 2001 年澳洲各行业中，大多数台湾移民在从事零售业、房地产业、商业服务、批发业方面的职业，其次为住宿与餐饮业、制造业、健康与小区服务、教育、金融与保险等。

一般来说，台湾移民在管理阶层所占的比率比较高，这可能是因为台湾移民大多自己创业、当老板的缘故。在政府的两次人口普查（1996 年与 2001 年）间，台湾移民在当地的失业率呈现出逐年下降的趋势，说明近十多年来他们在努力地融入当地社会的就业市场，而且开始取得显著的成果。虽然他们的生计并不一定完全依赖这些工作，但对于舒解其在澳大利亚枯燥单调的生活环境是有帮助的，对于扎根澳洲也有着实质性的意义（徐荣崇，2003）。至于台湾移民在当地社会的影响，主要反映在房地产业、商场投资、华人社团所从事的慈善活动，以及政治参与等方面（夏祖丽等编，1997）。

4. 日本

由于历史上台湾曾一度是日本的殖民地，所以，日本与台湾的关系一向比较密切，由此造成相当数量的台湾居民前往日本留学、工作或定居。战后，在日台湾移民的分布，以东京、兵库、神奈川、大阪、神户及长崎等为主；不过，仍以居住在东京及其附近地区者为最多（汤熙勇，2005）。①根据台湾侨务委员会之资料，尽管台湾人移居日本的人数相当多，但是囿于日本对于归化之外国人并无任何统计记录，故无法得知移居日本之华人的数量，更无从获悉从台湾、大陆或其他地区移民该国之华人现状。唯一可以获得的资料，是根据日本国法务省所编制的每年居留日本之外国人统计，至于所有归化入籍日本之华人数量，则缺乏统计数据，难以作进一步的统计和分析。

第二次世界大战后，旅日的台湾籍同胞恢复中华民国国籍，并取得华侨资格且大部分继续留在日本，日本人称之为"新华侨"。由于日本政府的外侨统计均将台湾及大陆地区的华人合并计算，故仅能从出生地来加以区分来自不同地区的华人。1974 年以前，台湾出生的华人移民人数虽仅 2 万余人，但超过两地华人总数之二分之一。至 1984 年，台湾移民增加至 3 万余人，此后直至 20 世纪 90 年代，台湾移民的数量一直保持在 4 万人左右，并无显著增加或减少。另据日本法务省的外国人登陆统计，截至 2001 年，在日未入籍的华人人口若按出生地区分，其中来自台湾的华人移民有 39 255 人。

表 18　1974—2001 年未入籍日本的台湾华人移民数量

年份	人数
1974	24 080
1984	32 817
1988	43 001
1992	42 512
1994	41 110
1996	39 529
1998	38 524
1999	38 252
2000	39 050
2001	39 255

资料来源：日本法务省外国人登记统计及田岛淳子（2001）。

由于日本法务省并未将非日籍的华人进行具体的来源地区划分，因此缺乏准确的台湾移民个别资料。此外，在日本法务省于 2007 年发布的留日外国人统计资料中，1990 年以后两岸华人在日取得永久居留权者约在一成五左右，至 2005 年有超过 10 万人取得永久居

① 如 1947 年，日本政府对东京、兵库等六都府县之华侨进行调查，在 23 871 人中，来自台湾者有 10 473 人，占 43.9%。华侨志编纂委员会编印，《日本华侨志》，民国五十四年十一月，第 139～140 页。

留权，占20.5%；其中，“留学生”、“就学”及“研修”等赴日学习者合计占三分之一左右，而“留学生”人数在近三年来皆维持在9万人左右，但所占的比例却微幅下降至17.2%。另外，“就学”及“研修”各占3.1%及7.8%。以日本人之配偶身份居留日本者每年约在一成左右，人数虽稳定增长，唯受近年留学生人数快速增加之影响，至2005年所占比例略减为10.5%。

东京一直是华人移民最喜欢移居之地区。早期移民人数较少，居住在该地区之两地华人约占三成左右。2001年，东京地区来自中国大陆和台湾两地之非日籍华人已超过10万人。至2005年，该地区的非日籍华人达12万人，占全日本华人移民总数之23.1%，为各地之冠。但与以往比较，华人在日本的分布已出现逐渐分散之趋势。大阪府是两岸华人移民另一个比较喜欢移居的地点，但近年来当地华人的比重已减少到一成以下，2005年时有41 000人左右，占7.9%。

5. 东南亚

自20世纪80年代中期起，愈来愈多的台湾移民出现在如印度尼西亚、马来西亚、泰国、菲律宾以及越南等东南亚国家。不同于台湾移民前往定居的其他国家，多数台湾移民在东南亚国家一带活动，主要是因为双边经济交往因素的加强，促使许多台商在东南亚国家设厂（顾长永，2006）。那么，究竟有多少台湾人移民至东南亚国家？由于东南亚各国没有如美国或加拿大等国家移民局那样定期调查、提供可靠的官方统计数据，本报告这一部分所依据的资料，主要来自顾长永（2006）的推估计算。顾长永以台商协会为计算的基点，将台商协会的成员人数乘以四或五倍，得出该国的台商人数，同时假设台商或举家搬迁或单人前往，而得台商家庭人数的平均值是三。例如，马来西亚的台商组织是“中华民国旅马来西亚投资厂商协会”，该会成员有514家，将其乘以4，再乘以3，即得出台湾移民在马来西亚总数有6 168人。这一估算方法当然不尽可靠，因为在东南亚办厂或做生意的台湾商人未必个个都将台湾的家小全部迁徙至东南亚国家。但在完全无法获得当地国家官方统计数据的前提下，不失为一个可供选择的参考数据。

表19推估出台湾移民在东南亚主要国家的人数，总计人数为54 312名。

表19 台湾移民在东南亚国家的大约人数（2004年）①

国别	台商协会人数	台湾移民推估人数
印度尼西亚	800	9 600
马来西亚	514	6 168
泰国	800	9 600
越南	1 000	12 000
菲律宾	800	9 600
新加坡	212	2 500

① 本表摘自顾长永：《台湾移民东南亚现象与经济关系》，《台湾东南亚学刊》，2006年第3卷第2期，第112页。

（续上表）

国别	台商协会人数	台湾移民推估人数
柬埔寨	200	2 400
文莱	200	2 400
缅甸	50	600
合计	4 576	54 868

相较于20世纪80年代以前台湾人民移民东南亚的个别行为，80年代后期，移民东南亚成为台湾人向海外移民的一种新的特色，并开始形成一种集体移民的现象（龚宜君，2005；萧新煌编，2002）。顾长永（2006）指出，这种集体移民的现象反映在两个指标上，一为东南亚地区的台商协会，另一是各地普遍建立的台北华文学校。这两个以台湾人为主的机构，大部分都在20世纪90年代初期设立。

很显然，台湾移民至东南亚地区规模的大小，往往与双边经济活动的强度有关。随着中国大陆实施经济改革，综合经济实力日益增强，台商在东南亚的移民人数也开始逐渐减少，由鼎盛时期的8万到10万人，降至目前大约5万到6万人左右。

6. 侨社活动

根据台湾侨务委员会的统计资料，海外台湾移民组成了各类社团组织，其中既有官方背景的组织，也有纯粹民间性质的侨社团体，包括综合、区域、宗族、职业、教育文化、妇女等团体。综合团体系指联合性社团，如大同盟、中华会馆等；社会团体包括各地区的华人协会、狮子会等；区域团体则泛指各类型的乡亲团体；其他社团则包含福利、宗教、国民外交、政治、学术研究与校友会等团体。

据台湾侨委会的统计，全球各地共计有4 825个由台湾移民组织的华侨组织，其中亚洲有940个，美洲有3 208个，欧洲有380个，大洋洲有229个，非洲有68个。若以国家为单位来计算，美国的侨社组织居于榜首，数量最多，共计有2 576个社团单位。

现将台湾移民在海外主要移民国家和地区所建立的华侨社团分门别类地罗列在下表中。至于台湾华人移民与这些社团组织互动的强度与频率，则需日后进一步的研究与调查。

表20　海外的台湾移民社团统计

国家和地区	合计	综合团体	社会团体	区域团体	宗族团体	职业团体	工商业团体	教育文化团体	康乐团体	青年团体	妇女团体	其他团体
总计	4 825	790	283	555	425	169	440	585	321	43	93	1 121
亚洲	940	249	61	84	109	9	203	61	16	12	13	123
日本	131	55	1	46	2	7	4	2	—	—	4	10
文莱	11	3	—	1	2	—	1	1	—	—	—	3
缅甸	6	1	—	—	1	—	—	3	—	1	—	—

（续上表）

国家和地区	合计	综合团体	社会团体	区域团体	宗族团体	职业团体	工商业团体	教育文化团体	康乐团体	青年团体	妇女团体	其他团体
印度尼西亚	74	4	3	15	11	—	12	10	1	1	—	17
马来西亚	117	20	1	7	7	—	28	6	—	3	1	44
柬埔寨	1	—	—	—	—	—	1	—	—	—	—	—
菲律宾	331	10	50	2	43	—	130	35	13	5	5	38
新加坡	11	6	—	—	1	—	1	1	—	—	—	2
泰国	108	94	5	—	5	—	3	—	—	—	—	1
越南	50	—	—	5	31	—	14	—	—	—	—	—
美洲	3 208	377	176	409	278	144	184	440	264	21	50	865
加拿大	356	48	8	39	26	9	21	63	30	6	10	96
美国	2 576	258	151	342	244	118	138	356	212	13	37	707
欧洲	380	96	17	39	16	13	28	40	23	5	23	80
大洋洲	229	47	29	17	17	2	12	39	14	4	6	42
澳大利亚	159	30	23	10	16	2	8	32	4	4	4	26
非洲	68	21	0	6	5	1	13	5	4	1	1	11

六、港、澳、台三地海外移民之比较分析

香港、澳门和台湾这三个中国人自主管辖下的经济体，其海外移民不仅与社会主义的中国大陆不同，而且各有自己的特色。但是，这三个地区的海外移民活动虽说与中国大陆不同，却并不意味着两者之间没有关系。恰恰相反，港、澳、台三个地区之所以在20世纪80至90年代先后出现海外移民的高潮，细究其背后的推动因素，其实都直接或间接地与中国大陆有关。

（一）移民动机

国际学术界有关移民理论的探讨约始于19世纪末。一般认为，现代移民研究理论的奠基人是德裔英国地理学家 Ernst George Ravenstein。[①] Ravenstein 在其著名的《移民的规律》一文中首先指出，移民活动的兴起与盛衰和移民输出地及输入地之间的地理距离有着密切的关系，经济方面的考虑与追求富裕的本能乃人类迁移最主要的因素。[②]在 Ravens-

① Joaquin Arango. 2000. "Explaining Migration: A Critical View." *International Social Sciences Journal*. UNESCO, pp. 283 – 296, p. 284.

② Ernst George Ravenstein. 1885. "The Law of Migration." *Journal of the Royal Statistical Society*, Vol. 48, No. 2, pp. 167 – 235; E. G. Ravenstein. 1889. "The Law of Migration." *Journal of the Royal Statistical Society*, Vol. 52, No. 2, pp. 241 – 305.

tein设立的理论框架的基础上，1966年，美国人口学家Everett S. Lee在其《人口迁移理论》一文中进一步细化有关理论，提出了著名的“推—拉理论模型”，并认为决定人口迁移的有四个因素：一是迁出地因素，二是迁入地因素，三是中间障碍因素，四是迁移者个人介入因素。换言之，决定某个人离开故乡、移民海外的因素，要么是来自外部的拉力，要么是来自内部的推力，要么是内外两种合力的共同作用。①

从香港的海外移民历史来看，就移民动机而言，其间经历了一个从外部拉力为主逐渐转变为以内部推力为主的过程。如前所述，在20世纪60至80年代，香港最早的一批海外移民是来自新界的原居民。这批在家乡以务农为业的新界原居民之所以愿意离乡背井地到英国去谋生，关键在于当时的欧洲提供了大量的就业机会。一旦加入了跨国移民的行列，他们便可轻易地改变自己的身份，从华南沿海的乡村农民一跃成为英伦三岛的小商人或小企业家。也就是说，早期香港海外移民的兴起，主要是因为海外的拉力或吸引力在发生作用，而这个时期推动移民活动的基本上就是Ravenstein所说的经济层面的考虑与人们追求富裕的本能。由于战后香港人口的高速增长，这一波新界原居民的对外移民对香港整体人口的增长并无显著影响。

然而，情况很快就发生了变化。到了20世纪80年代中期，中英两国为了香港主权回归问题在谈判桌上针锋相对，互不让步，政治气氛日益紧张，人心不安，政治局势的不稳定渐渐地开始影响到香港社会的安定和经济繁荣。于是，大批受过良好高等教育以及拥有高新技术的香港市民为了获得政治保险，被迫申请移民海外。②相对于新界原居民以纯经济的原因移民到英国以改善生活和社会地位，始于80年代中期的第二波香港海外移民则在经济因素之外，更主要的是对政治及社会层面的考虑。换言之，促使20世纪末期香港人大批向外移民的因素，主要是政治因素，而不是经济因素，移民的动因也从经济层面的外部拉力转变成为政治层面的内部推力。正因为政治因素是当时香港人选择海外移民的主导因素，所以，一旦政治局势在1997年主权回归后逐渐地稳定下来，香港社会在新的特区政府的领导下逐步地走向安定和繁荣，大批前些年移民海外的香港市民又纷纷回流，出现了令加拿大政府惊讶不已的香港人回流潮。

澳门的情况与香港相似。在很长的历史时期内，澳门海外移民的规模都非常小，而且估计均为经济因素主导的人口迁徙。唯一出现移民高潮的就是1999年澳门主权回归之后的那三年，曾分别出现1 000余人至500余人的外迁人口。也就是说，澳门海外移民活动之高峰期与主权回归的关系十分密切，系政治性的内部推力在发生作用。

至于台湾，其大规模海外移民始于20世纪70年代中期之后，主要原因是当时中国大陆取代了台湾在联合国的代表席位，台湾在国际社会中处于被日益孤立围困的艰难处境。为了摆脱孤岛困境，大批台湾人决定放弃台湾，设法移民海外。换言之，此时期大批台湾海外移民活动的兴起，基本上是内部的政治因素在起主导作用。除此之外，台湾当局在人口出境与移民政策及规定上亦作出数项重大的改变，以及海外移居目的地国家修订了移民政策，扩大了台湾到北美定居的配额，从而直接促进了台湾居民的移民，大大地影响了台

① Everett S. Lee. 1966. “A Theory of Migration. 1889.” *Demography*, Vol. 3, No. 1, pp. 47 – 57.

② Ronald Skeldon. “Emigration from Hong Kong, 1945—1994: The Demographic Lead-up to 1997.” In Ronald Skeldon ed. *Emigration from Hong Kong: Tendencies and Impacts.* Ibid. p. 54.

湾人出境及移民人数的变化。虽然拉力和推力同时存在，但政治性的内部推力或压力应该远远大于外部移民政策和配额的拉力。不过，到了90年代，台湾当局大力宣传“南向政策”，号召并鼓励台商将下游劳动力密集型的加工企业和工厂转移到劳动力成本相对比较低的越南、柬埔寨、马来西亚、印度尼西亚等东南亚国家。于是，一大批因为到东南亚国家投资设厂而举家迁徙的台湾移民应运而生。到了这一阶段，不可否认的是，外部的经济拉力开始发挥作用，至少在东南亚国家是如此。

（二）移民方向

港、澳、台三个地区的海外移民，其移民的方向各有侧重和变化。在香港，早期的移民方向是殖民地宗主国英国。1985年之后，因为政治形势不明朗而出现的移民高潮，却突然出现了与此前完全不同的移民方向。大部分香港人放弃英国，转而申请前往加拿大、美国、澳大利亚、新西兰以及东南亚的新加坡等国。其中，加拿大的温哥华由于气候宜人，环境舒适，尤受香港人的喜爱。

在澳门，据了解，移民海外的人数很少。而且，那些离开的人口当中，一部分是土生葡人，另一部分是已取得葡萄牙国籍的澳门华人。这些移民中的大多数人迁徙到葡萄牙本土，以及历史上的葡萄牙海外殖民地，如南美的巴西以及非洲的安哥拉等。其余的国家和地区当然也有零星澳门移民，但寥寥无几。

在台湾，其移民侧重点与方向与香港和澳门都不同，以美国为最多，占55.0%；其次为加拿大，约占10.3%；东南亚国家占7.5%；日本占6.6%；澳大利亚占6.2%，其余14.4%则分散在世界各地。换言之，美国是台湾移民最喜欢的移民目的地，其次为加拿大。

很显然，1980年之后的香港海外移民是依政治安全、经济发展水平及生活习惯等因素来衡量、决定自己的移民的方向，而非因袭传统的历史渊源纽带向英国移民。可是，澳门的海外移民则不同，主要是循着殖民地传统的历史纽带来安排自己的海外移民方向和定居地。台湾的海外移民介于港、澳之间，既有十分现实的从政治安全、经济发展水平及生活环境等方面的考虑，又有维系传统的殖民地历史纽带的努力。于是，大部分的台湾人迁徙到了北美、澳大利亚和东南亚国家，与此同时，亦有部分台湾人移居到了原来的殖民地宗主国日本。

即使都是华人移民，而且都是迁往同一个国家，有时彼此之间也存在着移民规模的消长变化。以移民前往加拿大为例，在1998年之前，香港移民一直占据着该国海外移民来源地排行榜的首位。在1997年的统计名次上，紧随在香港后面的是印度，然后是中国大陆，再接着就是台湾。可是，自1998年之后，来自中国大陆的新移民便开始名列榜首，而且这一局面一直维持到今天。与此同时，来自香港的移民数量开始急剧减少。台湾人移民加拿大的规模虽然在1998年之后也在不断缩小，但下降的速度不像香港那么快。

（三）移民模式

上述的一系列图表清楚地说明，1980年之后港、澳、台三个地区向海外的新移民浪潮，基本上存在着五种移民模式，即家庭团聚移民、商务移民、专业技术移民、留学移民以及退休移民。其中，最主要的模式为家庭团聚移民，尤其是迁徙前往北美等西方经济发达国家的港、台移民，大多数是循此模式迁居海外，与家人团聚。其次，随着国别的不同和移民发展阶段的不同，有时是商务移民居多，有时则是专业技术移民居多。至于留学移民，在香港的移民中固然也存在，但数量远远不及台湾多。在台湾，有相当数量的人是通过到北美留学作为未来定居海外的移民渠道。台湾移民还有一个特点，即以技术、投资为移民核准形态申请迁居北美国家的台湾人非常多。可是，在东南亚的台湾移民，则是以台商为主，商业经济活动是台湾居民移往该处的主要原因。所以，当地的台湾移民主要是商务移民。

此外，值得特别注意的是一种比较特殊的移民模式，即退休移民。此类退休移民不可能在任何社会或国家都能看得到，其兴起必须要有一个长期的物质基础的积累，以及一个相对而言比较富裕的社会基础。所以，只有在北美的香港和台湾海外移民中间，才经常可以看到大批衣食无忧、颐养天年的港、台退休移民。他们或在茶馆、酒楼品尝港式点心，与亲朋聚会，或在公园里散步。至于近年来大批涌向海外的中国大陆新移民，绝大多数人仍在为了生存而努力拼搏，尚不曾出现像港、台移民这样已经形成一个具有一定规模的退休移民群体。

最后，必须指出的是，来自香港和台湾的海外移民，其平均教育水平远远高于其他国家和地区，尤其是日常生活、工作中运用英语的能力高于一般外国移民。正因为如此，除了自己经商之外，他们中的许多人迁居到了海外之后，常常会选择进入当地的外国公司或跨国公司工作，部分人逐渐地成为公司的中高层管理专业人士。这一点，说明了港、台海外移民的素质较高，与近 30 年来中国大陆外迁的大批素质低下的农村移民形成鲜明的对照。

七、结　论

1980 年前后的大中华地区（中国大陆、香港、澳门及台湾）悄然出现了一股跨国移民新浪潮。随着 21 世纪经济全球化的日益深入，中国人的海外移民潮也愈演愈烈，迄今为止似乎还没有萎缩或终止的迹象。在这个中国人的跨国移民大潮中，来自香港、澳门和台湾的海外移民占有一席之地，而且各有特色。虽然推动跨国移民活动的有内、外两个方面的因素，但从以上分析来看，政治因素经常是一个不可忽视的重要动因和推力。换言之，本报告的分析结论是：保持稳定的政治局面和安定、繁荣的社会经济环境，是保证港、澳、台地区不至于因为政局动荡而突然出现大批海外移民的关键，也是中央及各级政府有关决策机构所必须汲取的经验教训。

根据香港特区政府有关部门的内部调查和估算，从 1980 年至今，有将近 80 万名香港市民迁离香港，移民前往海外各国，其移民的主要目的地为加拿大、美国、澳大利亚、英国、新西兰以及新加坡。但是，随着近年来香港特区政府管治能力的逐步提高，香港社会日渐安定，经济再度繁荣，许多原来已移民海外的香港人又纷纷回流，返回香港定居和工作。所以，实际上目前定居在海外各国的香港人的数量没有达到 80 万。

近 30 年来，澳门主要是内地移民的接收地，人口规模急剧扩大，从 1980 年 12 月的 24 万余人一路上升至 2008 年 3 月份的 54 万余人。28 年不到，人口居然增加了足足 30 万人。与迁入人口的规模相比，澳门的海外移民数量微不足道，可以忽略不计。在正常的情况下，澳门每年最多只有百余人外迁，外迁人口中还有不少人是原来长期居住在澳门的香港居民。

台湾的海外移民情况与港澳地区不同。由于留学、工作、家庭团聚等原因，大批台湾居民移民前往美国、加拿大、澳大利亚、日本及东南亚诸国。据本报告的估算，从1980年至今，台湾人移民美国的为30余万人，移民加拿大的为10万人，移民澳大利亚的为3万人，移民日本的为4万人，移民东南亚各国的为5万余人，合计共约有52万人成为海外移民。若加上香港、澳门的海外移民数字，估计在过去的这30年内，这三个地区的海外移民总量约可达到140万人。

上述这些估算的数字可能略为保守，因为我们只考虑那些主要的海外移居地国家，而将那些较次要的移民目的地忽略不计。但无论如何，通过努力地收集相关数据，加上排比分析，我们已经将1980年至今港、澳、台地区的一个大致的海外移民规模及其在不同历史阶段的变化趋势予以清晰的勾勒、描述和分析，为下一步更加深入细致的研究奠定了基础。

参考文献

［1］Arango, Joaquin. 2000. "Explaining Migration: A Critical View." *International Social Sciences Journal.* UNESCO, pp. 283 – 296.

［2］Cabral, João de Pina and Nelson Lourenço. 1993. *Em Terra de Tufões: Dinâmicas da Etnicidade Macaense.* Macau: Instituto Cultural de Macau.

［3］Canadian Government. *Statistics Canada*, 1996, 2001, 2006.

［4］Hong Kong Government (1981 – 2006). *Hong Kong Annual Reports*, *Hong Kong Yearbook. 1981 – 2006.*

［5］Hong Kong Government. 1989. "Emigration from Hong Kong", *Internal Report by the Hong Kong Government Special Working Group on Hong Kong's Emigration*, 8th September.

［6］Hugh D. R. Baker. 1994. "Branches All Over: The Hong Kong Chinese in the United Kingdom." In Ronald Skeldon ed. *Reluctant Exiles? Migration from Hong Kong and the New Overseas Chinese.* Hong Kong: Hong Kong University Press, pp. 291 – 307.

［7］Japan Ministry of Justice. 2007. *Immigration Control in Recent Years: White Report.*

［8］Ip, D. 2001. "A Decade of Taiwanese Immigrants in Australia: Comparisons with Mainland Chinese and Hong Kong settlers." *Journal of Population Studies.* Taipei: Population and Gender Studies Centre, National Taiwan University.

［9］Lee, Everett S. 1966. "A Theory of Migration." *Demography.* Vol. 3, No. 1, pp. 47 – 57.

［10］Ng, Kwee Choo. 1968. *The Chinese in London.* London: Oxford University Press for the Institute of Race Relations.

［11］Pires, P. Benjamin Antonio Videira. 1987. *Os Exibemos Conciliam-se: Tramscultura ão em Macau.* Macau: Instituto Cultural de Macau.

［12］Poston, Dudley L. and Mei-YuYu. 1990. "The Distribution of the Overseas Chinese in the Contemporary World." *International Migration Review.* 24 (3), pp. 480 – 608.

［13］Ravenstein, Ernst George. 1885 – 1889. "The Law of Migration." *Journal of the Royal Statistical Society.* Vol. 48, No. 2, pp. 167 – 235; Vol. 52, No. 2, pp. 241 – 305.

[14] Schak, D. 1999. "Middle - Class Migration and Problems of Adjustment: Taiwanese Business Migrants in Brisbane." In: Tseng, Y. F., Bulbeck, C., Chiang, N. and Hsu, R. (eds.). *Asian Migration: Pacific Rim Dynamics.* Monograph No. 1. Taipei: Interdisciplinary Group for Australian Studies, National Taiwan University, pp. 117 - 148.

[15] Shang A. 1984. *The Chinese in Britain.* London: Batsford.

[16] Sinn, Elizabeth. 1995a. "Emigration from Hong Kong before 1941: General Trends." In Ronald Skeldon ed., *Emigration from Hong Kong: Tendencies and Impacts.* Hong Kong: The Chinese University Press, pp. 11 - 34.

[17] Sinn, Elizabeth. 1995b. "Emigration from Hong Kong before 1841: Organization and Impact." Ibid, pp. 35 - 50.

[18] Skeldon, Ronald, John Jowett, Allan Findlay and Lin Li. 1995. "An Assessment of Available Data Sources for the Analysis of the Trends in Migration." In Ronald Skeldon ed., *Emigration from Hong Kong: Tendencies and Impacts.* Hong Kong: The Chinese University Press, pp. 79 - 110.

[19] Ronald Skeldon. "Emigration from Hong Kong, 1945 - 1994: The Demographic Lead-up to 1997." In Ronald Skeldon ed. *Emigration from Hong Kong: Tendencies and Impacts.* Ibid. pp. 51 - 78.

[20] Taeuber, Irene B. 1963. "Hong Kong: Migrants and Metropolis." *Population Index*, 29 (1), 4. pp. 3 - 25.

[21] Teixeira, Manuel. 1965. *Os Macaenses.* Macau: Imprensa Nacional.

UK Secretary of State for the Home Department (1990 - 2006). "Control of Immigration: Statistics United Kingdom 2000." (Cm 5315) for the 1990 - 1994 data, "Control of Immigration: Statistics United Kingdom 2005." (Cm 6904) for the 1995 data and "Control of Immigration: Statistics United Kingdom 2006." (Cm 7197) for the 1996 - 2006 data.

[22] Wong L. ed. 1967. *Overseas Chinese in Britain Year Book.* London: Overseas Chinese Service, pp. 295 - 329.

[23] Tseng Yen-Fen. 1995. "Beyond 'Little Taipei': The Development of Taiwanese Immigrant Businesses in Los Angeles." *International Migration Review*, Vol. 29, No. 1, Sepcial Issue, pp. 33 - 58

[24] Tseng Yen-Fen. 2002. "Immigrant Firms and Transnational Embeddedness: Chinese Entrepreneurs in Los Angeles." In Tzeng R. and Uzz B. (eds). *Embeddedness and Corporate Change in a Global Economy.* NY: Peter Lang Publishing Inc.

[25] Zlotnick, Hania. 1987. "Introduction: Measuring International Migration: Theory and Practice." *International Migration Review*, 21: 4 (Winter), Special Issue.

[26] Zlotnick, Hania. 1987. "The Concept of International Migration as Reflected in Data Collection Systems." *International Migration Review*, 21 (4).

[27] 中华民国侨务委员会：《各国华人人口专辑》，（台北）中华民国侨务委员会，2005 年。

[28] 徐荣崇：《美国台湾侨民生活适应及发展之研究——以洛杉矶为例》，（台北）

中华民国侨务委员会，2006年。

[29] 中华民国侨务委员会统计室：《台湾及两岸三地华人人口推估方法——理论构建与实证探讨》，（台北）中华民国侨务委员会，2002年。

[30] 侨委会统计室：《台湾地区移居海外侨民概况调查报告》，（台北）中华民国侨务委员会，2002年。

[31] 姜兰虹、徐荣崇：《澳洲台湾侨民现况之研究》，（台北）中华民国侨务委员会，2003年。

[32] 夏祖丽、纪宝坤和张至璋编：《文化跨越——中华文化与移民文化国际研讨会论文集》，（台北）文化建设基金管理委员会，1997年。

[33] 徐荣崇：《澳洲墨尔本地区台湾移民的居住地分布与偏好》，《台北市市立师范学院学报》，（台北）台北市立师范学院，2003年第三十四期，第91~116页。

[34] 徐荣崇：《加拿大台湾侨民现况之研究》，（台北）中华民国侨务委员会编印，2004年。

[35] 蔡宏进：《台湾的人口与人力研究》，（台北）唐山出版公司，2005年。

[36] 汤熙勇：《恢复国籍的争议：战后旅外台湾人的复籍问题（1945—1947）》，《人文社会科学集刊》，（台北）中央研究院人文社会科学研究中心，2005年第393~437页。

[37] 谢高桥编：《人民外移现况及问题之探讨》，（台北）行政院研究发展考核委员会，1989年。

[38] 华侨志编纂委员会编：《日本华侨志》，台北，1965年11月。

[39] 杨静利：《台湾的人口问题》，收录于瞿海源主编：《台湾的社会问题》，（台北）巨流出版社，2005年，第38~64页。

[40] 顾长永：《台湾移民东南亚现象与经济关系》，《台湾东南亚学刊》，2006年第3卷第2期，第105~125页。

[41] 萧新煌、王宏仁、龚宜君主编：《台商在东南亚：网络、认同与全球化》，（台北）中央研究院亚太研究计划，2002年。

[42] 龚宜君：《出路：台商在东南亚的社会形构》，（台北）中央研究院亚太研究计划，2005年。

[43] 游海龙：《英国华侨手册》，（伦敦）星岛日报出版社，1980年。

作者：钱江、何彩满、刘方中，香港大学亚洲研究中心。

New Emigration from Hong Kong, Macau and Taiwan: 1980－2005

Qian Jiang　Ho Tsaiman　Ernest Lau

Abstract: Based on the relevant governmental statistics and existing research findings, this article sketches the development and changes of emigration from Hong Kong, Macau and Taiwan since 1980 while providing an in-depth comparative analysis. It is argued that the key factors driving the emigration waves in the 1980s and 1990s were either directly or indirectly related to the mainland China. In addition, the migration directions of the three Chinese regions are different and kept changing over the past three decades. Five major international migration patterns could thus be discerned, including family reunion migration, business migration, professional migration, student migration and retirement migration. Of them, the primary pattern is family reunion migration. The authors conclude by pointing out that a stable political governance and a prosperous social and economical environment is crucial in reducing large-scale international emigration from Hong Kong, Macau and Taiwan, which is a lesson and should be taken into account by the central government, local government at different levels, as well as relevant policy-making bodies.

Key Words: Hong Kong　Macau　Taiwan　International Migration　Migration Direction　Migration Pattern

近卅年澳洲台湾移民的生根与镶嵌

徐荣崇 姜兰虹

【摘 要】1980年迄今，当代台湾移民移居澳洲的时间已逾卅年，这些年间到底发生了什么变化，是本研究所要了解的重点。本文主要利用澳洲台湾出生移民普查数据、问卷调查数据以及近十年来笔者实地田野调查与深度访谈资料，作为剖析问题的依据。从对香港及大陆移民的比较上，陈述澳洲台湾移民的社会经济地位，也从移民趋势、居住地选择与生活适应等面向来作进一步的探讨。研究发现移民至澳洲的台湾移民，近年来有逐渐趋缓的情形，但回流的情形却更加严重了。为了获得更便利及相类似的族裔生活机能，而使得他们出现越来越集中的情形，也有向都市集中的趋势。在生活适应上，其实早期他们的适应情形并不若移民申请来得容易，子女教育、"太空飞人"家庭以及就业等问题，曾经让他们吃足了苦头。但随着时间的推移，他们也逐渐习惯了当地生活，而且失业率也逐年降低。

【关键词】离散 台湾移民 跨国迁移 澳洲 居住地流动 移民文化

一、前 言

1980年代是台湾政治和社会发生重大变化的年代。当时台湾开放党禁、报禁，经济快速成长，股市房地产狂飙，个人收入大幅提升，再加上1989年7月政府开放观光，种种因素都使台湾人的外移能力及机会增加。同时，台湾快速的社会变迁也带来了政治不安定、治安不好、小孩教育压力过重、生活环境恶化等弊端，加上中国大陆长期压力的因素，亦增加了他们移出的动机（*Far East Economic Review*，1995；姜兰虹、徐荣崇，2000；姜兰虹、徐荣崇，2003）。另一方面，由于国际局势及经济环境的转变，世界各大移民输入国无不纷纷改变了他们的移民政策，提出许多不同的吸引移民的条件，希望透过移民的输入，带动本国经济的提升。在此环境及背景下，澳洲、加拿大和美国相继提出了商业投资移民的移民政策，这吸引了许多台湾移民于20世纪80年代末期快速移往这些国家，也是一种对这些国家鼓励商业及技术移民政策的响应（徐荣崇、陈丽如，2005）。

1980年代，台湾被澳洲列为接受经济与商业移民的来源国之一，加上当时由Bob Hawke所领导的工党政府亦积极推动澳洲政府与亚洲企业之联系，让台湾移民在商业移民政策（Business Migration Programme，BMP）的驱使下展开了近十年的移民浪潮。1982年7月至1990年6月间，36 555人因BMP的实施成为澳洲的移民，其间有15.3%是来自台湾（Ip，2001：117）。事实上，在1991和1996年间的技术移民类别中，有将近61%属于商业技术移民，特别是昆士兰，更高达90%（Chiang and Hsu，2006：9）。

要了解澳洲的台湾移民，可以从普查（census）的数据中得知。澳洲的“普查”是由“澳洲统计局”（Australian Bureau of Statistics，简称ABS）每五年所进行的全国性最大规模的人口资料调查工作。另外，Department of Immigration and Citizenship（简称DIAC），及其前身Department of Immigration and Multicultural Affairs of Australia（简称DIMIA）、Bureau of Immigration，Multicultural and Population Research of Australia（简称BIMPR），每年所发行的统计出版品，则是利用移民签证和海关入境的登录卡的数据进行分析，这也是数据搜集的主要来源。ABS的资料是统计某一年中横段的静态数据，而DIAC（或DIMIA及BIMPR）的数据则是动态地记录每年来自各地人民的入境数据，两种数据互有优缺点，在数据使用上具有互补的功能。

我们可以透过普查统计资料内容大致了解台湾移民的相关信息①，如1980年以来台湾人逐渐移入澳洲，因此1981年的普查数据和以后的1986、1991、1996、2001及2006年的普查数据，对研究台湾移入澳洲移民的基本状况之了解具有帮助②。然而这些内容多止于概况数据的呈现，而且普查对象是所有澳洲居民，其设计标准并不一定适合台湾移民。另外，澳洲统计分类标准是以出生地为依据，因此统计出来的资料（台湾出生，Taiwan-born）与实际台湾移民（尚有非台湾出生）是有出入的。尤其是当我们从统计资料上获得所谓台湾出生移民人数时，会发现官方统计与实际访查人数有明显的差异，这可能与许多出生于中国大陆随着国民政府来到台湾定居，再移民到澳洲的人有关；也可能与普查时他们人并未在澳洲有关；还可能与有些台湾人虽然人在澳洲生活，但并没有拥有长期居留权（Permanent Resident，PR）有关。

也由于台湾移民至澳洲的时间较晚而且人数也少，在普查搜集资料时虽然有登录台湾出生的类别，但在其普查后所公布的数据及出版品中，却大都将台湾归入“其他”类别。近年来，虽然澳洲统计局在网站上有许多免费下载的统计资料与出版品（如community profile），但令人遗憾的是没有台湾的任何资料，也因此无法从既有的政府出版品中获得台湾相关资料。故而，如果需要相关的信息，只有向ABS（Australian Bureau of Statistics）个别提出申请购买，而且所费不赀。故而，台湾侨委会2003年委托笔者对澳洲台湾移民所作的调查研究，便是体认到对“台湾移民当初移民之动机与过程、生活现况与适应情形、未来之规划与回流台湾发展之可能性”等较为深入之研究议题是无法单从普查数据上获得的，并认为建立移民的初级数据是必要的。

然而，量化研究对于铺陈一些细微复杂的情况，显然是受限制的，因此本文加上质化的方法来研究议题，企图透过访谈与观察捕捉到受访者眼中的世界，真实呈现出澳洲台湾移民的认知与内心感受，以此来作为剖析问题的依据，并进而作出陈述。

为了深度了解澳洲台湾移民的生根与发展情形，本文主要是归结笔者从1998年开始至今多年的研究结果。采取量化的问卷调查与质性研究法中的深度访谈方法。在量化上，

---

① 从1981年开始，澳洲政府首度在普查数据出生地中将台湾出生单独列出，也因此台湾出生的普查数据从1981年后才首次出现。

② 其普查内容大致包括姓名、年龄、性别、婚姻状况、家庭结构关系、出生地、父母亲的出生地、在澳洲居住的到达时间与长短、公民权、普查时的居住地点、在澳洲境内迁徙情形、所使用语言、宗教信仰、教育程度、收入、就业情形、职业、工作时数、至工作场所的运输工具、居住地址、家中房间数目、自住或租屋情况、租金、家中车辆数目、居住房子建造结构，以及公共住宅情形等。

资料主要来自1981至2006年历次澳洲普查统计资料和台湾侨委会澳洲台湾移民现况之调查研究（姜兰虹、徐荣崇，2003）的原始数据分析（1 028份有效样本）。而质性研究上笔者于1999至2005年至雪梨①、布里斯本及墨尔本等地以深度访谈与观察方式所作的田野调查来搜集数据以及相关的文献资料。

接下来，本文将从澳洲台湾移民在澳洲的社会经济状况探讨开始，接着从迁移趋势、居住地的选择、回流以及生活的适应等不同面向进行讨论，并一一分述如下。

二、澳洲台湾移民的社经结构探讨

首先，我们将从2006年澳洲普查数据中来了解澳洲台湾移民的社经结构与背景，并与澳洲平均水平作一比较，作为了解他们的基础。

1. 人口特征

在年龄结构上，2006年澳洲台湾移民共计24 368人，由于主要移民潮出现在20世纪90年代，近年来移民澳洲人数持续减少，也影响了从台湾带去小孩的人数，加上老年人口也回流台湾，致使他们的年龄金字塔形成了以青壮年劳动力人口为中心的上下窄小的葫芦型结构（14岁以下未成年人口占总人口的9.2%，15岁至64岁占89.0%，65岁以上人口占1.8%），年龄中位数为26.2岁。相对于中国香港、大陆，以及所有非澳洲出生移民②、全澳洲（年龄中位数为35.8、39.3、46.8和37.1岁）来说，澳洲台湾移民的青壮年人口居多（见图1、表1），而且也比较年轻。

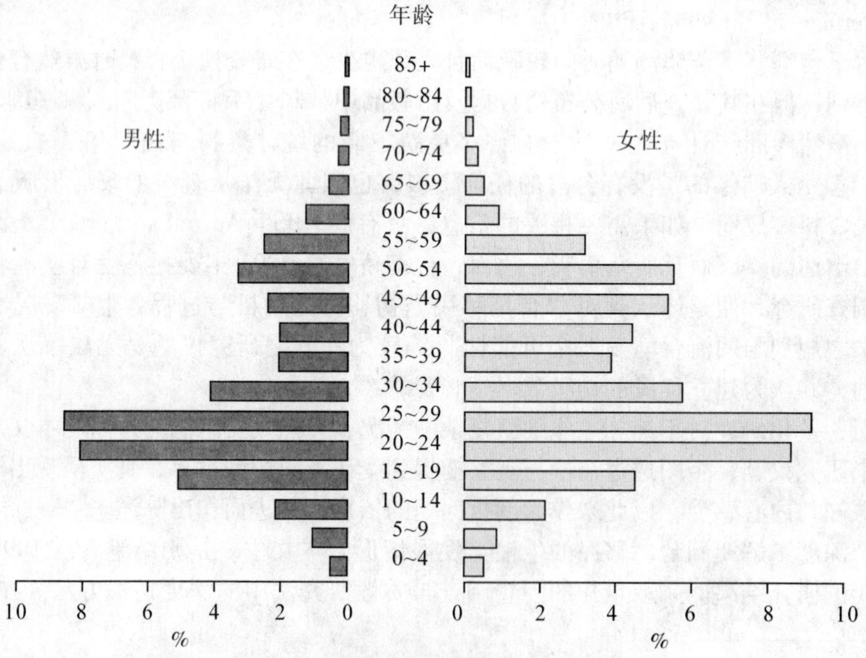

图1　2006年澳洲台湾移民年龄金字塔图

绘图：徐荣崇转绘自DIAC, 2006 Community Information Summary, Taiwan-born.

① “雪梨”即“悉尼”。

② 从2006年澳洲普查得知，该国是一个主要由移民所组成的国家，其非澳洲出生的人口占全国人口的22.2%。

表1　2006年澳洲台湾移民的年龄结构表

	年龄中位数（岁）	14岁以下 未成年人口（%）	15到64岁 成年人口（%）	65岁以上 老年人口（%）
中国台湾	29.6	9.2	89.0	1.8
中国香港	35.8	5.6	89.3	5.1
中国大陆	39.3	3.5	84.2	12.3
所有非澳洲出生移民	46.8	5.4	75.6	19.0
澳洲	37.1	19.8	66.2	13.3

资料来源：ABS（2006）未出版资料，http：//www.abs.gov.au.

在性别结构上，2006年澳洲台湾移民男性为10 695人（43.9%），女性为13 673人（56.1%），性比例78.2。这情形与丈夫移民后成为“空中飞人”而导致了女性户长的家庭增加有关；还有为了子女教育，妈妈带小孩到澳洲读书，也增加了女性移民的数量，我们称这些独自带小孩的妈妈们为“单栖妈妈”（Chiang，2004）。相较于2001年的82.8，性别差距变大了，这表示了什么？值得再进一步探究。另外未成年人部分，男性是略多于女性的（性比例102.7），这可能是跟重男轻女的传统观念有关，一般而言男性是比女性有更多机会出国的。值得注意的是，相较于2001年未成年人口性比例105.6，表示未成年人部分的性比例差距正在缩小中。同时这情形不只发生在澳洲，美国和加拿大也有相似的情形（陈祥水，1991：64；Skeldon，1995；Pea-pua et al.，1996；Ley，1999；姜兰虹、徐荣崇，2003；徐荣崇、齐力，2004；徐荣崇、陈丽如，2006）。

2. 社会特征

教育程度和语言能力是反映澳洲台湾移民适应能力的重要指标（见表2）。2006年澳洲普查统计数据显示，台湾移民具有文凭以上教育程度的比例占了50.4%，明显高过中国香港、大陆以及澳洲的水平（45.7%、42.2%和43.2%）。这表明他们的教育程度是高的，同时我们也发现他们自认为英文程度不错（自认为英语好或非常好的占74.9%）。但是事实上研究发现，语言能力和语言问题对澳洲台湾移民而言，似乎是两码事。诚如他们都觉得自己英文能力不错（至少在填答普查问卷时是如此），但文献和实际调查结果却显示，不论是生活适应或就业与创业，语言障碍一直是他们在移居地的主要困扰（姜兰虹、徐荣崇，2003）。这和台湾移民的实务英文能力较弱有关，也就是他们在移入地社会缺乏当地的“文化资本”，如对于大英国协的社会、法律系统、文化标准和雇佣关系的实务、议事规章及商业环境不熟悉（Ip，2004；廖佩君、姜兰虹、徐荣崇，2005：64）。这让他们虽自认英文能力不错，但同时也认为语言障碍影响着他们的就业与生活适应。

表2　2006年澳洲台湾移民社会及经济特征

	文凭（diploma）以上教育程度*（%）	英文能力好/非常好（%）	失业率（%）	劳动参与率（%）	在家只使用英语（%）	个人平均周收入（澳元）
中国台湾	50.4	74.9	11.2	50.3	4.8	221
中国香港	45.7	84.9	6.6	63.3	11.2	425
中国大陆	42.2	64.7	11.2	56.3	3.8	242
澳洲	43.2	90.0	5.2	64.6	78.5	466

资料来源：ABS（2006）未出版资料，http://www.abs.gov.au.

*15岁以上。

然而，从表3中我们可以发现，这十年来澳洲台湾移民自认为英语能力有逐年进步的趋势。同样的，虽然2006年澳洲台湾移民的失业率为11.2%，仍高于中国香港（6.6%）和澳洲（5.2%）的水平。而劳动参与率（50.3%）相对中国香港（63.3%）、中国大陆（56.3%）和澳洲（64.6%）而言，是比较低的。

表3　历次普查统计年澳洲台湾移民英文能力转变情形（1996—2006年）

	只使用英语	英文能力非常好/好	英语程度不好/非常不好
1996	3.5	65.4	31.1
2001	3.7	70.9	25.4
2006	4.8	74.9	24.4

资料来源：

ABS（1981，1986，1991，1996，2001）未出版数据（购买数据）。

ABS（2006）未出版资料，http://www.abs.gov.au.

此外，他们在家中使用英语的比率相当低（见表3），容易造成家中语言对外的隔绝性，这不仅让他们的英文能力更加不足，更形成了居住地集中的情形。而且，在适应新环境时，语言及文化的共通性会让人聚居在一起，也会让人产生安全感。有关居住地集中的情形，容后再谈。

台湾移民在澳洲的产业分布广泛且多元化，笔者（2003）的报告指出，2001年澳洲台湾移民多从事零售、房地产与商业服务、批发，其次为住宿与餐饮业、制造业、健康与小区服务、教育、金融与保险。而选择的职业则多集中在专业技术人员、中阶文书、销售员与服务工作者等层次。

在收入上，澳洲台湾移民平均周收入221澳元，远低于香港地区移民的425澳元和澳洲的466澳元（见表2）。其原因可能和台湾移民对于申报收入较趋保守，在澳洲失业率偏高，以及他们多在移居国和台湾同时拥有事业（或是只将事业设在台湾）等因素有关（徐荣崇、陈丽如，2005），值得再深入探讨。

三、澳洲台湾移民的居住地分布与选择

1. 移民的趋势与居住地分布

近来移居澳洲的台湾移民呈现出退烧的趋势。从表4中我们可以发现，澳洲台湾出生移民从1986年时的2 056人快速增长到1991年的12 958人，其人口增加率高达530.3%。1996年台湾曾是澳洲第九大移民来源地，可见当时的移民力度。但从1996年开始，移民澳洲的台湾人数开始趋缓，到了2006年共有24 368位台湾出生的移民，仅比前一次普查的22 418人增加了8.7%。我们再搭配着DIAC历年移入澳洲的台湾移民资料来看，过去20年间移民澳洲的高峰期曾发生在1990至1991年，以及2000至2001年间。早期他们多移入新南威尔斯州，而1990年后昆士兰州成了他们的最爱（见图2)。在2000年后，移入的人数快速下降，这和台湾经济的变迁、台商大量西进以及澳洲移民门槛提高①和澳币快速升值②有关。而移出的人却快速蹿升，这一点我们留在后面回流的部分再谈。

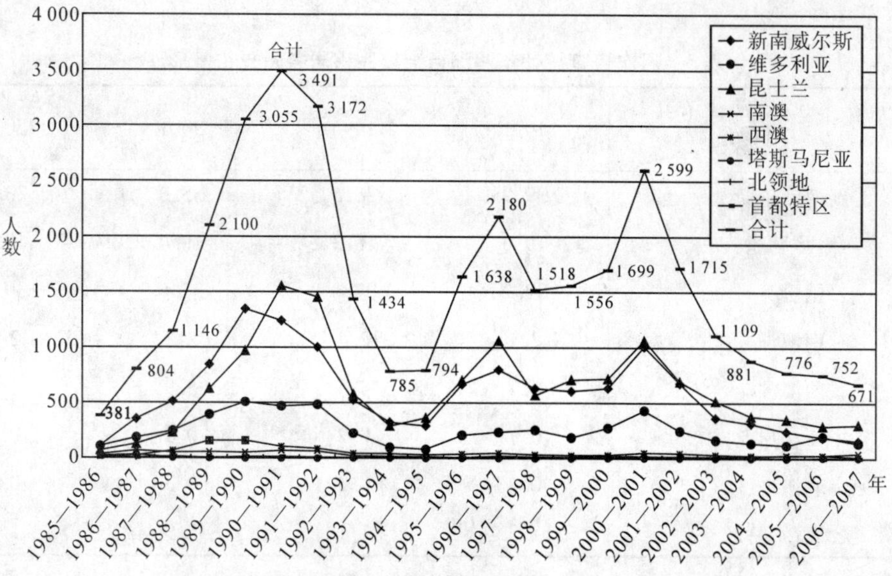

图2　历年台湾移入澳洲人口趋势图（1985—2007年）

资料来源：

BIMPR（1996）*Settler Arrivals by State of Intended Residence. Statistical Report* No. 20.

DIMA（1998）*Settler Arrivals. Statistical Report* No. 25.

DIMIA（2002）*Australian Immigration Consolidated Statistics*, No. 21, *1999 - 2000*.

DIMIA（2004）*Settler Arrivals* 1993 - 1994 *to 2003 - 2004*.

DIAC（2007）*Emigration*, *2005 - 2006*.

DIAC（2007）*Emigration*, *2006 - 2007*.

DIAC（2007）*Settler Arrivals*, *2006 - 2007*.

DIAC（2008）*Immigration update*, *2006 - 2007*.

---

①　2005年澳洲及数移民计点，都市地区门槛从220点调升至225点。

②　澳币在2000年时曾经一度降至台币：澳币为16∶1，接下来一路升值，到了2008年台币：澳币汇率已升至28∶1。

表4 历年（普查统计年）澳洲台湾出生人口数（1981—2006年）

普查统计年	1981	1986	1991	1996	2001	2006
人数	877	2 056	12 958	19 547	22 418	24 368
年份	1981—1986	1986—1991	1991—1996	1996—2001	2001—2006	
人口增长率（%）	134.4	530.3	50.8	14.7	8.7	

资料来源：

ABS（1981，1986，1991，1996，2001）未出版数据（购买数据）。

ABS（2006）未出版资料，http：//www.abs.gov.au.

2006年澳洲台湾移民主要以居住在昆士兰州（33.1%）、新南威尔斯州（33.1%）和维多利亚州（19.7%）为主。其中以昆士兰州（主要为布里斯本和黄金海岸）的澳洲台湾移民人口增长最为快速，而新南威尔斯的则有逐年下降的趋势（见表5、图3）。

表5 历次普查统计年澳洲台湾移民移居各州分布情形 单位：%

地区＼年份	1991	1996	2001	2006
新南威尔斯	39.9	36.5	35.3	33.1
维多利亚	19.3	18.3	19.4	19.7
昆士兰	32.2	37.0	37.6	39.1
南澳洲	2.1	2.4	2.3	2.5
西澳洲	4.7	4.5	3.9	3.8
塔斯马尼亚	0.1	0.2	0.2	0.3
北领地	0.4	0.2	0.3	0.3
澳洲首都特区	1.3	1.1	0.9	1.1

资料来源：

ABS（1991，1996，2001）未出版数据（购买数据）。

ABS（2006）未出版资料，http：//www.abs.gov.au.

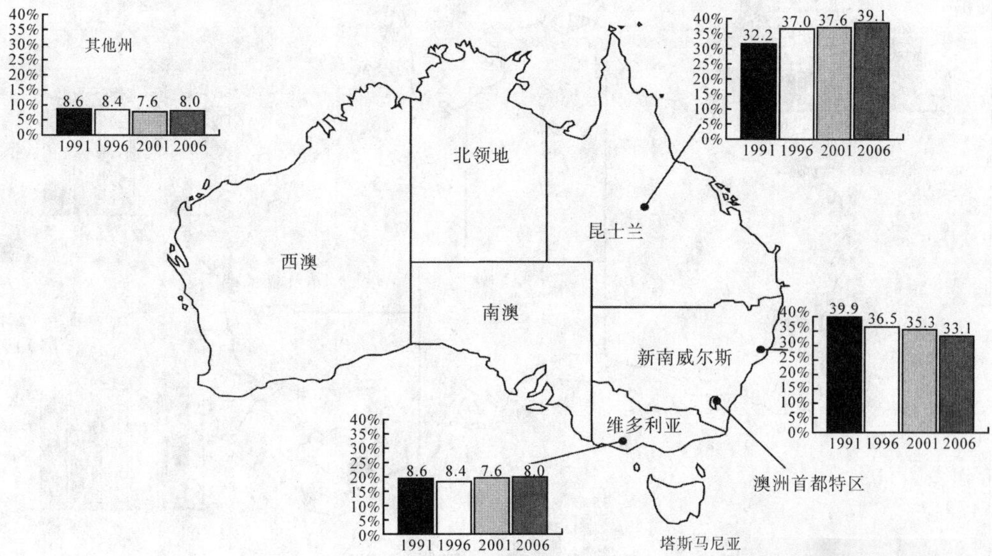

图3　历次统计年澳洲台湾移民居住地（州）分布图

资料来源：澳洲普查统计局未出版资料，1991，1996，2001，2006。

绘图：徐荣崇，2008。

澳洲历年普查统计数据显示，在都市的分布上（见表6、图4），2006年台湾移民约有88.7%集中在四大都市中，所占比率以布里斯本为最高（34.1%），雪梨次之(31.6%)。1986年，墨尔本是台湾移民聚集人数第二多的城市，到了1991年统计时，布里斯本已取代其地位，到了2006年，布里斯本再次取代雪梨，成为台湾移民聚居最多的城市。相较于2006年澳洲所有人口中20.7%集中于雪梨和18.1%集中于墨尔本，他们集中于都市的比率是偏高的（ABS，2006）。

表6　历次普查统计年澳洲台湾移民居住地（城市）分布情形

	1986		1991		1996		2001		2006	
	人数	%	人数	%	人数	%	人数	%	人数	%
雪梨	806	39.2	4 921	38.0	6 729	34.4	7 502	33.5	7 696	31.6
墨尔本	577	28.1	2 413	18.6	3 432	17.6	4 248	18.9	4 667	19.2
布里斯本	219	10.7	3 600	27.8	6 038	30.9	7 205	32.1	8 308	34.1
伯斯*							892	4.0	915	3.8
小计	1 602	78.0	10 934	84.4	16 199	82.9	19 847	88.5	21 586	88.7
其他都市	454	22.0	2 024	15.6	3 348	17.1	2 571	11.5	2 782	11.3
总计	2 056	100.0	12 958	100.0	19 547	100.0	22 418	100.0	24 368	100.0

* 由于经费预算关系，仅购买2001年和2006年伯斯台湾出生人口资料。

资料来源：

ABS（1981，1986，1991，1996，2001）未出版数据（购买数据）。

ABS（2006）未出版资料，http：//www. abs. gov. au.

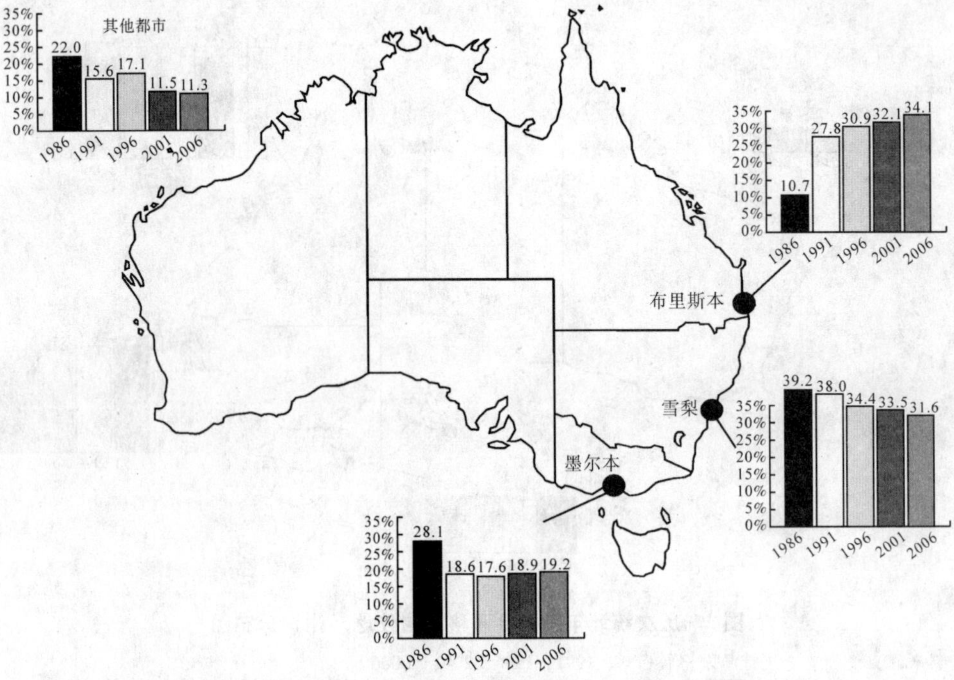

图4 历次统计年澳洲台湾移民居住地（城市）分布图

资料来源：澳洲普查统计局未出版资料，1991，1996，2002，2006。

绘图：徐荣崇。

2. 移民居住地的选择

1990 年代的台湾移民为拥有专业技术（professional skills）及可观资产的中产阶级或有中上收入的移民，因为其社经资本优势，在移民社会第一代便进入了移居地的中产及中上阶层地区居住，他们可被称作是一群中产阶级的跨国迁移者（middling transmigration）（Ip，2006）。这和过去的传统华侨聚居于华埠的情形不同。他们能依自己的意愿不住在唐人街，而选择更好的居家环境或好学区。他们各自需要和当地社会打交道，因此很快便需要和当地的居民、社团、学校接触，同时也继续和台湾保持密切的联系。其适应路径是和过去传统第一代移民过着与主流社会隔离的生活所不同的。

全家一起来的移民，通常会希望有人能给予帮助，以减缓刚到澳洲时的陌生与害怕，并获得安全感。因此会以先安家为主要目标，亲友的建议会成为决策上的重要因子。此时他们不太会考虑整个移居地大环境的影响因素，大多只按照自己的偏好及需求来买房子，有的人比较喜欢住在近市中心的地区，所以就买在市中心区域附近，有人觉得小孩读书重要就买在学校旁边，有人觉得环境漂亮就好，所以买得离市中心远一点也没关系，有的则会考虑风水的好坏。故而，一开始不同的需求、不同的经济能力以及不同亲友的相互影响，就决定了新移民第一个居住地的位置。当然，他们在决策的过程中并非全然如此理性，可能因为一时的兴致使然，也可能因一时之因缘际会，让他们在选择居所时充满变量。再加上时间的催化，考虑的情况将更趋多样与复杂化。随着居住时间的增加，台湾移民再迁移时的考虑，已经加入了时间的历程。他们对住家的需求开始有了转变，例如：在饱受打扫房子和整理庭院之苦后，觉得不再需要太大的房子和草坪，也不需要游泳池；对于决策因素排序上也有了改变，如小孩长大，学区的重要性便减弱，而生活方便性的需求却增强了；对生活的适应力增强，分析能力也加强了，如投资概念的转变及对自然与人文环境的评估改变；对于生活环境更加了解，不想再作居住地的变更或仅在居家附近寻找新的住所。

"在家靠父母，出外靠朋友"，有了亲友的帮助，心里踏实些。其实这一现象并非只有台湾人这样，其他在澳洲的许多移民族裔，如意大利、希腊和越南人等也会有此现象，他们在初到澳洲时会向族裔群居的聚落集中，而造成族群的聚集，经过一段时间迁移后，他们还是会在另一个地方形成再聚集的现象（Burnley，1996；1998）。

优美、安静且人性化的环境，单纯、友善的生活质量以及活泼多元的教育制度，是台湾侨民选择澳洲的主要因素。总括而言，他们会因为都市大、工作机会多而选择雪梨，会因为天气好而选择布里斯本，会因为子女的教育而选墨尔本（徐荣崇、姜兰虹，2003）。

诚如前述，台湾移民不会像早期华人移民般集中于中国城，在商业连锁、亲属连锁以及生活机能连锁等连锁移民（chain migration）机制下，快速地在郊区聚集起来，形成所谓的第二中国城（second Chinatown）。如雪梨的Chatswood，布里斯本的Sunnybank和墨尔本的Box Hill。从1991至2001年间，台湾移民也有向这些地方的周遭区域搬移的现象。

在雪梨，台湾出生移民的分布较为分散。通常会以房子大、新且为白领阶级的"好区"为由，选择雪梨湾北岸的Ku-ring-gai、Hornsby、Baulkham Hills和Willoughby等地区；会因为地势较为平坦、房价较为便宜且交通方便而选择中区的Ashfield、Burwood、Strathfield和西区的Parramatta和Fairfield等地区；会因为近海风景优美、近市区、抗跌性高且为主要的大学学区而选择东南区的Randwick地区；会因为是全雪梨最高级且精华的地区[①]而选择东区的Woollahra地区（徐荣崇，2002）。1991、1996和2001年三次的普查数据显示，雪梨地区台湾移民居住地不若初期集中在Ku-ring-gai地区，而有向外扩散的趋势，尤其是向都市靠近的趋势（见图5）。

在布里斯本，台湾出生移民最为集中。南区的Sunnybank周遭地区[②]，因为满足华人的生活所需最为方便，而且多平坦的空地可以提供建筑新屋且开发性大，吸引了多数的台湾移民；布里斯本河沿岸的Indooroopilly、Mount Ommaney和St Lucia等地区，因地势起伏且为布里斯本的高级区、早期移民居住地、文教区，加上有些人不喜欢和太多台湾人住在一起，而被选择；东区的Cleveland区，因靠海边且生活环境及风景极佳，而被选择（徐荣崇，2002）。从图6中我们可以发现，布里斯本的台湾移民有更集中的趋势，而且也有向都市集中的现象。

由于墨尔本是移民口中的文化都市，故而子女教育的因素多左右了墨市台湾移民的居住地选择，他们会选择居住在一些明星学校（如Melbourne High、Kew High、Balwyn High和Glen Waverley High等）附近的地区。台湾移民主要分布在市中心东面电车沿线的Kew、Balwyn、Doncaster和Glen Waverley等地区（徐荣崇，2002）。近年来墨尔本地区的台湾移民居住地互有更迭，但重要的还是他们也有向都市集中的现象（见图7）。

---

① 这地方可以看到雪梨三宝（雪梨歌剧院、雪梨大桥和雪梨塔）的无敌海景，故而房价特别贵。

② 这是指包括以Sunnybank为中心，涵盖了四周的Sunnybank Hills、MacGregor、Eight Mile Plains、Robertson和Stretton等地。

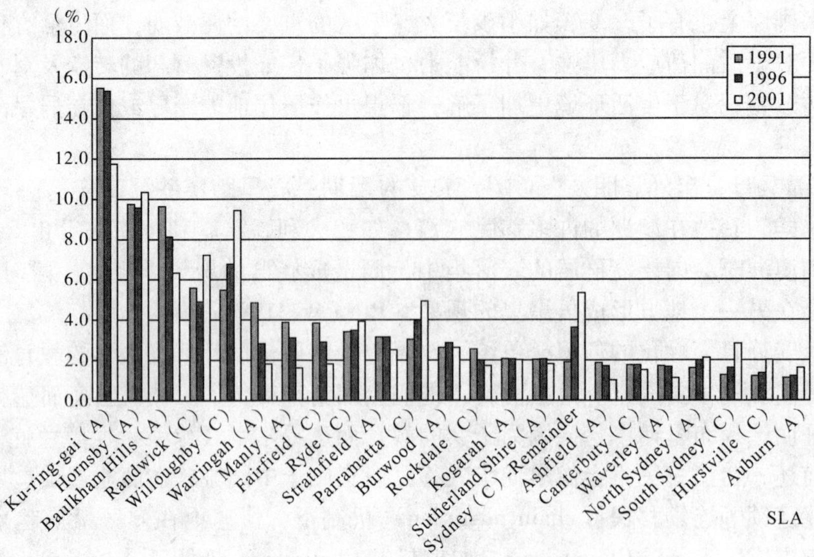

图5 历次统计年澳洲台湾移民在雪梨居住地变迁图

资料来源：ABS (1991, 1996, 2001) 未出版数据 (购买数据)。

绘图：徐荣崇。

注：

1. 由于统计分区过多，本表仅列1991、1996和2001年澳洲统计数据输入的SLA台湾出生人数与全布里斯本台湾出生人数百分比超过1.5%的统计区。

2. 有些SLA地区名在各统计年间有少许变动。

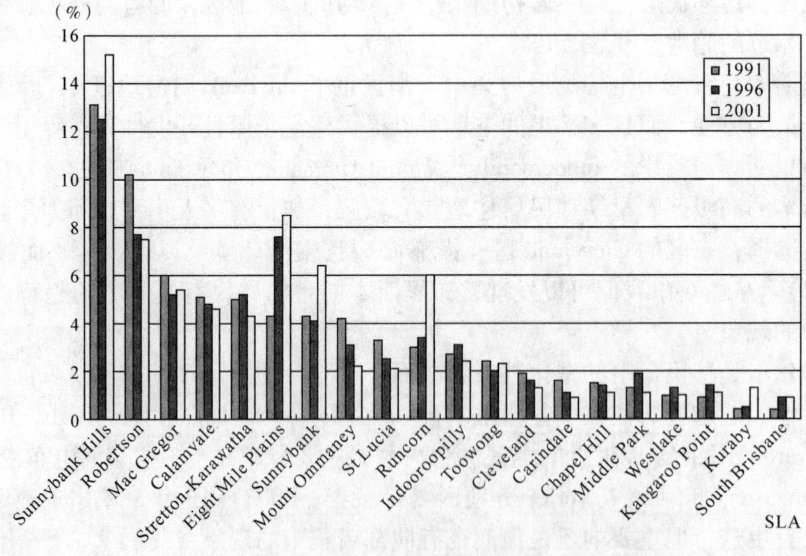

图6 历次统计年澳洲台湾移民在布里斯本居住地变迁图

资料来源：ABS (1991, 1996, 2001) 未出版数据 (购买数据)。

绘图：徐荣崇。

注：由于统计分区过多，本表仅列1991、1996和2001年澳洲统计数据输入的SLA台湾出生人数与全布里斯本台湾出生人数百分比超过1%的统计区。

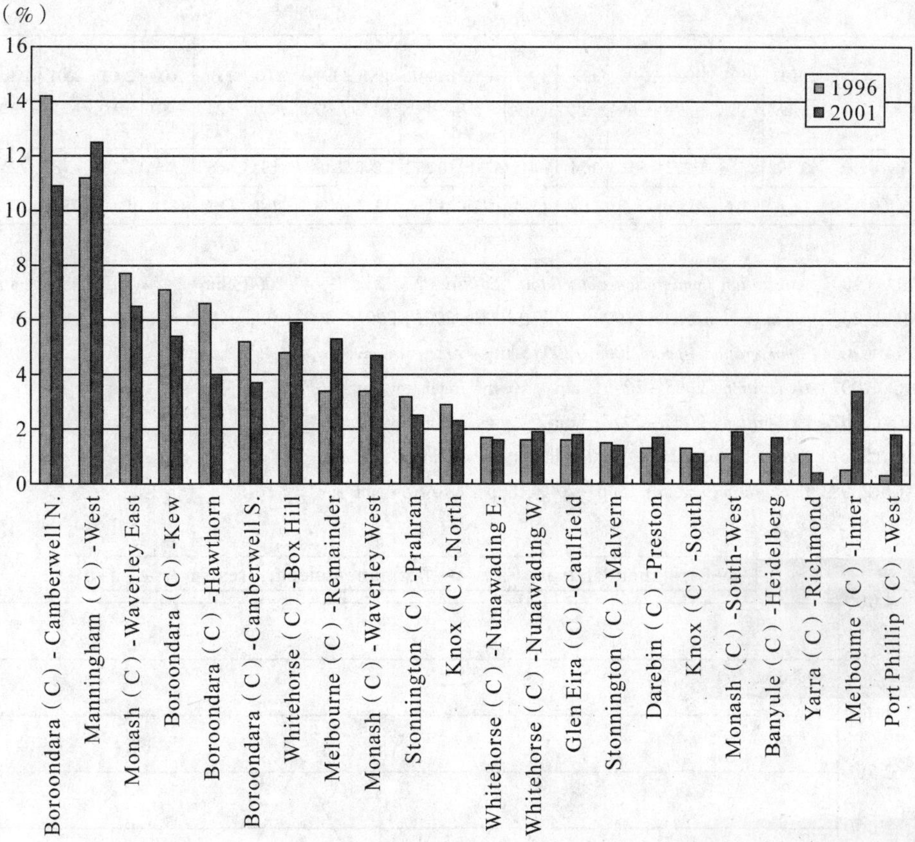

图 7　历次统计年澳洲台湾移民在墨尔本居住地变迁图

资料来源：ABS（1996，2001）未出版数据（购买数据）。

绘图：徐荣崇。

注：

1. 由于统计分区过多，本表仅列 1996 和 2001 年澳洲统计数据输入的 SLA 台湾出生人数与全墨尔本台湾出生人数百分比超过 2% 的统计区。

2. 由于 1991 年和 1996 年的墨尔本 SLA 分区有很大的差异，故未列 1991 年的资料。

3. 移民的回流

1980 年代，大量台湾移民为了子女教育和更好的生活环境选择移民澳洲。然而，近年来他们开始展现出强烈回流的意图。其回流意图不仅是单向的回流，更多的是有如候鸟般跨国界不断来回于两地的移民。由图 8 我们可以发现，离开澳洲的台湾移民人数逐年增加，到了 2003 至 2004 年时已经超越了移入人数，净迁移数开始呈现负数。

表 7　历年长期移入及移出澳洲的台湾移民人口趋势表（1990—2007 年）

	1990—1991	1991—1992	1992—1993	1993—1994	1994—1995	1995—1996	1996—1997	1997—1998	1998—1999	1999—1900	2000—2001	2001—2002	2002—2003	2003—2004	2004—2005	2005—2006	2006—2007
长期移入（a）	3 491	3 172	1 434	785	794	1 638	2 180	1 518	1 556	1 699	2 599	1 715	1 109	881	776	752	671
长期移出（b）	99	178	162	183	170	219	261	261	516	663	704	749	763	952	958	1 000	951

（续上表）

	1990—1991	1991—1992	1992—1993	1993—1994	1994—1995	1995—1996	1996—1997	1997—1998	1998—1999	1999—1900	2000—2001	2001—2002	2002—2003	2003—2004	2004—2005	2005—2006	2006—2007
a－b	3 392	2 994	1 272	602	624	1 419	1 919	1 257	1 040	1 036	1 895	966	346	－71	－182	－248	－280
b/a（%）	2.8	5.6	11.3	23.3	21.4	13.4	12	17.2	33.2	39	27.1	43.7	68.8	108.1	123.5	133	142

资料来源：

DIMIA（2002）*Australian Immigration Consolidated Statistics* No. 21，*1999－2000*，http：//www. immi. gov. au.

DIMIA（2003）*Immigration Update 1999－2000*，*2000－2001*，*2001－2002*，http：//www. immi. gov. au.

DIMIA（2004）*Immigration Update 2002－2003*，http：//www. immi. gov. au.

DIAC（2007）*Emigration*，*2005－2006*，http：//www. immi. gov. au.

DIAC（2007）*Emigration*，*2006－2007*，http：//www. immi. gov. au.

DIAC（2007）*Settler Arrivals*，*2006－2007*，http：//www. immi. gov. au.

DIAC（2008）*Immigration update*，*2006－2007*，http：//www. immi. gov. au.

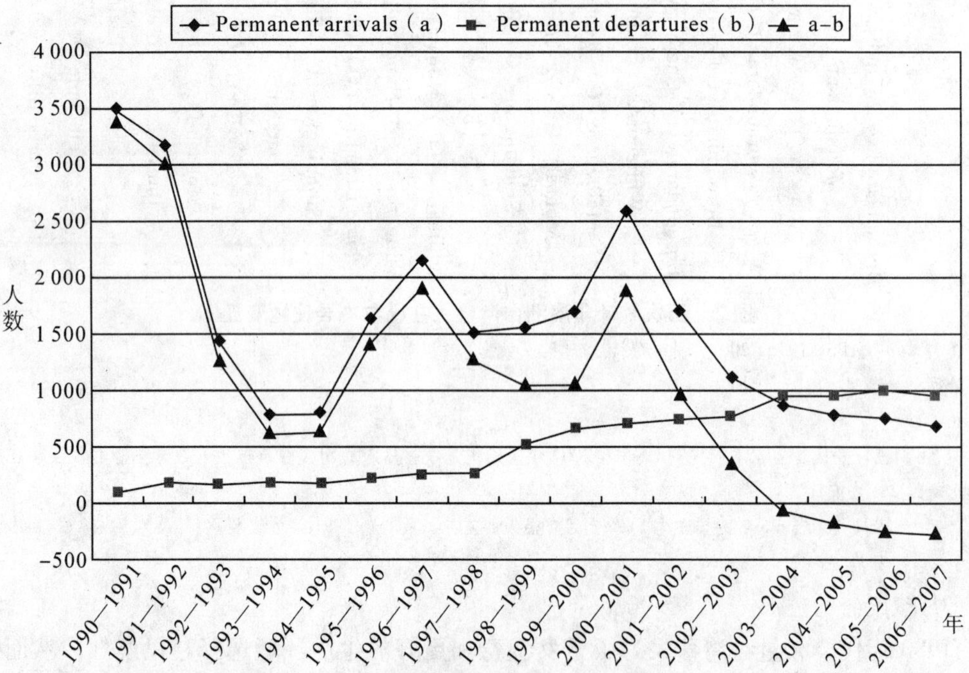

图 8 历年长期移入及移出澳洲的台湾移民人口趋势图（1990—2007 年）

资料来源：表 7。

而这些离开澳洲的台湾人都去了哪里呢？图 9 显示出不管是澳洲出生或是非澳洲出生的台湾人大多回到了台湾。值得注意的是，2004 年以前回台湾的人数一直是比台湾出生移民离开澳洲的多，表示前者除了台湾出生的移民外还包括了非台湾出生的人（合理的解释是，这些人是在澳洲出生的第二代移民及其配偶），但是，2004 年以后，到台湾的人已经比移出澳洲的台湾出生移民人数少了，表示他们开始前往其他地区，这是否意味着台湾的吸引力下降了，或者是受到全球化与跨国主义的影响，这值得再探讨。从表 8 中可以看出，近两年长期移出澳洲的台湾移民中，有七成七的人回到了台湾（也表示有约两成三的人移往其他地区，虽然这数字远远高于所有非澳洲出生移民所占的六成二）。其中以移居五年以上的台湾移民所占比率最高，约六成八（见表9）。而图10显示，他们以25～34岁和45～54岁回流者较多，年轻移民者回流的目的多为创业与就业，而年长的移民回流多为了落叶归根（姜兰虹、徐荣崇，2003）。

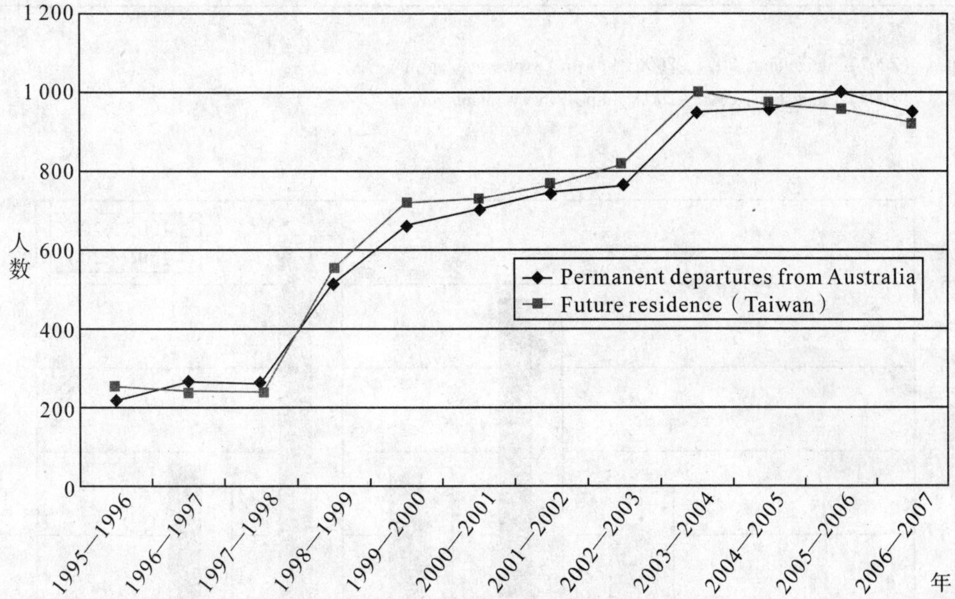

图9　历年长期移出澳洲的台湾出生移民与从澳洲长期移出、以台湾为目的地的人数比较图（1995—2007年）

资料来源：

DIAC（2007）*Emigration*，*2005－2006*，http：//www. immi. gov. au.

DIAC（2007）*Emigration*，*2006－2007*，http：//www. immi. gov. au.

表8　长期移出澳洲台湾移民的最终目的地（2005—2006年；2006—2007年）

		原出生地人数	所占百分比（%）	非原出生地人数	所占百分比（%）	总计人数
2005—2006	台湾出生移民	779	77.9	221	22.1	1 000
	所有非澳洲出生移民	20 920	62.3	12 649	37.7	33 569
2006—2007	台湾出生移民	730	76.8	221	23.2	951
	所有非澳洲出生移民	21 830	62.0	13 391	38.0	35 221

资料来源：

DIAC（2007）Emigration，*2005－2006*，http：//www. immi. gov. au.

DIAC（2007）Emigration，*2006－2007*，http：//www. immi. gov. au.

表 9 长期移出澳洲台湾移民在澳洲的居住时间分布表（2005—2006 年；2006—2007 年）

	2 年		2~5 年		5 年以上		总计	
	%	No.	%	No.	%	No.	%	No.
2005—2006	137	13.7	174	17.4	689	68.9	1 000	100.0
2006—2007	123	13.0	166	17.5	654	68.8	943	100.0

资料来源：

DIAC（2007）Emigration, *2005-2006*, http://www.immi.gov.au.

DIAC（2007）Emigration, *2006-2007*, http://www.immi.gov.au.

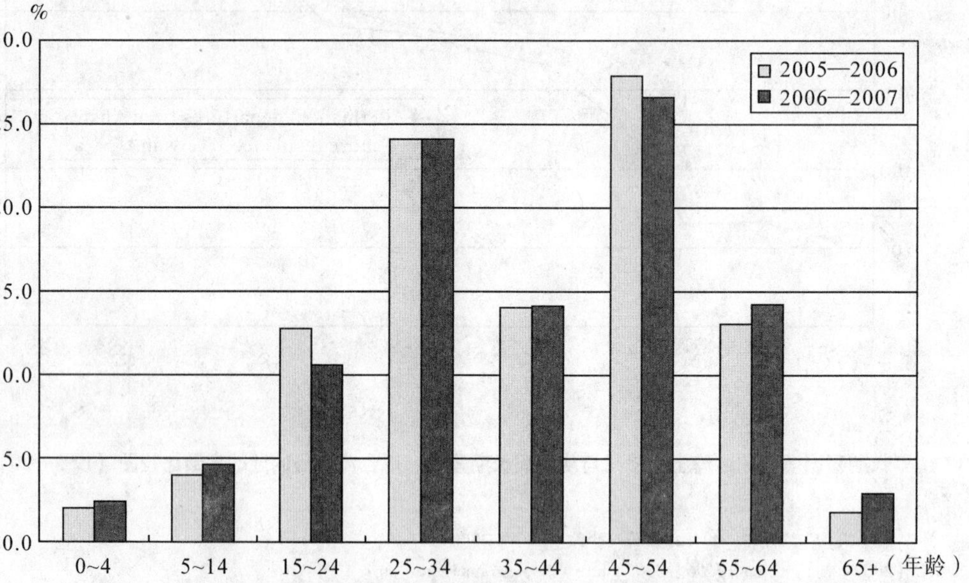

图 10 长期移出澳洲台湾移民年龄分布图（2005—2006 年；2006—2007 年）

资料来源：

DIAC（2007）*Emigration*, *2005-2006*, http://www.immi.gov.au.

DIAC（2007）*Emigration*, *2006-2007*, http://www.immi.gov.au.

在回流动机上，就业和落叶归根是旅居澳洲台湾移民想要回流台湾的主要原因（姜兰虹、徐荣崇，2003）。而触动他们选择回流的因素包括经济与文化，这两个因素常常交互影响着移民做回流的决定。从实地的访谈与观察中可发现，一般而言回流的移民大致可分为当初决定移民的第一代移民，以及当初跟随父母移民的小孩两大类。父母的回流因素有的是子女长大了，完成了子女教育的使命而决定打道回府；有的是因为习惯台湾的生活而回家；有的是过腻了家庭成员分隔两地的生活，在子女长大可以自立后，返台和先生（太太）团聚；有的是坐满移民监后就举家回台；有的是为了落叶归根。正因为这些澳洲的第一代移民多数是经济已有基础的商业或投资移民，故回流原因多是文化层面的因素，经济层面的影响较少。此外，这些因子女教育而被带到侨居地长大的小孩，他们有的是一开始移民时就被设定要回台湾接掌父亲的事业，有的则是在面对当地就业困难的现实时，考虑回到台湾找寻工作，他们回流的动机较为单纯，主要是出于经济因素的考虑，回台就业或创业、寻找结婚对象和文化归属感。当然除了就业机会外，家庭团聚、返台读书等也都是他们考虑回流的因素（廖佩君、姜兰虹、徐荣崇，2005）。

四、生活的适应

根据2003年笔者所作的调查研究发现，澳洲台湾移民在生活上所面临的困扰依序为求学、语言障碍及就业等。接下来我们就从子女教育的迷思、单栖妈妈与“空中飞人”、创业与就业等议题入手，来讨论他们在生活上所面临的问题。

1. 子女教育的迷思

在澳洲多元文化的社会环境及开放的教育体系下，台湾小孩解除了台湾教育体制的枷锁。他们在人性化的英语环境下学习与成长，因为语言的关系，使得他们未来的发展道路更开阔，他们更具国际观，并在不同的文化与社会中伸展触角。大多数的移民仍相当重视台湾的传统生活，因此在台湾出生的第“1.5代”子女①中，大多保持勤劳、穿着整齐朴素、尊敬师长、长幼有序、洒扫应对进退、谦恭有礼等传统美德。从2001年澳洲普查数据中发现，多数移居澳洲的台湾移民具有高教育的背景，而且男性偏重理工科系而女性偏重人文科系（徐荣崇、叶富强，2006）。

其实，大家都是为了子女的教育漂洋过海来到陌生的澳洲，让小孩在澳洲社会中生活、学习、受教育，寻求家长眼中所认为的美好教育。似乎大家都认为，不管小孩在台湾的程度如何，来到了澳洲应该都可以读大学。难道，真的到了澳洲就可以麻雀变凤凰吗？其实在澳洲到了中学11～12年级时，为了考大学，压力也是很大的，要考好大学也是不容易的，补习之风在澳洲的华人社会也是存在的，许多移民在澳洲的职业便是家教老师，帮台湾同乡子女补习数学和语文。

另外，有些家长为了要将自己的小孩和台湾学校的坏同学隔离开，而将小孩只身送往澳洲当小留学生，但是，这些小孩在台湾已不爱读书，加上父母不在身边，把他们放到澳洲不啻是放牛吃草，很容易学坏，衍生的青少年问题亦不少。

一般的台湾移民家长都会希望子女能传承中国的文化传统，能说中文，能写汉字，最好结婚对象都是台湾人。有的移民建议，小孩子至少应该在台湾受完小学教育再来澳洲，才不至于不会说国语，但是这些小孩到了澳洲时已过了语言黄金期，到了澳洲要面临更辛苦的英文学习过程。因此家长又担心小孩英文不能和澳洲人一样好，竞争上略逊一筹。如果要回台湾，又因为澳洲与台湾的社会与人际交往模式大不相同，许多台湾移民均表示澳洲的台湾小孩都很单纯，日后在诡谲多变的台湾职场上与台湾本地人竞争比较困难。因此，在差异如此之大的生态体系下，他们成为两地间的边缘人。还让人矛盾的是，如果这些小孩很小就来到澳洲，一切生活方式很容易融入（integrate）澳洲社会，那么家长要求他们对台湾的传统生活和语言的学习便更加困难，通常会以要求他们在家中说国语、送中文学校和利用放假时送回台湾学习国语的方式来训练他们的母语能力。但毕竟小孩大多数是在纯英文的环境下生活，学习困难的中文是很痛苦的。当小孩子小的时候，家长英语能力或许比小孩强，能以中文在家中进行对谈，且以家长的权威强制小孩学中文。当小孩长大，英文能力超越家长，英语成为家中主要对谈语言，父母英语能力相对低很多时，父母

① “1.5代”移民指的是在台湾出生，随着父母移往澳洲的小孩。

则变成家中的弱势。并且在台湾地区和澳洲不同的价值观下，较易发生两代人的争执。

难道，家长所选择的“好教育”真的是对小孩的“好教育”吗？究竟小孩要长大到什么时候才算是家长眼中的“长大了”呢？看小孩子的情形，多数移民以大学毕业作为小孩子长大的认定标准，而家长是否考虑回台湾定居，也多数是达到此目标后，再作打算（徐荣崇，2006）。

2. “单栖妈妈”与“空中飞人”

其实，并不是每个人都能通过移民的关卡。能通过者不仅有着不错的经济条件或谋生技能，同时还要有健康的身体①。来到澳洲，先生在安顿家小后，很快就回到台湾做起了“空中飞人”。妈妈们则一切生活回归简朴，或许她们在台湾的一切生活起居都有佣人代为打理，但在这里可能煮饭、洗衣、打扫、整理家务、接送小孩样样自己来，虽然辛苦，却也少掉了许多不必要的应酬、逛街和打牌。她们开始享受异国的风俗民情，偶尔做些园艺，上些英文课程，学点美术陶艺，也多了户外休闲生活，更投入了义工行列。生活朴实悠闲，不再紧张，体验着不同的生活步调及情趣，调整出不同的人生与价值观，而且可以在风景优美的澳洲居住下来，总是大家所羡慕的对象。

但常听人说“坐移民监”，如果移民生活真是美妙无比，那又何必以如此痛苦的词汇描述呢？移民在外，有如浮云游子，常有漂泊海外的感觉，加上语言不通，工作不好找，为了事业及家庭生活所需，台湾有事业的则开始过起家庭成员分隔两地的生活，爸爸成为“空中飞人”两地奔波，妈妈则一肩担起家庭内外重任做“单栖妈妈”（Chiang and Hsu，2006），陪小孩读书；在台湾没事业的，则在澳洲过着辛苦的赚钱生活，而且职位通常是比台湾本地低（姜兰虹、宋郁玲，2001）。一开始，“单栖妈妈”要自己学开车、看地图，摆脱“路痴”的刻板印象；学习修剪花木、修理水电以节省家用；放下身段，开口向友人求助；学习走出家庭，拓展自己的生活圈；做一些在台湾未曾或不愿意做的事。尤其是当语言不通时，更让她们觉得在台湾累积的社会资本在澳洲完全无用武之地。连最基本的问路、申请水电、电话，甚至小孩生病和医生沟通，都困难重重。

澳洲的生活没有台湾的多姿多彩，极其单调，“单栖妈妈”日复一日地处理着安家、买菜、煮饭、接送小孩、接待亲友等琐碎事项，住久了不免怀疑起自己的移民决定是否正确，也开始磨蚀着自己的信心，更担心先生是否有外遇（或自己会有外遇），会不会从家庭成员分隔两地变为两个家庭。她们也担心因和子女间发生冲突，无法管教子女而无法向丈夫交代。每当丈夫来时，全家必须为了迎接父亲而使得原本平稳的生活步调大乱，父亲就像验收成果般②，检视太太这几个月有没有把小孩带好，检视小孩的成绩好不好，发发礼品，过着他休闲的度假生活。时间到了，先生回台湾，一切恢复平静。留在澳洲的太太又必须重新收拾心情，回归正常（没有男主人）生活。

有人说，来到澳洲的人都是“五子登科”，而且男人除了丈夫外都还外加“三夫”。所谓的“五子登科”指的是聋子（听不懂）、哑子（说不出）、瞎子（看不懂）、跛子（不会开车）和老妈子（陪小孩读书），而“三夫”即是农夫（在家做园艺）、渔夫（出外钓鱼）和高尔夫。如此的比喻精辟地刻画出“空中飞人”和“单栖妈妈”在澳洲的生

① 移民前必须通过严格的健康检查。

② 通常在当地餐厅都能看到这样的情景。

活与某种无奈。在社交上，对女性而言，同乡间的交谊活动与互助，如合唱团、厨艺交流等是她们排解寂寞的方法，而一些宗教团体，如慈济、佛光山、基督教等也让她们找到生命的意义。

然而，近20年来，这样的情形也渐有改变。“单栖妈妈”在澳洲建立起自己的社会网络，在社团中找到了她们的社会认同（social identity），有些人在事业上崭露头角，成为成功的女性企业者；有人开始担任起辅导新移民的角色；也有人因为小孩长大，阶段任务结束，夫妻便决定结束“空中飞人”的生活回台团聚，或来澳团聚过着退休的生活。

3. 创业与就业

2006年台湾出生移民的失业率为11.2%，相较于2001年的15.9%、1996年的19.6%及1991年的26.9%，有逐年降低的趋势（见图11）①。早期失业率高和台湾移民英语程度不佳及澳洲很重视证照制度，不承认台湾的执照有关②。这使得许多原本拥有高级职位的人来到澳洲后不但不能学以致用，反而从事着和以前不一样的工作，因而产生低度就业、改行或向下流动的情形，来到了澳洲却需一切从头做起（姜兰虹、徐荣崇，2000）。也由于有的台湾移民家庭经济来源主要靠台湾的事业支持，因而在这里无须工作，这也是造成台湾移民在澳洲失业率居高不下的因素之一。

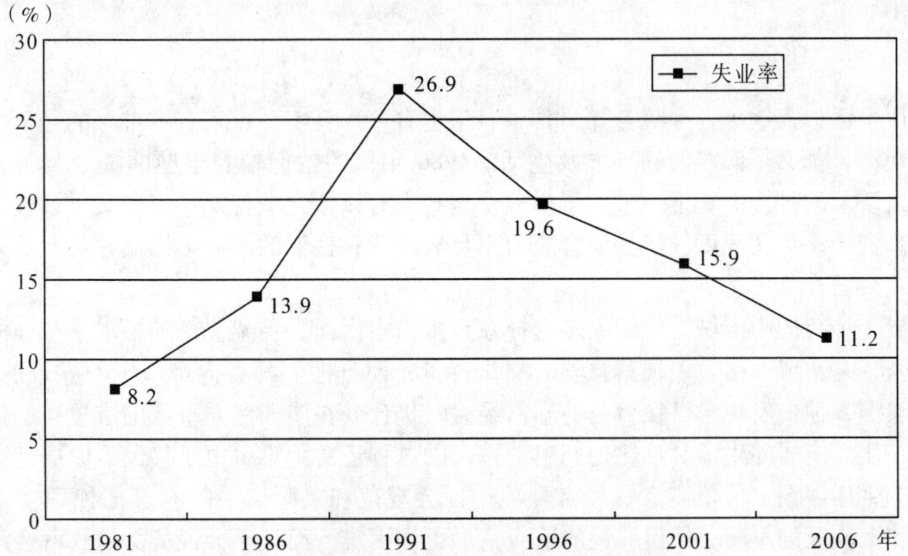

图11 历次统计年澳洲台湾移民失业率趋势图

资料来源：

ABS（1981，1986，1991，1996，2001）未出版数据（购买数据）。

ABS（2006）未出版资料，http：//www.abs.gov.au.

除此之外，文化差异也常被台湾移民所提及。文化差异的例子如移民对于法律问题的

① 如前述，相对于中国大陆、香港和全澳洲而言，台湾出生移民的失业率仍是比较高的（见表2）。

② Chiang and Kuo（2000）也指出种族歧视是一个解释造成台湾移民在劳动市场中处于不利地位的因素。另外，澳洲的雇主以及专业机构为了保障国内的利益团体不受移民劳动力竞争的影响，不承认移民在他们自己的国家所受的专业训练以及文凭。

不了解、澳洲的公司会优先选择白人而不倾向聘雇其他有色人种，加上喜欢当老板的台湾移民不愿屈就到别人的公司当员工等因素，让许多台湾移民舍就业而选择了创业这条路。但是在澳洲做生意的习惯与台湾不同，加上台湾移民在面对澳洲市场小、税金重、工资高、工会力量强等陌生的创业环境时，多持保守的态度，这让他们无法在澳洲社会的职场中如鱼得水（姜兰虹、宋郁玲，2001：7）。由于每个人的背景（如资金、技术、经验、语言能力、人际关系和个性）不同，对创业与就业的看法不一，在多数人认为就业不易的同时，也有些人认为本身有技术、专长找工作应不难，就看台湾移民本身是否愿意“放下身段”。

因此，在语言能力不佳、证照不被承认、放不下身段以及职场文化的差异下，许多早期台湾移民感觉到就业困难。但近年来，在移民多年后，第一代移民除了选择回流台湾外，多数已进入了当地职场，而其子女因成长、生活及教育都在澳洲完成，故在就业上问题较小。加上他们在澳洲生活久了，对当地的社会与就业文化更加清楚，其社会网络也更健全，创业与就业观念也随之改变。有些台湾移民到了澳洲后会再继续进修，因为他们认为这是他们取得就业资格的一个管道（姜兰虹、宋郁玲，2001）①。其实，在经过十多年的努力后，有些台湾移民在澳洲事业经营上也相当有成就。布里斯本裕峰集团的傅先生就是相当成功的一个例子。

五、结　论

移民生活如人饮水，冷暖自知，其中有乐也有苦。其实，家家有本难念的经，每个家庭来到澳洲，都必须面对新的环境及生活。1980 年代的他们带着丰厚的资金与技术，在商业移民政策的推波助澜下，来到了澳洲。这些人有以下几项特征：年轻又受过较高教育并拥有高资产；英文程度佳但受语言能力不足的困扰；他们的职业多样化并与台湾联系频繁；喜欢聚居在都市，等等。

有异于传统的中国城，他们大多选择在布里斯本南面、雪梨北部和墨尔本东面的郊区居住下来，并自成一格，展现其强烈的文化背景，而且他们都有向都市中心靠近的倾向。来到了澳洲，他们发现自己在台湾的丰富经验，仍让其在澳洲建立事业困难重重。他们也发现要在澳洲定居并生活，远比他们申请移民的过程还要困难。由于移民后原居地和迁移地两者的生活习惯、价值观念、经济环境、社会规范和人际关系等有着某种程度上的差异，再加上族裔的不同，使得移民的适应情形更加困难。而且不会说英文的族群会趋向于集中在一起，因为他们需要亲近的朋友相互交流。同时，有许多一般及宗教社团会主动帮忙他们适应当地社会。

① 加拿大的台湾移民也有此情形，有 67% 的移民有计划学习语言、再进修或再受训，因为他们认为这对他们找工作是有帮助的。有超过半数的台湾移民并未从事和移民前相关的工作或职业。有四成的台湾移民面临专业不被认可的问题（徐荣崇、齐力，2004）。

基于不同的移民类别、移民动机或移民方式①，其调适的方法及适应的情形是不一样的。一般而言，移民的动机影响着他们回流的意愿，如因子女教育而来，大部分在子女完成学业后会回流台湾；因生活环境而来，大部分会选择在当地生根而居住下来。而移民的方式也影响着他们生活的模式，如商业移民来的，他们没有经济压力，过着轻松的悠闲生活；如是技术移民而来，他们需要辛苦地工作赚钱养家。

其实，整个移居地的迁徙过程就是一个发现问题、调适问题、适应问题、解决问题，进而再发现问题的循环过程。居住在澳洲的台湾移民，也正不断地在进行这循环的历程。累积着台湾移民在澳洲的移民经验，随着时间的粹炼，他们逐渐远离台湾的主流社会，而对于新的环境越加适应。研究过程中，我们可以发现他们在异地适应的过程，他们由陌生到熟悉，由听别人的意见到自己能进行判断与分析，从访问的内容中，我们可以了解他们如何在交相互动的选择因素间作决策，随着他们对新环境的了解深入，他们的观念及价值也会随之改变。因此随着居住时间的增加，台湾移民的调适与适应，已经加入了时间及适应当地主流社会的历程。

随着移居时间的增加，当他们在澳洲达到了移民之初所追求的居住质量及生活水平的目标时，虽满足了当初移民的期望，也显示了他们在澳洲的经济地位，但是，当他们想回台湾时，却反而发现自己早已不能习惯原先台湾的生活模式。例如，在澳洲一旦住惯了大房子，回台湾后就很难接受空气污染、噪音、拥挤的环境；习惯了遵守交通规则，回到台湾后却不敢过马路；子女学习了澳洲的教育制度，回台湾后却面临不能衔接与适应的困境。是故，在访问接近尾声时，总会听到台湾移民语重心长地说："移民是一条不归路。"这句话对一般的人而言，不会有什么特别含义，但对于亲身经历移民之路的他们来说，却有着特别的体会与感受。

近年澳洲台湾移民的社会结构有所改变，而且失业率也逐年降低。新近移入澳洲的台湾移民多为为生活打拼的技术移民（夫妻一起拼生活、拼事业），或者决定不回流，想在澳洲落地生根拼事业的企业家。虽然他们还保持着休闲的步调，但他们的生活却忙碌了许多。这情形间接影响了当地社团的运作，有闲有钱的能玩社团的人变少了，导致许多社团变成了空有其表的一人社团。

前些年在写有关澳洲台湾移民趋势时，总不外乎成长快速等字词。但近年来，我们应该改变这样的说法，应改成近年来移居澳洲的台湾移民有快速减少之势，而离开澳洲的台湾移民却快速地增加。刚开始他们多回流台湾，然而近年来却有向别的地区迁居的趋势。这情形是值得我们关注的，因为这些受过西方文化熏陶的回流移民，尤其是年轻移民，对台湾而言是拓展国际经贸的重要人才，如此流失，实属可惜。

---

① 一般而言，台湾移民的方式大致可分为全家一起型、全家分居两地型、小孩先锋型、小孩独居型。全家一起型：这是最传统的移民方式，风险颇大，但成功的机会颇多，因全家移民，互相安慰扶持，破釜沉舟，就会全心全意在侨居地打拼，不放过任何一次机会，从头做起，因此最容易成功。全家分居两地型：一家分居两地，妈妈在国外陪小孩读书，爸爸回国照顾生意，而形成常常须两地奔波的"空中飞人"或一人在台湾的"台独人士"；这种方式的优点是可以关照小孩，又可兼顾生意和生计，但缺点是婚姻会有风险，有时一家会在两地分成两家。小孩先锋型：先将小孩送出国念书，试探环境，若发现不错，再一起跟进，这是较理性的安排，但时间不可差太久，怕对小孩产生负面影响。小孩独居型：把小孩送出国，大人并未跟进，这方式能让小孩出国就学又能兼顾台湾事业和家庭；但对孩子来说风险很大，常因大人不在身边，天高皇帝远，致使行为发生偏差，功课进步缓慢。（梁荣贵，1996）

最后，虽然普查统计的数据与台湾移民的实际数字确有差距，但其数据仍有其参考的价值，因为此数据对于整体概况的描绘是很重要的，尤其是对于如何在实际调查时能准确地掌握研究对象更显重要。然而购买这些数据相当昂贵，想要建购澳洲台湾海外移民的基础社群概况相当困难，建议政府单位应将其收录于数据库，提供学界研究之用。

参考文献

[1] Australian Bureau of Statistics (ABS). 1981, 1986, 1991, 1996, 2001, 2006. Unpublished data.

[2] Burnley I. 1996. "Relocation of Overseas-born Population in Sydney." In *Population Shift: Mobility and Change in Australia.* Ed. by P. W. Newton and M. Bell. Canberra: Australian Government Publishing Service, pp. 83 – 102.

[3] Bureau of Immigration, Multicultural and Population Research of Australia (BIMPR). 1996. *Settler Arrivals by State of Intended Residence*, *Statistical Report* No. 20. Canberra: Australian Government Publishing Service.

[4] Department of Immigration and Multicultural Affairs of Australia. 1998. *Settler Arrivals*, *Statistical Report* No. 25. Canberra: Australian Government Publishing Service.

[5] Department of Immigration and Multicultural Affairs of Australia. 2002. *Australian Immigration Consolidated Statistics*, No. 21, 1999 – 2000. Canberra: Australian Government Publishing Service.

[6] Ip, D. 2006. "Middling Transnationalism and Chinese Transmigration." In *Experiences of Transnational Chinese Migrants in the Asia-Pacific.* Ed. by D. Ip, R. Hibbins and W. H. Chui. New York: Nova Science Publishers, Inc, pp. 171 – 176.

[7] Ip, D., C. T. Wu and C. Inglis. 1998. "Gold Mountain No More: Impressions of Australian Society among Recent Asian Immigrants." In *The Last Half Century of Chinese Overseas.* Ed. by E. Sinn. Hong Kong: University of Hong Kong Press, pp. 348 – 369.

[8] Ip, M. 2003. "Seeking the Last Utopia: The Taiwanese in New Zealand." In *Unfolding History*, *Evolving Identity—The Chinese in New Zealand.* Ed. by M. Ip. Auckland: Auckland University Press, pp. 185 – 210.

[9] Pe-Pua, R. C. Mitchell, R. Iredale and S. Castles. 1996. *Astronaut Families and Parachute Children*, *The Cycle of Migration between Hong Kong and Australia.* Canberra: Bureau of Immigration, Multicultural and Population Research.

[10] Skeldon R. (ed.). 1995. "Migrants on a Global Stage: the Chinese." In *Pacific Rim Development*: *Integration and Globalization in the Asia-Pacific Era*. Ed. by P. J. Rimmer. Australia: Allen & Unwin, pp. 222 – 239.

[11] Burnley I. 1998. "Immigrant City, Global City? Advantage and Disadvantage among Communities from Asia in Sydney." *Australian Geographer*, 29 (1): 49 – 70.

[12] Chiang, Lan-hung Nora and Jung-Chung Hsu. 2006. "Taiwanese in Australia: Two Decades of Settlement Experiences." *Geographical Research Forum*, 26: 32 – 60.

[13] Chiang, Lan-hung Nora and Liangwen Kuo. 2000. "An Examination of Employment

Structure of Taiwanese Immigrants in Australia." *Asian and Pacific Migration Journal*, 9 (4): 459 - 481.

[14] Chiang, Lan-hung Nora. 2004. "Middle-class Taiwanese Immigrant Women Adapt to Life in Australia: Case Studies from Transnational Households." *Asian Journal of Women Studies*, 10 (4): 31 - 57.

[15] Ley D. 1999. "Myths and Meanings of Immigration and the Metropolis." *Canadian Geographer*, 43: 2 - 19.

[16] Department of Immigration and Citizenship. 2006. *2006 Community Information Summary*, *Taiwan-born*. http://www.immi.gov.au. 2008-4-12.

[17] Department of Immigration and Citizenship. 2007. *Emigration*, *2005 - 2006*. http://www.immi.gov.au. 2008-4-12.

[18] Department of Immigration and Citizenship. 2007. *Emigration*, *2006 - 2007*. http://www.immi.gov.au. 2008-4-12.

[19] Department of Immigration and Citizenship. 2007. *Settler Arrivals*, *2006 - 2007*. http://www.immi.gov.au. 2008-4-12.

[20] Department of Immigration and Citizenship. 2008. *Immigration update*, *2006 - 2007*. http://www.immi.gov.au. 2008-4-12.

[21] Department of Immigration and Multicultural Affairs of Australia. 2004. *Settler Arrivals 1993 - 1994 to 2003 - 2004*. http://www.immi.gov.au. 2008-4-12.

[22] Department of Immigration and Multicultural Affairs of Australia. 2003. *Immigration Update 1999 - 2000*, *2000 - 2001*, *2001 - 2002*. http://www.immi.gov.au. 2008-4-12.

[23] Department of Immigration and Multicultural Affairs of Australia. 2004. *Immigration Update* 2002 - 2003. http://www.immi.gov.au. 2008-4-12.

[24] 姜兰虹、徐荣崇：《澳洲台湾侨民现况之研究》，台北市侨委会，2003 年。

[25] 徐荣崇：《澳洲台湾移民的居住地选择与决策过程——以雪梨、布里斯本及墨尔本为例》，博士论文，台北市中国文化大学地理研究所，2002 年。

[26] 徐荣崇、陈丽如：《美国、澳洲、加拿大三国台湾侨民比较研究》，台北市侨委会，2005 年。

[27] 徐荣崇、陈丽如：《美国台湾侨民生活适应及发展之研究——以洛杉矶为例》，台北市侨委会，2006 年。

[28] 徐荣崇、齐力：《2004 年加拿大台湾侨民现况之研究》，台北市侨委会，2004 年。

[29] 陈祥水：《纽约皇后区新华侨的社会结构》，台北市中央研究院民族学研究所，1991 年。

[30] 姜兰虹、宋郁玲：《移民就业类型与适应——以澳洲台湾移民为例》，台北市台湾大学《地理学报》2001 年第 29 期，第 1 ~ 26 页。

[31] 姜兰虹、徐荣崇：《区位决策与就业适应——以雪梨的台湾移民为例》，台北市台湾大学《地理学报》2000 年第 27 期，第 1 ~ 20 页。

[32] 徐荣崇：《澳洲台湾移民在迁徙过程中的问题、调适与适应》，载夏诚华主编：

《海外华人历史与经济发展》，新竹市玄奘大学海外研究中心，2006 年，第 89 ~ 118 页。

［33］徐荣崇、叶富强：《性别角色的跨国思维——以布理斯本的一点五代台湾移民为例》，台北市台湾大学《人口学刊》2006 年第 32 期，第 43 ~ 81 页。

［34］梁荣贵：《现阶段我国人民移民海外之状况分析与问题探讨》，《中央警察大学外事警察学术研讨会——各国移民制度研究》，台北市中央警察大学外事警察学系，1996 年，第 23 ~ 24 页。

［35］廖佩君、姜兰虹、徐荣崇：《年轻移民在台湾、澳洲两地之间的流动原因、适应与自我认同》，台北市中国地理学会《中国地理学会会刊》2005 年第 35 期，第 59 ~ 87 页。

作者：徐荣崇，台北市立教育大学社会科教育学系副教授；
姜兰虹，台湾大学地理与环境资源学系教授。

Planting New Roots: Taiwanese Immigrants Embedding and Adapting to Life in Australia

Jung-Chung Richard Hsu　Lan-Hung Nora Chiang

Abstract: Taiwanese migrants, mainly from business backgrounds, have settled in Australia for almost three decades. This period, however, has been marked by changing trends in their total numbers, geographical distribution and the extent of their social and economic assimilation into Australian life. In this paper the authors re-examine the primary and secondary data, including census data, survey data, and in-depth interview data, collected over the last ten years to identify the socio-economic characteristics of Taiwanese immigrants to Australia and relate them to those of immigrants from Hong Kong and Mainland China. The authors then discuss the growth trends, taking note of recent reverse migration tendencies and their gradual concentration in the city centres of the three metropolitan areas of Brisbane, Sydney and Melbourne due to ethnic clustering and a tendency to pursue similar living patterns. Qualitative data are then used as the basis for further discussion on three specific aspects of Taiwanese immigrants' cultural adaptation: children's education, the phenomenon of astronaut families and the establishment of businesses and employment for those who choose to stay.

Key Words: Diaspora　Taiwanese Immigrants　Transnational Migrantion　Australia　Residential Mobility　Immigrant Culture

侨务与侨乡研究

抗战时期的广东侨资垦殖问题研究

肖仁龙

【摘 要】抗日战争爆发后，广东省的粮食问题和难民问题日益突出，并引发了严重的经济困难和社会危机。为此，广东国民政府发动美洲华侨捐款，开设垦殖区场，安置难民和难侨，并加强对垦区的管理和指导，期望以积极的救济政策从根本上解决难民及难侨的生活问题，同时达到发展战时经济、维护社会稳定的目的。由于战争环境的影响，尤其是太平洋战争爆发后侨资受阻，侨资垦殖的各项计划未能充分实施，但仍在已有的条件下取得了一定的成绩，并为战后侨资垦殖的恢复与发展提供了借鉴。

【关键词】抗战时期 广东国民政府 侨资垦殖

抗战时期的广东侨资垦殖问题是广东抗战史、广东华侨史、广东经济史的重要内容，对深入认识华侨与祖国的关系，华侨对抗战的贡献，广东国民政府救济难民、难侨的措施等问题都具有重要意义。同时，在当前华侨农场的经营面临困境的情况下，对该问题的研究亦凸显出一定的现实意义。目前，学术界尚无关于该问题的专门研究成果，仅有部分专著和论文有所涉及。如左双文《华南抗战史稿》、丁身尊《广东民国史》、张晓辉《民国时期广东社会经济史》、郑泽隆《军人从政——抗日战争时期的李汉魂》等专著，分别从华侨对抗战的贡献、广东国民政府的侨务政策、李汉魂本人对难民救济的贡献等角度论及抗战时期广东的侨资垦殖概况；曾瑞炎《抗战时期国民政府的侨务工作》、贺金林《太平洋战事爆发前后国民政府救济难侨的活动》、郑泽隆《李汉魂与抗战时期广东救侨护侨述评》等论文则从广东国民政府救侨政策的角度，对垦区规模、救侨人数等问题有所涉及。本文在深入挖掘政府档案、报刊资料的基础上，对抗战时期的广东侨资垦殖问题做一专门研究，力求全面展示当时的侨资垦殖概貌，客观评价其作用与局限，总结经验与教训。

一、广东发展侨资垦殖的背景与条件

广东发展侨资垦殖，是与抗日战争的特殊历史背景分不开的。随着抗日战争的爆发及战区的不断扩大，广东开始面临着日益严重的粮食问题和难民问题，尤其在1938年10月广州等地沦陷后体现得更加明显。

广东的粮食问题由来已久，民国时期缺粮的态势已相当严峻。至抗战爆发前，“广东每年缺米数约在 1 200 余万担至 1 400 余万担之间"①，缺粮问题在和平时期尚能依靠进口外国洋米和输入邻省国米得到解决。但抗战爆发后，广州、汕头等地沦陷，日军加强封锁，洋米的进口数量不断减少，直至中断，而国米的输入也日益受到邻省的严格限制，从而导致广东粮食来源受阻，粮食问题日益严重。战争的影响加之自然灾害频发，致使广东在整个抗战期间几乎年年发生粮荒。粮食短缺、粮价飞涨，影响到人民生活、社会治安，引起社会各界关注，也促使广东国民政府积极寻求解决方法。

抗战爆发导致广东各地的难民和失业者不断增多。广州沦陷前，尚有津、沪等前线的部分难民选择到广东避难，使得当时的广州聚集了外来难民数万人。实际上，抗战爆发后不久，日军就开始了对广州等地的空袭，造成了大量的难民和失业者。原有 150 万人的广州，至 1938 年 6 月初仅剩 50 余万人，疏散的难民多逃亡到山区和内地。② 1938 年 10 月，广州沦陷，珠江三角洲的从化、佛山、番禺等地也被日军占领，战区不断扩大，难民更是日益增多。难民的增多给国统区的经济和社会秩序带来了严峻的考验。

粮食问题和难民问题的日益严重，促使社会各界对难民垦殖加以重视，从而推动广东国民政府利用侨资发展垦殖设想的提出和实践。与此同时，广东本省的实际情况也为侨资垦殖的开展创造了良好的条件。

首先，广东具有一定的气候和土壤条件。广东省内光照、降水都比较丰富，且土地广袤。民国时期，粤东、粤北、粤西等地都有众多未开发的荒地。据 20 世纪 30 年代广东省地政局统计，荒地面积约占全省土地总面积的 14%。③广州等地沦陷后，富饶的珠江三角洲地区为敌所控制，山区大片荒地为发展农业生产、解决粮食问题提供了条件。

其次，广东作为著名的侨乡也是其筹集垦殖资金的独特优势。民国时期的海外华侨多数为广东籍，尤其美洲"十数万华侨中，大部分为吾粤四邑侨胞"④。且华侨历来关心祖国命运和侨乡建设，抗日战争爆发后，华侨的爱国主义热情更是空前高涨，各地华侨纷纷踊跃捐款捐物支援抗战。另外，广东国民政府的积极救侨政策得到了海外侨胞的认同。受 20 世纪 30 年代经济危机的影响，大量东南亚失业华侨归国，广东国民政府采取了积极的措施帮助归侨解决生活问题；太平洋战争爆发后，香港、东南亚各地难侨返回国内，广东国民政府更是积极采取救侨护侨措施。这些都成为广东国民政府筹集垦殖资金而得到各地侨胞积极响应的有利条件。

二、抗战初期的探索及专门管理机构的形成

虽然广东拥有良好的自然和人文条件，解决战时粮食问题和难民问题的要求也非常迫切，但抗战时期广东的侨资垦殖未能迅速步入坦途，而是经过了从设想到实践的不断探索和尝试。直到 1941 年 10 月侨资垦殖专门管理机构——广东省侨资垦殖委员会成立后，侨资垦殖各项事业才得以全面展开。

---

① 霍新宾：《市场机制与政府行为——抗战时期广东国统区粮食市场管理的个案考察》，《抗日战争研究》，2004 年第 2 期，第 152 页。

② 邓春丰：《试论抗战时期的难民迁徙》，《沧桑》，2007 年第 3 期，第 25 页。

③ 曾仲谋：《广东经济发展史》，广东省银行经济室 1942 年编印，第 54 页。

④ 《广东年鉴（1941 年）》第二十六编"侨胞"，广东年鉴编纂委员会，1942 年，第 7 页。

1. 侨资垦殖的设想与实践

抗战爆发后，在粮食问题和难民问题的压力下，广东各界对发展难民垦殖及利用侨资等问题的认识不断深入。1938 年 1 月 5 日，以“联合各地华侨团体及同胞，统一意志、集中力量，协助政府抗战到底，复兴民族”为宗旨的华侨抗敌动员总会在广州成立。该总会出版刊物《华侨战线》，宣传抗日救国，其中登载了大量关于发展难民垦殖和利用侨资的评论性文章，从中可以看出当时的人们对这一问题的认识。

首先，认识到发展难民垦殖对转变救济方式具有重要意义。范正儒《救济难民之实际问题》等文章认为，因抗战初期国民政府的消极救济方式存在管理、经费等困难，故号召转变救济方式，寻求从根本上解决难民问题的方法，认为发展农业最为合适，应当以发展垦殖为中心。[①]其次，认识到发展难民垦殖对战时经济建设具有重要意义。高信在《广东之粮食问题与垦殖方案》一文中向社会介绍了《广东省荒地承垦条例》的具体内容，号召全省人民参与垦荒运动，“以求粮食的增加，摆脱粮食问题的威胁，而争取抗战最后胜利”[②]。林中川在《抗战建国与移民垦殖》一文中也认为发展难民垦荒具有增加战时粮食产量、增加军需、充实抗战力量、建立新农村楷模、巩固国防经济等诸多积极作用。[③]再次，认识到侨资对发展垦殖具有重要意义。邢森洲在《战时垦殖与华侨投资》中指出，战时亟待解决的是农业问题，而“农业问题的中心就是垦殖问题”，垦殖资金的解决又“有待于我们侨胞的投资”。许侠夫的《策动华侨投资垦殖》认识到华侨的经济力量及经济对战争的重要意义，进而建议政府“更进一步，策动华侨投资祖国，从事有计划的垦殖工作，以增强抗战力量，而为国家的后盾”[④]。

值得注意的是，侨资垦殖问题不仅得到社会人士的注意，也逐渐得到政府官员的重视。上文提及的高信、陈瑞莲、邢森洲等人即在当时的广东国民政府任职。此外，广东国民政府改组后，省政府主席李汉魂、委员林友松等人对侨资垦殖也有较为深刻的认识。李汉魂认为“垦殖事业实为当务之急。我以为这是国家内政问题一个主要的课程，应该从速确定垦殖方针与垦殖计划，以奠定新农村教养的基础”[⑤]。同时他还指出“垦殖事业为战时、战后的重要工作”，不仅在战时对于经济社会具有重要意义，在战后对解决军人的复员问题也具有重要作用。[⑥]

由此可见，抗战爆发后，利用侨资发展难民垦殖，以解决当时广东面临的社会问题和经济问题，逐渐成为包括政府当局在内的广东社会各界的共识。与此同时，推动侨资垦殖的各种实践也在尝试中。

1938 年初成立的华侨抗敌动员总会在广州沦陷前的数月内，进行了募集侨资、发展难民垦殖的第一次尝试。该总会成立之初，就将“举办难民垦殖实验区，以救济一般难民生活”列为四个中心工作方案之一，并由设立的救济部负责实施。同时积极筹划制订《战时难民垦殖试验计划》，以筹备“战时难民垦殖实验区”；通过《战时难民垦殖公司章

① 中山图书馆藏《华侨战线》，1938 年 7 月第 7、8、9、10 期合刊，第 23 ~ 29 页。

② 中山图书馆藏《华侨战线》，1938 年 4 月第 3、4 期合刊，第 21 ~ 23 页。

③ 中山图书馆藏《华侨战线》，1938 年 5 月第 5、6 期合刊，第 25 ~ 27 页。

④ 中山图书馆藏《华侨战线》，1938 年 7 月第 7、8、9、10 期合刊，第 20 ~ 24 页。

⑤ 中山图书馆藏《垦殖专刊（1）》，广东省侨资垦殖委员会，1943 年，第 3 页。

⑥ 中山图书馆藏《垦殖专刊（1）》，广东省侨资垦殖委员会，1943 年，第 2 页。

程》，在香港成立“战时难民垦殖公司”，发行股票募集资金；并颁布《奖励投资救济难民垦殖条例》，规定凡汇回资金者，除到时分享收益外，还据投资数额多少给予不同的奖励。[①]此后，该总会救济部积极按计划落实筹集侨资和设立垦区的工作，很快就“择定湘西江华县及广东连山连县两处为垦殖实验区地点”，积极筹划，并“已获得经济部及广东地政当局完全同意”[②]。于1938年5月在香港正式设立了垦殖公司，并敦请政府官员李福林、梅光培、梅光复，工程师周舜功等负责筹划和考察，确定第一垦殖区地点，同时呼吁“各侨胞加紧投资，自动认汇回股款，俾以着手开办”[③]。

在此期间，华侨抗敌动员总会试图通过发行股票募集侨资，筹划难民垦殖实验区，可以说首次将募集侨资与发展难民垦殖二者结合起来。但作为一个社会团体，该总会在筹集侨资、规划与开办难民垦殖实验区的过程中还是遇到了较大困难，以致进展缓慢，随着1938年10月广州沦陷，其侨资垦殖设想最终未能实现。

与华侨抗敌动员总会的难民垦殖实验区不同，博罗黄麻坡难民垦殖区则是由政府救济机构设立的。抗战爆发后不久，非常时期难民救济委员会广东分会于1937年11月成立，负责收容救济由津、沪各地来粤的难民，并赈恤省内遭受敌害的灾民。[④]该分会于1938年5月与广东省农林局、地政局合设了博罗黄麻坡难民垦殖区，“收容由沪粤之失业工人、难民等百余人从事垦殖”，但因规模太小，加上经费缺乏，故并未收到实际的成效。[⑤]几个月后，广州即告沦陷，1939年初广东国民政府改组，李汉魂出任政府主席。1939年2月1日，非常时期难民救济委员会广东分会以及其他救灾机构合并，成立广东省振济会（正式成立时，特别解释用“振”字的含义，即不单纯用财务赈济，还要振奋民族精神，鼓励生产自救，体现积极救济的旨趣[⑥]），先由李汉魂兼任主任委员，后不久改由何彤接任。[⑦] 此后，博罗黄麻坡难民垦殖区由广东省振济会接收，继续维持经营，不幸于1940年春夏间遭受水灾，损失重大。同时，广东省振济会认为该垦区水利、地质、地势等不甚适合垦殖，因此决定暂行撤销，并将所有垦民另行安置。博罗黄麻坡难民垦殖区虽为政府救济机构开办，却未能很好地解决资金问题，致使规模有限，加之战事、自然灾害的影响，没有收到很好的成效，未能获得较好发展。

随着社会各界对侨资垦殖的认识不断深入，以及战争形势、社会问题的日趋严峻，新成立的广东国民政府也着手推动侨资垦殖的实践。李汉魂认为，在当时条件下举办难民垦殖，“经费来源务求充裕”，于是首先要募集华侨捐款，“以便举办”。[⑧]广东省振济会于1939年负责制定了《招致华侨办理难民移垦计划大纲》，随后由广东国民政府顾问钱树芬带此计划及《本省难民移垦办法》等赴美洲宣慰，向华侨宣传政府举办难民垦殖、欢迎侨胞投资之意。广东的侨资垦殖计划得到了美洲各地华侨的热烈响应，“华盛顿、芝加

① 中山图书馆藏《华侨战线》，1938年3月第1期，第36~49页。
② 中山图书馆藏《华侨战线》，1938年4月第3、4期合刊，第34~35页。
③ 中山图书馆藏《华侨战线》，1938年7月第7、8、9、10期合刊，第45页。
④ 郑泽隆：《军人从政——抗战时期的李汉魂》，天津古籍出版社，2005年，第232~233页。
⑤ 《广东省侨资垦殖委员会办理垦殖事业三季计划书》，广东省档案馆28号全宗1号目录64案卷。
⑥ 郑泽隆：《军人从政——抗战时期的李汉魂》，天津古籍出版社，2005年，第243页。
⑦ 周蕴蓉：《抗战时期广东省政府的救济行政体制》，《广东教育学院学报》，2006年第6期，第99页。
⑧ 《侨资垦殖经过概况》，《粤侨导报》，1946年6月第1期，第12页。

哥、纽约、纽英伦、三藩市、保利磨、积彩、粗季度、参渭、费城、圣缅、必卜朱各地侨胞闻风兴起，认捐垦费达国币六百余万元”[①]。

至此，筹集侨资与难民垦殖才得以正式结合在一起，广东的侨资垦殖终于由设想变为现实。在此之前的难民垦殖或是由各界人士、社会团体倡导发起（如华侨抗敌动员总会），在资金筹集、垦区筹建中面临诸多困难；或是单纯依靠政府之力举办，又因资金缺乏而导致规模太小，作用有限。1939 年后，广东国民政府负起了筹集侨资、发展垦殖的重任，以其影响力和号召力推动侨资垦殖实践，更易于得到华侨响应，也有利于垦殖工作的展开。

筹集侨资工作得到华侨积极响应后，广东省振济会为了推动侨资垦殖的进一步发展，于 1940 年夏增设了生产组，由卓振雄任组长。生产组内分垦务与工厂两股，由垦务股专管侨资难民垦殖事宜。这一举措很快收到了良好的成效。首先，1940 年 9 月设立了龙坪义民垦殖示范区，并接收博罗黄麻坡难民垦殖区中有农业经验及耕作能力者继续从事垦殖；其次，着手扩大难民垦殖规模，“选定连县之龙坪茶田，英德之走马坪横石塘，曲江之马坝龙岩，台山之大窿洞，恩平之大人山及徐闻等处之大段荒地为区址查勘测量、积极筹划”[②]；再次，于 1941 年 8 月接收了李汉魂曾于 1933 年创办的英德县走马坪垦殖区，接收难民办理垦殖。[③]侨资垦殖规模的不断扩大，对统筹规划与建设的管理机构提出了更高的要求，设立专门的管理机构也就成为现实的迫切需要。

2. 侨资垦殖委员会的设立与职能

随着侨资的陆续汇回和侨资垦殖规模的不断扩大，广东省振济会的生产组已不能适应越来越复杂的工作，侨资垦殖“非有专管机关不足以资策进”[④]。为此，广东国民政府特设广东省侨资垦殖委员会，作为侨资垦殖的专门管理机构。

1941 年 5 月 13 日，广东省政府在第九届委员会第 229 次会议上，修正通过了《广东省侨资垦殖委员会组织章程》。[⑤] 经过几个月的筹备，广东省侨资垦殖委员会于 10 月 16 日正式成立。“聘请华侨领袖及垦殖知名人士司徒美堂、邝炳舜、阮本万、梅卓友、张天爵、郑丰、林友松、邓邦谟、卓振雄、麦蕴瑜、李郁焜十一人为委员，举行会议，推定李主席汉魂兼主任委员，（林）友松为副主任委员。”[⑥]这些委员多为著名侨领或政界名流，司徒美堂、邝炳舜是美洲侨领，郑丰是省建设厅厅长，邓邦谟是法制室主任，麦蕴瑜是技术室主任，卓振雄是省振济会委员，李郁焜是第五区专员。

广东省侨资垦殖委员会直接隶属广东省政府，其组织机构由两部分组成，即侨资垦殖委员会本部和下设的各区场办事处。其中，侨资垦殖委员会本部计划设主任委员、副主任委员、秘书、总务组、垦务组、财务组、技术组、审核委员会、设计考核委员会等；总务组设文书、人事、庶务三股，财务组设筹募、出纳、会计三股，垦务组也分三股。会本部

① 《广东省侨资垦殖委员会办理垦殖事业三季计划书》，广东省档案馆 28 号全宗 1 号目录 64 案卷。

② 《广东省侨资垦殖委员会办理垦殖事业三季计划书》，广东省档案馆 28 号全宗 1 号目录 64 案卷。

③ 《侨资垦殖经过概况》，《粤侨导报》，1946 年 6 月第 1 期，第 13 页。

④ 《广东省侨资垦殖委员会办理垦殖事业三季计划书》，广东省档案馆 28 号全宗 1 号目录 64 案卷。

⑤ 广东省档案馆编《民国时期广东省政府档案资料选编（7）》，1988 年，第 80 页。

⑥ 中山图书馆藏《垦殖专刊（1）》，广东省侨资垦殖委员会，1943 年，第 3 页。

计划编制职员总数为134人。①此外，会本部所属各垦区设立办事处。办事处设主任1人，下分设两课，每课设课长1人；此外办事处还设课员4人，办事员5人，技士1至2人，技佐1至2人。②可见，如按其编制，各垦殖区场职员在14至16人之间。而整个抗战期间，侨资垦殖委员会实际设立及管理的只有马坝垦区、走马坪垦区、龙坪垦区、南华林场及大窿洞垦区的办事处。

实际上，在具体实施过程中，侨资垦殖委员会具体机构的设置有所变化，职员编制情况也未能按计划实行。但从其组织机构和职员编制情况可以看出，侨资垦殖委员的机构设置比较健全，其职员编制更是庞大，这在一定程度上显示出了当时广东国民政府对侨资垦殖的重视和对侨资垦殖前景的乐观态度。

广东省侨资垦殖委员会的主要职能是“运用侨资设立垦殖区场，办理救济难民，提倡生产业务”③。正如李汉魂所说：“（侨资垦殖）一方面故在于开垦荒地，救济难民，增加战时生产。同时，更在于理想农村的建设，以图农村经济的活跃，而为战后建设新中国奠定良好的基础。”④侨资垦殖委员会的职能较全面地包括了筹集侨资、设置垦区、安置难民、指导垦务、管理垦民等，侧重于对整个侨资垦殖的统筹、领导与监督。其中，侨资的筹集与保管由财务组负责，并单独设立审核委员会负责审核垦殖事业的预算与决算，体现出对合理利用侨资的重视。⑤关于侨资垦殖的具体业务则由各垦区办事处负责，包括：垦民的招收及安置事项，垦区荒地的清理及分配事项，垦殖经费及贷款的支配事项，垦殖业务的督导、管理等事项，垦区交通、水利工程等的设计、建筑事项，垦民“管、教、养、卫”的统筹管理事项，垦民间纠纷的处理事项等。⑥各办事处由主任综合处理垦区内一切事务，并指挥监督所属机关及职员，第一课侧重于垦民的招收与管理事务，第二课侧重于垦区建设与生产的指导事务。⑦

广东省侨资垦殖委员会的成立，对抗战时期广东的侨资垦殖发展具有重要意义。首先，侨资垦殖委员会直接隶属广东省政府，并由省政府主席李汉魂兼任主任委员，足以体现广东国民政府对侨资垦殖问题的重视，这不仅在一定程度上增强了筹集侨资的号召力，也为后来侨资垦殖事业的展开提供了便利和保证。其次，侨资垦殖委员会领导机构中包含了重要的侨界人物、政界人物以及垦殖知名人士和技术人员等，这成为筹集资金、顺利开展工作的重要条件。再次，作为侨资垦殖专门管理机构，机构设置较为完善，各部门分工细致、职能明确，有利于侨资垦殖工作的顺利开展。

三、侨资垦殖的曲折发展

广东省侨资垦殖委员会成立后，即着手同省振济会办理交接事宜，接收已汇回侨资及已有垦殖区，同时制订垦区发展计划。此后的两年，侨资垦殖一度获得了较快的发展，但

① 《广东省侨资垦殖委员会编制员额表》，广东省档案馆28号全宗1号目录62案卷。
② 《广东省侨资垦殖委员会垦殖办事处组织通则》，广东省档案馆28号全宗1号目录62案卷。
③ 《侨资垦殖管理机构调查表》，广东省档案馆28号全宗1号目录67案卷。
④ 中山图书馆藏《垦殖专刊（1）》，广东省侨资垦殖委员会，1943年，第2页。
⑤ 《广东省侨资垦殖委员会暂行办事细则》，广东省档案馆28号全宗1号目录62案卷。
⑥ 《广东省侨资垦殖委员会垦殖办事处组织通则》，广东省档案馆28号全宗1号目录62案卷。
⑦ 《广东省侨资垦殖委员会垦殖办事处组织通则》，广东省档案馆28号全宗1号目录62案卷。

由于太平洋战争的爆发及侨资的中断，1944 年后垦区建设遇到困难，1945 年 1 月日军攻陷韶关，部分垦区更是遭受严重破坏。

1. 侨资的筹集与运用

抗战时期的侨资筹集与接收工作遇到了巨大的困难，导致侨资垦殖在发展过程中始终面临资金不足的问题。钱树芬赴美洲筹募时得到各地侨胞认捐总数达国币六百余万元，但其中多数是由各地侨胞随时募集后再汇回国内。广东省侨资垦殖委员会成立时，从广东省振济会接收的已汇回捐款仅 1 817 899. 36 元，其余部分均尚未到位。①1941 年底太平洋战争爆发，中美交通受阻，侨资的接收愈加艰难。从 1943 年 2 月 12 日广东省政府第 7064 号训令（最速件）及附函的内容可知：美中芝城华侨救国后援会 1942 年 7 月 16 日的 40 万元垦殖捐款，先经过纽约中国银行电汇重庆的财政部，然后转交第七战区司令长官司令部接收，再经省政府以最速件令侨资垦殖委员会前往接收，直至 1943 年 2 月 17 日，侨资垦殖委员会才得以“拟派谭股长剑豪”前往申领。②此外，墨西哥参渭华侨抗日后援会认捐的国币 20 余万元，系自 1940 年 9 月至 1943 年 1 月共分 12 次汇回，期间还出现第八次、第九次的汇款未能接收的情况。经广东省政府、省振济会、省侨资垦殖委员会及墨西哥参渭华侨抗日后援会之间数次函电联系追查，至 1943 年 12 月 27 日，侨资垦殖委员会仍未收到 1940 年 8 月 29 日所汇的 14 904. 73 元捐款。③在当时的国际国内环境下，侨资的募集和接收的艰难由此可见一斑。

太平洋战争的爆发致使整个抗战时期实际汇回的华侨垦殖捐款只有 4 686 559. 06 元，与最初认捐数额 600 余万元仍有较大的差距。④除了华侨捐款未能及时、如数汇回外，国内物价飞涨也是导致侨资垦殖面临资金问题的重要因素。侨资垦殖委员会在 1942 年 4 月 15 日致墨西哥参渭华侨抗日后援总会的公函中指出：“查近日国内物价飞涨此前相差十倍至十余倍以上有奇，故原本每埠捐款可开办一垦区并以该埠命名以示纪念，现在国内经济情形实际尚难措办。”⑤资金问题导致侨资垦殖无法按原定计划实施。首先，垦区规模难以扩大，救济难民受到制约。侨垦会自 1942 年大规模招收、安置垦民以后，以后几年增招垦民数量很少。尤其到了侨资中断的 1944 年，“增招公费垦民一项，因无事业费，未克举办，仅在龙坪垦区招收自费垦民 16 户”⑥。其次，垦区建设难以顺利推进，影响垦民生活和垦区发展。就水利工程建设来说，各垦区的山塘、水渠等根本无法满足灌溉需求，但经费缺乏后，各垦区水利工程建设难以推进。对走马坪垦区发展至关重要的复兴渠工程自 1943 年开始动工兴建，因资金问题，直至抗战结束仍未全面完成。

在战时广东国民政府财政困难的背景下，为解决资金问题，侨资垦殖委员会除尽可能争取侨资外，还积极向银行洽商贷款。1943 年国民政府农林部垦务总局与中国农民银行洽商后，制定了《卅二年度扩大各省公营民营垦殖贷款办法》。广东省侨资垦殖委员会依据该办法，制定了《广东省侨资垦殖委员会卅二年度扩大垦殖贷款计划书》，计划贷款 70

① 《侨资垦殖经过概况（续）》，《粤侨导报》，1946 年 8 月第 3 期，第 11 页。
② 《广东省政府第 7064 号训令》，广东省档案馆 28 号全宗 2 号目录 30 案卷。
③ 广东省档案馆 28 号全宗 2 号目录 30 案卷。
④ 《侨资垦殖经过概况（续）》，《粤侨导报》，1946 年 8 月第 3 期，第 11 页。
⑤ 广东省档案馆 28 号全宗 2 号目录 30 案卷。
⑥ 《侨资垦殖经过概况（续）》，《粤侨导报》，1946 年 7 月第 2 期。

万元用于扩垦耕地，70 万元用于购置水牛。[①]为改良垦区土壤，侨资垦殖委员会于 1943 年 11 月 24 日同中国农民银行签订合约，获得贷款 158 万元，并按照各区场土地面积亩数分配贷用。[②]走马坪垦区复兴渠工程费总计 150 万元，1943 年由区内垦民组织灌溉生产合作社，向广东省银行分批贷款修筑。[③]

筹集侨资如此不易，运用侨资更需珍惜，广东国民政府十分重视侨资的合理运用问题。美洲各地侨胞认捐踊跃，同时也相当关心侨资的运用情况，钱树芬在美洲募集侨资时曾一再声明所有华侨捐款全数拨为垦殖事业费之用，行政经费概由政府负担。但因侨资垦殖委员会 1941 年岁末成立，未能及时编制预算，导致 1942 年侨资垦殖委员会及各垦区行政经费仍从侨资中支付。为履行政府承诺，侨资垦殖委员会在 1943 年垦殖事业计划中提出将行政经费由省政府拨付。[④]经广东国民政府据情呈请行政院核准，侨资垦殖委员会的行政经费自 1943 年 7 月起正式由省政府拨付，从而保证侨资专用于垦殖业务中。[⑤]

抗战期间，总数为 460 余万元的侨资基本都得到了合理的运用。侨垦会也深刻认识到"本会资金来源既为我热心侨胞捐来，故其用途特别爱惜，冀能以血汗之捐输，收特殊之大效，用副我侨胞之期望"，因此"尽量发展，使无一文不用于事业之上"。[⑥]除 1941 年 10 月至 1943 年 6 月底，侨垦会本部、马坝、走马坪、龙坪三区及南华林场共计支出行政经费 929 622. 97 元外，[⑦]其余 360 多万元中多数都用于与垦区建设和垦民生产生活直接相关的各项事业中。如：马坝垦区支出开办费 495 000. 00 元，用于垦区筹备、建设、种苗、农具购置等；事业费 716 370. 00 元，用于垦民生活补助、垦区建设、农具、耕牛的购置等。南华林场支出开办费 69 978. 00 元，事业费 418 002. 00 元。走马坪垦区支出事业费 461 926. 23 元，临时费 65 409. 00 元。龙坪垦区支出事业费为 585 815. 43 元，临时费 77 850. 65 元。[⑧]

同时，广东国民政府还积极筹划对华侨捐资的纪念。侨资垦殖筹划之初，广东省振济会曾计划每个垦区都冠以捐款华侨所在地之名以资纪念，因按当时物价水平，20 万元左右即可开办一个规模相当大的垦区。[⑨]由于后来受侨资受阻和物价上涨的影响，垦区的开设已经无法按计划实施，"每垦区冠以捐款华侨所在地之名"的设想难以实现，故对华侨捐款的纪念方式需要改变。后经侨资垦殖委员会多次开会讨论，参考省政府顾问钱树芬的建议，最终决定集中财力开办一个完备的垦区，并在其中划出若干地段冠以华侨各埠埠名，以示纪念；同时，在马坝垦区建立一座"旅美华侨捐资垦殖纪念碑亭"，并由李汉魂撰写碑文，作为纪念。[⑩]

---

① 《广东省侨资垦殖委员会卅二年度扩大垦殖贷款计划书》，广东省档案馆 28 号全宗 1 号目录 64 案卷。

② 《侨资垦殖经过概况（续）》，《粤侨导报》，1946 年 7 月第 2 期。

③ 《侨资垦殖经过概况（续）》，《粤侨导报》，1946 年 7 月第 2 期。

④ 《广东省侨资垦殖委员会三十二年度垦殖事业计划》，广东省档案馆 28 号全宗 1 号目录 64 案卷。

⑤ 中山图书馆藏《垦殖专刊（1）》，广东省侨资垦殖委员会，1943 年，第 6 页。

⑥ 《侨资垦殖经过概况（续）》，《粤侨导报》，1946 年 8 月第 3 期，第 11 页。

⑦ 《侨资垦殖经过概况（续）》，《粤侨导报》，1946 年 9 月第 4 期，第 14 页。

⑧ 《侨资垦殖经过概况（续）》，《粤侨导报》，1946 年 9 月第 4 期，第 14 页。

⑨ 《保利磨华侨救济义民龙岩垦殖区计划》，广东省档案馆 28 号全宗 2 号目录 31 案卷。

⑩ 广东省档案馆 28 号全宗 2 号目录 30 案卷。

2. 垦区建设与垦民安置

侨资垦殖委员会成立之初，制订了《广东省侨资垦殖委员会办理垦殖事业三季计划书》，对三年内垦区及相关设施的建设作了具体规划。包括扩大、新设9个垦殖区场，以及开办农产制造厂、垦殖及水利训练班、华侨垦殖银行等垦区服务设施。①同时，对三年内部分垦区应达到的规模也作了具体规划，合计各垦区人数将达到3 000多人。②但受战争和战时经济条件的制约，在抗战期间实际开办与建设的只有三区一场，即英德走马坪垦区、连县龙坪垦区、曲江马坝垦区和南华林场。拨出专款100万元筹设的大窿洞垦区，因各种原因始终未能取得实质性进展。

走马坪垦区的前身是李汉魂于1933年任西北区绥靖委员时创办的走马坪移垦区，③位于英德县境内，全区面积18 000余亩，有英浛公路贯穿其中，交通比较便利。侨资垦殖委员会接管后，首先清理区界、地籍、户籍等遗留问题，“专案呈请省府派员清理，并奉拨5 000元，专做清界经费之用”。④在此基础上，着手垦区设施的建设与完善：于1942年新建公费垦民住宅15座，建成了小学校舍、医疗所、繁殖场、办事处、碉楼等；1943年又建设虚亭1座，并着手兴建走马坪榨油厂；鉴于该区水源缺乏，旱灾频发，还加强了水利工程的建设。先于1942年内，开凿日常饮用水井4口，改建琵琶、亭前、龙岩三座山塘及无底、金龛等池塘，使该区可灌溉面积达1 020亩。⑤为彻底解决“水源有限不足供全区之需”的问题，侨资垦殖委员会于1942年冬特派技术专员李子先等多名水利专家到区勘查水源，并在离区十公里处发现一条小河，遂决定修建水渠引水，并命名为“复兴渠”，“将来可灌溉两千亩，该区水利当可全部解决”。⑥在得到广东省建设厅农田水利处派员认可后，侨资垦殖委员会派秘书李华业，会同走马坪垦区主任欧阳耀指导垦区成立灌溉生产合作社，向广东省银行贷款，并于1943年春开始动工修筑。

龙坪垦区于1940年9月由广东省振济会创办，位于连县境内，全面积5 000余亩，土质条件较好。⑦侨资垦殖委员会接管后，首先与附近丘泉村将毗邻地界勘定清楚，避免日后出现纠纷。⑧此后，垦区设施不断完善。首先，该区将创立时所建的茅棚30座着手改造为泥砖瓦面之住宅，又于1943年新建成垦民住宅27座，大大改善了垦民的居住条件。其次，于1942年度完成修筑10尺宽的区内干道1 000公尺，完成中心区与各村之交通道路及桥梁；并于两年内先后建成了繁殖场、垦区办事处、小学校舍、牛房、碉楼等，进一步完善了垦区基础设施。此外，该区水利设施不断完善。1942年打凿白虎岩水泉一处，在区内分筑石堰6座，修建涵洞2座，开掘灌溉沟500尺，受灌溉面积700亩；另开辟围香坪山塘1口，受灌溉面积500亩；此外，开掘供菜园灌溉用的储水池塘1口，供饮水用的水井3口。1943年又增建丘泉贮水塘1口。⑨

---

① 《广东省侨资垦殖委员会办理垦殖事业三季计划书》，广东省档案馆28号全宗1号目录64案卷。

② 《广东省侨资垦殖委员会办理垦殖事业三季计划书》，广东省档案馆28号全宗1号目录64案卷。

③ 《广东西北区移垦局垦殖概要》，广东西北区移垦局1933年。

④ 《侨资垦殖经过概况》，《粤侨导报》，1946年6月第1期，第13页。

⑤ 《侨资垦殖经过概况》，《粤侨导报》，1946年6月第1期，第13页。

⑥ 中山图书馆藏《垦殖专刊（1）》，广东省侨资垦殖委员会，1943年，第4页。

⑦ 中山图书馆藏《垦殖专刊（1）》，广东省侨资垦殖委员会，1943年，第4页。

⑧ 《侨资垦殖经过概况》，《粤侨导报》，1946年6月第1期，第13页。

⑨ 《侨资垦殖经过概况》，《粤侨导报》，1946年6月第1期，第14页。

马坝垦区和南华林场是侨资垦殖委员会成立后新开办的，垦殖区场区内所有建设需从头开始。马坝垦区位于曲江马坝附近的马鞍山一带，全部面积约5 000市亩。侨资垦殖委员会从1941年11月开始，就派技术专员王敬止为筹备主任、欧阳耀为副主任，进行垦区筹备工作。1942年开始垦区建设，先完成垦民住宅40户，同时建设办事处、职员宿舍、工人宿舍、医务室、粮仓、储物室、农具室、磨房、牛舍、农产加工场等各1座，并完成区内道路2 000余公尺，为区内垦民基本生产、生活的展开提供了条件。后于1943年增建小学校舍、合作社、宾馆、华侨捐款纪念亭及风景亭各1座，使垦区设施得以进一步完善。此外，该区亦重视水利工程的建设。至1943年春已完成白芒坑山塘1口，储水面积达3余亩，可灌溉面积达500亩以上；并曾计划着手兴建“储水百余亩、可灌溉千余亩”的驼马墩山水塘，因工程约需资金300余万元之巨，故未能按计划完成。①

南华林场位于马坝南华寺旁，全面积8万余亩。侨资垦殖委员会于1941年11月派张焕铿为场长，前往场区进行筹备工作。②因该林场以造林为主，招收垦民较少，故垦区建设规模并不大。林场内先后建有办事处、工人宿舍、肥料室、厨房、厕所、牌楼、储藏室等各1座。基本设施完成后，林场开始实施造林运动，仅1942年即造林6 000亩，以工业用桐、茶混交林，及薪碳用之点播松林为主。在认识到单纯造林一项在短期内难以见效后，林场自1943年起将“以林养林的手段改为以农养林的方针”，加强荒地的开垦和作物的种植工作。通过招雇长工等方式，在原有耕地80亩的基础上，增垦水田及旱地百余亩；并扩大农作物种植范围，除水稻、甘薯、木薯、马铃薯、玉蜀黍等粮食作物外，也种植水果、蔬菜等园艺作物以及兆瓦蔗、南洋烟、落花生等特用作物，以适应战时对油糖棉麻等日用品的需要。③

大窿洞垦区位于广东省台山县境内，计划利用纽英伦中华公所抗日后援会及美中芝城华侨救国后援会捐款共100万元，作为专款开发。自1942年起，侨资垦殖委员会曾相继派司徒龙、陈劭南等为筹备主任，但两人“均迟迟观望，辞不莅职”；至1943年11月中旬，又派张吉亮、林永昕2人为筹备委员前往开展工作，终于在1944年5月正式成立垦区；不幸的是，“是年8月日敌陷台城，张主任乃率同工作人员疏散新兴，继以省府裁员令发，只得将该区先行裁遣”，该区工作又陷于停顿；1944年底，局势有所好转，复派台山籍技术员伍英才代理该区主任前往工作，又因经费等原因，致使该区工作又被迫停顿。④大窿洞垦区虽有专款进行开发，但一直未能顺利开展工作，究其原因，正如侨垦会工作报告所言：“其间屡办屡辍之真相，或因人选，或因军事，或因交通，或因经济，此乃本会（侨垦会）最为痛心者也。”⑤

可见，除大窿洞垦区外，其余三区一场的垦区建设都取得了一定的成绩，垦区基础得以确立。但垦区建设的成就主要来自1942年和1943年，1944年侨资中断、资金困难后，垦区建设几乎陷于停滞。尤其是1945年1月，日军大举进犯粤北，韶关陷落。马坝垦区和南华林场陷落敌手，走马坪垦区也被迫紧急疏散，垦区内垦民住宅、水利工程等各项设

① 《侨资垦殖经过概况（续）》，《粤侨导报》，1946年8月第3期。
② 《侨资垦殖经过概况》，《粤侨导报》，1946年6月第1期，第13页。
③ 中山图书馆藏《垦殖专刊（2）》，广东省侨资垦殖委员会，1943年，第6页。
④ 《侨资垦殖经过概况（续）》，《粤侨导报》，1946年7月第2期。
⑤ 《侨资垦殖经过概况（续）》，《粤侨导报》，1946年7月第2期。

施均遭破坏。

业已取得的垦区建设成绩还是为接收和安置难民奠定了基础，故从1942年开始，侨资垦殖委员会即着手垦民招收与安置工作。根据招收垦民简章的规定，各垦区所招收垦民分为公费垦民和自费垦民。公费垦民多为战时难民，垦民到区的旅费与伙食及到区一年半内之伙食均由垦区供给，住宅、家具、农具、种粮、肥料、耕牛，亦由垦区贷予实物，分期摊还；同时，考虑到垦区的长远发展，各垦区还招收经济条件较好且有良好耕作经验的自费垦民。[①]为此，侨资垦殖委员会于1942年2月派员到四邑地区招收难民30户，共107人，安置到走马坪垦区为公费垦民；又于1942年冬派员往阳山地区招收有耕作能力的自费垦民30余户，安置到龙坪垦区；另派员往东江及广州前线招收垦民39户，共214人，单身垦民16人，安置到马坝垦区。[②]

因为在侨资垦殖委员会接管之前，走马坪垦区已有100余户自费垦民，龙坪垦区也有70余户公费垦民，故经过1942年的大规模接收垦民后，各区场安置垦民的数量已经相当可观。

表1　广东省侨资垦殖委员会各区场垦民人数统计表　　单位：人

合计		马坝垦殖区		龙坪垦殖区		走马坪垦殖区	
公费垦民	自费垦民	公费垦民	自费垦民	公费垦民	自费垦民	公费垦民	自费垦民
829	490	214	人数未定，已到5户	420	107	195	383

资料来源：中山图书馆藏《垦殖专刊（1）》。[③]

表1统计时间为1943年，据表中信息，侨垦会各区场不完全统计人数已达1 300多人，其中829人为公费垦民，即各地难民。龙坪垦区和走马坪垦区因设立较早，基础较好且早已招收部分垦民，故此时垦民人数最多。

太平洋战争的爆发导致香港及南洋的大批华侨回国，广东国民政府大力开展救侨、护侨工作，各侨资垦殖区场也承担起安置归侨的重任。关于抗战时期各垦殖区场安置难民和归侨的情况，可以从表2及表3中窥见概貌。

表2　省垦务动态调查表（民国三十三年四月二十日填）

现有垦民人数	难民485人；移民512人；荣誉军人0人；其他227人。总计1 171人
备考	垦殖人数项内移民512人系自费垦民；其他227人系各地归侨

资料来源：据广东省档案馆档案28号全宗1号目录67案卷整理。

① 《侨资垦殖经过概况》，《粤侨导报》，1946年6月第1期。

② 《侨资垦殖经过概况》，《粤侨导报》，1946年6月第1期。

③ 中山图书馆藏《垦殖专刊（1）》，广东省侨资垦殖委员会，1943年，第8页。

据表2可以看出：1944年各区场安置垦民人数总计1 224人（原表1 171人应为计算错误），难民、归侨总数为712人，约占总人数的比例为58%。其中，共安置各地归侨227人，约占所有垦民人数的18.5%。

表3　垦区调查表（民国三十四年度）

垦区名称	垦民户口数										备考
	合计		归侨及侨眷		难民		招雇当地农民		其他		
	户数	人数	户数	人数	户数	人数	户数	人数	户数	人数	
龙坪垦区	84	315	4	15	36	144	34	126	10	30	
走马坪垦区	116	594	35	156	30	150	15	103	36	185	
马坝垦区	45	195	5	24	28	115	—	—	12	46	
南华林场	—	30	—	—	—	30	—	—	南华林场只招单身垦工，未有立户		

资料来源：广东省档案馆档案28号全宗1号目录67案卷。

注：马坝垦区合计人数应为185人，原表195应为计算错误。

从表3可以了解到各垦区安置难民和归侨的具体情况。各区场该年度在区垦民总数1 124人，其中归侨及侨眷195人，约占垦民总数的17%。各垦殖区场中以走马坪垦区安置人数为最多，其中安置归侨及侨眷156人，是安置归侨及侨眷人数最多的垦区。

各年份垦区人数统计虽略有差别，但是总体规律基本一致。即抗战期间各垦殖区场共有垦民1 000多人，一半以上为难民及难侨，其中归侨人数大约占两成。受到资金问题的制约，垦区建设难以继续推进，垦区规模也难以扩大，因此安置垦民数量也难以增加。

3. 垦区的管理与经营

侨资垦殖委员会在各垦区的管理与经营上特别重视垦区管理、垦区治安、垦民教育、生产指导等各项工作，即按照当时国民政府倡导的“管、教、养、卫”四大方针开展工作。

加强管理、维持治安是各垦区顺利发展的首要前提。侨资垦殖委员会意识到难民多数生活散漫后，决定加强垦区管理。拟定了《垦民管理与垦地管理实施要点》，据此指导各垦区调查垦民户口，逐渐建立起保甲制度。①从1943年下半年起，将走马坪垦区编为2保14甲，共116户；龙坪垦区编为1保8甲，共80户；马坝垦区编为1保4甲，共45户。同时，鉴于战时社会秩序动乱，各垦区又地处偏僻，匪盗较为猖獗，侨垦会决定加强垦区防卫与治安。从1943年起组织各垦区建设碉楼，增强防卫力量，并组织各区年轻强壮的垦民进行国民军训，领用枪弹维持治安，以保护作物和加强防卫。②

鉴于垦民文化程度普遍不高，侨资垦殖委员会特别重视垦民教育问题，特制定《广东省侨资垦殖委员会所属各垦区垦民教育实施办法》，以期普及文化教育。③首先，注意普

① 中山图书馆藏《垦殖专刊（2）》，广东省侨资垦殖委员会，1943年，第7页。

② 《侨资垦殖经过概况》，《粤侨导报》，1946年6月第1期，第13页。

③ 中山图书馆藏《垦殖专刊（1）》，广东省侨资垦殖委员会，1943年，第7页。

及学校义务教育。分别在走马坪、龙坪、马坝三垦区设立中心小学一所，对区内所有学龄儿童施行义务教育。规定适龄儿童及16岁以下未完成小学教育者均须入学，学校对学生全部免费，并给予书籍、纸张等。其次，重视发展成人教育。对到区的成年垦民进行精神教育和生计训练，增强其亲爱、清洁、卫生教育；利用农闲开展成年补习教育，举行各项训练和农业技术的指导。制定了《广东省侨资垦殖委员会垦民训练设计纲要》及“垦民训练设计第一期实施程序表”，根据各区场实际情况编纂教材，内容包括垦殖须知、棉麻豆麦四类作物浅说、合作浅说等；采用家庭式、学校式、社会式等方式，进行农业训练、合作讲习及精神训练。通过各种形式的教育，使各垦区垦民的纪律性、农业生产技能、文化知识等在一定程度上得到增强。

侨资垦殖委员会还十分重视对垦区农业生产的指导。首先，合理分配耕地、耕作设备，指导土壤的改良。根据各垦区耕地与垦民的实际情况，将耕地分配方式定为分户制和合作制。规定各户垦民凡具有两人以上耕作能力者，按其劳动能力分配垦地20至50亩，限期完成耕地的开垦；单身垦民或者劳力不足之垦户，由垦区设立集体合作农场，采用分耕合作制度，互助经营。①为了增加新开垦耕地的肥力，省侨垦会向银行洽商土地改良贷款158万元，按各区场土地面积分配使用，先后采购各种骨粉、豆麸等，制作堆肥、钾肥等以改良土壤。②

其次，侨垦会还直接派员在农艺、林业、畜牧等方面给予垦民具体的指导。在农艺方面，指导各垦区设立繁殖场、推行冬耕、实行轮作制度。通过轮作，避免了同一种作物在同一垦区内的连续种植，且保证了粮食作物与经济作物的合理搭配，有利于土地的合理利用和垦区的持续发展，对作物产量的增加亦非常有利。③此外，还加强对林场发展规划及林木品种合理种植的指导，并积极指导各区场牲畜疾病的防治、品种的改良等工作。④

再次，侨垦会积极指导各垦区设立合作社，以促进农村经济的活跃。侨资垦殖委员会认识到：“合作制度原是经济弱者的结合堡垒，为农村组织的最善津梁。”⑤ 故在省侨垦会的直接指导下，各垦区从1943年开始逐步组织成立各种形式的合作社，如马坝垦殖区合作社、走马坪垦殖区灌溉生产合作社、龙坪垦殖区生产合作社、南华林场生产合作社等。合作社大致由三部分组成：生产组负责垦殖生产，包括垦殖部、畜牧部、农产加工部；供销组负责农具及日常用品的供给；信用组负责金融周转。合作社的成立，对于地处偏远山区的垦殖区场来说，在促进农业生产、农资的采购、农产品的运销以及农村金融的流通方面具有重要意义。

综上所述，广东省侨资垦殖委员会指导各垦区加强对垦民的管理和教育，通过多种方式指导垦民发展生产，一定程度上维持了垦区秩序的稳定，提高了垦民的综合素质，促进了垦区经济的发展。虽然受战争环境、资金不足等各种条件的制约，一些措施并未完全落实，但其作为对垦区管理与经营模式在实践中的探索和尝试，在当时仍具有重要的现实意义。其中的诸多措施，如针对垦民农业生产技能的教育和训练措施，对垦区生产的具体指

① 《侨资垦殖经过概况》，《粤侨导报》，1946年6月第1期，第14页。

② 中山图书馆藏《垦殖专刊（2）》，广东省侨资垦殖委员会，1943年，第7页。

③ 《侨资垦殖经过概况（续）》，《粤侨导报》，1946年7月第2期。

④ 《侨资垦殖经过概况（续）》，《粤侨导报》，1946年7月第2期。

⑤ 中山图书馆藏《垦殖专刊（2）》，广东省侨资垦殖委员会，1943年，第4~5页。

导措施，符合实际的农村合作社的建立与实施等，直至今日，对我国华侨农场甚至整个农村的发展仍具有一定的启发和借鉴意义。

四、结 论

抗战期间，广东国民政府以所募集的华侨捐款460余万元为基础，设立了走马坪、龙坪、马坝三个垦区及南华林场，发展难民垦殖事业。这些垦区及林场在抗战期间共安置垦民千余人，其中多数为难民，并有一定数量的归侨及侨眷；开垦耕地8 000余亩，发展林地万余亩；垦区建设取得了一定的成绩，区内办事处、垦民住宅、学校、繁殖场等建筑基本完善，道路、水利工程的建设也有所改进；生产收益基本能够满足垦民自给。[①]应该指出，抗战时期广东的侨资垦殖在难民及难侨的安置、垦区的基础建设、垦民的生产生活等方面取得了一定的成绩。

作为一种积极的救济方式，侨资垦殖在稳定社会秩序、改善难民及难侨生活、发展山区经济等方面发挥了其特殊的作用。首先，广东国民政府运用华侨捐款设立垦区，安置难民及难侨，这种积极救济难民的方式与单纯的救济相比，其积极意义更加明显。一定程度上减少了赈款的开支，减轻了政府的财政负担，解决了部分难民的生活问题，最终有利于国统区社会秩序的稳定。其次，抗战时期广东的侨资垦殖，通过利用有限的侨资，于种种困难之中，仍能在战时救济安置难民及难侨1 000多人，为难民、难侨生活问题的解决及贫农生活的改善创造了条件，为解决难民问题作出了一定的贡献。再次，在广东侨资垦殖开展过程中，粤北大量荒地被垦为可耕种之良田，垦区内建筑、道路交通、水利工程的建设亦取得了一定的成就，各垦区的农业基础得以基本确立，这对当地经济的开发及后来的发展也产生了一定的影响。最后，广东侨资垦殖管理机构在侨资垦殖开展过程中，特别注重垦区的管理与经营，注意实施国民政府以“管、教、养、卫”为核心的新农村建设方针，通过多种方式的探索与尝试，一定程度上提高了垦民综合素质，促进了垦区生产的发展，也为农村的建设积累了经验和教训，其中的一些措施对今天华侨农场的经营仍有借鉴意义。

但不容否认的是，抗战时期广东侨资垦殖作用的发挥有其局限性，侨资垦殖的成效与当初计划仍存在一定的差距。首先，就垦区规模来说，受侨资受阻和物价上涨的双重影响，日趋严重的资金问题使多数垦区未能按计划如期设立，即使已设立的垦区也未能达到计划中的规模，部分垦区甚至于1945年受粤北战事破坏而损失殆尽。其次，就安置难民及归侨人数来说，因垦区规模未能扩大，安置人数有限，一直未能达到计划中的数目。抗战初期，侨资垦殖委员会计划三年内安置垦民共3 000多人，而整个抗战时期实际安置垦民仅1 000多人，通过侨资垦殖解决难民问题的目标未能实现。再次，就侨资垦殖收益来说，各垦区生产仅能勉强维持垦民自给，对当时社会经济发展的促进作用未能充分发挥，尤其对解决当时的粮食危机作用有限。粤北战事的破坏甚至导致部分垦区内垦民生活在相当长时期内非常困难，不得不依靠救济维持基本生活。

抗战时期广东的侨资垦殖，于种种困难之中取得了一定的成绩，既有其不可替代的积

---

① 《侨资垦殖经过概况（续）》，《粤侨导报》，1946年11月第6期，第21页。

极作用，又有其无法回避的局限性，积累了许多侨资垦殖的经验，同时也留下了深刻的教训，这对当今华侨农场的经营或许有借鉴意义。

首先，从广东国民政府的政策来看政府对侨资垦殖的作用。抗战时期以李汉魂为首的广东国民政府，制定侨资垦殖的具体政策，发动华侨捐款，设立侨资垦殖专门管理机构，积极协助解决侨资垦殖过程中的困难，在侨资垦殖决策与实施中发挥了重要作用。这一方面是当时社会各界对侨资垦殖认识不断深入的结果，另一方面在于李汉魂政府对侨务和难民救济问题的高度重视。正因如此，在抗战时期面临各种困难的情况下，侨资垦殖仍能取得一定的成绩。

其次，从侨资在垦殖中的作用来看资金问题的重要性。华侨捐款是抗战时期广东的侨资垦殖得以开展的重要前提。侨资垦殖区能在战时乃至战后各种困难情况下维持下来，源于各垦区基础的奠定，而垦区基础的奠定无不受益于华侨捐款。侨资受阻甚至中断后，侨资垦殖开始面临日益严重的资金问题。可以说，侨资的中断是侨资垦殖规模难以继续扩大的主要原因，也是侨资垦殖具有局限性的重要原因。

作者：肖仁龙，暨南大学华侨华人研究院在读博士。

The Reclamation in Guangdong and the Donations from Overseas Chinese during the Anti-Japanese War Period

Xiao Renlong

Abstract: The food shortage and the rapid increase of refugees triggered serious economic and social crisis in Guangdong after the outbreak of the Anti-Japanese War. The local provincial government as a consequence appealed and encouraged fellow villagers settled in America to make donations. With funds donated by Overseas Chinese, the Guangdong Republican government set up reclamation farms while settling down returned Overseas Chinese and fefugees in the hope to fundamentally resolve the problems by adopting an active relief policy, aiming at stimulating war economy while maintaining the social stability. The blueprint of reclamation funded by the overseas donations could not be fully realized due to the dufficulties caused by the war, the Pacific War and subsequent block of overseas remittance in particular. Nevertheless, a commendable achievement had already been gained, which in turn paved the way for the further development of reclamation in post-war Guangdong.

Key Words: The Anti-Japanese War Period Guangdong Republican Government Reclamation Funded by the Overseas Chinese Donation

略论近代以来的广东华侨与侨乡

姜清波　吕碧兰

【摘　要】随着时代的发展，广东华侨与侨乡在各自发生着变化。从粤籍华侨的历史构成、近代广东华侨与侨乡的相互影响、粤籍华侨寻求改变命运的联合、粤籍华侨的时代新境况、全球化态势下的广东华侨与侨乡五个角度来看，华侨与侨乡在时空进程中发生变化是必然的，侨乡要正确面对现实，改变观念，抓住发展机遇。

【关键词】广东　华侨　侨乡　发展

"华侨"一词作为特定称谓距现在不过100多年，而在先秦时期已经有中国人侨居海外。[①] 华侨出国规模最大的时期是在1840—1949年间，"海水到处便有华侨"的格局也是那时奠定的。广东也因此成为著名侨乡集中地。以下就近代以来的广东华侨与侨乡的相关问题，结合当前学术界的有关研究进行粗略论述。

一、粤籍华侨的历史构成

较之古代的中国海外移民，近代广东华侨出国最主要的原因是人口压力日增与耕地面积相对缩小之间的矛盾，而政治腐败、严重的经济剥削和压迫则使得这种矛盾尖锐化。如粤东一带因"生齿日繁、地狭人稠"而不得不前往海外讨生活的现象在清代后期已经十分普遍。[②] 广东人在早期远赴异国谋生实属无奈的选择。

由于地缘的关系，广东华侨最早向东南亚迁移发展。直到清代仍主要以东南亚为主，其次是美洲、澳洲、非洲与欧洲等。两次鸦片战争中国战败后，由于东南亚锡矿和种植园的开辟及美洲的开发需求，大批广东人在外拉内压下迅速散向这些地方。根据有关学者的统计，我国华侨目前约有3 000万，其中2/3原籍广东。[③] 今天华侨的海外布局就是在鸦片战争之后的数十年间基本确定的。

---

① 马至融等：《海外华侨与广东改革开放》，暨南大学出版社，2008年，第32页。

② 颜斯综：《南洋蠡测》，《小方壶斋舆地丛钞》再补编，光绪十七年上海着易堂铅印本，第十帙。

③ 许桂灵、司徒尚纪：《广东华侨文化景观及其地域分异》，《地理研究》，2004年第3期。

二、近代广东华侨与侨乡的相互影响

从总体上讲，近代以来的华侨与侨乡保持了良好的互动。大体表现在两方面：一是华侨对侨乡的贡献，二是侨乡对华侨的反作用。

1. 广东华侨对侨乡的影响

华侨对侨乡发展的贡献，大体有三方面：

一是侨汇。它是近代早期华侨对家乡的基本资助形式。侨汇通过水客、钱庄及银行汇回家乡，家中妻儿老小得以度日。据有关数据，按照美元统计，从1862年到1949年，侨汇总数为35亿多美元。[①] 这些侨汇对侨眷来说是重要生活来源，对国家来讲则很大程度上缩小了中国的对外贸易逆差。

二是投资侨乡，引进技术设备，改变了侨乡的生活方式。在中国实行改革开放六七十年以前，广东部分侨乡已经在华侨的投资下阔步前行了。1892年后，潮州大埔籍的印尼华侨张弼士先后在广东投资创设了盐业公司、垦牧公司、机器制造厂、广三铁路等。[②] 海外华侨还开创了在内陆投资办企业的先河。[③] 在创办各种近代工业企业的过程中，广东华侨引进了先进的近代工业设备。如在1915年由华侨黄兰君等人集资建成的梅县光耀电灯股份有限公司，就从广州、上海乃至德国购买输电线材和发电机。公司年发电量约5万度，供1 000多户家庭使用，一直持续到到新中国成立前夕。[④] 1906年，梅县籍的印尼华侨张榕轩、张耀轩投巨资修建中国第一条纯商办铁路——潮汕铁路。还有梅县华侨从国外购买机器设备在家乡开办了织袜厂、机器修理厂、火柴厂、玻璃厂等。[⑤] 在华侨的投资建设下，广东的侨乡逐渐繁荣起来。与华侨投资办厂同步进行的是侨乡生活方式的改变。像电灯、自来水、汽车、火车等近代西方的先进科技成果在中国近代的大部分地区并不多见，而广东侨乡人民在民国初期已经于生活中熟悉它们了，这是海外的华侨对家乡的贡献。

三是发展教育和公益事业。在海外视野得到开阔的华侨普遍认识到，祖国繁荣富强与他们的命运息息相关，办教育一定能振兴中华。[⑥] 因此，从19世纪后期开始，部分华侨办起了西式启蒙教育，希望侨乡子弟通过学习西方先进文化提高素质和能力，为国家富强作出贡献。

广为人知的是容闳的教育兴国之举，他还于1872年在家乡创办“甄贤义学”（现珠海市南屏学校）。在潮汕地区，在清末就至少有6所民办学堂是华侨创办的。台山在新中国成立之前，利用宗族姓氏、乡村地域等形式向海外华侨筹集款项，将村中的私塾或祠堂改为学校，集资购地兴建新小学86所，中学9所。[⑦] 在20世纪三四十年代，广东侨乡在

① 庄国土：《华侨华人与中国的关系》，广东高等教育出版社，2001年，第234页。

② 《大埔县地方志》编纂委员会：《大埔县志》，广东人民出版社，1992年，第584～585页。

③ 许梅：《二战前东南亚华侨与祖籍地的密切联系及其原因分析》，《东南亚研究》，2006年第1期。

④ 彭钦文主编：《梅县侨声》，1996年第3期，第70页。

⑤ 《梅州市华侨志》编纂委员会、梅州市华侨历史学会编：《梅州市华侨志》，2001年，第64页。

⑥ 台山县侨务办公室编：《台山县华侨志》，1992年，第130页。

⑦ 台山县侨务办公室编：《台山县华侨志》，1992年，第118～129页。

华侨资助下建立起来的各式学校在360所以上。①

新中国成立后，即使“文革”时期，也仍然有许多华侨华人给家乡捐资办学。普宁市新办小学16所，台山市新建中小学、电视大学、护士学校共计152所。1979—2000年海外侨胞、港澳同胞捐资赠物用于发展广东文化教育、科研事业折合人民币124.61亿元，占捐资总额的38.81%。② 近代以来广东侨乡的发展委实离不开广大华侨的倾心奉献。

在兴办公益慈善事业、济世救民方面，广东华侨以及港澳同胞对家乡历来关怀备至。以台山为例，从1880年前后开始，海外乡亲集资在广海城创建的“乐善堂”开始赠医施药，并设大德堂收殓无靠的死者尸骸。此后台山在华侨的捐助下陆续建成了明善社方便医院、宏济医院、福民医院等25间医院（卫生所）、25栋医疗大楼，并赠救护车21辆和大批医疗器械，为改善台山人民的医疗条件作出了巨大贡献。③ 这种情形在广东其他侨乡比较普遍，已有文章对此有专门论述，在此不赘。

综上所述，华侨在近代以来广东侨乡的发展中倾注了满腔浓情，广东能在改革开放30年来取得如此巨大的成就，除了国家政策、环境因素与人民的勤奋努力因素之外，还有一个重要的基础积淀，那就是来自华侨的薪火相传、源源不断的资助。我们向扶持侨乡发展的华侨表示由衷的敬意！

2. 侨乡对华侨的反作用

人们常说海外华侨是“游子”。早期的广东华侨在外打拼，人虽然在海外，心却一直惦念着家乡。侨乡并不仅仅是单向接受华侨援助，它同时对华侨有无形的作用和影响。主要表现在三个方面：

第一，侨乡是华侨的精神支柱。乡梓之情自古就是中国人维系心灵之舟的柱石。在海外遇到同乡，总会增加几分亲近感；某地华侨人数一旦有了一定规模，还会组建同乡会馆；暮年的华侨总想着要回到老家，希望“落叶归根”。侨乡可作华侨退路的生存依靠，哪怕只是几亩贫瘠的土地，也能够成为他们万一海外发展不顺时可以退守的最后生活依靠。中国人的传统意识里面铭刻下“安土重迁”的观念。遇到挫折，他们会想起家乡亲人的期望，因此增添克服困难的勇气；事业发展，会使他们倍增继续奋斗的动力。总之，无论在异国的生活状况如何，家乡一直是他们的精神寄托和支柱。

第二，侨乡是华侨实现自我价值的场所。受传统文化的影响，“光宗耀祖”、“衣锦还乡”是近代时期绝大多数广东华侨的普遍心态。华侨在外受异族歧视，得不到应有的尊重，希望改变艰难现状的意识强烈。他们也把这种改变地位以及实现自我价值的念头投向故土。无论曾经多么卑贱贫穷，只要赚到钱寄回家乡，就会改善家庭的生活处境。如果经济能力许可，出资为乡人办些公益事业如建校修路、兴办学堂等，就会更加受到家乡父老的尊重。在家乡投资办企业，则可以使个人与侨乡利益更好地结合起来。爱家爱乡爱国，使得广东华侨在为家庭、为家乡、为祖国贡献心力的同时，也实现了自身的个人价值和社

① 广东省人民政府首页 > 广东概况 > 岭南文化 > 岭南宗教，http：//www.gd.gov.cn/gdgk/lnwh/lnzj/200709/t20070927_21232.htm。

② 林干：《办学强国：三十年一个赤子梦》，《广州华声杂志》，2008年，http：//www.gzqw.gov.cn：8080/gzqb/dzzz/main.jsp？ID=399。

③ 台山县侨务办公室编：《台山县华侨志》，1992年，第132~134页。

会价值。

第三，侨乡对华侨的负面影响。在广东，由于历史和传统的原因以及华侨的特殊身份和特点，侨乡的一些旧俗和不良风气对华侨也产生了一定的心理影响，比较典型的有“嫁公鸡”习俗与奢靡之风。

“嫁公鸡”是广东侨乡的婚嫁旧俗。侨乡男子从小到国外谋生，有人到了该成家的年龄却没条件回乡结婚，就只好由父母在家代为选择姑娘，先娶回家侍奉老人。而“新婚”之日代替新郎举行一系列结婚仪式的竟是由一名妇女抱着的一只公鸡！洞房之夜，公鸡就被绑在床底下，象征“同房”，天亮后即抱走。侨乡人称此为“嫁公鸡”。“嫁公鸡”是为生活艰难所迫的表现，新娘也多是穷苦人家的女儿。婚后多年不见丈夫回来，妻子可能要领养一个男孩作后嗣，称为螟蛉子。其中可能有极少数新娘一辈子都没有等到新郎归来，终生守“活寡”。这种习俗对于在海外打拼的华侨不可避免地会造成心理压力，特别是对那些在海外发展并不顺利的人来说更是沉重的负担。有人甚至连回家的路费都不够，家里却又多了一两口人需要养活，怎能不再增添一份忧愁呢？带来这种悲惨境况的“嫁公鸡”旧俗直到新中国成立后才得以废除。

侨乡的奢靡之风在近代也一度盛行。华侨在外辛苦积攒的侨汇改善了侨眷的生活，促进了当地的经济发展和社会繁荣，但也由此产生了崇尚奢侈的社会风气。不少华侨子弟仰仗侨汇，好逸恶劳，长期过着“吃爷饭、穿爷衣”的生活。有的妇人也日渐奢靡，“甚至以懒惰不事为轻闲福，赌博浪游为消遣术，反鄙家政为琐屑龌龊，高其身价而不为……娇奢气态，迎面扑人；衣服时装，日新月异；金玉首饰，千般万化；石岐来往，三天一行；一衣一衫，付之缝工；一线一履，购之于市，不惜男子远涉重洋之艰苦……”[①] 有的侨乡妇女“三五成群，以樗蒲为消遣，某处附近，骨牌之声，达于户外，无日无之”[②]。侨眷的奢靡生活形成了气候，很多地方烟窟、赌馆、妓院的生意也红红火火，但这表面上的繁华对在海外打拼的华侨来说只能增添心理上的沉重和压抑。

由上可见，近代以来广东华侨与侨乡的关系比较复杂，不能片面强调其积极或者消极的一面，这是我们客观了解侨乡应当注意的。

三、粤籍华侨寻求改变命运的联合

19世纪中叶以后，广东出现海外移民高潮。为了在陌生的土地上更快更好地立足、发展，操相同方言的广府、潮汕、客家、海南等广东人以地缘、方言为纽带建立会馆组织，希望在异国建立“家乡”氛围来团结互助，赢得发展机会。广东侨乡则以创办侨刊的方式来增强与华侨的联系。

1. 建立海外的“家”——粤籍华侨会馆、社团

因为与广东邻近，东南亚地区成为从事经商、开矿和农业垦殖的粤籍华侨早期主要流

① 《论我乡妇女之坐食》，《良都竹秀园月报》第4期。转引自王杰：《论香山文化的表征与特质》，《社会科学》，2006年第9期。

② 《竹秀园月报·本乡新闻》，1920年10月12日，第1期，第10页。转引自王元林、邓敏锐：《近代广东侨乡生活方式与社会风俗的变化——以潮汕和五邑为例》，《华侨华人历史研究》，2005年第4期。

入地，广东华侨会馆也最先在东南亚地区建立。初涉异域，每个人都会遇到困难，特别是语言障碍带来的麻烦；受所在国政治环境的影响，华侨的正当利益又常常被侵犯。华侨会馆就是在这样的氛围中诞生的。以乡土意识为纽带加强联系互助是华侨建立会馆的主要目的。在中国节庆日，广东会馆往往举办中华传统文化活动，如祭祀神灵、扫墓、舞狮、演戏等，让华侨产生回到家乡的亲切感。会馆在一定程度上还可以协调解决成员间的民事纠纷与争端，因此华侨对会馆均有一定的信赖与依靠感，华侨间的凝聚力也增强了。

会馆往往购地设立会所以方便同乡公共活动。从1801年马来亚槟城建立嘉应会馆开始，在半个多世纪里，仅新加坡和马来西亚两地就诞生了至少76家以各府县命名的广东会馆。菲律宾、印度尼西亚、泰国、越南、柬埔寨、缅甸、印度等国的广东人也建立了会馆组织。到19世纪末，广东华侨还在东亚的日本，美洲的加拿大、美国、秘鲁、古巴、牙买加，澳洲的澳大利亚、新西兰，非洲的毛里求斯、马达加斯加、南非等国成立了同乡会馆。遗憾的是，近代中国积贫积弱，历届政府无法成为侨民坚固的后盾，会馆需要侨民自发组织维持，而各地的广东会馆由于地缘划分过细造成彼此间的隔膜，一定程度上削弱了粤籍华侨社会的整体力量。①

然而，广东会馆发挥的作用值得肯定。大批初到异国的华侨都是在会馆的帮助下渡过难关，站稳脚跟的。他们在外多从事经商、开矿和农业垦殖。虽然有不少人因各种条件而事业顺利，甚至成为巨富，但多数华侨还是靠辛苦劳动养家糊口。同胞在异国遭到不测，其亲属也会得到会馆的关怀。会馆为同乡提供诸如免费医疗、代寻工作、子女教育乃至丧葬等服务。在国运衰微、政局动荡的近代，海外华侨能自发组织起来维护自身利益，实属不易。

粤籍华侨除了创办会馆外，还组建或参加了一些其他团体，大体上有职业团体、堂会团体、宗教团体、学术团体、政治团体和文化社团等。绝大多数侨团属于社会性质。随着国际环境的变迁，华侨社团在各国的政治、经济、科技和文化教育领域中发挥了日益重要的作用，呈现出社团组织当地化、社团组织活动上经济化、社团组织政治上权益化、社团组织国际化等特点。②

应当看到，华侨在异国建立的会馆、社团很多留有深深的侨乡传统烙印，他们把传统中国文化带到了海外，也把其固含的文化缺陷一并移植过去，因此在海外成立的会馆、社团组织中出现诸如领导人选方面的不尽如人意之处在所难免，有的会馆、社团甚至成为极少数人谋取个人私利的工具，影响了华侨内部团结合作。这是在分析海外广东会馆的时候应该指出的。会馆、社团起到的积极作用应该肯定，但不能因此忽视其缺陷的存在。

2. 维系华侨乡情的侨刊

在近代，为了与海外乡亲沟通乡情，一种被称为“乡刊”、“乡音”、“乡讯”的民间刊物在广东侨乡出现，现在统称为侨刊。侨刊中报道的基本上是侨乡的人物、事件，大事小情都有，林林总总。侨刊因报道侨乡的信息而受到华侨的欢迎，被称为“侨胞的集体

① 刘正刚：《清代广东华侨会馆在海外分布析》，《岭南文史》，2002年第4期。

② 杨连峰：《转型期以来美国华人社团嬗变》，暨南大学硕士学位论文，2006年。

家书”，也有学者喻之为“侨乡一道最富乡土气息的文化风景线”。①

广东最早的侨刊是台山的《新宁杂志》，创办于清宣统元年（1909 年）。此后侨刊在广东各侨乡陆续出现。新中国成立前，广东的台山、中山、开平、恩平、新会、番禺、南海、宝安、梅县、潮州、文昌、琼海等地都有侨刊发行。据统计，到 1987 年广东各地侨刊共有 107 种，该年发行 228 万册，几乎遍布世界各地。② 到 2009 年侨刊数量更达到 138 种。③ 其中五邑侨乡就有 82 种：台山 34 种，开平 23 种，新会 15 种，恩平 6 种，鹤山 4 种。④ 随着社会的发展，目前的侨刊所编写的侨乡信息，越来越多地融入了新时代改革开放的特色。

3. 粤籍华侨的世界影响

粤籍华侨的命运是海外华侨命运的缩影，而加拿大粤籍华侨的地位变化一定程度上又可以反映出全世界粤籍华侨的地位变化轨迹。

19 世纪 60 年代，约 15 000 名广东劳工被招募到加拿大修建太平洋铁路。在恶劣的生活待遇和糟糕的施工条件下，当长达 3 800 公里的铁路在 1885 年修成通车时，也酿成了平均每公里铁路就埋葬着一个筑路华工英魂的悲剧。⑤ 然而就在铁路完工的当年，加拿大专门对新华人移民每人征税 50 加元以限制中国移民。歧视性税额到 1903 年变成 500 加元，相当于当时一个白人两年的工资总和。⑥ 1923 年加拿大又通过了排华法案，1947 年虽然最终废止排华法案，但加拿大华人并没有得到任何道歉。种种情况表明，在一个多世纪里，加国华人没得到应有的社会地位。为此，华人进行了不懈的抗争。

终于在 2006 年，新当选的哈珀总理代表加国政府就人头税问题向苦主和家属表示道歉并赔偿。在加国议会大厦，哈珀用专门学来的粤语说：“加拿大道歉！”坦言“为人头税道歉完全是正确的，并且来得太迟了”⑦。这标志着加拿大华人经过 120 年的抗争后终于争取到了应有的被尊重地位。

上述华人地位的提高是一个历史必然趋势。2001 年的加国人口普查数据显示，华裔占加国有色族裔的 26%，约 103 万人，到 2017 年华裔人数可能达到 180 万。⑧ 在世界经济日渐一体化的今天，中国经济的快速发展让全世界瞩目，尤其是当今世界金融危机带来的影响让包括加拿大在内的国际社会更加注重发挥华侨华人在中、加两国之间的桥梁作用，以促进本国经济的发展。加国华裔的地位必然会得到进一步提升。另外，还有几个数字可以说明这个趋势：1999 年，华裔伍冰志成为英女王的加拿大总督；2006 年，进入联邦议会的华人议员有 5 位，还有 19 名华裔参选；2008 年的议会选举有 17 位华裔获得提

① 许桂灵、司徒尚纪：《广东华侨文化景观及其地域分异》，《地理研究》，2004 年第 3 期。

② 广东省地方志编纂委员会：《广东省志·华侨志》，广东人民出版社，1996 年，第 256 ~ 259 页。

③ 广东侨网首页 > 文化虹桥 > 侨刊乡讯，http：//www. gdoverseaschn. com. cn/whhq/qkxx/ 。

④ 五邑大学图书馆 > 五邑侨刊汇览，http：//lib. wyu. edu. cn/wyqk/fb. htm。

⑤ 黄安年：《沉默的华工和贯通北美大陆的中央太平洋铁路》，《史学月刊》，2008 年第 1 期。

⑥ 夏明星：《加拿大总理史蒂芬·哈珀》，《文史天地》，2008 年第 5 期。

⑦ 华商报 > 国际新闻 > 加拿大道歉（图），http：//hsb. hsw. cn/2006 - 06/24/node_ 833. htm，2006 年 6 月 24 日。

⑧ 出国在线 > 新闻 > 要闻 > 加拿大统计局：十二年后加拿大华裔将近 200 万，http：//www. chuguo. cn/news/52285. xhtml 。

名。粤籍人士一直在加国华人中占有很大比例，他们的影响力在加国逐渐得到印证，这同时也是粤籍华人在全世界影响力扩大的一个缩影。

四、粤籍华侨的时代新境况

时光飞逝。当一代代海外游子白发回乡，我们看到的是他们对故土的眷恋和浓浓的乡情；如今，当年轻单纯的青少年华侨从生之养之的侨居国来到陌生的祖籍国的时候，我们不得不承认，华侨的心路历程正在经历一场历史性的转变。

1. 老一代华侨的恋土情结

光绪三十四年（1908 年）十二月十四日，旅美三邑总会馆接到一封华侨来信，信中说有三位华侨准备在归国前把在美国去世的几个朋友的信息资料以及遗款、遗物登记保存下来，以便日后捡运遗骸归国安葬。来函详细罗列了死者和遗物的信息。① 将照料亡故者的遗物当做自己应尽的义务，代亡故的同乡完成落叶归根的遗愿，反映了侨胞间浓浓的乡情与友情。

1997 年，自幼侨居马来西亚的海南文昌老华侨云昌龙选择了回故乡安度晚年。由于国内行政区划变动，他离家的时候是广东省人，回来时籍贯变成海南省了。让他不安的是，故乡的老宅已经不复存在。于是，他向当地政府提出了申请，要求在祖基地上建房……②

上面两则材料，在一定程度上反映了老一代华侨的恋土情结。早年到海外谋生的华侨以“落叶归根”为最终归宿，所以他们在外保持地缘、血缘上的文化传统。但异国生长的华裔在当地的文化背景下发生了“同化”，“二战”后华侨华人社会有从相对独立的“亚社会形态”回到主流社会的趋势，对“根”的意识出现了新想法，③ 即开始出现“落地生根”的转变。

2. 年青一代侨裔的对华心理

促成华侨出现“落地生根”的原因主要是“二战”后各国大力进行当地化运动，再加上新中国宣布不承认双重国籍，使得华侨在思想意识、法律身份及生活方式上逐渐融入居住国的主流社会，传统的华人社团凝聚力也日渐萎缩。鉴于此，有人评价说，今天的华侨、华人社团虽多，但社会功能大不如前。④ 比较初期的华侨会馆团体所发挥的作用来看，这种看法显然有一定道理。

与侨乡关系较为密切的老一代华侨华人年事渐高，他们的后代逐渐接替了事业。这些华裔从小接受的是居住国教育，大都不懂中文，已很少或没有直系亲属在侨乡，极少了解中华文化，祖籍地观念和情感淡薄是必然的。他们没有在侨乡的美好童年记忆，无法理解老侨民对侨乡“骨连着肉”的深厚感情，他们更适应居住国的生活节奏和国情。他们对家乡的帮助，可能性更大的是投资，而不是老侨民的侨汇或捐赠。最近十余年来，年青一

---

① 美国加州大学图书馆藏无名氏编著：《旅美三邑总会馆史略（1850—2000）》，美国三藩市，第 54 页。

② 鼎言商旅网 > 文昌一华侨故里建房申请 10 年无果，http：//www. d0086. com/flm/hainan/slm/wenchang/tkm/news/20061229101032. htm 。

③ 朱慧玲：《中日关系正常化以来日本华侨华人社会的变迁》，厦门大学博士学位论文，2001 年。

④ 涂孝忠：《华侨华人社会的形成及其走向》，《文史杂志》，1995 年第 5 期。

代的华裔也屡屡组团来中国观光寻根，但总体而言，这种回祖籍地访问的活动多带有旅游的成分。他们对侨乡带有好奇和新鲜感，与侨乡建立乡情的纽带却缺少可能性。

针对上述情况，有关部门要及时理解把握侨情变化，认清社会发展的趋势，适时转变老观念，尽早树立起像非侨乡那样公平竞争的创新观念，自立自强，不能对华侨的捐助抱过多的依赖心理。

五、全球化态势下的华侨与侨乡

世界已经进入全球化时代。当我们重新打量广东华侨与侨乡的时候，发现二者已融入了全球化的浪潮之中。

1. 全球化社会与日益世界化的华侨

在当今科技革命迅猛发展，经济全球化进程加快的形势下，广东华侨华人不可避免地随之世界化了。

日益世界化的表现之一，是由华侨华人公司和企业形成了网络。像互联网一样，这种网络在特定的文化背景和特定环境下，不仅能最大限度地获取经济科技信息，也更方便社团间的联谊、考察，从而提升效率。传统社团的功能，如守望相助、举办慈善福利事业、开展文化教育活动仍然保留，这是其价值所在。

全球化环境中日益世界化的华侨加强联系合作，还表现在组建世界性和区域性组织上，这些组织活动以经济、科技合作交流为主要内容。比如，国际潮团联谊年会、世界客属恳亲大会、华商领袖年会、世界华人论坛、世界华商大会等。多样的形式使广东华侨与侨乡在更广阔的空间中搭建起互利互助的平台成为可能，二者相伴行进在世界一体化的轨道上。

2. 全球化社会与侨乡发展的新态势

全球化给广东侨乡带来了机遇与活力，同时也引发了一些复杂问题。

海外乡亲的捐资，弥补了侨乡社会公益事业的财政不足，促进了家乡社会的全面发展，但是华侨对侨乡的捐资也面临复杂情况：一是如上文所述，侨裔的捐资逐渐减少，且这个趋势还在持续。二是华侨与侨乡较从前各自发生了很大变化。在侨乡方面，据《南方日报》2008 年 5 月 14 日网络版的报道，一些侨乡出现了违背捐赠人意愿、损害侨捐项目、改变公益用途的事情，让华侨与侨乡相互理解信任已不那么容易。三是华侨捐资一贯集中在侨乡的公益事业方面，用于生产方面的不是很多，这种情况使侨乡在世界经济一体化的激烈竞争中倍感压力。所以，侨乡必须改变心态，作出相应的调整方案，正确看待华侨捐资。要充分利用建立在地缘、亲缘基础上的华侨华人资源在海内外构建经贸网络，为侨乡提供先进运营模式，搭建起靠工业、第三产业发展的侨乡经济平台。

在广东潮州，潮商网络为潮州企业走入世界市场提供了便利，给侨乡带来了先进技术、管理经验、新的经营理念和市场信息，从而为潮州的经济发展提供了条件。潮州出口总额由 1995 年的 5.7 亿多美元逐年递增，2008 年超过 18 亿美元，其中三资企业所占的份额在50%以上。① 从侧重于华侨捐资发展到注重吸引旅外乡亲投资、利用旅外乡亲的海外网络发展经济，是潮州正确看待侨乡在世界经济一体化形势下的明智之举，这种举措应当为广东其他侨乡借鉴。

侨乡情浓，乡音犹在耳；赤子情深，心力倾故土。历史的长河流淌着海外游子的赤诚之水，世界的变化注视着侨乡人的情怀。广东侨乡在世界一体化下的形势下应该开阔胸襟，与时俱进；侨乡人应发挥出自身的巨大潜力，开拓进取。在世界经济一体化的情势下，广东侨乡应该也能够以崭新的面貌出现在世界舞台上，海外的华侨华人也会因侨乡的成就而更重桑梓情。

作者：姜清波，暨南大学华人留学文化研究所讲师；
吕碧兰，广东科学技术职业学院讲师。

Overseas Chinese from Guangdong and Their Homeland since 1840：A Discussion

Jiang Qingbo　Lv Bilan

Abstract：Year following 1840s have witnessed changes occurred among Overseas Chinese from Guangdong as well as in their homeland. Five aspects are thus discussed in this article，including the composition of migrants from Guangdong in different historical periods，the interactions between Overseas Chinese and their homeland in moden China，how migrants from Guangdong collaborated and united each other in order to improve their living conditions overseas，the new scenario they are facing，and existing connections between Guangdong's Overseas Chinese and their homeland in the period of globalization. The authors point out that it is inevitably for the Overseas Chinese and their homeland to have changes over the past centuries. As a result，*Qiaoxiang* or homeland of Overseas Chinese needs to meet challenges while adjusting their views in order to seize the development opportunities to come.

Key Words：Guangdong　Overseas Chinese　Homeland of Overseas Chinese　Development

---

① 潮州市人民政府公众信息网 > 政务公开 > 统计数据 > 历年对外经济及旅游主要指标，http：//tongjiju. chaozhou. gov. cn/Article/UserFiles/11. xls。

福清侨乡新出国潮[①]中的非正规经济

阎靖靖

【摘　要】过去的三十年间，中国出现了大规模的新出国移民浪潮，其特点之一便是出国移民潮带有相当鲜明的非正规经济活动的色彩。在对福建省福清市某村落实地调查、访谈的基础上，本文对改革开放以来福清新出国潮的发展过程及其特征做了梳理，并从非正规经济的理论视角入手，对侨乡社会与新出国潮之间的互动，尤其是侨汇的输入及其对侨乡社会的影响进行了分析。笔者认为，福清侨乡的新出国浪潮与当地的非正规经济活动紧密相关。因应国外劳动力市场的需求，形形色色的专门服务于出国移民潮的非正规经济活动在当地社会应运而生，并在合法与非法的夹缝中潜滋暗长。另外，巨额侨汇的流入令侨乡居民在很大的程度上摆脱了贫穷，有效地减轻了当地社会的失业压力，从而使得侨乡社会处于较为安定的状态。

【关键词】福清　侨乡　新出国潮　侨汇　非正规经济

当传媒、社会、政府和学界广泛关注着从福建涌出的大量“新移民”、“偷渡客”的时候，“出国”这个词，却在这些新出国者的故乡有着与外界迥异的意味。以福建省福清市[②]一些拥有较多新侨的乡村为例，“出国”在那里代表着短期内迅速致富和安全的低风险投资。而这些深藏在乡村耳语中的信息，却往往被华侨史、非法出入境、海外侨社等话题掩盖，因而鲜见于学术探讨。然而，正是这些来自新侨乡村的现状，悄然书写着当代中国的新移民历程。2006年至2007年，笔者对福清某村落的新出国潮现状进行了实地调查和访谈，试图从中梳理出改革开放以来福清新出国潮的发展特征，以及侨乡社会与新出国潮之间的互动。

一、新侨乡村落概况

福清地处福建沿海，面向台湾海峡，其地理位置于航海十分便利，包括航往韩国、日本、北美、东南亚和台湾、香港地区以及中国大陆其他城市的港口。因此，福清拥有悠久的移民历史，尤以国际移民著称。改革开放以来，在新移民潮骤然兴起的年代，福清自然

---

① 由于本文所涉及的“出国”与一般意义上的“移民”不尽相同，多为非正规形式出国，以海外务工为目的，而非移民国外，因此本文使用“新出国潮”来代替一般所称的“新移民潮”。

② 福清市为县级市，是省会福州所辖“五区八县”之一，原为县制，1990年撤县建市，仍属福州所辖。

不落人后。无论是在新出国者的数量，还是在由新出国者所带来的焦点话题上，福清和福清人都时常出现在人们的视野里。

福清市的占地面积为2 430平方公里，拥有348公里的海岸线。总体而言，它的地理环境并不适宜农耕。福清位于东南丘陵边缘的海岸线上，零星的小块平地点缀于山丘之间，因而耕地面积十分有限。同时，此地亦土壤贫瘠。根据2005年年底的统计数据，福清共有耕地面积425 600亩，登记人口1 214 937人（其中男性625 483人，女性589 454人），城镇人口约占总人口的16%（194 669人）①。这些数据足以说明福清人口多耕地少的状况——只有11%的土地是耕地，却有84%的人口居住在乡村地区。显然，农村居民人数已大大超出了可耕地所能容纳的劳动力人数。福清市一贯以“农村地区已高度工业化”为荣。按照这种说法，福清农村过剩的劳动人口理应为本地工业所吸纳，并以工业收入（工厂利润或工人工资）为其主要收入来源。然而，笔者对当地各级政府官员及村民的访谈却明显揭示出与上述假设不符的事实：大多数福清本地的工厂并非由本地企业家投资兴建，而是得益于其他地区甚至海外的资本注入；而这些工厂中的员工也大都不是本地居民，而是来自其他省市的农民工，主要来源地包括四川、江西、湖北和安徽。那么，当地众多闲散劳动力是如何安顿的？当地居民的收入来源又是什么？当地政府是否为此承受失业率居高不下的压力？……这些问题都能在福清新出国潮的现象里找到答案。

笔者的田野考察主要选择了福清市的两个村落，A村与B村（见下图）。

福清及A、B两村位置（比例尺：1∶650 000）

A村位于龙高半岛西北，龙田镇最西端。同时，它的地理位置也恰好坐落于龙田、上

① 资料来源：《2005年福清经济综述》，由福清市政府统计处提供。

迳、渔溪、江阴和江镜五镇的交界处。得益于地缘上的便利条件，A 村村民在临近村镇有着大量血亲、姻亲及同事、朋友。这些社会关系成就了 A 村人建构的社会网络，尤其是国际移民网络的基础。不过，历史上的 A 村却没有明显的出国风气。1949 年前，A 村仅有两三户人家下南洋谋生，最后一位老华侨已于 2004 年过世。而且，早年 A 村人口也十分有限——在 20 世纪初，全村仅有约 90 户人家。因此，早年村里也很难像福清其他许多地区那样，享受侨汇的资助。同时，A 村的地理位置亦远离福清的陆上交通干线（高速公路、国道及省道）以及福清的两个重要港口，因此不利于工商业的发展。而龙高半岛干旱贫瘠的气候和土壤环境，也不利于当地的农业耕作。总而言之，在改革开放后的新出国潮出现之前，A 村只是一个交通不便的贫穷村落。

如今，A 村的注册人口为 1 880 人，450 户，平均每户 4 至 5 人；拥有耕地 1 595 亩。而该村现居海外人口为 350 至 360 人，另有约 60 名归侨，均为改革开放以后出国的村民。换句话说，A 村共有 410 至 420 人有过出国谋生的海外经历，约占全村总人口的五分之一。同时，该村还有约 150 人常住龙田镇或福清市，因此村内常住人口仅为约 1 400 人(2006 年 10 月)①。A 村现居海外的村民主要集中在英国、日本和韩国这三个国家。

B 村位于 A 村西北方向约 9 公里处，为上迳镇所辖，同时地处上迳工业园，村内工业发展较为发达。324 国道穿村而过，因而交通十分便利。B 村的注册人口为 1 580 人，531 户。现有约 120 名居住在海外的新侨村民，散居在美国、汤加、澳大利亚等十余个国家。B 村同时拥有人数接近 2 000 的海外华人（1949 年以前出国的第一代海外华人及其后代），主要居住在印度尼西亚②。

从以上基本资料中可以看出，A 村人口较多，新出国者集中；为单一姓氏村，在行政区划上自然村即行政村；为龙田镇农业发展区，受工业化影响较小，因此村落情况较单纯，并且较少受老侨影响。而 B 村人口略少于 A 村，该行政村由 9 个自然村组成，位于上迳工业园区，深受工业化影响，且老侨众多而新侨较少。由于本文考察重点是改革开放之后出现的新出国潮，而非老侨或新老侨比较研究，故将新出国潮现象更突出的 A 村作为主要考察对象，B 村仅供参考和比较。

二、A 村新出国潮的发展与现状

A 村的出国潮开始于 1989 年，并蓬勃发展持续至今。起初，出国者多前往日本“打黑工”。从 1995 年开始，出国者的目的地逐渐转向英国、韩国、美国和加拿大，也有少数人前往法国、以色列、荷兰及俄罗斯等国。不过，A 村新出国者中的绝大多数还是集中在英国、日本和韩国这三个国家（见表 1）。导致出国者选择以上三个目的地国家的因素主要有以下两个：一是他们已有可靠的亲友在那些国家落脚，可协助新来者安顿生活以及寻觅工作机会；二是本地的移民中介和掮客（migration broker）可提供较多可靠的路线前往上述国家。

---

① 资料来源：A 村村委会内部统计数据以及笔者对 A 村村委干部的访谈记录，2006 年 9 月 22 日及 2007 年 5 月 7 日。

② 资料来源：B 村村委会内部统计数据以及笔者对 B 村村委干部的访谈记录，2006 年 4 月 18 日。

表 1　A 村出国人数统计（2006 年 10 月）[1]　　单位：人

国家/地区 年份	2000—2005	1996—1999	1990—1995	1986—1989	1980—1985	1949—1980	总计	
英国	102	27					129	386（2006 年 10 月）
日本	28	39	25	8			100	
韩国	25	30	9				64	
美国	20	3	5				28	
香港						20	20	
法国	10	3					13	
意大利	5	3					8	
以色列			8				8	
荷兰	2		3				5	
新加坡						5	5	
加拿大	4						4	
俄罗斯		2					2	

注：香港地区为 1997 年回归之前的人数统计。

上表数据来自笔者于 2006 年 9 月至 10 月所收集的信息。八个月后，笔者对 A 村进行了重访，此时又有 27 人已成功出境并抵达其目的地国家。如表 2 所示，英国、日本和韩国仍是最热门的三个目的地。A 村的出国者，在客居国主要集中在中餐馆、当地市场及建筑工地等行业务工。

表 2　A 村出国人数统计（2006 年 10 月至 2007 年 5 月）[2]　　单位：人

目的地国家	英国	日本	韩国	美国	法国	总计
出国人数	13	6	4	2	2	27

1. 出国动机

笔者在访谈中发现，尽管“出国”已成为当地风尚，但由于出国毕竟是出国者自身及其家庭的小范围决策，因此每一个出国者都有各自不同的出国动机。寻求海外的高收入、规避国内劳动力市场的激烈竞争、与旅居国外的亲人团聚、寻求外国国籍、个人政治诉求，甚至年轻女性为逃避家人催促嫁人生子的压力，都反映在 A 村的新出国潮现象里。

尽管如此，在上述这些刺激村民出国的因素之间，仍有主次之分。且不说外国国籍、政治诉求、女性自主等因素在福清新出国者的实际出国考量中所占比重甚微，即使是传统上为移民研究学者所关注的收入因素和家庭团聚因素，在福清的情境下亦有轻重之别。

不少西方学者往往将所有来自福建的移民一概视作一个整体进行描述与分析，强调“家庭团聚”在“福建移民”动机中扮演的重要角色（Pieke et al.，2004；Hood，1997；Myers Ⅲ，1997）。然而，这种笼统将“福建人”视作一个无差别群体的假设本身便与事

① 资料来源：A 村村委会内部统计数据。

② 资料来源：同上。

实相悖，因为几乎每个涉及新出国潮的福建人都知道，“福清人”的出国方式、目的地以及在客居国的工作行业都与“长乐人”大相径庭，而“闽南人”的新移民现象则远远不如“福州地区”和“闽北山区”（三明等地）活跃。西方学者在不了解福建省内方言、族群、历史及移民史渊源复杂的情况下，就时常将闽东方言群与闽南方言群混为一谈。Pieke（2004）注意到这个问题，将来自福建不同方言区的移民进行了一定程度的区分；但是他也仅仅提及闽籍南洋老侨之间的差异，并未能顺着这种历史上的差异解读和辨析出当今福建新移民的多元特质。在这种误读的基础上，西方学者就容易从自身所处国家（对移民而言就是客居国）的立场出发，将自己视野以内的福建新移民现象解读为整体福建新移民的特征，得出以偏概全的结论。

事实上，福建新移民是否将“家庭团聚”视作出国行为的主要目的，基本上取决于他们所能寻求协助的出国管道（移民中介或掮客）是否能将他们送往积极吸纳新移民的国家。以福清为例，由于当地的出国管道主要指向英、日、韩等对于移民归化不太热心的国家，福清新出国者便很少将“取得居住地国籍”作为自己的心理预期，因为他们很清楚那些国家的国籍不是轻易可以取得的。一位受访者就曾表示，你要是为了外国国籍去找人帮忙办出国，那就不知道要等到什么时候才能出去了；当然是先出去，能拿到国籍就拿，拿不到国籍也先赚到钱再说。但这并不是说福清人对外国国籍不感兴趣。诚如世界银行（World Bank）在2006年的报告中指出，国际的劳动力移民主要还是由原居国的贫困所致；福清初期的新出国潮也充分反映了这种现象。然而，少部分较早加入新出国潮的家庭在积累了一定财富之后，也积极寻求全家移民往美、加等社会福利较好的国家。这种姑且称之为“二次移民”的行为，其动机是为家人寻求更好的福利保障，而其手段则多为与海外华人办理结婚手续，取得身份后离婚，再逐步将家人及原配通过依亲方式接往海外。但是在笔者所接触的福清人中，这种“二次移民”尚未主导当地的出国行为，原因是当地移民社会网络中可以提供这种福利移民服务的渠道较少。相比之下，闽北三明人前往意大利，或福州长乐人前往美、加，则拥有广泛的渠道和各种相关服务，而那些国家对新移民入籍的政策则相对宽松许多，获得客居国国籍之后，新移民就可以同样享受国民待遇，无论工作、养老还是对下一代的培养，都有了便利和保障。因此来自这些地区的新移民，就很普遍地将“家庭团聚”视作出国的主要动机——这并非缘于侨乡或出国者本身的动机有别，而更主要是不同地区所拥有的移民网络不同所致。福清人有较多渠道去英、日、韩，并不意味着他们对移民美、加所能获得的社会福利没兴趣，只因他们缺乏足够而可靠的网络支持；而长乐人有较多渠道去美、加，也不意味着他们单纯是为了家庭团聚而出国，否则，海外亲人回国也是团聚，何必一定要离乡背井？因此，福清人有其独特的出国行为模式，不能与福建其他地区的新移民笼统而论；福清人的新出国潮紧密依附于其移民网络，基本追求仍是海外较高的收入和较好的社会福利——简言之，经济利益是他们最主要的出国动机。

2. 出国方式

福清新侨乡大致有三种出国渠道：偷渡、过境签证和学生签证。偷渡在20世纪八九十年代一度十分盛行，但自90年代中期之后颓势渐显。随着“金色冒险号”（1993）及英国多佛港集装箱货车惨案（2000）等由中国移民非法偷越国境所酿成的命案为媒体广泛报道，西方国家更加收紧了对来自福建的中国移民的监管。于是，与出入境管理较少冲撞的过境签证和学生签证便作为新兴的出国途径，在福清侨乡迅速打开局面。

根据笔者在福清的调查，如今通过偷渡出国的村民，主要前往英国、以色列和韩国。这些出国者常使用假护照、伪造签证等手段抵达目的地国家临近的国家或地区，然后藏身在货车、货轮等交通工具中逃避过境检查，有时甚至需要徒步翻越雪山等守备较为松弛的国境艰险路段，因此过程往往充满凶险。过境签证也未必完全合法，而同样存在钻法律漏洞的行为，因为它亦时常涉及中途换用假护照等传统的非法偷渡方式，只是全程基本可以搭乘公共交通工具，并通过海关出入境，所以在旅途中较少有性命之虞。而学生签证，则仅限于25岁以下的出国者，主要的目的地国家也是英、日、韩三国。尽管学生签证还要求申请者具备不少于12年的受教育经历，并提供一定额度、存期以上的存款证明，但移民中介总有办法为不具备资格的客户办齐所需证明文件。因而即使是表面上看来完全合法的学生签证，实际上同样涉及不足为外人道的操作过程。不过学生签证这种出国方式所可能涉及的非法操作基本仅限于申请阶段，而与出入境的旅途无关，因此无论对出国者还是对移民中介来说，这都是风险最小、旅途安全系数最高、成本最低的一种出国方式。但是正因为这种出国者在客居国是持合法有效签证居留，所以他们的工作时间、种类便受到种种约束，并且必须保证在学校的出勤率及课业成绩，才能在签证到期之后获得续签。当然，即便如此，客居国也同样存在名目繁多的非法服务，为这类出国者提供续签学生签证所需的证明资料[①]，但这与本文主旨关系不大，故在此不作细究。

尽管上述三种主要出国方式均不同程度地涉及非法操作，但是从总体上看，福清的新出国潮正在逐步向着更加安全、正规的出国途径发展。当地人对这种转变的描述是：

> 现在不是偷渡，偷渡是坐铁皮船爬雪山，现在我们这里的人都坐飞机了。坐飞机当然安全很多啊！现在家里没那么穷，也不需要拼命去出国。学生签证平时少赚一点也不要紧，家里可以负担。

显然，在当地人眼里，这些出国方式的转变带来的最大益处是出国旅途的安全，不利之处则是在外务工所受限制相对增加，收入相对减少；而他们依然乐意承受，一方面因为侨乡富裕了，出国不需借钱或只需支付较低的利息，所以不必急于在短时间之内赚回出国成本，另一方面也是因为这些家庭富裕了，出国者就不再愿意冒生命危险出国，宁可牺牲一定经济利益，也要买个平安。

不过，笔者在A村收集到的统计数据显示，该村海外居民中76%以上是通过过境签证或偷渡的途径出国，仅有不足21%持学生签证前往客居国。这一数据表明，尽管如今的侨乡人希望通过更正规和安全的途径出国，但是在村民的主观期望与客观实际情况之间还存在较大落差——换句话说，并不是每个申请学生签证的人最终都能够如愿以偿地以留学生的身份前往海外。除学生签证以外的其他非正规出国途径，仍在福清新出国潮中扮演着重要角色。

---

① 2006年6月29日BBC官方网站所刊发的新闻报道*Schools Used as Visa Scam Front*便揭露了此类事件。据记者估计，高达五万名留学生通过各种欺诈手段获得在英学生签证的延期。

3. 侨汇

侨汇是福清作为侨乡最明显的特征。如上所述，福清新出国潮最核心的追逐目标是海外的高收入，而福清新移民较为集中的国家又大都没有积极的新移民归化入籍政策，因此，出国者难以对扎根客居国产生充分的期望，就只能将其未来家庭发展规划的重心留在侨乡。在这种情况下，巨额的回乡侨汇，就是新出国潮对福清侨乡最突出的回馈。根据笔者在A、B两村所收集到的数据，每个出国者平均每月能给家里寄回一万元人民币①。而这些汇款所流经的渠道，则有相当部分涉及地下金融体系所提供的服务。

由于正规的汇款渠道往往需要汇款者提供一定的身份及正当收入证明文件，因此不少无证或逾期居留，以及无证务工、超时务工或获得其他非法收入的出国者便需要规避这种审查。除了手续简便之外，如今高度专业化的地下汇款也同时能够提供安全而快捷的服务。汇款者往往只需要将自己打算汇回福清的款项数额告诉地下汇款的代理者，并谈妥手续费、汇率等事项，地下钱庄设在福清的合作者便能在一个电话之后把汇款送往收款人手中。当收款人向汇款人确认收妥汇款后，汇款者才一次性付清事前约定好的汇款本金及手续费、汇率差价等款项。很显然，这种地下汇款服务必须建立在一定的社会网络之上，并且规模可大可小。下文的具体案例对此将有详细描述。

而汇款渠道并非侨汇所涉及的唯一一项金融服务。由于私人地下汇款盛行，这种汇款服务亦提供接收客居国当地货币或人民币两种选择，汇款者不需要因为汇款而按当下汇率强制性即时兑换货币，因而拥有比正规渠道更大的自主空间来依靠炒汇获利。中国大陆现行的外汇管制政策使得这些侨乡金融行为中的一部分终难成为阳光下的活动，所以，简单的货币兑换黑市及私人炒汇钱庄便应运而生。

福清侨眷的海外收入主要用于以下几个方面：支付家庭日常开销、兴建新房、宗教活动、娱乐赌博、公共事业捐款，以及资助乡里亲友的出国活动并从中获取高于银行利率的利息。其中最值得研究者关注的，不是耗资最为庞大、动辄数十上百万元的建房工程，而是那笔悄悄回流到出国活动中的私人借贷款——因为前者对侨乡新出国潮而言，只是单纯的消费行为，而后者则是撑起整个侨乡“出国产业”的经济支柱。换言之，侨乡的新出国潮之所以能够周而复始地循环运转，确实离不开这笔来自海外的货币资源。

一位村民对笔者说了如下一段话：

> 我有一次跟北方人聊天，他说你们福清人有二十几万元钱干吗还要出国？好好房子买一套，剩下的钱存在银行里吃利息都够了，干吗要出国？我说没钱啊，没钱才要出国。他问，没钱怎么出国？我说，没钱就去借么。他说，你怎么借？没钱的时候一千块钱都借不到，你怎么借到二十几万？我说我们这边就是借的。大家没钱，但是只要有一点钱都会借给你啊，因为借钱的人都很讲义气，规规矩矩本金利息都会还，所以大家放心借……我借了你的钱，那赚回来的第一笔钱一

① 由于出国者往往是不定期给家里汇款，而且多走非正规渠道，无法获取确切的汇款记录。因此该项数据是通过直接向出国者或其家属提问的方式采集，并侧面询问其家庭支出状况进行核实。譬如，通过询问一户人家为出国者支付了多少出国费用，其中借贷部分是多少，多长时间之后还清欠款，就可以粗略估算出出国者平均每月能够寄回多少汇款。同时，由于绝大部分有成员出国的家庭都仰赖侨汇生活，在还清欠款、盖起新楼房之前几乎没有其他的大笔收入与支出，因此，根据这两项支出及其所需时间所估算出的月均侨汇应无太大误差。

定要先还给你，然后第二笔才拿来盖房子，所以现在就良性循环，接下来赚回来的第三笔钱又借给别人拿去出国，这样子才慢慢大家都富起来。历来都是这样，解放前也是这样……我们这里现在欠了多少钱也没有去讨债的，实在还不起也就算了嘛。他的儿子如果还要出国，那我们还会借给他，要让他翻身么，不然永远还不起，你的债也永远收不回来。①

这段沿海侨乡人与内陆人的对话，不仅体现出二者在观念上的不同，而且十分生动地勾画了福清人如何依靠出国活动以及相关的民间借贷来为整个移民网络覆盖到的社区积累财富。而另一位村民的一席话，则从数据上证实了这种财富的积累：

以前（指 20 世纪 90 年代）利息也高啊，三分利息，还要“驴打滚”啊……以前寄回家里的钱啊，放在家里光是生出来的利息，家里老人小孩都够用，就花不完了！反正借给别人钱，大家都住在这个村子里面，也不会说跑掉（不还钱），都还得回来。那“三分利息”是一个月三分啊，一年结下来就是百分之三十几点利息，现在做什么的回报率有这么高？现在借的钱少了，利息大概也就剩下一分了，最低的八厘都有。现在出国一般都不要问别人家借钱了，一般都是家里亲戚两三家，拿一点钱支持一下，都不用去外面借了。那亲戚之间借钱一般都只有两三万，也都不算利息，本钱还完就行了。②

根据以上访谈以及笔者对不同村民的多次其他访谈，福清民间借贷的月息，从 20 世纪 90 年代的 3% 下降至 2006 年的 0.8% ~1%。这体现了民间货币资本在新出国潮出现后的二三十年里迅速积聚，而村民亦充分信赖“出国务工”这条生财之路，愿意对其挹注资源，或为食利，或为扶助亲友致富，更多的则是二者兼而有之。

三、非正规经济（informal economy）与福清新出国潮

鉴于福清新出国者的出国活动所涉及的诸多非法或非正规运作，毫无疑问，福清新出国潮与当地的非正规经济紧密相关。同时，由于非正规经济往往处于合法与非法的灰色地带，并涉及部分非法运作，因此，相关经济行为的运作便需要通过各种途径来规避法律法规的审查，从而成为当地非正规经济的重要组成部分。

非正规经济在当今任何社会都是无可回避的一项经济组成要素。它在学术研究领域有许多不同的称呼，如地下经济（underground economy）、影子经济（shadow economy）、黑市经济（black-market economy）、灰色经济（gray economy）、秘密经济（secret economy）、无文件记录的经济（undocumented economy）、第二经济（second economy）、平行经济（parallel economy）、隐匿经济（hidden economy）、隐性经济（invisible economy）等（参见 Simonovits，1989；Sik，1992；夏兴园，1993、1994；冯精志，1994；Bhattacharyya，1999；曾繁华，1999；Schneider、Enste，2002；曹力群，2005；李军峰，2005）。以上这

① 资料来源：在 A 村所作访谈，2006 年 9 月 23 日。

② 资料来源：在福清市所作访谈，2006 年 9 月 21 日。

些名称，一般都指向政府无法确切知悉、记录和掌控的经济活动；而这些不同的名称，或有目的地针对这种经济要素的某一侧面特征进行解读（如“黑市经济”侧重研究黑市交易，便不完全等同于“隐性经济”的含义），或只是作者写作时选用的词汇不同。而本文采用“非正规经济”这一名称，除一般性的定义之外，侧重强调这些经济活动往往介于合法与非法之间，或是以合法的手段从事非正规的操作——这也正是福清当下出国经济的特色。

Simonovits（1989）对中央计划经济体制下的隐匿投资循环（hidden investment cycles）进行了研究。由于与这类投资循环相关的所有肇端和参与过程都不为人所见，因此 Simonovits 认为，这类经济波动的属性是隐匿的。他在研究中同时强调了相关的经济模型和它们之间的逻辑关系。Simonovits 指出，这种隐匿投资循环是在降低张力（reducing tension）与稳定性（stabilization）这两个目标之间的折中。至于投资成本超过负荷的程度，对于这种投资循环的产生而言，既非必要条件，也不是充分条件。Bhattacharyya 的研究（1999）强调的是以经济模型（尤其是计量经济学模型）来估算隐匿经济的规模，以此为相关政策的制定提供建议。Schneider 和 Enste（2002）在他们合著的《影子经济》（*The Shadow Economy*）一书中，以全面的视角，科学地对复杂的“影子经济”进行分析，而不是仅仅停留在估算规模的层面。这本书对于影子经济的定义，涵盖了资本主义体系中的整个工商产业链。避税，则是他们最核心的关注内容。不过，在他们的论述中，似乎未将欠发达地区和发展中地区视作在全球经济中与发达世界同等重要的元素。换言之，在这本书里，西方社会是作者考察的主体，而西方社会与地球上其他地区的交流互动则被忽视了。

目前学界对于非正规经济的研究，主要侧重于经济规模和避税。这是因为，政治上的国度往往被视作一个经济主体来进行分析，所以非正规经济及其创造的价值都被计入本国国民经济成长，以分析其特征、机制及发展趋势等。但是，与福清新出国潮相关的非正规经济则不应仅局限在我国领土疆域以内进行考察。因为新出国潮是在全球化时代的跨国人口流动，与之相关的非正规经济首先便以跨越国境疆域为特征，至少涉及在原居国和客居国两端之间互动的经济活动。不过鉴于本文关注的仅为福清新侨乡的出国经济，因此不将客居国相关经济活动列入考察范围，而只对福清新出国潮中的出国服务及地下金融支持等问题进行分析。同时，由于福清新出国潮几乎是与中国改革开放伴生的社会经济现象，因此对福清新出国潮的研究，也必不可抛开与中国经济改革的联系。

黄亚生（Huang，1990）在他的论文里讨论了地方政府官员与企业家之间的互惠合作。他将官僚垂直协调与市场水平协调的混合模式视作中国经济在改革时期的非正规运作模式。黄亚生的研究结论指出，中国的经济改革仍处于过渡时期，并可能持续很长时间。因为改革措施面对十分强劲的反弹，同时，甚至连企业家本身都需要更多的政府干预，以维护其通过地方政府官员所获得的既得利益。Sik（1992）追溯了社会主义经济体制改革中，第二经济向非正规经济发展的轨迹。他将“第二经济”定义为所有社会主义国家直接控制之外的经济行为。根据 Sik 的观点，随着改革的进展，第二经济中的一部分最终转化为非正规经济。Nee 和 Matthew（1996）的研究则得出了与黄亚生针锋相对的结论。他们认为，由于经济改革所带来的社会变革是多方面的，而其影响更不仅限于经济领域；因此，在社会主义国家经济改革的过程中，国家政权对社会的控制在诸多方面都逐渐被削弱。他们强调，市场化的结果是开启了可供获益的多种渠道，而不再仅限于国家的再分配体制，因而各方对国家的依赖便渐次降低。

在中国，对于国内地下经济的研究在经济改革方兴未艾之际便已展开。20 世纪 90 年代中期，一批相关的学术作品相继发表（夏兴园，1993；夏兴园，1994；冯精志，1994；宫希魁、金红炜，1995）。夏兴园将当时的地下经济大致划分为三个类型：非法经济、未申报经济和未统计经济。以上三种类型的经济活动都未向政府申报，而政府也无法对这些领域的经济进行控制。夏兴园指出这些地下经济的两个特点：首先，相关经济活动的增值部分并未计入 GDP 产值；其次，逃税情况普遍发生，无论与之相关的经济活动合法还是非法（夏兴园，1994：19 ~21）。他还认为，在经济改革伊始，几乎所有民间经济活动均为地下经济；不过在改革逐渐深化的过程中，一部分民间经济活动浮上台面，成为合法、阳光的经济活动，其他部分则继续处于地下状态。这与 Sik 的观点多少有异曲同工之处。不过上述这一系列的早期研究，基本都侧重在分类、描述定义以及对其产生原因的探索方面，研究的目的都是向政府提供施政建议，而非真正意义上的学术研究。而且，上述的多本著述，其内容均大同小异，多空泛定义，缺乏对地下经济问题的创见。作者大都将地下经济视作完全负面的经济现象，而回避了所有社会、经济方面的积极作用。相反，地下经济的负面影响及其所带来的社会不公平则被大肆渲染，并附以各种打压、限制、取缔地下经济行为的献计献策。政府施政是这一时期研究者的关注重点，在社会中生存、依赖地下经济获益甚至糊口的个体参与者则被完全忽视。

不过，这一领域的学术研究水平在很短的时间内得到明显提高。国内晚近的学术作品所探讨的话题更加具体务实。曾繁华（1999）对“隐形就业”进行了专项研究，并且指出，登记在册的失业人口中，高达 60% 的人实际上已自谋职业，却未向政府部门申报就业状况（曾繁华，1999：3）。在曾的这本书里，相关现象的积极方面和消极方面都得到描述。积极方面包括，实际就业率提高、政府面对较低失业压力、个体增收、合理劳动力流动，以及社会经济发展，等等。而消极方面则涵盖了对国家统计数据及政府管治的误导、逃税，以及社会不公等内容。不过，在曾的书中虽然提及了新出国潮的海外务工现象，却未真正探究这一跨国隐形就业的本质问题及其影响。周天芸（2004）以及董晓林和洪惠娟（2006）对中国农村二元金融结构进行了实证研究，他们的关注重点都是正规与非正规金融。周的研究明确指出，在当下的金融发展环境里，非正规领域的金融活动是对正规领域金融活动的有效补充，而不是绝对负面的现象。董洪二人则认为，在中国农村金融市场十分活跃的同时，制度化的规范金融支持却非常有限。他们同样将正规金融领域的信息不对称视为造成中国农村地区正规金融支持有限的主要原因。董洪二人还进一步指出，非正规金融支持有效对抗信息不对称，可以降低借贷成本；而且，本地社会网络所提供的信用保障以及民间借贷的灵活性，都是非正规金融市场蓬勃发展的原因。曹力群（2005）也对中国民间金融活动进行了解读。他将“民间金融”定义为“农村地区所有通过正规金融机构以外流通的货币借贷”（成思危主编，2005：332），曹力群认为，每年约有两千亿人民币在民间借贷体系中流通，占中国农村整体信贷总额的 40%（同上：333）。李军峰（2005）的研究与曾繁华在 1999 年所做的调查接近，也是针对非正规就业。李军峰指出，非正规就业在当前的经济环境下，是一种自发产生的现象。其最主要的原因是劳动力过剩。李亦将经济全球化作为该现象产生的原因加以考察，但是却并没有谈及国际劳动力移民。

人口运送、其他移民服务，以及地下金融支援是当前福清新出国潮所涉及的三类主要的非正规经济活动。如前文所述，尽管如今福清的新出国者开始通过更安全的途径出国，但是这并不意味着福清的新出国潮已是正规的人口跨国流动。除学生签证以外的其他非正规出国途径，仍在福清新出国潮中扮演着重要角色；与此同时，学生签证的申领也或多或少地涉及非正规或非法操作，譬如伪造学历证明、银行储蓄证明等。这些运送出国者跨越国境的行为，在很长一段时间里都是新移民及新出国潮研究的核心内容。然而，除了这一最核心的行为之外，新出国潮还需要许多其他必不可少的非正规服务作为支援。伪造证件就是这些支援服务中十分重要的一项，高中文凭、身份证件、结婚证、资产证明、银行储蓄证明等，都是许多人在申请签证时需要提供的文件。但是，并不是每个人都真的符合签证申请的要求，而签证代办机构往往不直接提供伪造证件服务。于是，在新出国潮盛行的福清地区，就出现了各种各样的伪造证件办理服务，以满足相关市场的需求。

笔者访问过一位出国中介 C 先生，他的留学签证代办服务就包含了替不符合资格的申请者准备好全部所需文件资料——而这些文件并非由 C 先生手下的机构自行制作，而是通过业已高度专业分工的当地移民服务网络，由专门的办证者代办。这部分费用，也是计入 C 先生为每位客户预付的（人均）6 000 元成本之中。而每成功送出一位留学生，C 先生则可以从客户支付的报酬中赚取 60 000 元左右的利润。这样的服务链条，为几个层级的出国服务提供者都带来了利润。地下金融服务既是传统地下经济活动中的重要成分，也在福清新出国潮中扮演绝对重要的角色。譬如，用以支付出国费用的长期民间借贷、用以办理银行储蓄证明的短期民间借贷、外汇黑市交易、地下汇款、地下炒汇服务等，都是福清地区“不足为外人道”的地下金融服务项目。根据笔者在福清做田野调查时收集到的个案信息，绝大部分出国者在抵达目的地之后，头三五年的积蓄一般用来偿还出国时向亲友筹集的借款。第二个工程，则是在家乡建造一栋美轮美奂的多层住宅楼，以向乡里彰显成就，并告慰父母。当还款、建房都完成之后，接下来的积蓄继续汇回家乡，用于资助周围亲友的出国活动。也正因为如此，那些坐拥豪宅的村民总是能够理直气壮地说，我们家没有钱的，储蓄只有一点点。这些情况使得研究者对于侨汇数额以及侨汇使用状况的估算变得非常困难，因为这三项大额支出虽有大致先后顺序，却也时常出现交叉，譬如建房过程中也可能同时借钱给亲友出国，等等。

上述这些非正规运作的出国经济并未对福清当地经济整体带来直接的积极影响，但是却在其他方面使当地社会获益。与中国境内的其他非正规经济不同，福清的出国经济并没有直接向当地经济产业提供产品或服务增值，因此逃税行为便不是侨乡社会出国经济研究的重点所在。福清只是跨国劳动力流动的输出端，而非正规移民带来的非正规就业及其产品或服务增值，则主要发生在客居国社会。不过，出国经济以侨汇的形式为侨乡注入了巨额货币，这也同其他形式的非正规经济一样，处于国家的控制以外。这些侨汇显然使侨乡居民在很大程度上摆脱贫穷，获得了富足的生活条件。与这笔货币相反方向流动的劳动力，尽管是非正规的海外务工人员，也同样有效地缓解了当地社会的就业压力。因此，富足的生活和相对较低的失业率，使得当地社会很自然地处于安定状态。这些现象均与曾繁华和李军峰探讨“隐形就业”、“非正规就业”得出的积极方面影响相符。

地下金融活动则是整个出国经济得以顺畅运作的最重要推力。由于福清新出国潮的本质追求是海外务工所能带来的经济利益，一切相关活动均围绕“钱”这个主题展开，因而资本的流动在整个新出国潮中便占据了核心地位。侨汇作为出国者夙愿得偿的证明，是整个侨乡最明显而独特的金融现象，同时也是使得整个出国经济得以流通的根本资金来源。侨汇的注入，首先经由其流通渠道，激发了跨国地下汇款以及侨乡本地外汇黑市交易的发展活力。另一边，由侨汇积攒下的民间资本，其中相当可观的一部分，又通过民间高利借贷的方式，回流到出国经济体系中来，成为支持下一批出国者远渡重洋的资本力量。在这个循环过程中，福清侨乡的民间资本迅速累积。当地民间借贷利率在最近二三十年间，由月息3%降至月息0.8%～1%，就是民间资本充裕的最好证明。而这明显的财富积聚，又成为侨乡人眼中铁一般的事实，那就是：出国是最稳妥的发财之道。于是，自给自足的出国经济循环就此确立，将侨乡人源源不断地输往海外，又将滚滚侨汇送入侨眷的口袋。在日渐富裕的基础上，侨乡人如今更愿意选择出国旅途安全舒适和社会福利更好的目的地国家，这些“客户的愿望”又转而影响到出国掮客和移民中介所提供的出国服务，从而更加深远地为当地未来的出国移民趋势带来转变。

除了福清新出国潮自身的因素以外，中国经济改革在当下的发展状况亦为福清的出国经济提供了更大的发展空间以及便利条件。在经济改革的牵引下，个体逐步获得经济上的独立，不再绝对依靠政府获取资源。随之而来的是政府逐渐失去了对民众私人生活以及民间经济活动的严密控制，这种情况在沿海经济发达地区尤为明显。在这样的背景下，福清农村居民开始将目光投向农田以外的领域，冀求寻找一条安稳的生财之道。只要不是杀人放火偷窃抢劫，那么是否游走于合法与非法之间，则不在他们的忧虑之内——正如Sik和夏兴园指出的，在社会主义计划经济体制改革的初期，几乎所有民间经济活动都是“非法”的，而福清的新出国潮则与中国改革开放在同一时期伴生，因此，福清人对“非法”的认知也就随之模糊了。侨乡的出国传统、关于海外花花世界的丰富信息，以及既有的社会网络资源，都诱惑着福清人在国内依然清苦的20世纪80年代，义无反顾地向中外巨大的收入差距（income gap）讨生活。而政府部门对于这些出国活动缺乏有效规管，也为福清出国经济的发展留下充足的自我发展完善的空间。福清当地的出国市场便在完全自发的状态下，因循着完全资本主义的模式发展，其中的每一项元素都依照市场规律运作，自我调节十分迅速有效：选项繁多的出国中介和出国路线、掮客们提供的各种弹性服务、多种多样的民间借贷项目，以及源源不断注入出国经济的民间投资——所有这些，都能够依照市场和客户的不同要求而作出即时有效的调整。

同时，由于出国潮大大缓解了福清政府购地置厂给当地社会带来的失业压力，巨额侨汇亦使侨乡居民安于现状，因此，地方政府官员缺乏整顿本地非正规出国经济的动机。又因为中国经济改革带来的地方分权，地方政府亦不再受中央政府的严密控制，因而也就凭借自身的实力，或多或少地对中央政策进行抵抗。这种中央与地方之间的角力，就为处于合法与非法夹缝中的福清非正规出国经济撑开了转寰的空间。于是，正规的工商业经济和非正规的出国经济，便在福清侨乡以几乎互不干扰的形态平行发展。

四、结 论

福清侨乡的非正规出国经济是劳动力市场全球化的一种表现。因此，对于福清侨乡新出国潮的研究，实际上就是对全球化劳动力输出端的研究，以及对中国沿海乡村现状的考察，而不是对整体非正规经济的分析。逃税，这一传统非正规经济研究的主要关注内容，在本文针对侨乡的相关研究中却不是重点。取而代之，是对当地非正规出国经济中独特现象的考察和分析，同时结合中国改革研究的部分内容。我们对一种社会、经济现象的研究，不应局限于学科领域的限制，而应当在深入细节、综览全局的基础上，结合本地和时代的特征进行分析解读。新侨研究与华侨史研究，实际上只是同一条时间轴上的两个片段，而侨乡研究，则是在空间上横跨上述二者，同时又与当代中国研究、全球化研究等课题相交叠。

作为向海外劳动力市场大量输出人力的社会，福清在过去的二三十年中获益颇多。本地居民在短时间内脱贫，民间资本迅速积聚。同时，本地居民的实际失业率长时间维持在较低的水准，而实际收入则保持较高水平。这些都有助于维护当地的社会稳定。应当地出国市场的需求，各种门类繁多的专精服务也应运而生，在合法与非法的夹缝中逐渐兴盛。然而，福清的新出国潮始终只是全球化经济与劳动力市场中的一环，由于其真正创造价值的生产活动均在海外，因此它并不能向侨乡经济真正贡献产品或服务增值。可观的侨汇显著改善了当地居民的生活质量，但是也刺激了侨乡的奢侈消费，如豪华别墅的攀比等。与此同时，一定比例的侨汇重新通过民间借贷的渠道，回流到出国经济中去，成为后来出国者的经济支援。而这种货币的循环实际上是将海外务工者在客居国创造的价值，以货币的形式输入侨乡，然后又以资本借贷的形式推动进一步的出国活动，为客居国带去更多的青壮年劳动力。至于这个循环将会为客居国带来哪些正面或负面的影响，或是将受哪些因素阻碍而停止，都有待相关学者的分析，以及未来的观察。

参考文献

[1] Huang, Yasheng. 1990. "Web of Interests and Patterns of Behaviour of Chinese Local Economic Bureaucracies and Enterprises during Reforms." *The China Quarterly*, No. 123 (Sep., 1990), pp. 431 - 458.

[2] Nee, Victor and Matthew, Rebecca. 1996. "Market Transition and Societal Transformation in Reforming State." *Annual Review of Sociology*, Vol. 22, (1996), pp. 401 - 435.

[3] Schneider, Friedrich and Enste, Dominik H. 2002. *The Shadow Economy: An International Survey*. Cambridge, UK; New York: Cambridge University Press.

[4] Sik, Endre. 1992. "From the Second to the Informal Economy". *Journal of Public Policy*, Vol. 12, No. 2 (Apr. Jun., 1992), pp. 153 - 175.

[5] Simonovits, András. 1989. "Hidden Investment Cycles in socialist Economies." *The Scandinavian Journal of Economics*, Vol. 91, No. 3 (Sep., 1989), pp. 583 - 597.

[6] World Bank. 2006. *Global Economic Prospects: Economic Implications of Remittances and Migration*. Washington D. C.: World Bank.

[7] 曹力群：《我国农村民间金融的引导与规范》，成思危主编：《改革与发展：推进中国的农村金融》，北京：经济科学出版社，2005 年，第 331 ~346 页。

[8] 成思危主编：《改革与发展：推进中国的农村金融》，北京：经济科学出版社，2005 年。

[9] 董晓林、洪慧娟：《中国农村经济发展中的金融支持研究》，北京：中国农业出版社，2006 年。

[10] 冯精志:《中国地下经济透视》，北京：中国检察出版社，1994年。
[11] 宫希魁、金红炜：《中国隐性经济问题研究》，大连：大连理工大学出版社，1995年。
[12] 李军峰:《中国非正规就业研究》，郑州：河南人民出版社，2005年。
[13] 夏兴园主编:《中国地下经济问题研究》，郑州：河南人民出版社，1993年。
[14] 夏兴园主编:《地下经济学概论》，武汉：湖北人民出版社，1994年。
[15] 曾繁华:《隐形就业新论》，武汉：湖北人民出版社，1999年。
[16] 周天芸:《中国农村二元金融结构研究》，广州：中山大学出版社，2004年。

作者：阎靖靖，香港大学亚洲研究中心博士。

Informal Economy and the New Emigration Wave from the Fuqing *Qiaoxiang*

Yan Jingjing

Abstract: The past three decades have witnessed a new and large-scale emigration wave from China characterized by the informal economic activities. Based on the fieldwork interviews conducted in a village of Fuqing, Fujian province, this article gives an account of the development of new emigration wave in the region and discusses a number of characteristics it exhibited. A unique perspective of informal economy is adopted to examine the interactions between the *Qiaoxiang* society and the new emigration wave with a focus on the overseas remittance and its impact on local society. The author argues that the new emigration wave of Fuqing has been closely related to the informal economy. On the one hand, various institutionalised informal economic activities have not only come into view in China to cater for the needs of international labour market, but also functioned well in the legal loophole; the inflow of huge amount of overseas remittance has on the other hand greatly reduced the poverty and unemployment in local *Qiaoxiang* society which in turn produced a relatively stable and peaceful social environment.

Key Words: Fuqing *Qiaoxiang* New Emigration Wave Overseas Remittance Informal Economy

浙南侨乡社会的历史变迁

刘　莹

【摘　要】浙南地区是我国侨乡集中的地区之一。随着1978年改革开放后中国新移民潮的兴起和发展，浙南侨乡社会风貌发生了显著变化。本文以浙南侨乡社会为研究对象，分析了早期浙南侨乡社会的特点，并在对浙南侨乡实地调研的基础上总结了改革开放后新移民潮时期浙南侨乡社会的新面貌，从而相对全面地考察了跨国移民活动在浙南侨乡社会形成和发展中的影响，勾勒出浙南侨乡社会结构和侨乡文化等主要社会要素的变迁历程。

【关键词】浙南　侨乡　社会变迁

伴随全球化进程，当今社会早已进入了“国际移民时代”。改革开放后中国的国际移民活动日趋活跃，尤以广东、福建、浙江等侨乡集中的省份为显著。侨乡是具有中国特色国际移民现象的产物，也是社会发展进程中的历史必然现象。有关国际移民现象对中国侨乡的影响，中外学术界已有不少研究成果。[①] 浙南地区是中国侨乡集中的地区之一[②]，以往学术界已经关注到当代浙南侨乡经济的发展[③]，而针对侨乡社会发展变迁的研究则较少为学术界所关注。与中国其他地区侨乡相比，浙南侨乡有其独具特色的历史渊源，那么国际移民现象对这一地区社会发展进程有哪些方面的影响？浙南侨乡社会有哪些特点？通过梳理相关文献记载，结合笔者本人在浙南地区的实地调查访谈，本文拟根据历史与当代侨乡社会的特点，从浙南侨乡社会整体，尤其是社会结构和侨乡文化等主要社会要素方面进行考察，试图较为全面地反映出浙南侨乡社会的历史变迁。

---

① 相关代表性研究成果包括：陈达《南洋华侨与闽粤社会》（1938年），庄国土《中国侨乡研究》（2000年），周大鸣、柯群英《侨乡移民与地方社会》（2003年），李明欢《福建侨乡调查》（2005年）。

② 浙南地区通常是指包括温州市所辖的9个区、县（市）和丽水所辖的青田县等地。从行政区划的历史上看，青田合于温州的时间多于分离的时间。由于地缘关系密切，青田与温州连成一片，在地理、语言、习俗、联姻和经济活动等方面与温州水乳交融。

③ 关于浙南侨乡经济发展的研究，可以参见吕惠进《浙南移民群体特征与侨乡社会经济发展研究》（《人口与经济》，2001年10月增刊）一文。

一、早期浙南侨乡社会的特点

早期浙南侨乡社会的形成可以追溯到清代青田县乡民携带青田石雕出洋贩卖谋利的历史[①]。"贩卖青田石致富"的传说引发了20世纪初期的浙南早期海外移民潮，使浙南跨国移民活动在当地蔚然成风。继石商时代之后，第一次世界大战期间的青田赴欧华工促成了又一次大规模的浙南海外移民。1917年，英法政府在北洋政府宣布参战之后，从青田县招募了2 000多名赴欧劳工。这批华工在战后大多选择定居欧洲，使海外浙南华侨人数急剧增多[②]。早期陆续赴欧的青田石商人与"一战"期间的青田赴欧华工作为浙南跨国移民的先行者，为此后浙南人持续移民欧洲的活动奠定了相当的社会基础。

"一战"结束后至"二战"爆发前浙南地区出现跨国移民高潮。这一时期，由于国内社会矛盾愈加尖锐，民不聊生，一些青田县华侨在赴国外经商获利后，先后在瑞安丽岙、白门等乡镇买田造屋，安家落户。在早期海外移民回乡购地置业现象的刺激下，周围地区的青壮年的移民意识逐渐高涨，纷纷依靠早期移民海外的亲朋同乡传递的信息与帮助，通过亲帮亲、故带故的途径相互提携出国。移民海外成为不少浙南人的选择，尤其是赴欧洲人数迅速增多，出现了持续的大规模跨国移民潮，由此浙南地区的许多乡镇成为"侨乡"。"侨乡"即"华侨的家乡"，这是仅就书面语的理解，《华侨华人百科全书·侨乡卷》等相关著作也对"侨乡"定义作了相应的规范化解释。而在现实生活中，侨乡是一个没有明确边界、定量的概念。没有严格的法律规定，哪一个是侨乡，哪一个不是侨乡，但"侨乡"多指众多人口移居海外的城乡，通过"连锁移民"，同乡或同镇的移民涌入较早移民建立的桥头堡。[③] 西方文献中关于"大规模跨境移民的地区"（the region of large-scale outmigration to abroad）的概念，则大致对应中国特色"侨乡"。

这一时期浙南侨乡移民的规模可以从各地具体的历史统计数据中窥见一斑。据永嘉县侨务部门提供的调查统计显示，仅1920年至1923年春，青田、瑞安和永嘉三县区交界地带赴日本一地销售青田石雕等商品的谋生者就多达5 000余人，其中永嘉县一地就有1 000余人[④]。伴随日本经济危机和自然灾害的发生，移居日本的热潮终结。此后，移居欧洲成为浙南移民的首选，移民潮逐渐在温州地区兴起发展。1927—1936年，文城县（原属瑞安县的一部分）共有306人移居欧洲，占新中国成立前30年移居欧洲华侨人数的79.3%[⑤]。同一时期，瑞安丽岙镇1934—1935年出国人数达238人，占该镇出国总人数的78.5%[⑥]。早期侨乡社会正是随着移民潮的兴起而形成并发展起来的。

1. 侨乡移民家庭经济状况的特点

"二战"前，侨乡人移民海外大多从事小本贩卖行业。以丽岙镇华侨在海外的职业状

① 关于青田人具体是何时开始移民海外以贩卖青田石为生，已难考证。据1935年英文版《中国年鉴》所载："在十七、十八世纪年间，就有少数人循陆路经西伯利亚前往欧洲大陆从商，初期前往者，以浙江青田籍人为多，贩卖青田石制品。"参见陈慕榕主编：《青田县志》，浙江人民出版社，1990年，第641页。

② 陈三进：《华工与欧战》，台北：中央研究院近代史研究所，1986年，第34～35页。

③ "侨乡"的解释参见潘翎主编：《海外华人百科全书》，三联书店（香港）有限公司，1998年，第21页。

④ 吴潮：《浙江籍海外人士研究》，学林出版社，2003年，第51页。

⑤ 温州华侨华人研究所编：《温州华侨史》，今日中国出版社，1999年，第69页。

⑥ 温州华侨华人研究所编：《温州华侨史》，今日中国出版社，1999年，第65页。

况为例，该地华侨在欧洲从事小本贩卖行业的比例高达93%（参见表1）。这种“提包”生意居无定所，收入微薄，谋生极为艰难。

表1 “二战”前丽岙镇华侨职业状况调查表①

国家 行业	法国	荷兰	意大利	合计
小商贩	263	7	11	281
苦力	3	2		5
百货批发商店	10			10
皮革工场	5			5
豆腐店		1		1
总计	281	10	11	302

尽管海外的生活充满艰辛，早期移民还是凭借吃苦耐劳的精神不断奋斗，盼望能积蓄起一定资金，返乡买田置地，修房建屋，并能继续经营谋生。但实际上真正实现这一愿景的实例并不多。以白门乡为例，在“二战”前的当地44位归侨中具备资金买田置屋的仅有5人，其中3人原籍青田县，属白门乡的只有陈时洪、郑光滔2人（见表2）。

表2 “二战”前白门乡归侨买田置屋情况调查表②

村名	归侨姓名	买田亩数	置屋间数	备注
霞嶂	董兆祥	15亩	12.5间	
霞嶂	陈时洪	8亩	3间	
丽塘	周林光	80亩	7间	
泊岙	陈仁德	40亩	3间	系典租房屋
姜宅	郑光滔	10余亩		

除了少数华侨能及时返乡置业，大多数仍在海外漂泊的浙南华侨只能整日节衣缩食积攒钱财，千方百计寄回家乡，让家里人置地买田，为将来叶落归根做准备。巴西华侨伍氏兄弟的分工就体现了早期青田移民的这一传统。1926年，祖居青田的伍锡和、伍春和兄弟在巴西以“提包”生意积累起一定资金之后，考虑到家乡老人无人赡养，两人决定由哥哥伍锡和先行回国置业持家，弟弟伍春和在巴西继续赚钱积累资金。伍春和每年省吃俭用将经营收益全数寄回家乡，至抗战前，伍氏家族已在家乡建造一座五间正大屋，置地一百多担田，而在抗战胜利后，伍氏家族在温州买了一座屋、一间店铺、一百亩田③。由此可见，早期浙南华侨大都是抱着落叶归根的打算，不断赚钱寄回家乡，以期改善家乡亲人

① 温州华侨华人研究所编：《温州华侨史》，今日中国出版社，1999年，第179页。

② 温州华侨华人研究所编：《温州华侨史》，今日中国出版社，1999年，第180页。

③ 李海安主编：《中国移民巴西190周年纪念特刊（1812—2002）》，巴中文化友好协会，2002年，第17页。

的生活，这在一定程度上起到了推动侨乡建设和发展的作用。

总体而言，早期浙南华侨在海外基本都是从创业阶段开始发展，并且大多是从一些社会底层行业开始做起，整体经济水平实力相对有限。浙南华侨在对侨乡的投资和发展方面大多是以“买田置地”的传统观念为主导，没有大规模地移入海外工业文明，未能从根本上带动侨乡农业经济的转型。尽管早期浙南华侨没有给侨乡经济带来质变，但在一定程度上刺激了侨乡本土经济的发展，并且出国致富华侨的榜样作用也不容忽视，这为此后侨乡出国移民风气的延续奠定了一定的社会基础。

2. 侨乡移民家庭构成的特点

20世纪初浙南的跨国移民大多是只身出洋谋生，在传统的乡土情结和强烈的认祖归宗的意识下，大多是将故土当作最终的归宿，在家乡娶妻生子。其中原在国内已有妻室者，在出国奋斗若干年后大多最终仍选择返乡团聚，基本上不影响宗嗣延续等家族生活，与普通当地人基本无异；未婚年轻华侨在海外打拼几年后，也会适时返乡择偶、娶妻成家并生儿育女，此后只是为了家庭生计才会选择再次出国。除此之外，浙南华侨中也出现一个被称为“番邦赖”的群体。所谓“番邦赖”，往往是因各种原因难以回归故土，滞留海外多年，最终建立海外家庭。他们中有的曾是未婚青年，有的在家乡已有妻室。① 就后者情况而言，家乡的夫妻关系完全是名存实亡。可见，移民行为在给家庭和婚姻带来机会的同时，也带来了更多不确定的风险。

早期侨乡社会的家庭分工一般是青壮年男子出国谋生，妻子留乡照顾一家老小，一家人难得团圆。由于移民海外的生活居无定所，艰难不断，海外生活条件极为艰苦。青壮年华侨为了早日改善家乡亲人的生活条件，稍有积蓄便寄回家乡，很多侨乡人离乡一去就是十几年，家庭聚少离多。以著名旅意爱国侨领胡允迪先生为例，他在1933年，即年仅20岁之时告别父母、妻子和出生仅3个月的儿子，与22位同乡共赴欧洲谋生，历经第二次世界大战，在颠沛流离之后直至1947年才回到家乡。1956年，胡允迪先生又只身经香港辗转前往意大利，1958年才得以将妻女接至欧洲，最终实现家庭团聚②。在胡氏家庭的移民经历中，为了生计亲人分离达16年后才得以团聚，类似的移民家庭模式在侨乡屡见不鲜，许多家庭在大多数岁月中承受着一次次离别和漫长的等待，最终才走向团圆，得到幸福。

3. 侨乡社会的风俗特点

受中国传统文化的影响，早期浙南社会形成了一些颇有特色的侨乡风俗，特别是侨民离乡出行和归国还乡方面的一些风俗。例如，青田华侨在离乡出行时，一般会在行前装上一袋家中锅灶上的熟泥带在身边，以示不忘乡土，这是安土重迁观念的一种变易和延伸。同时，青田华侨还会带上各种易生的南瓜、扁豆之类的菜子准备在异国散播，让其生根发芽，以示盼望华侨本人和事业发展具有强大生命力。在离乡出行的当天，华侨的亲友们通常还会赠送礼物作为精神或物质资助，当地称之为“送顺风”。当日还有所谓“讨彩”和避讳的风俗，前者是讨吉利话，后者则是避免出门时称呼姓名、遇见妇女等忌讳。此外，求拜“香大爷”、“三官爷”等神仙护佑，也是华侨们出行之前的风俗。

① 周望森、陈孟林主撰：《青田华侨史稿》，青田县归国华侨联合会编印（未刊本），2005年，第127页。

② 温州市归国华侨联合会编：《胡允迪先生纪念集》，第1～4页。

在归国还乡方面，浙南人通常都具有强烈的乡土情结。青田当地人一般将祖屋看得极重，将出卖祖屋视为不孝。他们一旦归国，第一要事便是祭祖扫墓。对于那些客死他乡者，也必想方设法将骨灰运回故乡。在“一战”、“二战”期间，对于因交通不便而尸骨无法回归故土的死者，浙南侨民当中往往将死者部分头发夹在护照中寄回家乡，以“割发代首”的形式完成死者魂归故里的愿望。至于连割发也不能实现的特殊情况，则会在其家乡修建衣冠冢，以示叶落归根，其乡土情结于此可见一斑①。

早期侨乡社会无论是华侨离乡出行还是归国返乡都带有浓厚的乡土情结和封建色彩，一方面体现出宗族传统文化对华侨的影响至深，另一方面当地的风俗也具有典型的侨乡特点。

4. 侨乡社会移民意识的形成

浙南地区本身是重血缘、重乡情的宗族社会，亲友乡邻之间关系紧密，这为移民意识的形成奠定了基础。在侨乡，海外华侨通过同国内家人的联系，向国内传递的都是国外赚钱容易的信息。而当时回国的华侨华人也大多是衣锦还乡的成功人士，这就让侨乡人把出国看作是锦绣前程。在这种氛围下，即使出国的人生活得并不如意，也大都会坚持下来力拼到底，否则在国内外的亲朋好友面前没面子。显然，出国谋生的成功范例受到侨乡社会广泛认同，移民意识也随之深入人心。

从社会心理学的角度看，早期的侨乡社会已开始逐渐形成集体移民意识。侨乡人普遍注意到成功的海外华侨，他们在羡慕之余也受到激励和鼓舞，不断给自己以“出国好赚钱”此类的心理暗示，侨乡人就这样纷纷踏上先人足迹蜂拥出国。在浙南地区，除石雕艺人、石制品经营者之外，其他行业人士也大批加入这个出国人流，譬如阜同、吴岸、双垟等并无石雕业的乡村中，也有大批民众离乡而去②。由于出国者众，在20世纪二三十年代的温州、上海等地，相继出现了一些所谓“包客”。这些人祖籍大多是青田、温州等地，他们专门以为乡人“代办”出国手续为业，每人次收取300至500银元不等③。“包客”现象的存在说明了当时侨乡人移民需求的急剧增长，移民活动已经规模化发展，甚至带动了其他相关行业。

相对而言，早期浙南侨乡移民群体中主要以农村人口及中下层劳动人民居多。其中，城镇人口当中选择出国移民的人数明显少于农村民众；富裕阶层、殷实人家、官宦书香之家选择离家出洋的相对更少④。这一现象显示出在早期侨乡社会，华侨大多是迫于生计而选择出国谋生，移民意识主要植根于社会中下层。

二、新移民潮时期浙南侨乡社会结构的特点

持续的跨国移民活动是浙南侨乡最主要的特点，对侨乡产生了巨大的影响。随着1978年中国改革开放和近年来世界全球化进程的发展，中国公民向海外移民规模迅速增长，兴起了新一轮移民潮。在这一历史背景下，浙南地区凭借早期形成的跨国移民网络，

---

① 吴晶主编：《侨行天下》，大众文艺出版社，2006年，第146~147页。

② 吴潮著：《浙江籍海外人士研究》，学林出版社，2003年，第93页。

③ 李明欢：《欧洲华侨华人史》，中国华侨出版社，2002年，第97页。

④ 吴潮：《浙江籍海外人士研究》，学林出版社，2003年，第93页。

跨国移民活动进入史无前例的发展时期。侨乡社会因“移民”而形成，随“移民”而变化。随着新移民潮的兴起与延续，华侨与侨乡的联系愈发紧密，移民资源与侨乡社会其他因素汇聚，华侨与侨乡互动往来深刻影响着侨乡社会的发展和变化，使侨乡社会面貌发生了明显变化。

1. 侨乡社会人口结构的变化

随着移民潮的发展延续，尤其是青壮年出国人数的增多，浙南侨乡社会出现了明显的人口结构性变化，这主要体现在三个方面：

首先，海外人口占侨乡总人口的比例逐渐上升。以温州丽岙镇为例，据 1986 年年末的调查统计数字显示，从 1929 年至 1986 年全镇出国出境人数累计为 1 266 人①；而 2006 年丽岙镇侨联的最新统计数据则显示，当年全镇人口总计为 41 344 人，其中身居海外者有24 191人，其比例占全镇总人口的 58.51%；国内现有常住人口为 7 585 户，计有 17 153 人（不包括外来暂住人口），其中归侨侨眷（含留学生家属）6 171 户，计有 11 502 人，占全镇总人口的 27.82%，占常住人口的 67.05% ②。从上述资料可以看出，近 20 年来丽岙镇出国人口迅速增长，2006 年华侨人口是 20 年前的近 20 倍，华侨和归侨占全镇总人口的 86%。

其次，外出人口的持续增长使得侨乡人口老龄化现象显著。2006 年丽岙镇侨联的统计数据表明，当地常住人口中 70% 都是老年人③。在外出人口较多的地区，老龄化程度明显偏高，主要表现为常住人口老年系数高于户籍人口老年系数，侨乡文城的数据验证了这一理论。根据浙江省人口普查办公室的数据显示，在浙江省常住人口老年系数居前 10 位的县（市、区）中，户籍人口老年系数均低于常住人口老年系数。其中文城县最为显著，相差达到 4.72 个百分点④。侨乡人口老龄化使侨乡社会面临考验，一方面传统的家庭养老模式需要新的替代方案，另一方面当地对老年福利设施和社会化养老的需求也大幅增加。

最后，在侨乡本地出国人口不断增长的同时，侨乡的外来人口也在逐渐增多。侨乡相当一部分侨眷主要依靠侨汇收入生活，或者用侨汇收入投资经商。这样就影响了当地人的从业选择，出现了侨乡本地居民对务农、务工都不感兴趣，当地劳动力需求出现缺口的局面，外来人口填补了本地社会用工的空白。据青田县方山乡乡长介绍，在乡人口主要是以老人和儿童为主，青壮年大多是外来人口，主要是来自河南、贵州、湖北和四川等边远贫穷地区⑤。侨乡社会本地人口大量外流，同时外来人口涌入侨乡。在侨乡当地，本地人口与外地人口的相互联系较少，基本处于互不相扰的状态，所以歧视现象并不多见。随着侨乡城镇城市化进程的加快，外来人口数量不断增长，侨乡的人际关系正在日趋淡漠，地缘、血缘等关系正逐步被业缘关系所取代。

2. 侨乡社会家庭和婚姻状况的变化

家庭和婚姻在某种意义上也是侨乡文化的载体，可以反映出当地的文化特色。浙南侨

---

① 浙江省侨史研究室：《浙江华侨史料》，1987 年版，第 31 页，资料藏于香港大学冯平山图书馆。

② 丽岙镇侨联编：《丽岙镇侨联侨情调查统计情况》（内部资料，未刊印）。

③ 同上。

④ 浙江省人口普查办公室编：《世纪之交的中国人口·浙江卷》，中国统计出版社，2005 年，第 389 页。

⑤ 笔者 2007 年 9 月 4 日在浙江省青田县方山乡的实地调查记录。

乡的家庭、婚姻乃至生育状况随着跨国移民潮的起伏，近年来不断演变，出现了一些新的特点。

新移民潮时期浙南地区年轻人出国移民已成为主流，侨乡家庭在规模上日趋小型化。移民海外的年轻人大致可分为两种情况。一种情况的背景是老一辈华侨已在海外创立基业，因自身年迈，无法打理生意，希望家族后辈出国继承产业。在这种家庭移民网络的强大支撑下移民出国的年轻人，大都有条件携家带口一起出国。另一种情况则是在缺乏现成移民网络的支持下，年轻人单凭自身的艰苦奋斗出国创业发展。这一类移民大部分仍是回国寻找配偶。他们因在海外创业发展，在侨乡能得到认可和欢迎，回国可以相对容易地找到条件适合的对象，组成纯中国家庭。对于青年移民而言，纯中国家庭对于生意和生活都有帮助，可以使事业和家庭都更加稳固，因此这种趋势目前还在不断强化。

离婚率上升是现代社会的普遍问题，在浙南侨乡也不例外。新时期侨乡人对生活品质的要求越来越高，婚姻观念也不断更新，同过去相比，婚姻状态总体上不稳定的趋势扩大。已婚青年若只身出国创业，造成长期两地分居，那么离婚的几率往往会增大。近几年来，浙南侨乡在夫妻海内外分居的情况下进行缺席审判的离婚案件明显增多。譬如青田县人民法院频繁发布公告，通知案件中在海外的一方，他（她）的配偶已申请离婚，在规定期限（一般为 3 个月）内不前来应诉，就作缺席判决①。

随着社会的发展与进步，妇女在家庭、社会中的地位不断提高，侨乡妇女尤为明显。新移民潮时期，浙南海外华侨多从事餐饮业、皮革业、服装业和贸易业，妇女通常可以兼顾家庭和工作两者，对家庭的贡献举足轻重，家庭和社会地位显著提升。例如，贝宁国际顺发进出口贸易公司董事长林秋兰女士，从温州侨乡赴法移民后，在四年内接连创办三家国际贸易公司，事业横跨欧、亚、非三大洲②。可见，随着时代的进步，女性华侨在海外取得的成就已经带动妇女在侨乡社会地位的提高，侨乡妇女传统的社会角色正在逐步改变；同时，增强了侨乡家庭的经济能力和生活水平，对移民潮与侨乡社会的发展都起到了推动作用。

侨乡家庭与婚姻状况随着移民潮的发展而变化，不断呈现出适应时代发展的新特点，这对于侨乡社会的整体变迁有着实际意义。

3. 侨乡居民生活水平的改善

侨乡居民生活水平的显著改善，是浙南侨乡在新移民潮时期社会的一大变化。中华人民共和国成立后，政府在计划经济体制下一直对华侨及侨眷给予多方关照。在 1960 年之前，政府对侨户的物质供应实行由本人申请，领导机关审批的办法，对于归国探亲、观光的华侨，则按其申请数量审批给予供应，对于华侨回乡举办婚丧喜庆、建房修坟等特殊情况，也积极设法满足其在粮食、食糖、食油、棉布等物资方面的特殊需求。从 1962 年 7 月 1 日起，我国政府明确以每百元人民币侨汇为基准，向华侨及侨眷配给供应一定数量的粮食、糖、油、布等生活物资。为支持华侨回乡建房，政府还特别供应一定数量的木材、水泥、玻璃等。以温州文成县为例，1963 年该县向华侨、归侨和侨眷提供建筑材料总计

---

① 周望森、陈孟林主撰：《青田华侨史稿》，青田县归国华侨联合会编印（未刊本），2005 年，第 129 ~ 130 页。

② 人民日报社华东分社、中共温州市委宣传部、温州市人民政府侨务办公室联合编撰：《闯天下的温州人》（下卷），中华国际出版社，第 101 ~ 103 页。

有木材110立方米，水泥35吨，玻璃600立方米，桐油350斤[①]。在物资紧缺的年代，浙南地区小县城商店中却有着相对昂贵的消费品，如自行车、收音机、缝纫机、手表等，往往标以“凭侨汇票供应”，给当时的人们留下了深刻印象。我国政府在计划经济年代对侨乡供给的重视，为后来侨乡经济发展提供了一定的基础，凸现了侨乡发展特有的优势。

改革开放后，浙南侨乡的生活水平得到进一步提高，其发展明显优于同级县市乡镇，在从温饱到小康生活的转变中位居前列。在侨乡玉壶镇，1980年1月1日即已实现国际邮件直通的邮政业务，同年7月，侨眷胡立松、胡克胜等家庭首装私人电话，开全县私人装电话之先河[②]。至1998年，玉壶镇周壤乡全部20个行政村装上程控电话。各村新建楼房鳞次栉比，具有幽雅情趣的亭榭楼阁建筑相继出现[③]。1998年，在侨胞的捐助下，玉壶镇动工兴建了配备现代医疗技术设备的玉壶华侨医院，使当地的医疗设施得到了明显改善[④]。随着市场经济的建立和整体经济水平的提高，侨乡的基础设施建设逐步完善，侨乡居民的物质生活水平不断提高。

20世纪90年代后，侨乡居民侨汇收入迅速增长，侨乡居民的生活水平又上了新的台阶。据青田县方山乡乡长介绍，侨乡人口老龄化导致当地家庭雇佣外地人口劳作和雇佣保姆的现象相当普遍。这些外来劳动力的平均月薪为六七百元，最高的千余元。在方山乡，家庭平均年生活费开支已不低于3万元[⑤]。侨汇收入的增多，也导致侨汇用途扩大。侨汇不仅用于侨眷的生活费用开支，还被用于投资领域。除一般商业投资外，侨乡人还普遍用侨汇购置房产、炒汇，进行基金和股票投资等。同是青田县，笔者在2007年实地调研时发现当地大街小巷都挂满了股票投资讲座的广告，一位当地人自豪地说：“我们白天炒股，晚上炒汇，用外汇每天都在钱生钱。”侨乡流动性资金的充裕在推动房地产开发建设的同时，也加剧了当地房价的上涨。2007年，地处山区的青田县房价平均每平方米已高达2万元，温州的房价每平方米均价更是高达3万元。青田县新建的房地产项目比比皆是，譬如新世纪大厦、正达开元酒店都是非常现代化的建筑。其中开元酒店是按四星级标准建造运营的大型酒店，拥有数套50平方米左右的标准间客房，其豪华的装修与现代感的家具已经赶超国际大都市的风格和水准，令人深刻感受到侨乡生活水平的快速提升。

总之，新移民潮时期随着出国人口的增多，浙南侨乡社会人口结构、家庭婚姻状况、生活水平都发生了巨大变化，侨乡社会的变迁充分反映出跨国移民活动对侨乡社会的深远影响。

三、新移民潮时期侨乡社会文化的特点

1.“新旧并存”的侨乡民俗

新移民潮时期浙南侨乡特有的“华侨乡俗”，既有其传统保守的一面，又有顺应时代进步的一面。

---

① 朱礼主编：《文成县志》，中华书局，1996年，第237页。
② 余序整著：《玉壶镇侨情纪事》，国际炎黄文化出版社，2005年，第10页。
③ 朱礼主编：《文城华侨志》，中国华侨出版社，2002年，第391页。
④ 余序整著：《侨情与侨声》，国际炎黄文化出版社，2006年，第37页。
⑤ 笔者2007年9月4日在浙江省青田县方山乡的实地调查记录。

浙南侨乡所继承延续的本土文化传统，主要集中体现在婚丧嫁娶等人生大事上。以丧葬风俗为例，在我国殡葬制度改革前，浙南侨乡同我国大多数地区一样普遍采用土葬形式。浙南地区自古以来就有厚葬的传统，当地人十分重视坟墓的规格和葬礼的规模，根据各自家族地位和经济能力而尽力追求奢华。不少华侨因经济能力相对较强，因循旧礼，追求做坟的富丽堂皇和葬礼的规模隆重。其中不乏华侨斥资几十万元去修建一座豪华墓园，彼此之间甚至形成攀比之风。时至今日，在侨乡仍能看到土葬时期所修建的各类豪华墓园。与之相应，浙南华侨家庭在侨乡举行的葬礼通常也会极为隆重。葬礼多请乐队伴奏，一路上有专人为送行的人分发香烟、食品。此外，死者的家属还会准备几十桌酒席，并在席间向出席者分发参加葬礼的“辛苦费”。一场规模气派的葬礼花费可以达到几十万元之巨，换来的只是乡人的羡慕和称赞。

我国殡葬制度改革后，浙南侨乡也开始推行火葬，丧葬事宜总体上趋简，费用也大大降低。这一变化带动侨乡风气出现了一些可喜的变化，即一些华侨及侨眷纷纷转而将原本打算用于丧葬方面的巨资捐赠出来用于家乡的公益事业。譬如 85 岁旅德老归侨吴国良，就将原计划建墓的 20 万元人民币捐赠给吴岸中心学校；旅居西班牙的华侨陈玉英、陈银生、陈永华和陈永繁等八姐弟将原计划用于母亲丧事的 17 万元人民币节省下来，作为对瓯江大桥建造工程的捐资①。当然，旧的习俗不可能完全消失，现在的侨乡虽然已经不像以前那样讲究殡葬隆重，不过在做寿、婚宴方面仍然非常讲究气派。浙南人好面子的性格特质，加之出国创业有了积蓄，都助长了侨乡攀比炫耀的社会风气。

但就总体而言，浙南侨乡的风俗正在走向理性和文明。这主要体现在迎来送往的一些变化上。浙南侨乡在出国欢送、回国返乡等方面的风俗，多已开始讲求实际。在其种种礼仪庆祝活动之间，以往带有迷信色彩的一些环节逐步淡出，代之以“送行酒、送红包、送家乡土产”等简约实惠的方式。

2. 侨乡移民意识的普遍化和多元化

1949 年至 1978 年的近三十年间，由于特殊的历史环境和国家对出入境的严格限制，浙南移民潮处于低谷时期。1978 年改革开放后，随着我国出入境制度恢复正常，有着出国传统的浙南侨乡再次活跃，出国人数逐年增加。20 世纪 80 年代出国的浙南华侨，适逢欧洲等地中式餐饮和服装皮革等行业高速发展，他们中有许多人抓住机遇，在海外成功创业发展，其中典型代表有陈渔光、麻卓民和杨焕恩等人。他们的成功既为侨乡人起到了示范效应，也为此后的出国者打下了基础。进入 90 年代后，国内经济发展速度加快，浙南地区自然条件较差，经济基础薄弱的劣势相对突出，侨乡人脱贫致富的愿望更加强烈。在新的国内外大环境下，浙南侨乡的新移民潮持续高涨，规模上远远超过了二三十年代的移民潮，侨乡人口移居海外比例持续上升，移民意识深入侨乡社会各阶层。

这种移民意识在浙南侨乡社会各阶层、各种身份和各种职业的人士中广泛存在，浙南侨乡居民纷纷卷入出国大潮。在侨乡，人们以有家人在国外定居为荣，无论男女老少都争先恐后加入移民大潮，并经常出现全家老小先后移居海外的现象。如果说早期移民国外是因为有侨乡跨国移民网络的协助，从出国途径到在国外生存发展可能得到在海外的亲朋好友一定的帮助，那么在出国移民潮持续高涨和集体出国意识的冲击下，一些没有亲戚在海

① 周望森、陈孟林主撰：《青田华侨史稿》，青田县归国华侨联合会编印（未刊本），2005 年，第 124 页。

外的浙南人也毅然闯荡天下。在这种环境下，出国也成为侨乡青少年主要的奋斗目标，许多学生中学毕业后就等着父母或亲戚将其带出国。随着侨乡人出国的普遍化，移民意识成为侨乡社会的普遍心态，移民已经成为人们在就业、升学及生活方式中的一种选择。

新移民潮时期浙南侨乡移民意识的另一个特点就是移民多元化。虽然农民、手工业者出身的华侨总体上仍在新移民潮中占多数，但一些在国内已经有较好的经济基础的人士也开始向海外寻求更好的发展空间，而不再仅仅为了脱贫。于是，各类职业人士纷纷加入出国行列，移民职业构成趋向多元化，结构多层化。在这一多元化的群体中，也包括一部分干部、知识分子、企业家和社会中上层人士。其中法国青田籍著名侨领卓旭光就是典型代表，卓旭光在22岁时即担任青田县东岸乡乡长，成为当时丽水地区最年轻的乡长。1988年，卓旭光在年近九旬的祖父要求下，与之赴法团聚。经过不断拼搏，卓旭光在法国纺织品进出口行业取得引人注目的发展，当选为法国华商会会长，并在2006年成为浙江省政协的特邀委员①。像卓旭光这样有知识、有能力，原本在侨乡有着较高社会地位的人出国发展成功的例子，给侨乡社会带来的示范效应影响非同寻常。

3. 侨乡教育事业的发展

新移民潮影响下的浙南侨乡教育也富有侨乡特色。改革开放后，包括基础教育和职业教育在内的浙南侨乡教育事业蓬勃发展，移民潮的大环境为新一代移民素质的提高提供了基础，并进一步促进了中国文化在海外的延续和传播。

浙南侨乡教育的一大特点就是侨乡家庭对华侨子女基础教育的重视，尤其是在初级教育阶段一般会选择让子女在国内接受传统的中式教育。以青田县为例，当地华侨普遍认同中华文化，即使是在海外生儿育女，也大多将其送回家乡由老人抚养。这一方面便于他们自身集中精力创业发展，另一方面也使孩子可以学习母语中文，增强对中国文化的认识和理解。这样，在侨乡的小学和中学中，华侨子女占了相当比例。譬如在玉壶地区，老人和孩子占当地人口结构的比重很大，就是因为当地华侨一般将幼年子女交由留守的老人抚养，待子女小学毕业后再将其送至国外接受进一步教育。据玉壶镇党委林副书记介绍，该镇幼儿园生源中有三分之二是华侨子女，而该镇小学700多名在校生中，有半数以上生源是从国外送回来的华侨子女②。此外，一些在海外事业发展非常顺利的家庭也看好中国经济的发展和投资机会的增多，也会让一部分子女在国内受教育，以便将来回国发展。譬如葡萄牙华侨周一平先生在对子女教育的问题上就非常重视中国文化的学习，每年假期都会将儿子送回国内学习中文，考虑待儿子学业有成后到中国发展③。

不仅侨乡的初级教育具有鲜明的侨乡特色，随着具有一定文化程度的青少年日趋成为侨乡出国最为活跃的人群，侨乡基础教育和职业教育的发展也同样与跨国移民活动有着直接关联。仍以青田为例，青田的文化教育事业在新中国成立后与全国各地一样得到了长足的发展，人们的文化程度不断提高。特别是到了20世纪70年代后，青田高中和职业学校以及成人高等学校增加，有机会接受高中、大学教育的人数大幅增长，侨乡整体文化水平普遍提高。与此同时，侨乡出国风气日盛，侨乡青少年深受影响，相当比例的青少年学习

---

① 青田县归国华侨联合会：《青田华商》，2006年9月2~3期合辑，第17~19页。

② 笔者2007年9月6日侨乡玉壶镇调查笔记。

③ 吴晶主编：《侨行天下》，大众文艺出版社，2006年，第294~295页。

的目的就是为了将来能顺利出国，大多只对外语等与出国找工作有关的课程感兴趣。毋庸置疑的是，近年来侨乡青少年出国数量已相当可观。据估计，青田中学毕业生有一半以上已经在海外，而在校生中等待出国的人群也颇为庞大。这一现象在当地较为普遍，华侨中学、中山中学也存在类似情况①。随着侨乡教育事业的蓬勃发展，侨乡教育素质普遍提高，在出国热潮的背景下，如何协调好青少年教育与出国的关系，这在一定程度上对侨乡的教育体系构成了挑战，处理好这一问题将会对侨乡社会的健康发展产生良好的影响。

4. 侨乡文化的“世界化”

在侨乡，处处可以感受到侨乡与世界的紧密联系。著名侨乡青田只是一个有着48万人口的小山城，但几乎家家都挂着世界地图，因为青田人的足迹几乎已遍布世界各地。当地一位普通公司员工羿万江家中墙上就挂有一张世界地图，问其缘由，30多岁的羿万江回答道：“亲属在欧洲做生意，我很关心他的情况，需要这张地图。”正如青田县一位出租车司机黄水恩先生所介绍的，“中国没有哪一个内地县城像青田一样与国外联系这样紧密。在马德里的大街上，听到青田话并不奇怪；在不少家庭，你见到的欧元比人民币要多”②。在青田，“胸怀五洲”、“放眼全球”、“走向世界”不是什么激情口号，而是随处可见的坊间实景。

整个侨乡社会几乎无处不与侨有关，比较典型的侨乡就是青田县。侨乡青田的交通设施、教育卫生、酒店、企业等若要追查其资金经费的来源，几乎无不有华侨捐资在内；走在侨乡青田的大街小巷，中文和外文结合的标志牌、广告牌比比皆是；街道上飞驰而过的大多也是国际品牌的高级轿车。放眼青田县城，满街是西洋风格建筑，走在青田大街上，世界各地的商讯和劳务输出信息以及各语种广告文字映入眼帘，各国国名不绝于耳。在青田县不到10平方公里的县城里，集中了百余家西餐厅、咖啡馆和酒吧。在县城临江路，具有侨资背景的20多家咖啡馆和酒吧云集于此，形成青田的咖啡酒吧特色一条街。③在这个地处偏远的山区县城，每到夜幕降临，古老的瓯江两岸流光溢彩，这样的场景就是侨乡的独特魅力。不仅侨乡建筑外观呈现出西洋化特色，连这些县城咖啡馆的咖啡也都是采用的欧洲原装进口的名牌货。这样，自下至上，由小及大，华侨文化在青田县已留下深深烙印。受之影响，侨乡文化特色已经进入青田县政府的城市规划建设等方面的决策。青田县城最为繁华的圣旨街，其规划设计就出自华侨后裔、城建规划专家饶及人先生之手，建筑风格带有明显的欧陆风格。

四、结　论

跨国移民活动对侨乡社会产生了深刻而广泛的影响。侨乡在对传统民俗文化，尤其是家乡的地方民风习俗问题上呈现出选择性继承的特点，既有保留，又有扬弃；独特的侨乡优势，使家庭生活水平日益提高，也促进了当地的教育、卫生事业的发展；人口的迁移加速了侨乡信息的流动，婚姻、生育、家庭生活都蕴涵了更加开放、包融的生活理念，推动

---

① 周望森、陈孟林主撰：《青田华侨史稿》，青田县归国华侨联合会编印（未刊本），2005年，第62页。

② 《浙江青田：家家挂着世界地图的小山城》，中国侨网：http://www.chinaqw.com.cn/，2007年11月14日。

③ 阮春生：《华侨文化深深烙印，侨乡青田浓浓挥就“侨”文章》，中国青田网，2007年10月23日。

了侨乡社会的整体发展；西方的“洋文化”渗透到侨乡的各个角落，推动并且丰富了侨乡的文化生活。

由此可见，侨乡社会是一个复杂而开放的系统，它的存在和发展有赖于随着历史的发展，不断与外界进行物质、能量、信息的交换，在吸收新的因素的过程中不断更新与完善。跨国移民活动作为影响侨乡社会变迁的要素之一，在促进侨乡社会与外界联系方面发挥了主要作用，影响了侨乡社会人口、教育、文化等社会主要要素的变迁。

作者：刘莹，暨南大学华侨华人研究院博士。

Historical Developments of *Qiaoxiang* Society in Rural Southern Zhejiang

Liu Ying

Abstract: Rural southern Zhejiang is one of the well-known *Qiaoxiang* or the homeland of Overseas Chinese in China. With the rise of new emigration waves in the wake of economic reform launched in 1978, a significant change could be easily observed in local society. Based on the fieldwork research conducted in the villages and towns of southern Zhejiang, this article examines the features of early *Qiaoxiang* society while probing into a number of new aspects of development in local society triggered by the new emigration waves, with a focus on the formation of transnational emigration and its impact on the changes of local society. In addition, the historical transformation of a number of social aspects is particularly discussed, such as the *Qiaoxiang* social structure and *Qiaoxiang* culture.

Key Words: Southern Zhejiang *Qiaoxiang* Social Development

书 评

诺拉·库克（Nola Cooke）和李塔娜（Li Tana）主编：《水域边疆：1750 年至 1880 年湄公河下游地区的华人和贸易》（*Water Frontier: Commerce and the Chinese in the Lower Mekong Region, 1750 – 1880*）. Singapore: Rowman & Littlefield Publishers, Inc. Lanham, 2004. 202 pp.

克劳汀·苏尔梦著　亓延坤译

这本论文集收录了 10 篇论文，源自于李塔娜在 1999 年所组织的一个专题研讨会，研讨会的名称是“商业越南：十九世纪的华人与贸易”。为了反映当时在更广阔的区域内的商业活动，编者决定扩大研究的范围：一方面从现代越南的南部延伸到柬埔寨的东部和泰国的西南部，另一方面则伸展到中国南部。为此，李塔娜陈述了“水域边疆”的概念，并将重点放在研究南中国海区域的经济交流与市场上。这一地区当时战乱四起，人口流动频繁。本书分为三个部分，通过强调水域边疆的商贸网络及其在 18、19 世纪的重要性，重塑了该水域边疆失落的历史。

第一部分考察了中国贸易商人在该地区经济发展中所作出的重要贡献。安东尼·瑞德（Anthony Reid）概述了华人商贾在这一地区经济发展中所起的重要作用，例如华商经营矿业（铜、银、锡和黄金）和农产品出口（胡椒、甘蜜、棉花、稻米等），同时提到了由这些活动而导致的“航运热”。樱井由躬雄研究的重点是华人移民先驱对越南南方沿海地区的开发历史。华人移民对这一地区的开发始自 17 世纪中叶，直至 1802 年阮王击败西山阮氏，他们才融入这个国家。钱江描述了从华南到交趾支那各沿海贸易港埠的海上帆船贸易活动，认为这是一种区域间的海上贸易体系，其起源应肇始于 16 世纪后期明朝政府解除海上贸易禁令之时。

第二部分的四篇文章从湄公河区域贸易的层次进一步地探究了这一主题。李塔娜首先讨论了湄公河区域。她指出，湄公河区域的大米贸易是通过小型船只和中型船只来完成的。她还讨论了当时的航海路线，其根据是一部著于 1810 年前后的前往暹罗的航海路程汇编手稿。李塔娜文章中所参考引用的部分航路内容，由韦杰夫（Geoff Wade）英译后，作为附录随该书出版。该航海路程汇编手稿由已故的陈荆和教授于 1966 年整理发表，本论文集亦因此谨献给陈荆和教授。在第二篇文章里，李塔娜介绍了越南的造船技术，暗指它借鉴了西方的造船技术（在法文文献中，关于此课题有大量的研究文献可供参考），[①] 并且还将越南的造船技术和尖竹汶（Chantaburi）的造船技术进行了比较。Choi Byung Wook 考察了阮氏王朝对海外非法大米贸易的态度，以及因此而产生的排华政策，尽管当时越南商人也参与了走私贸易活动。Puangthong Rungswasdisab 的文章主要考察暹罗如何（在1771年河仙莫氏控制的转口贸易中心被摧毁后）试图控制跨湄公河区域的贸易网，并在当地建设马德望区，冀求转移贸易利益。

本书的第三部分论述的是法国人进入印支半岛后该水域世界的一些变化。诺拉·库克（Nola Cooke）检视了交趾支那西部和柬埔寨东部在1850年至1880年的复杂演变。在这一期间，由于受到法国殖民当局的支持，越南人和中国人沿着横越巴塞河的水路迅速扩散。伴随而来的结果是海运网络的迅速发展，它向北延伸到了中国，向南则扩展到了新加坡。卡尔·特洛基（Carl A. Trocki）通过1880年香港出版的英文报纸《德臣西报》（*China Mail*）上所报道的一个案例，分析了当时的鸦片税饷包买网络。该案件涉及两名鸦片包税商，一名来自香港，另一名来自越南西贡。案情显示，西贡的万合（Ban Hap）商号[②]及其生意合伙人、在西贡常驻的新加坡人陈景成（译音 Tan King Sing），[③]曾试图垄断香港的鸦片税饷包买。事实上，这些跨国鸦片包买商的网络均源自新加坡华人，这并不出奇。从其他的一些资料记载中我们获悉，早在19世纪30年代，来自海峡殖民地的峇峇便已开始在中国发展自己的生意，其贸易网络向西逐渐延伸至仰光和加尔各答，向东北延伸至交趾支那、中国和日本。在李清辉的游记中，这些情况有着详细的记述。李是陈金声（Tan Kim Seng，1805—1864年）的女婿，出生于马六甲，为当地著名的企业家和慈善家。我们甚至可以将这一现象称之为“散居于海外各地的峇峇”，因为当时那些大商人、企业家，甚至是买办纷纷携家带口地迁徙到了南中国海的各主要港埠，充分发挥其在生意场上的特长。[④]

这本论文集让读者宛若看到了一个多世纪以来华商在南中国海的这片海域经商奋斗之跌宕起伏的历程。事实上，将不同的水域边疆放在民族国家的大背景下来考察，不仅有助于对各不同水域边疆进行比较分析，而且可以更好地评估不同的政策在不同的历史阶段于

① 参阅 L. Cadière, “Documents relatifs à l’ époque de Gia-long,”（嘉隆帝时代文件汇编），《法国远东学院学报》，卷12（1912），第28页、38～39页。至于最近的研究成果，参阅 Nguyên Thê Anh，“Traditional Vietnam’s Incorporation of External Cultural and Technical Contributions：Ambivalence and Ambiguity”（古代越南对外来文化的吸收及其在技术方面的贡献：矛盾和含糊之处），《东南亚研究》卷40，第4期（2003年3月），第9～10页；Frédéric Mantienne，“The Transfer of Western Military Technology to Vietnam in the Late Eighteen and Early Nineteenth Century：The Case of Nguyên,”（18世纪末至19世纪初西方军事技术对越南的转移：以阮朝为例），《东南亚研究学报》卷34，第3期（2003年10月），第529～534页。

② 万合商号的东主是一个名为 Gan Tin Wee（译音：颜鼎黄）的人。从此名字的拼写来看，很有可能是一个来自海峡殖民地的华人。自19世纪60年代开始，他就居住在西贡，负责承办当地殖民军队的伙食。1870年，他申请入籍归化。详情参阅 Etienne Denis, *Bordeaux et la Cochinchine sous la Restauration et le Second Empire*（第二帝国时期从波尔多到交趾支那的餐饮业），Imprimeire Demas，1965年，第198页。

③ 陈景成和他的两个兄弟——早在1860年就已在西贡定居的庆云（Keng Hoon）与庆和（Keng Ho），也参与了各种商业活动，包括大米贸易和税收承包。详情可参阅 Denis，上揭书，第204页、232～233页，Salmon & Ta Trong Hiêp，“De Batavia à Saïgon：Notes de voyages d’ un marchand chinois”（从巴达维亚到西贡：一个华商的航海游记），《群岛》（法文）第47期（1994），第158页。

④ 参阅“Sur les traces de la diaspora des Baba des Détroits”（海峡峇峇的散居踪迹），《群岛》（法文）第56期（1998），第71～120页。

该区域实施的效果，看水域边疆如何一步步地摆脱从土著政权到殖民政府的政治强权控制。与此同时，我们也可以由此获知华商及其后裔是如何很快地适应一连串的政策，如何维持或重建其商业网络，扩展无论“合法”或是“非法”的海外贸易活动。

至于湄公河下游地区，人们可能会好奇地询问，为什么当地社会对运河的建设和对小河的挖掘如此不重视？要知道，运河与小河、小溪在当时是船只往来及供应居民食用淡水的生命线。如果可能的话，人们或想知道在华人移民先驱垦殖的年代，他们曾作出哪些努力？在阮氏王期时期，他们又是如何得以生存壮大？至于阮朝后期，樱井由躬雄只简略地提及华人移民在战略和经济生活方面所发挥的作用（第 45 页）。或许人们可以尝试着来确定当地主要运河开掘的年代。例如，连接朱笃（Châu Dôc）和河仙（Ha Tiên）的那条运河是在 1824 年完成的。那么，其他的那些连接河仙［后来成为金瓯角（Ca Maû）重镇的港埠］到迪石（Rach Gia）并一直延伸至薄寮（Bac Liêu）的航路又是何时挖掘的呢？此处仅列举数例。事实上，本书的附图 5 上十分清晰地标注着这四条运河，作者却没有给予任何注释。

最后，令人遗憾的是，两位编者没有在本论文集中使用越南官方的拼写文字或插入汉字，不然的话，本人不仅能够轻松自如地在越南语、中文和日语之间进行转换，而且还能领略普通话、闽南语和粤语之不同拼写文本的雅趣。

作者：克劳汀·苏尔梦（Claudine Salmon），法国巴黎国家科学研究中心；

译者：亓延坤，暨南大学华侨华人研究院在读硕士；

校订：钱江。

简·赖恩（Jan RYAN）著：《华人妇女与地球村：澳大利亚站》（*Chinese Women and the Global Village*：*An Australian Site*）. Queensland，Australia：Queensland University Press，2003．209 pp.

吴燕和著 何敏波译

这本书调查当代澳大利亚华人的多样性和复杂性，特别强调20世纪90年代的女性移民。该书在文学评论、普查报告和对50名妇女访谈的基础上讨论不同性别、种族、年代和文化特性的澳大利亚华人女性。

自从澳大利亚政府在20世纪70年代中期放弃了“白澳”政策，从单纯种族意思上，中国人作为合法移民已开始在很大程度上被接纳。这些华人移民来自马来西亚，新加坡，中国大陆、香港和台湾。在1982年到1995年之间，每年有大约25 000至60 000中国人被澳大利亚接纳。正如书中详细讲述的那样，这些华人新移民来自不同国家，有不同的文化背景、不同的语言、不同的经济背景。他们的学历比澳大利亚白人的平均水平高，并具有专业的经验。这项研究得到了一个有关澳大利亚人地方心理的重要发现：亚裔移民，尤其是妇女仍然遭到政治侮辱和歧视，他们（她们）的生活与主流社会相隔离。

在导言中，作者批评了过去的“老移民范式”，同时歌颂了一种用于理解近期澳大利亚中国移民的新的“全球性”的方法。该书引用了近期北美人类学和文化研究的成果去强调亚洲侨民的新的多国特征。第一章阐述了在中国移民研究中新的全球视角和跨国比较的重要意义。它用来自不同国家的女性移民的不同声音解释了现代“海外华人”的复杂性。书中对澳大利亚移民政策的评论，揭示了该政策的持久性、陈旧性，以男性占主导地位的世界观，以及忽略了华人社区存在的多民族和多元文化的事实。书中一些普查表和对人口概况的引证同样提供了有关新移民的有用信息。

第二章考察了在澳大利亚华人社区，家庭责任作为一种传统对妇女仍然有强大的影响力。这一章还涉及女性移民面临的婚姻和家庭关系等新问题。第三章和第四章着眼于从文化和民族的特征讨论华人妇女（包括新定居人士和在澳大利亚出生的）正在面临的性别和种族问题。书中突出了她们遇到的适应问题，如工作场所的歧视和社会生活的隔离。最后，第五章调查了几个城市的华人社团的历史发展和变化，并申明无论是在新的俱乐部还是在传统类型的社团，男性统治依然是政治特点。

这本书使得20世纪后期全球范围的华人研究涵盖了澳大利亚。该书对女性移民形象的描绘为世界移民研究作出了独特的贡献。然而，这本书的研究和分析，过分依赖于一种基本的社会学方法。这种社会学方法利用采访得到表面的答案，而不是对个人和社区的历史做一个深入的研究。书中没有探讨这些问题，例如，在悉尼的讲粤语的妇女和讲闽南语的妇女是形成了一个共同的社区还是各自属于不同的社区；来自东南亚和那些来自中国大陆、台湾和香港的华人是属于相同的还是不同的社会阶层；海外华人作为一种完整的身份在任何一个民族性的论坛上是有还是没有。受访的移民所给予的简单答案满足不了学者对他们的好奇心，而且对理解性别、文化和种族的含义也没有太大的帮助。

除去批评，这本书在研究史上和在对澳大利亚中国女性形象的了解上都是一种有用的、最新的资源。

作者：吴燕和（David Y. H. Wu），台湾中央研究院民族学研究所兼任研究员；
译者：何敏波，暨南大学华侨华人研究院在读硕士；
校订：钱江。

刘宏、黄贤强合编：《转型期的新加坡华人社会：商业、政治和社会经济变迁（1945—1965）》（*Singapore Chinese Society in Transition: Business, Politics and Socio-Economic Change, 1945 - 1965*）. New York: Peter Lang, 2004. viii + 209 pp.

亚丹姆·迈孔著　莫光木译

关于海外华人即将发生同化或现代化，以及血缘和地缘社团的衰落的预言，至少在20世纪30年代就已经相当普遍了。然而，这些社团已经生存下来并适应了当地社会，分析家们将思想转向以儒家资本主义和非传统的现代化去理解传统文化和现代化。本书聚焦于第二次世界大战后20年的新加坡华人政治、商业和组织，并解释这些社团的延续性和适应性。正如作者所言，这是重新解释时机已经成熟了的关键时期。这个时期较早形成的同化、现代化和冷战史的理论体系，并不能很好地预示20世纪末出现的海外华人文化组织和跨国网络。作者关于此时期的描述，将政治骚乱、现代化商业和教育与传统社团及企业网络化的活动紧密结合在一起。作者并非构造一个过去传统和当今现代化相分化的框架，而是此时期创造了一个新的活动，并有与现有制度相互作用和互相适应的环境。

本书包括华人社团介入当地选举、新加坡政府的教育政策和华人会馆、学生反抗和工人运动、企业战略、建立超越新加坡地区性商业网络的尝试等章节。这些主题提供了广阔的社会背景来揭示华人社团变迁的内在本质。遗憾的是，行文风格的不一，使得此书暴露出不能将各主题糅合在一起的缺陷，前面章节提到的主题直到后面才得到详尽的论述（对于像我这样熟悉华侨华人史，但不了解新加坡政治史的读者来说，这经常是一个问题）。另外，若干重要的分析法和结论并不能在章节间得到延续。在某种程度上，这是多个作者合著时所遇到的不可避免的困难（其中两章有关战前新加坡的初稿最先由林孝胜撰写，后由刘、黄两位作者修订）。附加的修改使之更加完善。但是，本书的重要性（对战后时期的重要性和复杂性的分析）并未受到篇章结构问题的影响。

第一章关于战前新加坡几乎是就“帮”的分派加以描述。本章未能完全展开，忽略了其他许多的因素，诸如政治、商业、贸易、血缘和地缘社团在此时期的兴衰。本章认为，自从1906年新加坡中华总商会建立后，“帮”的重要性就下降了。然而，“帮”作为社会网络的一个重要基础再现于书中。这些简单化的描述与本书其他章节对历史细节的关注十分不同，也混淆了战后改变的实质。作者还提出，新加坡在战前的跨国联系，首先是与中国发生的。相对而言，东南亚地区的网络出现在战后。在我本人的著作中，也是这样认为的。但现在我觉得，包税集团和商会是早期地区网络最有说服力的例证。换言之，本书所展示的富有启发性的研究取向可延伸至战后，这样，对自19世纪以来华侨华人史发展的大趋势会有一个较好的解释。

刘宏所撰写的章节分析了战后华人会馆和新加坡中华总商会政治重要性的下降，以及它们作为文化认同和商业网络的中心而积极地重新定位。这些章节展示了这些团体组织在1950年代的选举中如何尝试但未能成功地提拔其候选人，以及它们怎样将注意力转移到更有成效地发展区域经济网络和支持华文学校。这些变化也标志了从以中国为中心的倾向，转移到通过教育事业和慈善活动获得当地身份，以及遍及东南亚和马来半岛的经济利益的地区化。

黄贤强撰写的章节聚焦在旨在反对强制性征兵和教育制度英国化的工人运动和学生运动上。这些活动发生在冷战和殖民势力衰退的背景之下，反过来为其他章节关于华人社团的论述提供了重要的背景。共产主义者与学生和工人运动之关系并没有像两极鲜明的冷战英雄故事或阴谋那样清晰。在阅读此书其余部分内容时，这些章节揭示了这样一种局面，华语和华文教育，既与刘宏所述的保守社团相联系，又与反殖民势力的左翼激进力量相联系。华商、传统社团、年轻的新一代新加坡土生华人、激进的政治派别、改变中的中国的黑暗与殖民统治者关系的重新界定，以及可能独立的马来国家之间既对立又联合的关系，都彰显出此转型时期所面临的错综复杂的形势。

倒数第二章叙述的是陈六使和李光前这两位橡胶巨子的传记。书中所述关于中华传统和现代技术的融合的最新学说正是20世纪末华人企业家的特性，这与这两位大亨的情况相吻合。在全书的背景下，这些传记还通过突出他们在此复杂的转型时期中具有鲜明对照的活动，提出了新的观点。特别是华语认同和文化保护的主要趋势、具有“左派”同情倾向的同时与保守派人士密切交往，以及华商精英集于陈六使一身。陈六使作为威权主义者的代表，是战前任人唯亲风格的管理者，在华人社团里管理高层次的慈善和政治活动。一位同时代的人将他的名字誉为“战后财富与公共精神的同义词”。他十分热心于传统华人社团及教育事业，同时也是南洋大学的一位早期的支持者，这些事迹使他在20世纪60年代早期就被列为是共产主义思想的同情者。有意思的是，在20世纪60年代，无论是陈六使的传统管理作风倾向，还是他的社会声望，都使他的生意出现了衰退。可以说，陈六使是转型时期最突出的典型，最终不能用现代新加坡通常衡量一个男人的标准——在商业上取得成功——来衡量他。

李光前是橡胶大王，从另一个角度来说，他的成功已经成为一个传奇故事。李光前能说中文和英文，他建立了一个融家族所有和现代管理体制于一体的公司。他家族式的经营管理模式使他免受1950—1960年代的危机打击，同时他也是一位建立地区性商业网络的实用主义者的提倡者。在这段记述中，李光前似乎避免了像陈六使那样因过多地参与政治活动而导致的商业锐减。他致力于建立稳定的商业环境，并在转型时期的重压下脱颖而出，成为华人现代化实用主义成功创业的典型代表。

作者：亚丹姆·迈孔（Adam McKeown），美国哥伦比亚大学；
译者：莫光木，暨南大学华侨华人研究院在读硕士；
校订：钱江。

聂保真（Pál NYÍRI）著：《东欧和俄罗斯的华人：跨国时代的中间人群体》（*Chinese in Eastern Europe and Russia: A Middleman Minority in a Transnational Era*）. London and New York: Routledge, 2007. pp. xvi, 173pp.

钱江著　臧扬勤译

近二十年来，在英文学术界圈子内，俄罗斯与东欧的中国移民这个课题基本上为人们所忽略。多谢聂保真（Pál NYÍRI）的努力，他的这本可读性极强的《东欧和俄罗斯的华人：跨国时代的中间人群体》为人们提供了关于这一地区中国移民和海外华人侨居地的详细情形。作者充分利用自己博士学位论文的研究发现，[①] 加上俄文文献中有关这一课题的现有研究成果，辅之以从四处收集来的当地华文报刊和相关政府的统计资料，在这部篇幅不长的研究专著中，对东欧及俄罗斯的中国移民做了一个比较全面的概述，但其研究的重点放在 1989 年以后的时期。此时期恰逢大批中国人向东欧和俄罗斯移民。

本书分为两个部分，共有九章。第一部分概述早期中国移民到俄罗斯和苏联的历史，其内容主要是对俄罗斯学者和中国学者现有相关研究成果的归纳和总结；第二部分则对俄罗斯及东欧部分国家的中国新移民社区展开颇为详细的民族人类学研究，作者在此加上不少自己的评论和富有洞察力的分析。

第一章“早期联系”，对古代中国到俄罗斯帝国的早期中国移民的历史做了简要的描述。第二章“1858—1914 年俄罗斯的中国农民、猎人、工人和商人”，研究了从 19 世纪中期到 20 世纪初期在俄罗斯的早期中国移民的经济活动。根据俄中双方的原始资料，这一时期的中国移民主要来自中国北方的省份，诸如山东、满洲（包括今天的吉林省、辽宁省和黑龙江省）和直隶（今天的河北省），以及部分来自浙江省和湖北省的贫苦农民。作者赞同朱梅（Mette Thunø）此前对欧洲浙江青田籍移民的研究结论，[②] 认为这批移民可能构成了中国人迁徙前往西欧的第一次移民浪潮，并且确立起第一次世界大战期间和其后在当地移民社区颇为典型的族群经济的模式（p. 28）。第三章“1914—1922 年参与俄罗斯战争的华工和华人士兵”，通过对俄罗斯历史学家拉林（A. G. Larin）相关研究成果的归

---

① Pál NYÍRI（聂保真）. *New Chinese Migrants in Europe: The Case of the Chinese Community in Hungary*（欧洲的中国新移民：对匈牙利华人社区的个案研究）. Aldershot, 1999.

② Mette ThunØ（朱梅）. “Moving Stones from China to Europe: The Dynamics of Emigration from Zhejiang to Europe”（将青田石从中国运到欧洲：浙江人移民欧洲的动力）. In *Internal and International Migration: Chinese Perspectives.*（《中国的国内移民和国际移民》）F. N. Pieke and H. Mallee, eds. Richmond, 1999, pp. 159 – 180.

纳总结，描述了第一次世界大战期间中国移民在俄罗斯的活动。第四章“1922—1989 年在苏联的中国人”是一个颇为简短的章节，而且仍然是对拉林以及其他几位俄罗斯历史学家最近研究成果的归纳和概述。

接下来第二部分的五个章节构成了这本专著的主体部分，其讨论重点放在布达佩斯的中国移民社区上。第五章“1989 年以来前往俄罗斯与东欧的中国移民”，对中国人涌入俄罗斯与东欧移民潮之兴起与变化做了非常详尽的论述，讨论了中国移民的发源地、移民模式、移民数量、移民在东道国社会的定居模式、性别角色，以及中国移民社区内部的社会层次区分等问题。第六章“就业与族群经济”，考察了俄罗斯与东欧的华人族群经济。作者在本章的论述中，从民族人类学的角度对中国移民群体进行了透彻的分析，颇具洞察力，令人佩服。文中讨论了不同类型的中国移民企业家及其华人族群企业。其论述的对象十分广泛，从俄罗斯远东地区的合同工，到定期在俄罗斯与中国东北诸省往来的倒爷，从布达佩斯华人市场里的小商贩、服装批发商到华人商店和中餐馆，面面俱到。作者引用了许多具体的事例，令人信服地展示出独具特色的华人族群经济是如何逐步地在异域落脚、扎根，进而跨越国境，成为跨国企业的。第七章“跨国实践与政治”是一篇十分有趣的研究论著。作者在本章对一系列问题展开了深入细致的讨论和分析，诸如东欧中国新移民各类社团的建立，以张曼新为代表的移民商业精英的崛起，华人组织对政治活动的参与，中国政府，中文媒体所扮演的角色，以及侨乡的政治局势等。作者借用跨国主义和跨国社会空间的理论分析框架，指出在东欧的华商不但已稳稳地扎根于居住国的本土经济中，而且具有高度的跨国性（p. 103）。第八章“在东欧找到一席之地?”，将研究的视点转到中国移民与居住国社会关系的问题上来，研究为什么中国移民普遍遭到当地政府尤其是俄国政府的歧视，以及他们遭到怎样的歧视。除了讨论族群关系这一敏感的话题之外，作者还简要地考察了中国移民的业余爱好和活动、中国移民的孩子，以及他们在居住国的受教育状况等。最后，作者对中国移民在俄罗斯和东欧的发展前景作出了个人预测。

本书的最后一章虽然简短，却充满了理论性的探讨。在不到四页纸的篇幅中，作者根据 Edna Bonacich① 提出的理论分析架构，指出俄罗斯和东欧的中国移民实际上是一个跨国的中间人群体。作者在本章的结尾就俄罗斯和东欧的中国新移民作出了一个极富洞察力的评论：“虽然他们（中国移民）所从事的职业介于当地社会的精英阶层和下层大众之间，从另一种意义上来说，更重要的是：他们成为了中间商（中间人），在远离西方与中国的边缘地区周旋于西方文化和资本主义的思维方式以及中国的全球化之间（p. 139）。”

虽然本书的标题表明，这是一本专门研究东欧和俄罗斯的中国移民和海外华人社区的专著。然而，细读之后却发现实际上这只是一本有关俄罗斯和匈牙利华人社区的概论，作者只是偶尔触及其他东欧和中欧国家的中国移民社区。当地的中国移民社区在过去的这十年内变化迅速。我近年曾对斯洛伐克、捷克以及前南斯拉夫部分地区的中国新移民社区进行过实地田野调查。本人的田野调查结果显示，各国的中国新移民社区均有其独特的特征，而且每个华人社区内部的情况亦相当复杂。此外，在 20 世纪 90 年代初从布达佩斯迁往东欧或中欧国家的早期中国移民，大部分已经返回中国或者再移民至其他国家了，现今

---

① Edna Bonacich, “Theory of Middleman Minorities”（中间人少数族群理论）. *American Sociological Review*（《美国社会学评论》）38（1973）: pp. 583 – 594.

居住于东欧国家的中国移民，绝大部分是近年从中国大陆迁徙而来的新移民。毫无疑问，作者对匈牙利中国新移民的民族人类学研究是一部优秀的论著。然而，若将匈牙利华人社会的模式套用来概述、分析东欧和中欧国家其他的华人社会，将不可避免地导致误解。

还需要指出的另一点不足涉及中文史料的选择和应用。在论述布达佩斯华人的活动时，作者大量引用了一些中文的文学作品来支持其论点，如茂春的《中国人在东欧》。遗憾的是，对于学术研究来说，此类文学作品并非可靠的文献史料。中国学者通常不会引用虚构的作品，即使这些文学作品可能是以真实的事情为创作蓝本。换言之，人们在使用这种文献资料时应当十分小心谨慎。此外，本书若能附加一份包括中文人名、中文术语、汉语拼音及相关的英文翻译术语表，将会便于一般的非专业读者使用。

总体来说，《东欧和俄罗斯的华人》一书填补了相关研究领域的空白，作出了重要的贡献。其论述既丰富又翔实，无论是专业研究人员还是一般读者都将有兴趣阅读。衷心希望书中所引用的丰富的资料将激励其他人对这一课题进行更为深入细致的研究。

作者：钱江；

译者：臧扬勤，暨南大学华侨华人研究院在读硕士；

校订：钱江。